国家社会科学基金特别委托项目"中国社会法系列研究"（18@ZH023）成果之三

中国社会法系列研究之三

郑功成 等 ◎著

社会救助立法研究

人民出版社

总　序

华建敏

　　很高兴看到在郑功成同志主持下，由中国社会保障学会 20 多位专家学者组成的课题组完成的"中国社会法研究系列"之《社会法总论》《社会保险法及实践研究》《社会救助立法研究》即将由人民出版社公开出版。据了解，后续还会有多本有关社会法专题研究的著作陆续问世，而此前课题组曾向全国人大常委会、社会建设委员会及有关主管部门提供了一系列有关社会法体系建设、社会救助立法、社会保险法修订等专题的研究报告，并公开发表了数十篇相关立法与修法研究的学术论文。这是我国首次有组织地针对社会领域法制建设开展大规模研究的一项重大理论建设工程，不仅能够加快弥补我国理论学术界长期以来对社会领域法制建设关注不足、研究不够的短板，而且可以为我国社会法体系建设以及多部法律的制定与完善提供重要的参考，具有重大的理论价值与实践意义。

　　社会法作为中国特色社会主义法律体系七大部门之一，是促进社会公平正义的重要法律部门。社会法的本义就是人民的社会权利法、国家的民生保障法和社会的公平共享法。健全社会领域的法律制度，既是保障包括基本人权在内的各项人民权利的现实需要，也是完善中国特色社会主义法律体系的内在要求，是将党和国家民生保障政策和社会治理体系予以制度化并确保其沿着法治化轨道健康持续发展的必要举措。

我国社会领域的法制建设，从新中国成立之初制定工会法、劳动保险条例等开篇，经过20世纪90年代以来特别是进入本世纪后历届全国人大常委会的努力，已取得了很大成就，形成了由劳动就业立法、社会保障立法、特殊群体权益维护立法和社会治理立法等四大板块组成的基本框架，包括劳动法、劳动合同法、就业促进法、社会保险法、军人保险法、慈善法、老年人权益保障法、妇女权益保障法、未成年人保护法、残疾人保障法等一系列立法，为保障人民的社会权利和实施社会治理提供了基本的法律依据。但总体而言，我国社会领域法制建设滞后于民生诉求全面升级和社会建设与发展需要的局面并未根本改变，社会福利、医疗保障、社会组织等重要领域迄今仍处于立法空白或主要依据行政法规与政策性文件实施的阶段，已经制定的部分法律或法规亦存在不完全适应时代发展要求、可操作性不强的现象。在民生保障制度改革全面推进、社会治理现代化成为新时代的内在要求的背景下，社会领域法制建设滞后的现状必然直接影响到改革举措的成熟和制度定型，甚至构成深化改革的法律障碍。因此，加快社会法建设步伐以补齐中国特色社会主义法律体系的短板势在必行。

从发达国家的发展实践来看，民生保障制度与社会治理体系的建设大都呈现出立法先行、以法定制、依法实施的惯例。社会法部门作为民生保障与社会治理的法律依据，根本在于赋权明责、立规守序，关键在于顺应时代发展进步要求和人民呼声，为全面落实人民的社会权利、促进社会公正和维护整个社会的有序运行提供有效的、完备的法律保障。按照这一要求，我国的社会法体系建设还任重道远。

众所周知，欧洲是社会法的发源地。德国俾斯麦政权时期所制定的医疗、工伤、养老等社会保险立法，是现代社会法的开端。1975年，德国制定出世界上第一部《社会法典》，从而完成了社会法体系建设法典化的进程，之后多次修订完善，其内容包括社会保险法、社会照顾法、社会救助法、社会促进法、社会补偿法等实体性内容，以及设置专门的社会法院和纠纷解决的法律制度。法国也编纂了自己的《社会保障法典》。第二次世界大战后日本出台一系列劳动就业、社会保险、社会福利相关法律，形成了完整的社会法体系。这些国家的做法经验值得我们充分关注、总结并参考。

中国特色社会主义已经进入新时代，我国社会主要矛盾已经转化为人民日益增长的美好生活需要和不平衡不充分的发展之间的矛盾，我们即将全面建成小康社会，并开启全面建设社会主义现代化国家的新征程。在这样一个历史阶段，必须以习近平新时代中国特色社会主义思想为指导，在社会法的基本原则、基本理念、调整方式、发展方向等重大理论问题上进一步取得共识，对中国特色社会法体系蓝图进行科学的理论描绘，对社会法关键领域的制度设计和实施提出兼具科学性和可行性的思考建议，充分挖掘和发挥中国特色社会主义的理论资源和制度优势，形成中国特色、中国气派的社会法理论体系和制度体系，更好地服务于国家长治久安和人民安居乐业。

基于现实，我国社会法体系建设的核心任务是社会领域的骨干性、支架性法律的制定与修改。要加快制定社会救助法、社会福利法、社会补偿法、医疗保障法、退役军人保障法、社会组织法等基本法与各种专门法律，及时修订社会保险法及与老年人、儿童、妇女、残疾人等特定群体相关的权益维护法律。在社会法体系建设的过程中，还要把握好以下几个问题：一是深刻认识中国特有国情。我国国情最大的特点就是要解决好14亿人口的生计，解决好近9亿劳动力人口的就业，还要解决好2亿多流动人口的管理和服务。这样的社会背景，是世界上其他任何一个国家在搞社会法立法时都从未遇到过的。二是注重提高立法质量。坚持科学立法、民主立法、依法立法。遵循经济社会发展客观规律，用好立法后评估等工作机制，及时反思和总结立法中的不足，确保立法与时俱进，立、改、废、释并举。三是确保法律实施效果和可操作性。社会法与人民切身利益息息相关，立法要站在道德的高地上，每一部法律首先必须是"良法""善法"；要体现平等公正和以人为本，充分尊重社会公民的权利；要保持宽严适度，方便人民群众运用法律维护自身权益。四是在强调全国统一性的同时，也要把握照顾不同区域的差异性，避免"一刀切"带来的负面效果。五是处理好社会法立法与社会政策的关系。多年来，党和政府通过制订和实施社会政策，在社会领域做了大量卓有成效的工作。对于那些实践证明行之有效的社会政策，要抓住时机，将其上升为法律，以在更大范围内更加有效地发挥其积极的引领作用。

"中国社会法研究系列"正是在新时代的背景下所展开的重大战略课题，是数十位来自社会领域的专家学者经过长期的追踪研究、广泛的国际交流以及多次深入研讨形成的集体智慧结晶。系列图书内容几乎涵盖我国社会法体系建设的主体内容和未来发展的各个方面。我相信，这一成果必将为我国社会法体系建设及相关法律的制定、修改与实施、司法审判等提供重要的理论储备，并对与之相关的经济社会转型和长远发展产生深远影响。

目前，退役军人保障法、社会救助法等重要立法已列为第十三届全国人大常委会的优先立法项目，相关主管部门亦在积极推动相关立法的进程。可以预期，我国社会法体系建设的步伐必将全面提速。我期待，中国社会保障学会和相关领域的专家学者们在既有成果的基础上，再接再厉，为我国的社会法建设作出更大贡献！

是为序。

2020 年 7 月 2 日

目　录

上篇　中国社会救助立法

下篇　国外社会救助立法

前　言

　　社会救助是历史最为悠久的社会保障制度，在现代社会保障体系中具有基础性、兜底性制度安排的地位，其担负着免除人民生存危机、维护公民最基本人权和社会底线公平的重大使命，是政府的重要职责所系，也是各国都十分重视建设的基本社会保障制度。

　　新中国的社会救助制度经历了艰辛的探索。从最初救济灾民与失业工人的应急性政策反应，到建立与计划经济相适应的传统救助制度，再到改革开放以来从确立最低生活保障制度走向综合型社会救助体系，事实上取得了很大成就，较好地保障了经济大变革与社会大转型时期的低收入困难群体的基本生活。然而，这一重要制度尚未步入法制化轨道，只有以 2014 年国务院制定的《社会救助暂行办法》作为基本依据，实践中还停留在依靠从中央到县级人民政府发布的大量政策性文件实施的状况，因法制建设不足而暴露出来的一些问题日益显现，与新时代追求社会公正和全面推进依法治国的基本方略不相适应，也无法真正实现这一制度的定型发展。因此，加快制定社会救助法已经成为我国社会保障领域法治建设的重要且紧迫的任务。①

　　在第十三届全国人大常委会将制定社会救助法列为优先立法项目的背景

---

　　①　作为国家立法机关组成人员，笔者自 2003 年 3 月第十届全国人大第一次会议开始，多次领衔提出加快制定社会救助法的议案，第十届、第十一届全国人大常委会也曾将制定社会救助法列入优先立法项目，但遗憾的是均未进入到全国人大常委会的立法议程。

下，中国社会保障学会组成专门的课题组开展深入研究，形成了一批有价值的成果。同时，还先后向民政部门提供过两个社会救助法专家建议稿，以及向全国人大社会建设委员会提供过有关社会救助立法的系列专题研究报告。本书即是在这些研究成果的基础上扩展形成的集合式成果。

作为国家社会科学基金特别委托项目"中国社会法系列研究"（18@ZH023）的系列成果之一，本书的目的不仅在于澄清一些对社会救助制度建设的认识误区，同时也为我国社会救助法的制定提供理论参考。

本书由郑功成提出框架与基本思路，在各章作者完成初稿后由郑功成统稿并定稿，杨思斌教授协助主持人做了不少组织与协调工作。各章作者如下：

第一章　郑功成（中国社会保障学会会长　中国人民大学教授）

第二章　杨思斌（中国社会保障学会理事　中国劳动关系学院教授）

第三章　杨立雄（中国社会保障学会常务理事　中国人民大学教授）

第四章　韩君玲（中国社会保障学会理事　北京理工大学教授）

第五章　杨立雄（中国社会保障学会常务理事　中国人民大学教授）

第六章　林闽钢（中国社会保障学会副会长　南京大学教授）

第七章　范　围（中国社会保障学会理事　首都经济贸易大学教授）、何思明（中国人民大学法学院硕士生）

第八章　吕鑫（中国社会保障学会会员　浙江工业大学教授）

第九章　姚建平（中国社会保障学会理事　华北电力大学教授）

第十章　栗燕杰（中国社会保障学会理事　中国社会科学院副研究员）

第十一章　杨立雄（中国社会保障学会常务理事　中国人民大学教授）、魏珍（中国人民大学劳动人事学院博士生）

第十二章　韩君玲（中国社会保障学会理事　北京理工大学教授）

第十三章　娄宇（中国社会保障学会理事　中国政法大学副教授）

第十四章　金炳彻（中国社会保障学会会员　中国人民大学副教授）

附录一　石琤（中国社会保障学会会员　香港大学博士后研究员）

附录二　杨思斌（中国社会保障学会理事　中国劳动关系学院教授）

感谢张春贤副委员长的高度重视和支持，感谢民政部及其社会救助司的支持与帮助，感谢全国哲学社会科学工作领导小组的支持！

在本书付梓之际，衷心感谢第十一届全国人大常委会副委员长、原国务委员兼国务院秘书长、中国社会保障学会名誉会长华建敏同志对中国社会法系列研究的高度重视与支持，并为系列丛书撰写总序。他在担任国务院、全国人大常委会领导时曾直接推动我国的社会法制建设，那一时期我国制定了一批重要的劳动就业、社会保障法律法规，近几年又多次召开小型的社会法制建设专家会议，其深刻的见解对本系列研究具有很强的指导意义。

期望我国的社会救助立法步伐能够进一步加快，争取在 2021 年能够制定一部有质量的社会救助法。

2020 年 8 月 28 日于北京

郑功成

上篇　中国社会救助立法

第一章　社会救助法制建设总论

社会救助是任何国家、任何时代都不可或缺的久远社会保障制度，是在现代社会保障体系中具有基础性、兜底性地位的制度安排。它担负着免除人民生存危机、维护公民最基本人权和社会底线公正的重大使命。没有社会救助制度，低收入困难群体将陷入生活困境甚至绝境而无法自拔，社会公正的底线必定被突破，进而引发社会危机，并必定波及整个经济社会发展全局。因此，建立一个健全的社会救助制度不仅是现实社会的客观需要，而且是国家发展进步的重要标志。

新中国成立后的 1949 年、1950 年，中央人民政府先后发布《关于救灾工作的指示》《关于救济失业工人的指示》，即是新中国最早发布的社会保障政策性文件，它虽是当时的应急性政策，却正式拉开了新中国社会保障制度建设的序幕，为新生的人民政权在灾区与城市迅速赢得工农大众的拥护奠定了第一块基石，进而使亿万人民看到了中国共产党与人民政府对人民生计的态度，与国民党政权不顾人民死活的现象形成了鲜明的对照。此后，形成了与计划体制相适应的传统社会救助制度，即城镇职工的生活困难问题由所在单位解决，无单位归属的困难群众的生计由政府出面解决，农村则建立了五保制度与灾荒救济制度，这些制度被视为社会主义制度优越性的具体体现。

改革开放后，传统的社会救助制度也走上了改革发展之路。在经历 20 世纪 80—90 年代的探索后，1999 年国务院颁行的《城市居民最低生活保障条例》是一个重大的进步，而 2014 年国务院颁行的《社会救助暂行办法》则是新型社会救助制度基本成形的标志。此后，我国社会救助制度得到不断发展，事实上已经成为我国社会保障体系的重要构成部分，并惠及城乡数以千万计的困难群众，成为兜住民生底线的有效制度保障。然而，现行社会救助制度的局限性也很明显，且因法制的欠缺而并未成为真正成熟的制度安排，不仅难以适应全面建成小康社会和完成脱贫攻坚任务后解决相对贫困问题的制度需要，而且也不能适应全面推进依法治国和保障民生的经济社会条件的根本性变化。因此，加快制定社会救助法并以此为依据促使社会救助制度走向成熟、定型，已成为一项紧迫任务。

一、全面认识社会救助制度的重要性

在应对 2020 年 1 月暴发的新冠肺炎疫情大考中，社会保障制度作为国家治理体系的重要组成部分，发挥了不可替代的重要作用，特别是社会救助制度发挥了异常重要的兜底保障作用。因疫情期间需要采取大规模的人员隔离措施，数以千万计的人因无法就业而丧失收入来源，一季度全国居民收入同比下降 3.9%，而居民消费价格同比上涨 4.9%，其中食品类价格同比上涨达 14.9%，失业增高、收入下降、物价上涨形成了三重叠加效应，受影响最大的是城乡低收入群体和被隔离的一部分外地人员。在这场考验中，民政部门保障了社会救助制度的正常运行并对疫情期间的救助政策作出了相应的调整，包括自动延续原有救助对象的待遇支付、扩展本地救助对象范围、将隔离期间的外地困难人员纳入救助、增加临时性救助，以及对因疫情影响在家隔离的孤寡老人尤其是特困老人增加服务保障等。2020 年 3 月 6 日，中央应对新冠肺炎疫情工作领导小组专门印发《关于进一步做好疫情防控期间困难群众兜底保障工作的通知》，明确提出要切实做好兜底保障工作，更好地解决疫情防控期间部分群众面临的突发性、紧迫性、临时性生活困难，以及特殊困难人员的基本照料服务需求，织密织牢社会安全网，坚决打赢疫情防控的人民战争、总体战、阻击战。特别强调要强化属地责任，坚持应保尽保、保障到位，及时足额发放价格临时补贴，做好贫困人口救助帮扶，加大对新冠肺炎患者及受影响家庭的救助力度，对因交通管控等原因暂时滞留的基本生活遭遇临时困难的外来人员据需提供临时住宿、饮食、御寒衣物等帮扶。对受疫情影响，基本生活出现暂时困难的外来务工人员，要按规定给予临时救助，同时开辟临时庇护场所做到应救尽救。要确保困难群众求助有门、受助及时。公布并畅通求助热线，及时受理和回应困难群众求助。正是由于中央及民政部门采取了多种有效措施，在如此严重的疫情面前，我国才避免了突破民生底线的现象发生，有效地保障了城乡低收入群体的基本生活，社会救助奠定了民心安定与社会安定的稳固基石。通过这次抗击疫情的考验，为全面认识社会救助制度的重要性提供了充分的证据。

（一）社会救助是兜底性、基础性、永久性社会保障制度

社会救助的使命是兜住民生保障的底线，避免社会成员因各种风险陷入生存危机而无法自拔，从而是低收入群体和天灾人祸中的不幸者摆脱生活困境的基础性制度保障。自古以来，社会救助就是必要的社会保障措施。在我国历史上，救灾有三千年以上的历史，治国必先治水、理政首重荒政即是祖先留下的古训；宋代以后从救灾扩展到济贫，既救急也济贫，社会救助成为国家发展进程中不可或缺的制度安排，是否重视社会救助不仅直接反映着历代统治者的政治伦理，而且与国家安定与否存在着正相关关系。中国历史上历次农民大起义无一不是以大灾荒为背景、以抢米抢粮为前奏，证明了守住民生保障的底线是国家治理和社会安定的必要前提，而社会救助则是守住民生底线的兜底性、基础性、永久性制度保障。

新中国成立后，党和政府高度重视救灾济贫，并事实上取得了很大的成效，彰显了中国制度的优越性。但计划经济时期因整个社会保障建立在传统的社会主义生产资料公有制的基础之上，被纳入高度集中的国家计划体制中，主

要通过所有单位或集体解决贫困应对问题，政府直接负责解决的仅仅是城乡无依无靠的孤寡老幼的生活供养问题，从而未能够形成完整的社会化救助体系。改革开放以来，伴随农村承包责任制的全面推行和城镇经济改革的不断深化，原有的单位或集体济贫丧失了相应的组织基础与财政支撑，只有建立政府主导的社会救助体系才能解决低收入困难群体与天灾人祸中不幸者的基本生计问题，这使得建立和发展社会救助成为必然。近30年来，伴随国民经济持续高速增长和国家财力日益丰厚，我国的社会救助也获得了长足的发展。特别是2014年国务院颁布实施《社会救助暂行办法》以来，形成了以最低生活保障制度为核心、包含有多个专项制度安排在内的综合型社会救助体系，在民生方面发挥了异常重要的兜底保障作用。然而，由于体制、机制、法制还不够健全，这一制度在实践中还存在漏洞，以致前几年在甘肃、贵州、广东等省发生过一些弱势人口非正常死亡的极端个案，引起了整个社会的高度关注。实践表明，基础不牢，地动山摇；底线不公正，社会易失常。因此，国家必须以人民至上、生命与健康至上的理念为指导，立足切实维护社会底线公正和免除人民生存危机，建立健全的社会救助制度，并尽快步入法治化轨道。

（二）社会救助是一个完整的制度体系

各国的社会救助项目有多有寡，但均不是单一制度安排，因为造成人民生计陷入困境的原因很多，特别是解决了绝对贫困问题后，相对贫困现象更加复杂化。因此，要真正解除生活后顾之忧特别是使所有人免于陷入生活绝境，就必须构建起一个完整的社会救助体系，以不同的救助项目来化解社会成员的不同生活危机。根据《社会救助暂行办法》，我国的社会救助实质上是一个包含了最低生活保障、特困人员救助、灾害救助、医疗救助、教育救助、住房救助、就业救助、临时救助等多个救助项目在内的制度体系，这些救助项目的设置均有其不可替代的功能，每个救助项目均需要有相应的财力支撑、完善的法律规制和有效的运行机制。同时，无论有多少救助项目，其目的都是利用财政资源来援助低收入群体和不幸者摆脱生存危机与困境。因此，社会救助是一个由多个项目组成的有机的制度体系，需要在统一的行动中实现有机组合、追求有效协同。

（三）社会救助是不断发展的制度安排

经济社会发展带来的一个客观结果，是收入增长与人民生活水平不断提高，而物价也会发生相应变化，在这样的条件下，社会救助对象的认定标准也会发生变化，其涵盖范围与内容会不断扩张，救助水平也需要不断上升。因为低收入困难群体与不幸者也有权利分享国家发展成果，这种分享的意义不能只是最低生活保障，还必须包含伴随国家经济社会发展进步而不断提升的份额。换言之，社会救助维护的是社会底线公正，但底线必然是伴随整个社会经济的发展进步而不断提升的。根据短板原理，底线提升应当是最具时代进步意义的象征。因此，国家应当建立社会救助水平的正常增长机制，这样才能为困难群体提供稳定安全的预期。

总之，社会救助体现的是政府责任、社会良心，是应重点保证、优先安排的社会保障制度。但若社会救助发展理念不清，认识不到位，就无法真正把握其发展规律，也很难适应时代发展和构建应对相对贫困问题的长久机制的需要，进而很难巩固社会救助的基础地位。因此，追求社会救助制度的完整性，充分体现社会救助的发展性，恰恰是社会救助立法的关键所在。

二、对我国社会救助发展的总体评估

我国的社会救助制度是历史最为悠久的社会保障制度。新中国的社会保障建设即是自社会救助制度建设开始，迄今已有70多年的历史。

总体而言，对我国社会救助的现状可做如下评价。

（一）社会救助体系框架基本成型，但综合型救助制度尚未成熟

由于造成城乡居民生活陷入困境的原因众多，困难群体的救助诉求亦有不同，要保障困难群体的基本生活，必须建立由多个救助项目组成的社会救助体系。根据2014年国务院颁布的《社会救助暂行办法》，我国的社会救助体系由最低生活保障、特困人员救助、受灾人员救助、医疗救助、教育救助、住房救助、就业救助、临时救助等八项法定制度与社会力量参与的慈善事业组成。近几年来，在中央政府的有力推动下，通过进一步健全最低生活保障制度、全面建立临时救助制度，使法定救助得到全面发展；同时，伴随2016年《慈善法》的颁布与实施，社会力量参与社会救助的氛围正在形成。这标志着中国特色的社会救助体系框架基本成型，以后将是在不断完善"8+1"型的救助体系基础上，根据时代发展进步与城乡居民的新诉求加以调整、充实、发展。

然而，综合型社会救助制度并未成熟。这种不成熟性主要表现在：

1. 每一救助项目均存在缺陷。以最重要的最低生活保障制度为例，评选与公示的做法仍属传统，家计调查还不完善，收入豁免并未全面确立，待遇调整机制尚未正常化；在灾害救助方面，责任分级制尚未确立，政府责任的边界还不清晰，灾后生活救助与灾后重建对灾民生产自救缺乏激励；在住房救助方面，公共房屋、廉租房、房租补贴等政策各地不一；等等。因此，还需要通过深化改革加以完善。

2. 各个救助项目属于各行其是的板块式结构，但又往往叠加在最低生活保障之上，并未构成一个有机组合的整体。在这种格局下，尽管各救助项目均有其成效，也较好地保障了困难群体的基本生活，但整个救助体系的综合效能却受到了影响，有的还存在效果对冲现象。特别是相互分割的板块式结构情形下形成的救助叠加效应，衍生了一些不利于救助制度发展的后遗症。如一些地方将住房救助叠加在低保制度之上，一些低收入群体为了获得住房救助而千方百计地挤入低保制度，等等，这影响了整个救助制度的效能与公信力。

3. 救助制度离法治化还有相当的距离。成熟的社会救助制度必定依法设

立、依法实施，立法是制度成熟、定型的客观标志，因为只有法律才能全面确立受助者的受助权益和政府应负的责任。然而，我国的社会救助过去一直通过政策性文件来规制，2014 年虽然制定了一部行政法规，但还是暂行性规制，根本不足以为这一制度的正常运行与健康发展提供足够的法律依据与保障。在2020 年抗击新冠肺炎疫情中，就需要中央应对新冠肺炎疫情工作领导小组和民政部等下发多份新的政策性文件才能适应社会救助制度兜住民生底线的要求，这种非法治化的现状直接影响到了低收入困难群体的基本生活权益保障与稳定安全的预期。

（二）城乡统筹取得重要进展，但城乡差距仍然偏大

2014 年制定并实施的《社会救助暂行办法》，消除了城乡分割的政策壁垒，城乡之间的救助待遇差距亦有所缩小。但从统计数据和实地调查所获得的资料来看，社会救助制度在现实中仍然屈从于户籍制度和城乡之间的发展差距。一方面，城市救助制度并非以常住人口为救助对象，而是以户籍人口为确定救助对象的依据；另一方面，城乡之间均采取不同的待遇标准，城镇居民的救助标准明显高于农村居民的救助标准。

如果政府负责的社会救助制度不能有效缩小城乡困难群体的救助权益与待遇差距，将不利于社会公正，也不利于我国的城市化高质量发展。现行救助制度对缩小城乡困难群体收入差距的贡献有限，与不断缩小收入差距的宏观经济社会政策取向并不吻合。

（三）救助制度的实施不断规范，但经办非专业化依旧

社会救助是法定制度安排，所体现的不仅是政府的责任与公信力，也是世道人心与社会公正，从而必须有完整规范的程序和专业化的经办机制。然而，现实中的社会救助程序还存在缺陷。例如，在部门分割情形下，除最低生

活保障制度有较为完整规范的申请、受理、审核等程序外，其他救助项目还缺乏严密的程序规制；而乡村救助依靠群众评议甚至"选举制"，虽然有公示环节以示公正，但"人情保""轮流制"等的存在，表明其不可避免地要受到人际关系的影响。特别是各地均存在"骗保"现象，而司法机关却很少介入，仅靠"公示"或者政治纪律来纠察，不足以维护社会救助制度的严肃性。

与此同时，农村低保几乎均由村干部代办，其他救助项目或由学校、医疗机构等代办，尽管在乡镇、街道建立了社会救助的受理窗口，但我国社会救助制度的实施事实上还缺乏一个必要的专业化机构来提供统一规范的服务，包括针对申请者的家计调查亦未有统一规制。非专业化经办的最大缺陷就是难以达到制度运行的真实目标，一旦出现失范现象，亦无法真正有效地问责。

（四）部门协调机制已经建立，但管理体制并未真正理顺

基于传统的部门分工格局，我国社会救助体系在实践中也形成了多部门分割管理不同救助项目的传统体制，这种体制造成了政策分割、资源分割且无法有效衔接的现实格局，并衍生出一系列不良效应。

2014 年国务院颁布《社会救助暂行办法》，首次明确民政部门统筹全国社会救助体系建设的职责，并规定县级以上人民政府建立健全政府领导、民政部门牵头、有关部门配合、社会力量参与的社会救助工作协调机制。在国家层面，建立了由民政部牵头、24 个部门和单位参加的全国社会救助部际联席会议，相关部门在这一平台共议共商推进社会救助工作。与此同时，各地根据《社会救助暂行办法》的要求，在乡镇人民政府、街道办事处建立统一受理社会救助申请的窗口，及时受理、转办困难群体申请救助的事项。凡申请人明了社会救助部门的，依据其规定程序向相关部门申请救助；凡申请人难以确定社会救助管理部门的，可以先向社会救助经办机构或者县级人民政府民政部门求助，社会救助经办机构或者县级人民政府民政部门接到求助后，再及时办理或者转交其他社会救助管理部门办理。此外，还建立了社会救助绩效评价指标体系。

部门联席会议机制与基层统一受理救助申请窗口的做法，在一定程度上明确了民政部门的统筹职责，增加了相关部门之间开展社会救助工作的政策协调性，也方便了求助者申请社会救助，从而促使我国社会救助体系建设向前迈进了一大步。

然而，部门联席会议机制并未真正理顺社会救助的管理体制，因为这一机制并不具有统一制定社会救助政策、统筹和优化配置社会救助资源的职能，以往存在的政策分割、资源分割格局依旧。由于不同部门之间衔接不畅而导致实践中救助权益不公、运行效率不高、行为失范乃至酿成极端个案的现象并不罕见，每年均有部分个案造成重大的不良社会影响，既损害了党和政府的形象，也在一定程度上给社会带来了巨大冲击波。2018年国务院机构改革后，灾害救助划归应急管理部门管理，医疗救助划归新组建的医疗保障部门管理，表明了社会救助体系的管理体制进一步分割化。可见，我国社会救助管理体制尚未理顺，它与综合型社会救助体系建设应当统筹规划、统一政令、统筹配置资源、统一信息系统等内在要求不相适应，这将影响到整个社会救助制度的有序运行和综合效能的提升，也难以避免因部门之间的衔接不畅而出现漏洞，导致极端个案发生。因此，如何在新的形势下强化综合型社会救助政策的统筹规划与资源整合，是新时代面临的现实问题，也是需要通过社会救助立法加以解决的重大问题。

（五）对困难群体的保障力度持续增强，但还不足以兜住底线

据统计，国家财政对最低生活保障的投入从2012年的1392.3亿元增长到2016年的1702.4亿元，2018年下降到1632.1亿元；城镇月人均低保标准从2012年的330.1元增长到2016年的494.6元，2018年为579.7元；农村月人均低保标准从2012年的172.3元增长到2016年的312元，2018年为402.8元。①

---

① 据民政部"2018年民政事业发展统计公报""2012年社会服务发展统计公报""2016年社会服务发展统计公报"，源自民政部官网。

这一组数据表明，国家财政对低保的投入总量在下降，而救助标准在提升，隐藏在背后的是低保制度覆盖对象在减少，从 2012 年的 7488 万人下降到 2016 年的 6066.7 万人，2018 年进一步减少到 4526.1 万人，仅占总人口的 3.2%。[①]当然，低保对象大规模减少有脱贫攻坚大投入所产生的部分替代效应，如果将扶贫攻坚对低收入困难群体收入与生活水准的提升考虑在内，则国家对城乡困难群体的救助力度总体上在持续增强。

然而，这种投入增长与标准提升并未能够完全兜住所有困难群众的生活保障底线。以 2018 年为例，城镇居民人均可支配收入 39251 元，农村居民人均可支配收入 14617 元，[②] 而低保标准仅分别相当于 17.7%、33%，这一标准显然偏低。在医疗救助方面，2018 年全国实施门诊和住院救助 3824.59 万人次，支出 281.65 亿元，住院和门诊每人次平均救助水平分别为 1255.03 元和 154.19 元，[③]其覆盖范围很窄，对于重特大疾病的困难人口无异于杯水车薪。特别需要强调的是，一部分生活在最低生活保障线边缘的困难群众因无法享受低保而丧失申请其他救助待遇的受助权益，不仅其起码生活水准无法得到切实保障，而且导致低保线下的困难群体与略高于低保线的困难群体收入差距被制度性放大。

根据国际统计年鉴 2013 和国际货币基金组织 GFS 数据库资料，德国在 2009 年的社会救助支出占国家财政支出之比为 6.2%，同年的荷兰为 2.3%、西班牙为 7.3%、瑞典为 6.9%，俄罗斯 2010 年占比为 4.9%，澳大利亚 2011 年占比为 10.4%，尽管各国统计口径有差别，但都是以家计调查为条件的社会救助措施，而我国的社会救助支出在 2018 年占全国一般公共预算支出之比约为 3%，如果考虑到我国贫富差距偏大、社会保险尚未实现全覆盖、社会福利事业发展滞后，以及城乡居民收入水平与生活水准不断提升的背景，这一支出比例无疑偏低，其直接效应就是社会救助内容偏窄、受助率偏低、救助标准偏低，

---

① 据民政部"2018 年民政事业发展统计公报""2012 年社会服务发展统计公报""2016 年社会服务发展统计公报"，源自民政部官网。

② 据国家统计局"2018 年国民经济和社会发展统计公报"，国家统计局官网。

③ 本数据由国家医疗保障局提供。

这表明低收入困难群体还不能得到政府的充分有效帮助，所揭示的是政府承担的社会救助责任尚未完全到位，维护社会底线公正的力度还不够。

（六）社会救助的发展理念仍然滞后于时代的发展

理念是行动的指南，没有先进的发展理念，不可能真正确立合理的制度安排。在我国社会救助发展实践中，在发展理念方面还存在着不足。

其一，只将社会救助视为解决现实中民生疾苦的应急性机制或者只是为老百姓做点好事以显政绩，而不是将其作为确切并可以提供稳定预期的长久制度安排，亦未将其视为城乡困难群体的法定社会保障权益，一些地方在实践中表现出头痛医头脚痛医脚的现象，既缺乏长远发展观，又缺乏整体规划与统筹推进的措施。

其二，突出强调社会救助的兜底作用，忽略社会救助需要伴随经济发展和社会进步与时俱进的发展性，以及社会救助必然从针对绝对贫困群体逐步转向相对贫困群体的客观发展规律，似乎救助率越低、救助人口越少方能显示发展进步成就，一些地方甚至采取简单的行政措施来降低救助率而不是据需确定社会救助的发展方略。

其三，忽视社会救助体系的整体性与综合功效，对部门分割、制度分割、资源分割及相互脱节的现状习以为常，这种强劲的路径依赖实质上还是理念不清的表现。

上述认识误区的客观存在，很容易导致政策制定及其实施的偏差，也必定会影响到城乡居民对社会救助的预期，从而亟待通过立法加以矫正。

综上，我国社会救助体系建设确实在全面发展，救助标准也在不断提升，对城乡困难群体的基本生活起到了相应的保障作用。特别是2014年国务院制定并实施的《社会救助暂行办法》，更是向前推进了一大步，包括进一步完善多个救助项目组成的制度体系，进一步明确了政府的社会救助责任，建立了民政部门主导的社会救助工作协调机制，从制度上打破了城乡分割的壁垒等。但又毋庸讳言，这一制度体系还未真正成熟，离中央对社会救助制度兜住底线的明确要求和城乡困难群体的现实诉求还有相当距离。特别是贫困及与贫困相关原因导致的非正常死亡等事件仍有发生，每发生一起都会造成巨大的社会冲击波，降低了公众的获得感。所有这些，均表明我国社会救助制度亟待通过深化改革和加快立法步伐来加以完善。

三、社会救助立法的核心理念与总体思路

基于社会救助制度的不可或缺及其重要性，以及这一制度在现实中存在的问题，必须在厘清这一制度发展理念的基础上，加快这一制度的法制化步伐，以立法引领实践，进而促使社会救助制度走向成熟、定型。

（一）全面认识社会救助制度并树立科学发展理念

前已述及，没有科学的发展理念，不可能设计出合理的制度安排，也不会制定出高质量的法律。改革开放以来，我国社会救助改革的方向正确，采取的举措有力，取得的成就有目共睹。新时代要求全面建成中国特色的社会保障体系，社会救助体系应当率先定型，但从当前面临的挑战、这一制度定型与长远发展的角度出发，还需要尽快全面认知社会救助的多重功能，厘清社会救助的发展理念。

一方面，社会救助制度具有多重功能，制度设计与救助实践应当充分发挥其多重功能。一是免除社会成员因各种风险而陷入生活困境，从而是低收入困难群体与天灾人祸中的不幸者摆脱危机的基础性制度保障。二是兜住社会公正的底线，缓解乃至避免因贫富差距过大导致社会冲突，进而促进社会和谐稳定，从而是任何国家都不可或缺的长久性制度安排。三是实现收入再分配，通过弥补低收

入群体的收益来促进全体国民共享发展成果，进而稳步踏上共同富裕的发展道路。四是提升受助者的发展潜力，提振受助家庭的消费，实现困难群体生活保障与能力提升、经济发展的综合效应。因此，社会救助并非应急性制度安排，它必须及时解除社会成员遭遇的现实生活困难，但提供的却应当是稳定的安全预期；它必须兜住民生保障的底线，但又不能止步于兜住底线；它是为老百姓做好事，但绝不是短期政绩工程。因此，社会救助是任何国家都必不可少的基础性、长久性、发展性制度安排。只要还存在着贫富差距，只要还有相对困难群体和天灾人祸中的不幸者，只要国家追求的目标是共建共享的公正社会，各级政府就必须高度重视社会救助制度，并为社会救助制度的有效实施提供足够的财政保障，以此确保社会救助水平能够伴随国民经济与社会发展进步而持续提升。

另一方面，社会救助是不断发展的社会保障制度安排，为确保其能够与时俱进，应当将其发展性纳入法律规范。由于经济社会的持续发展和社会成员生活水平的普遍性提升，绝对贫困现象将被送进历史，而相对贫困现象会成为需要社会救助制度重点解决的社会问题。这必定使得社会救助的范围与救助水平需要保持"水涨船高"的发展态势，而限于救助绝对贫困对象的最低生活保障也应当被送进历史，代之以能够维护相对贫困人口的基本生活为目标的更高水准的社会救助。救助水平的上升，体现的是国家发展进步的成果，更是我国走向共同富裕必须先行解决短板问题的内在要求。因此，在社会救助制度安排中，不仅应当建立救助标准正常调整机制与救助待遇正常增长机制，而且通过立法确定能够据需扩大救助范围的开放性条款，这样才能为相对困难群体提供稳定安全的预期。①

---

① 本章作者于 1998 年底在香港调研期间，发现香港的综合援助制度中包含了对困难市民的电话费援助等项目。当时的内地，家庭安装电话只有具有一定级别的官员和先富起来的人才有资格，而香港政府却为低收入家庭提供电话费援助，很显然是将家装电话视为了香港居民的生活必需品。内地居民生活的"奢侈品"在当时的香港成为生活必需品，所反映的正是内地与香港处在不同发展阶段的社会公正底线的差异。伴随内地经济社会的快速发展，城乡居民的生活必需品早已不再局限于基本食物保障了，而是拓展到其他生活用品等民生诉求上，这是内地发展进步的成果，也是社会救助制度应当不断发展的决定性因素。

此外，还需要将社会救助视为一个完整的制度体系，确保不同救助项目能够适应新时代的发展需要且实现同步协同发展。

总之，在社会救助制度的建设与发展中，应当形成这样的共识，就是要不断巩固社会救助的基础地位、追求这一制度体系的完整性、体现社会救助的发展性、充分发挥其多功能性，这应当是新时代社会救助法制建设与发展实践追求的基本目标。

（二）社会救助立法的总体思路

通过社会救助立法促使其走向成熟、定型，是新时代社会发展的要求，更是整个社会保障制度必须步入法治化轨道以给全体人民以清晰、稳定的安全预期的要求。现行社会救助制度是在渐进改革中逐步形成的，为我国的改革与发展作出了重要的贡献，但渐进探索中的历史局限性和救助实践中的某些扭曲，使这一制度事实上还存在着不容忽略的缺陷与不足，且具有较强的路径依赖。因此，社会救助立法，既需要把多年来被实践证明了的行之有效的社会救助法规与政策（包括 2020 年抗击新冠肺炎疫情期间出台的一些应急性政策措施）上升为法律；又必须顺应新时代的发展需要与人民群众的呼声，坚持发展性与前瞻性，真正发挥法治对社会救助改革与制度建设的引领作用。

从《中华人民共和国宪法》第 45 条第 1 款关于"中华人民共和国公民在年老、疾病或者丧失劳动能力的情况下，有从国家和社会获得物质帮助的权利"的规定出发，社会救助法的定位是社会救助领域的基本法，是社会保障领域的基础性法律，是社会法部门的支架性法律，是落实我国公民宪定社会救助权的具体的人权保障法。

社会救助立法的基本理念是：彰显国家责任，规范政府的救助行为；保障公民社会救助权，给需要救助的人以稳定的安全预期；维护公民生存权的底线，适应社会经济发展要求，切实筑牢兜住民生底线的安全网；实行积极的救助，助人自立。

社会救助立法应该坚持"兜底线、救急难、助脱贫""与其他社会保障制度相衔接"等方针，确立"公正、及时、有效"、依法救助、按需救助、以家庭为单位实施救助等社会救助工作的基本原则。

在社会救助立法框架上，需要凸显顶层设计，完善综合型的救助制度体系并保持这一制度的开放性，以确保需要救助对象的无遗漏，同时适应社会发展进步的要求，织密社会安全网。社会救助立法的重点在于规范基本生活救助，突出急难临时救助，同时为有关专项救助提供法律依据，并保持一定程度的开放性以适应社会发展进步的要求。

社会救助立法需要明确公民在遭遇生活困境时享有获得国家援助的权利，需要明确政府在社会救助中的直接责任。在现代国家，享受社会救助不是政府的恩赐，而是人民的权利。我国宪法更是明确规定了公民在遭遇生活困境时有获得国家援助的权利。因此，社会救助是我国宪法赋予公民的基本人权，也是维护社会公正底线的内在要求。

社会救助立法需要突出民政部门在整个社会救助体系中的统筹和牵头职责。在2018年国务院机构改革对相关救助职责在不同部门之间加以调整的背景下，有必要通过立法进一步明确社会救助的管理体制并厘清相关部门的职责，确保这一制度能够在统筹规划、全面推进、有效衔接、坚决杜绝缺漏的条件下正常运转。立法需要坚持目标导向、问题导向和改革、发展取向，解决当下社会救助领域的突出问题，积极回应社会救助实施过程中民政部门牵头难、政策分割、资源分割、救助方式单一、各地救助标准差异过大、社会救助面收缩、"骗保"违法成本低等问题。对实践中探索的分档发放低保金、居住地申请、收入豁免就业渐退、审核确认权限下放、增加救助服务等符合社会救助发展趋势的做法予以总结提炼，并上升为法律规制。

社会救助立法需要体现整体思维，处理好其与社会保险法、老年人权益保障法、残疾人保障法以及其他相关法律的关系。还需要伴随脱贫攻坚任务的完成和全面建成小康社会，将救助对象从以绝对贫困家庭为主体对象转化为以相对贫困家庭为主体对象，真正成为解决相对贫困问题的长久有效的制度安排。在立法中，必须注重新的生活风险也会导致新的贫困类型，社会救助的范围与水平亦必然要随经济社会发展而发展，立法应当能够适应这种发展变化，在维护稳定性的同时能够跟上时代发展步伐。

四、立法要解决的重点难点问题

在社会救助立法中，特别需要解决存在认识分歧的重点难点问题。

（一）社会救助范围宽窄与基本生活救助对象问题

关于社会救助法规范的社会救助的范围，是立法中必须加以明确的十分重要的问题。目前理论学术界有"大中小"三种不同的主张。主张采取"大社会救助"的观点，是把社会救助看成是一个无所不包的救助体系，除了生活救助、专项救助和临时救助外，还把司法救助、法律援助和刑事被害人救助、护理救助等都纳入社会救助体系中。主张采取"小社会救助"的观点，是把社会救助法规范的社会救助局限于基本生活救助，对非基本生活救助范畴的救助项目加以剔除（并非不要这些救助，而是将非基本生活救助项目纳入其他制度安排），进而将社会救助法定位于基本生活保障法。"中社会救助"则介于"大社会救助"和"小社会救助"之间，与《社会救助暂行办法》确立的现行救助制度实践基本吻合。

考察社会救助发展史可以发现，救助范围的宽窄往往与所处的社会发展阶段存在不可分割的内在逻辑关系。在贫穷落后的时代，无论是从国家财政承受能力极其有限出发，还是从困难群体的现实需要出发，都只能立足于基本生活甚至是最低生活救助，建制目标通常以确保公民免于挨饿受冻之苦为主，食物保障构成了核心内容，救助对象只能限于极端贫困人口；当进入发达社会后，解决相对贫困问题便成为社会救助制度的建制目标，需要社会救助解决的问题必定会超越基本生活保障，更不会将最低生活保障作为追求目标，而是会基于社会公正扩展到基本生活保障之外的其他救助需要，缓解"相对贫困"现象构成了制度的核心内容，覆盖对象自然会扩展到相对贫困人口。

2020 年是脱贫攻坚决战决胜之年，也是全面建成小康社会之年，国家发展在经历了从极低收入国家进入中等偏上收入国家行列后，正在快步迈向高收入国家行列。然而，正如李克强总理 2020 年 5 月 22 日在第十三届全国人大三次会议闭幕后的记者会上披露的，"中国是一个人口众多的发展中国家，我们人均年可支配收入是 3 万元人民币，但是有 6 亿中低收入及以下人群，他们平均每个月的收入也就 1000 元左右。"[1] 根据《中华人民共和国 2019 年国民经济和社会发展统计公报》，全年全国居民人均可支配收入 30733 元。按全国居民五等份收入分组，2019 年全年低收入组人均可支配收入 7380 元，中间偏下收入组人均可支配收入 15777 元，中间收入组人均可支配收入 25035 元，中间偏上收入组人均可支配收入 39230 元，高收入组人均可支配收入 76401 元。这一组数据表明我国还有数量庞大的低收入群体。在这样的国情条件下，我国社会救助制度追求的目标既要超越绝对贫困现象与"小救助"范畴，又不宜将无所不包的"大救助"作为追求目标，现阶段的社会救助立法宜采用偏中的社会救助范围，即以基本生活救助为主体，兼顾临时救助和专项救助，并可以根据社会发展的需要增加新的救助项目，但是法律援助、司法救助、刑事被害人救助等事关司法正义，与审判执行密切相关，不宜纳入社会救助法，但可以由其他法律另行规定。

---

① 李金磊：《中低收入及以下人群 6 亿中央"大动作"保民生》，中国新闻网，2020 年 5 月 29 日，http://finance.china.com.cn/news/20200529/5285375.shtml。

无论救助范围的大小，保障困难人口的基本生活都是社会救助制度的核心内容。是以家庭为单位还是可以突破家庭为单位实施救助关乎到救助对象的确认，需要通过社会救助立法加以明确，以为实施救助提供法律依据。

在《社会救助暂行办法》和《城市居民最低生活保障条例》中，都确定了社会救助必须以家庭为单位。但在最低生活保障的实践中，一些地方对以家庭为单位的原则有所突破，即将某些特定家庭成员（如重度残疾人）从家庭中分离出来，单独计算其人均收入，从"保家庭"转向"保人"。这种做法虽然保障了特定成员的基本生活，减轻了贫困边缘家庭的负担，但也存在极大的缺陷：一是动摇了最低生活保障制度的家庭保障的基础，导致家庭关系的疏离与成员之间互助共济责任的弱化，这既不符合中华自古以来的家庭成员相互保障的传统，也与我国《民法典》中关于祖父母、外祖父母与孙子女、外孙子女在特定情形下的相互抚养的义务关系，以及兄弟姐妹之间在特定情形下相互抚养关系的法律规制对家庭成员互助的导向相悖。二是客观上混淆了社会救助与社会福利等制度的功能定位，因为针对残疾人应当建立专项残疾人补贴制度，这是我国社会福利制度发展的必然取向。因此，社会救助法中的基本生活保障应坚持以家庭为单位的原则，以巩固家庭责任、促进家庭和谐、维系家庭保障为目标。考虑到家庭的复杂性和困难处境的多样性，在坚持以家庭为救助单位原则的基础上，应该为特殊情况下（如遭遇家庭暴力或被家庭遗弃）的个人保障留有余地，以确保社会救助对象的无遗漏。同时，家庭作为一个法律概念亦宜在社会救助立法中予以明确界定，以为社会救助实践提供清晰的依据。

（二）社会救助项目问题

《社会救助暂行办法》确立了我国的社会救助项目为：最低生活保障、特困人员供养、受灾人员救助、医疗救助、教育救助、住房救助、就业救助和临时救助。社会救助立法是否要维系这一框架，有不同的认识：一种观点认为应该保留这一体系或以这一体系为基础进行微调；另一种观点认为，现行的社会救助体系框架存在划分标准不统一、项目存在交叉和重复等问题，社会救助立法应该整合相关项目。具体而言，应将特困人员供养并入基本生活救助并对特困人员的特殊性保障在待遇给付方面予以强化，将医疗、教育、住房、就业救助归并为专项救助，将受灾人员救助和临时救助整合为急难临时救助。

基于理论与法理逻辑关系出发，现行的《社会救助暂行办法》的分项并不科学，因为最低生活保障是按照贫困程度划分的，临时救助是按照时间维度划分的，特困人员供养是按人的类别划分的，而医疗救助、灾害救助、教育救助、住房救助、就业救助是按致贫原因划分的，这种按照不同标准划分的救助项目存在交叉和重复，且产生叠加效应。社会救助立法需要解决广受诟病的各专项救助依附于最低生活保障制度的"福利捆绑"问题。因此，不宜按《社会救助暂行办法》的框架来制定社会救助法，对专项救助与基本生活保障的关系需要深入论证，适宜的方式是社会救助立法不采取按照救助项目设章的框架，而宜突出基本生活救助，同时涵盖专项救助与临时（急难）救助。

此外，社会救助必定要随着国家的发展进步而不断发展进步，对救助项目在立法中应当有开放式的条款，以确保立法发挥引领作用而不是滞后于社会救助的发展实践。

（三）社会救助的管理体制和经办机制问题

合理的管理体制与规范有序的经办机制是社会救助制度能够依法实施的保障性条件。因此，社会救助立法必须明确规制其管理体制及职责，以及社会救助实施机制。

关于社会救助的管理体制，理论学术界有多部门平行管理和民政部门集中统一管理之争。《社会救助暂行办法》规定了民政部门及相关政府部门都承担社会救助职责，虽然规定了民政部门统筹社会救助体系建设，但民政部门很难完成"统筹"之责，实践中的社会救助是多部门分割管理，实质上是多部门平行管理，由此导致的政策分割、资源分割、运行分割等问题必定对社会救助制度的实践效果产生不利影响。因此，应该通过立法赋权明责，明确民政部门担负社会救助政策体系统筹之责的管理体制，实行统筹规划、协同推进、分别问责。如果条件确实不具备，立法也至少要解决民政部门在社会救助体系建设中"统筹"作用的落地问题。同时，还应当明确申请人的申诉与救济途径，增强社会监督机制的规范性。

在社会救助经办方面，《社会救助暂行办法》第4条对社会救助经办有所规定，但并没有规定经办机构的建制和法律地位。实践中的最低生活保障几乎全是委托村民委员会、居民委员会的干部代办，带来了社会救助经办的非专业化问题，社会救助责任承担往往也无法确定真正的实施主体，这是导致现阶段社会救助领域存在诸多问题的重要原因。鉴于社会救助是政府责任，承担的是民生兜底保障和维护社会底线公正的重大责任，必须有专门的经办机制依法实施，而不宜再实行代办制。为此，社会救助立法应该为社会救助经办的专业化提供法律依据，参照发达国家和我国台湾地区、香港地区的做法，救助机构应当是公共机构，其工作人员应当是国家公职人员；如果基于名义上的编制紧缩，也可以委托专业的机构来承担社会救助事务的具体业务经办，以此确保救助政策能够不折不扣地得到落实，避免因执行或实施机制中的漏洞且难以问责而导致极端案例发生。

（四）社会救助资金的责任分担问题

社会救助由政府承担责任既是各国惯例，也是历史使然。社会救助资金和经费是以中央责任为主还是以地方责任为主，中央与地方如何分担社会救助财政责任，是社会救助立法中需要解决的重要问题。《社会救助暂行办法》规定了社会救助资金和经费纳入财政预算，但是回避了各级政府分担社会救助经费的机制问题。在实践中，各地做法不一，如北京市的社会救助资金仍以区级财政为主，有的区政府又要求乡镇按照一定比例分担，在这样的责任分担机制下，经济相对落后地区的受助人群和救助水平就会受到严重影响，公民的社会救助权利因各地财政状况和政府重视程度的不同而呈现出不平等。

我国是法制统一的社会主义国家，社会救助权益属于公民最基本的人权保障，追求救助权益平等不仅是中国社会主义制度属性的内在要求，也是确保社会底线公正的内在要求。因此，社会救助立法应该明确社会救助的财政预算制度，建立"中央为主、央地分担"的财政分担机制。对于经济欠发达的地区，应当明确中央与省级承担的转移支付责任。

（五）社会力量参与等问题

社会救助是政府的责任，但并不排斥社会力量参与。因此，社会救助立法中应当明确社会力量参与及其途径。但社会力量参与是否在社会救助法中单独成章则需要认真考量。

目前，学术界有两种观点：一种观点认为，社会力量参与在《社会救助暂行办法》中有专章进行规定，社会救助立法应该维持这种立法框架，这样有利于实现社会救助法与慈善法更好地衔接，有利于把通过购买社会服务实现对救助对象的精神救助等写入法律，强化社会救助给付既有物质给付又有精神给付的新理念。另一种观点认为，社会救助就是政府责任，社会救助法需要规范的也是政府责任，社会力量参与的规范在《慈善法》中有规定，如果在社会救助法中再行详加规定不仅是立法重复，而且可能产生误导。

从学理与法理双重视角出发，第二种意见更加符合社会救助制度的性质，所体现的是人民政府对低收入困难群体的保障责任与救助对象的法定权益，这是本法的核心与根本所在，而社会力量参与仅仅是起补充作用，它们可以并行但完全不是并列的关系。因此，在社会救助立法中，宜在总则部分对社会力量参与进行规定即可，不宜设置专章加以强化。

此外，还有救助标准如何制定、个人权利与义务如何履行、家计调查如何才能有效、受助者如何才能积极自立、违法行为如何惩罚等，均需要进一步认真研究。

五、适宜的社会救助法框架

在全面、综合考虑不同立法思路与中国社会保障学会专家学者提供给民政部的两个专家建议稿的基础上，我们认为，社会救助法既是社会保障体系的基础性、综合性法律，也是必须能够规制社会救助制度具体实践行为的专门法律。基于全面推进依法治国的背景和社会救助制度实践对法律完整性的要求，社会救助法的框架宜遵循总括性规制、明确救助范围、明确个人权利与义务、明确资金来源与救助标准、明确实施主体与经办流程、明确监管体制与职责、明确法律责任的逻辑顺序依序设章，这是一个完整的法律框架。

（一）社会救助法的框架设计

比较合理的社会救助法框架，宜分为总则、社会救助对象与救助项目、受助者的权利与义务、社会救助财政与救助标准、社会救助经办服务、监督管理、法律责任、附则，它们自始至终形成紧密的内在逻辑关系。其中：

"**总则**"一章负责解决立法宗旨及一些总括性规制。

"**社会救助对象与救助项目**"一章规制救助的对象及救助内容，它实质上是明确公民在哪些情形下能够获得政府的何种援助，它应当是一个相对稳定又需要不断扩展的系统，关键问题是界定本法的救助范围，明确社会救助的兜底性与发展性。

"**受助者的权利与义务**"一章需要明确规制申请人及救助对象的权利与义务，以及这种权利与义务之间的关系和法律后果。

"**社会救助财政与救助标准**"一章需要明确社会救助资金的来源与救助标准的制定依据，所奉行的原则是政府负责、以支定收，即一旦确立了救助标准，政府必须确保有足够的预算。同时，社会救助是政府责任，而标准制定也是政府行为，将两者放在一起关联考量为宜，并建立确保救助标准正常增长的机制。

"社会救助经办服务"一章需要明确规制社会救助的实施主体与实施流程，以及救助过程中特定事件的处理。特别重要的是经办机构的性质定位，与社会救助行政部门的关系，以及相应的经办规程与责任。

"监督管理"一章需要明确规制社会救助的监管体制、行政部门的具体职责及监管方式、监管手段，以及社会监督机制等。

"法律责任"一章需要明确规制社会救助管理部门、经办主体、申请人等各个主体应当承担的法律责任。

"附则"一章可为对特殊人群如外国人与无国籍人的救助规制，以及生效日期。

上述各章构成了一个内在逻辑关系严密的完整体系，能够回应社会救助实践对法律的基本需要。

（二）社会救助法的立法要点设定

各章立法条文要点如下（一些条文还可根据实际需要，进行内容扩展或分解成多条）：

第一章　总　　则

第一条【立法宗旨和依据】

第二条【公民享有法定的社会救助权利】

第三条【社会救助的界定和范围】

第四条【社会救助基本原则】

第五条【社会救助管理体制】

第六条【鼓励社会力量参与】

第七条【表彰与奖励】

第二章　社会救助对象与救助项目

第八条【社会救助对象的种类】

第九条【社会救助条件】

第十条【基本生活保障，此为重点】

第十一条【专项救助】

第十二条【临时救助】

第十三条【兜底性或开放性条款】

第三章　受助者的权利与义务

第十四条【申请人与受助者个人权利，如禁止不利变更】

第十五条【受助者免于征税和禁止采取强制措施】

第十六条【个人信息保护】

第十七条【如实申报】

第十八条【法定义务先履行】

第十九条【配合调查】

第二十条【自助自立，如收入豁免就业渐退等】

第二十一条【权利救济】

第四章　社会救助财政与救助标准

第二十二条【政府责任与财政预算】

第二十三条【财政责任分担，中央为主，并明确省及下级政府相关责任】

第二十四条【对欠发达地区的援助】

第二十五条【救助标准制定主体，如授权省级】

第二十六条【救助标准制定依据】

第二十七条【救助标准的调整，正常增长机制】

第五章　社会救助经办服务

第二十八条【经办服务机构及其性质】

第二十九条【经办机构购买服务】

第三十条【社会救助启动】

第三十一条【社会救助申请登记】

总之，社会救助法作为一部十分重要的社会保障法律，关乎社会底线公正与低收入困难群体的基本民生保障，应当体现社会主义中国的制度优势与人民最起码的生活保障权利。这部法律的制定已走过十分曲折的历程，曾在第十届、第十一届全国人大常委会期间先后列入优先立法项目，但两次均未成功。2018 年，该法被列入第十三届全国人大常委会的一类立法项目，这是第三次被认定为优先立法项目，并明确由民政部牵头起草法律草案。民政部于 2018 年启动立法研究，2019 年起草法律草案，其间中国社会保障学会专门组成课题组开展立法研究，取得了有重要价值的成果。我们期望，该法在 2020 年底前后能够由国务院提交全国人大常委会审议，在 2021 年通过该项立法。中国的社会救助事业需要立法规范，而健全的社会救助法必定能够规制、引领着中国社会救助制度在成熟、定型的条件下行稳致远，并成为保障低收入群体基本生活的最可靠的制度安排。

第二章　社会救助法与其他相关立法的关系及处理

　　社会救助，一般是指国家和社会对依靠自身努力难以满足其生存发展基本需求的公民给予的物质帮助和服务。《中华人民共和国宪法》第 45 条规定："中华人民共和国公民在年老、疾病或者丧失劳动能力的情况下，有从国家和社会获得物质帮助的权利。"该规定事实上为《社会救助法》的制定与建构提供了宪法依据。当前正在起草中的《社会救助法》，是一部贯彻宪法理念、保障公民获得社会救助的权利、规范社会救助活动、促进社会公平的重要法律，其内容具有综合性和基础性。就其在法律体系中的定位而言，一方面，《社会救助法》是社会保障法律体系的重要组成部分，可以归属于社会法范畴；另一方面，它又具有给付行政法的性质，可以归属于行政法范畴。从其涉及的法律部门而言，社会救助法与民商法、经济法、行政法、诉讼法和非诉讼程序法以及刑法等多个法律部门发生关联。因此，在社会救助立法中需要注意并妥善处理好与相关法律、法规、规章等的关系。

　　从社会救助法的内容上看，社会救助法由城乡居民最低生活保障制度、各专项救助制度和临时救助制度等构成；从形式上看是由宪法、法律、行政法规、部门规章、地方性法规、地方政府规章以及大量其他规范性文件构成的制度体系。社会救助立法具有很强的路径依赖，搞好社会救助立法，需要运用法治思维对现行社会救助相关的法律法规及政策进行梳理，保留其符合社会救助发展规律的规范，修改其不合时宜的规范，并根据需要创制新的规范。

从法的形式上看，与《社会救助法》相关的法律、法规有宪法、法律（包括基本法律和非基本法律）、行政法规、部门规章等中央层级不同效力的法律规范，也有地方性法规和地方政府规章。除了《宪法》为社会救助立法提供最高层次的法律依据外，涉及社会救助的法律还包括《慈善法》《就业促进法》《行政复议法》《行政诉讼法》《残疾人保障法》《精神卫生法》《妇女权益保障法》《未成年人保护法》《老年人权益保障法》《农业法》《高等教育法》《商业银行法》等重要法律。《社会救助暂行办法》《城市居民最低生活保障条例》《农村五保供养工作条例》《自然灾害救助条例》《城市生活无着的流浪人员救助管理办法》等行政法规无疑是社会救助立法的重要参考。而社会救助的地方性法规或地方政府规章特别是 2014 年《社会救助暂行办法》颁布实施以后的地方立法，如《上海市社会救助条例》《浙江省社会救助条例》《广东省社会救助条例》《江苏省社会救助办法》等地方性法规规章，体现了地方立法的经验和创新，有的具体内容应当被《社会救助法》所吸收。

《社会救助法》与其他相关立法的关系，涉及新法与旧法、高位阶的法与低位阶的法或者一般法与特别法的关系，涉及立法权限的科学划分和法治体系的和谐统一，关乎社会救助立法的科学性，因此，需要引起立法机关的高度重视。

一、与社会救助法相关立法概览

（一）社会救助立法的最高依据——宪法

宪法是社会救助法的立法依据。我国现行宪法是 1982 年制定的，之后，经历了五次修改。现行宪法与社会救助相关的条款主要是第45条，其规定："中华人民共和国公民在年老、疾病或者丧失劳动能力的情况下，有从国家和社会获得物质帮助的权利。国家发展为公民享受这些权利所需要的社会保险、社会救济和医疗卫生事业。"

该项规定一方面明确了物质帮助权是公民的基本权利，强调了国家与社会在社会救助中的主体作用。事实上，社会救助的主体除了国家之外，还有社会。尽管国家在社会救助领域往往负有主要责任，居于主导地位，但民间救助力量的作用也不可忽视。因此，该规定明确了社会救助立法应当秉持"国家与社会责任并重"的基本理念，[①] 同时强调国家与社会两个层面的救助主体。[②] 另一方面，把社会救济（社会救助在宪法上的术语）与社会保险相提并论，意味着社会救助是和社会保险相并列的概念，都是我国社会保障体系的重要组成部分。此外，2004年宪法修正案增加的"国家建立健全同经济发展水平相适应的社会保障制度""国家尊重和保障人权"，从法律解释学视角看，与社会救助立法也有间接相关性，其将包括社会救助在内的社会保障制度与人权保障结合起来，确保公民"生活受到威胁或陷于贫困时，有向国家和社会要求给予物质和服务帮助的权利"[③] 的重要根据。

（二）规定社会救助个别条款或与社会救助制度关联的法律

我国迄今并没有专门的社会救助法，但是其他的法律有一些零星的与社会救助有关的条款，据不完全统计，至少有22部法律涉及社会救助的相关内容或与其密切关联，见表2—1。

---

① 关于该理念的系统论述，可参见蒋悟真：《我国社会救助立法理念研究》，北京大学出版社2015年版，第22—53页。

② 当然，在社会层面，又可以进一步细分为用人单位、非营利性社会组织等类型。关于保障主体的相关分析，可参见周宝妹：《社会保障法主体研究——以利益平衡理论为视角》，北京大学出版社2005年版，第36—54页。

③ 薛小建：《论社会保障权》，中国法制出版社2007年版，第217页。

表 2—1　规定社会救助个别条款或与社会救助关联的相关法律

法律名称	制定、修改年份	相关条款	规范内容
社会矫正法	2019 年制定	第 43 条	社区矫正机构对社会矫正对象申请社会救助的协助义务
就业促进法	2007 年制定	第 52 条	就业援助
残疾人保障法	1990 年制定，2008 年、2018 年修改	第 48 条	残疾人救助
未成年人保护法	1992 年制定，2006 年、2016 年修改	第 43 条	生活无着的未成年人救助
老年人权益保障法	1996 年制定，2012 年、2015 年、2018 年修订	第 31 条	老年人救助
农业法	1993 年制定，2002 年、2012 年修订	第 83 条	农村社会救助
精神卫生法	2012 年制定	第 68 条、第 69 条	精神障碍患者救助
职业病防治法	2011 年制定，2016 年、2017 年、2018 年修改	第 61 条	用人单位已经不存在或者无法确认劳动关系的职业病病人的医疗、生活救助
妇女权益保障法	1992 年制定，2018 年修改	第 28 条、第 29 条、第 46 条、第 52 条	妇女的一般性救助权利、生育救助的保障义务，以及遭遇家暴时的救助
母婴保健法	1994 年制定，2009 年、2017 年修改	第 13 条	贫困地区或人员婚前医学检查费用减免
人口与计划生育法	2001 年制定，2015 年修改	第 28 条、第 27 条	实行计划生育的贫困家庭在社会救济方面给予优先照顾，以及失独家庭的政府帮助
教育法	1995 年制定，2015 年修改	第 37 条	教育资助
义务教育法	1986 年制定，2006 年、2015 年、2018 年修改	第 6 条、第 44 条	适龄儿童、少年的教育救助
高等教育法	1998 年制定，2015 年、2018 年修改	第 54 条	大学生的教育救助

续表

法律名称	制定、修改年份	相关条款	规范内容
归侨侨眷权益保护法	1990 年制定，2000 年、2009 年修改	第 10 条	归侨、侨眷的社会救助
旅游法	2013 年制定，2016 年、2018 年修订	第 12 条、第 82 条	旅游救助
传染病防治法	2004 年制定	第 62 条	传染病患者的医疗救助
行政复议法	1999 年制定，2009 年修订	第 6 条	部分社会救助争议可以提起行政复议
行政诉讼法	1989 年制定，2014 年修改	第 12 条	部分社会救助争议可以提起诉讼
商业银行法	1995 年制定，2003 年修改	第 29 条	居民存款信息保护
证券法	1999 年制定，2014 年修订	第 44 条	证券账户信息保护
民法典	2020 年制定	第一编、第五编、第六编	总则、婚姻家庭、继承

资料来源：根据相关法律整理得出。

（三）社会救助行政法规

2014 年国务院出台《社会救助暂行办法》（以下简称《暂行办法》），自 2014 年 5 月 1 日起实施。这是我国社会救助领域第一部综合性行政法规。《暂行办法》的主要内容，见表 2—2。

表 2—2 《社会救助暂行办法》的主要内容

章节	主要内容
总则	立法目的，基本原则、主管机关，经办机构，工作协调机制及经费保障，管理信息系统，社会力量参与，社会救助表彰、奖励
最低生活保障制度	最低生活保障对象，最低生活保障标准，最低生活保障申请审核程序，补助方式与分类施保，动态管理

续表

章节	主要内容
特困人员供养	供养对象，供养内容与标准，申请审批程序，乡镇人民政府、街道办事处职责，终止供养及公示，供养方式
受灾人员救助	救助对象及属地管理，自然灾害救助物资储备，转移安置与应急救助，灾情发布，过渡性安置，恢复重建，春荒冬令救助
医疗救助	救助对象，救助方式，申请审批程序，医疗费用结算机制、疾病应急救助
教育救助	救助对象，救助内容与方式，救助标准，申办程序
住房救助	救助对象，救助方式，住房困难标准和救助标准，申请审核程序，保障措施
就业救助	救助对象与救助内容，救助底线，申请审批程序，不接受救助的后果，对用人单位的就业扶持
临时救助	救助对象，申请审批程序，救助事项与标准，流浪乞讨救助
社会力量参与	参与方式，优惠政策，购买服务，社会工作服务机构和社会工作者，建立社会力量参与社会救助的机制和渠道
监督管理	监督管理、家庭财产申报与核查，取得证明材料，社会救助统一受理，工作人员的保密义务，信息公开，社会监督、资金物资监督，行政复议或行政诉讼
法律责任	社会救助管理人员的管理责任，管理人员截留、挤占、挪用、私分社会救助资金、物资的法律责任，骗保的法律责任，监管对象的刑事责任
附则	实施日期

（四）规定社会救助单项内容的行政法规

涉及单项社会救助制度的行政法规有 4 部，见表 2—3。

表 2—3　单项社会救助制度的行政法规

行政法规名称	制定时间	重要意义
城市居民最低生活保障条例	1999 年	城市居民最低生活保障的主要依据
农村五保供养工作条例	2006 年	五保供养由国家承担责任的标志
自然灾害救助条例	2010 年	自然灾害救助的主要法规依据
城市生活无着的流浪人员救助管理办法	2003 年	社会救助取代强制性的收容遣送的标志

资料来源：根据相关行政法规整理得出。

（五）涉及单项社会救助的部门规章

社会救助部门规章主要包括两类：一类是专门针对社会救助事项制定的部门规章，如《城市低收入家庭认定办法》，另一类是其他部门规章中有关社会救助的规定，如《就业服务与就业管理规定》等，具体见表2—4。

表2—4　涉及单项社会救助的部门规章

部门规章名称	制定时间	制定主体
城镇最低收入家庭廉租住房申请、审核及退出管理办法	2005 年	建设部、民政部
廉租住房保障办法	2007 年	建设部、发展改革委、监察部、民政部、财政部、国土资源部、人民银行、税务总局、统计局
城市低收入家庭认定办法	2008 年	民政部、国家发展改革委、公安部、财政部、人力资源和社会保障部、住房城乡建设部、人民银行、税务总局、工商总局、统计局、证监会
农村五保供养服务机构管理办法	2010 年	民政部
就业服务与就业管理规定	2007 年（2014、2015、2018 年修正）	人力资源和社会保障部
特困人员认定办法	2016 年	民政部

（六）社会救助地方性法规和地方政府规章

除了法律、行政法规以及部门规章之外，有立法权的地方制定的社会救助方面的地方性法规和地方政府规章也非常重要，其经常性地需要根据特定省市的经济社会发展水平来有针对性地设置相应给付标准等内容。① 在这方面，地

---

① 参见龚向和：《从民生改善到经济发展：社会权法律保障新视角研究》，法律出版社 2013 年版，第 264 页。

方性法规主要有《上海市社会救助条例》《浙江省社会救助条例》《广东省社会救助条例》《重庆市城乡居民最低生活保障条例》。地方政府规章如《江苏省社会救助办法》《山东省社会救助办法》等。社会救助地方性法规规章的主要特点是：实施性规定多，自主性规定少；规章多，法规少；地方立法与中央立法并未在体系上完成对接。

（七）有关社会救助的其他规范性文件

社会救助制度规范除了法律法规规章外，还表现为大量的其他规范性文件。这些其他规范性文件成为社会救助实践的重要依据，对于社会救助制度的发展和完善起到了至关重要的作用。例如，1997 年国务院颁布的《关于在全国建立城市最低生活保障制度的通知》，标志着我国城市居民最低生活保障制度的正式建立。2007 年国务院发布的《关于在全国建立农村最低生活保障制度的通知》，成为我国农村最低生活保障制度正式建立的标志。2007 年，民政部发布《关于进一步建立健全临时救助制度的通知》后，临时救助制度开始在全国范围内建立。2011 年，财政部、民政部发布的《关于加强城乡最低生活保障资金预算执行管理工作的通知》，进一步明确了最低生活保障资金的"地方财政为主，中央财政补助"的财政分担模式。2017 年 1 月，国务院办公厅印发《关于加强困难群众基本生活保障有关工作的通知》，要求全国各县（市、区）都要建立健全由政府负责人牵头、民政部门负责、有关部门和单位参加的困难群众基本生活保障工作协调机制，定期研究解决本地区困难群众基本生活保障问题，社会救助部际联席会议和困难群众基本生活保障工作协调机制开始正式建制。2020 年 2 月 25 日，中共中央、国务院颁布《关于深化医疗保障制度改革的意见》，明确了健全统一规范的医疗救助制度，这对社会救助法中的医疗救助立法具有重要的指导意义。

二、与社会救助立法相关法律、法规的主要内容

（一）社会救助立法与《社会救助暂行办法》

《社会救助暂行办法》（以下简称《暂行办法》）明确了我国社会救助制度体系的内容，包括最低生活保障、特困人员供养、受灾人员救助、医疗救助、教育救助、住房救助、就业救助、临时救助八项制度以及社会力量参与，将保障群众基本生活的各项托底制度，统一到一部行政法规中。《暂行办法》规定国务院民政部门统筹全国社会救助体系建设，各部门按照各自职责做好相应的社会救助管理工作。《暂行办法》强化了社会救助家庭经济状况查询核对机制，要求建立信息核对平台；规范了救助申领窗口、转办申请事项，要求建立统一受理申请的窗口并及时受理。《暂行办法》在形式上消除了城乡二元立法结构，坚持了社会救助城乡统筹发展，明确了社会力量参与社会救助的鼓励政策。

我国的社会救助制度不是"先立法后实施"，而是在社会救助制度已经实施多年的基础上进行立法，具有很强的路径依赖。在很大程度上社会救助立法就是把社会救助领域已经被实践证明的成功的制度实践通过程序上升为法律，社会救助法在诸多方面的内容会与《社会救助暂行办法》有较多的交叉。但是，《暂行办法》具有明显的局限性与滞后性。例如，该法由于行政法规的位阶所限，无法对家庭经济状况核查中涉及金融资产核查的问题进行规定；《暂行办法》以绝对贫困作为社会救助的门槛，显然无法适应新时代社会救助工作发展的需要；《暂行办法》制度设计本身亦存在局限，如"8+1"的社会救助体系是否适应新时代社会救助工作的需要，也需深入研究。因此，社会救助立法也无须受《暂行办法》过多的限制，完全可以进行制度的创新甚至是重大创新，这也是新时代社会救助立法的重大意义所在。

（二）社会救助立法与《慈善法》

2016 年，我国出台了《慈善法》，确定了慈善组织和慈善行为的基本规范。根据《慈善法》划定的慈善活动的范围，包括："自然人、法人和其他组织以捐赠财产或者提供服务等方式，自愿开展的下列公益活动：（一）扶贫、济困；（二）扶老、救孤、恤病、助残、优抚；（三）救助自然灾害、事故灾难和公共卫生事件等突发事件造成的损害；（四）促进教育、科学、文化、卫生、体育等事业的发展；（五）防治污染和其他公害，保护和改善生态环境；（六）符合本法规定的其他公益活动。"[1]因此，不仅在传统意义上慈善是在民间开展的扶贫济困、帮助社会上不幸的个人和团体的社会救助活动，而且慈善组织作为社会力量参与社会救助也属于慈善法调整的慈善活动范畴，《慈善法》的颁布也构成"整个社会保障体系建设中具有里程碑意义的重要事件"[2]。与此同时，《社会救助法》作为社会救助的基本法、综合法，不能只规定国家救助，也需要给社会力量参与的救助留下一定的篇幅并规定具体的促进制度。这就必然涉及规定"社会力量参与社会救助"的制度设计，因此做好其与慈善法的衔接与协调非常重要。

（三）社会救助立法与《商业银行法》《证券法》

我国《商业银行法》第 29 条第 2 款中规定："对个人储蓄存款，商业银行有权拒绝任何单位或者个人查询、冻结、扣划，但法律另有规定的除外。"《证券法》第 44 条规定："证券交易所、证券公司、证券登记结算机构必须依法为客户开立的账户保密"。上述规定是社会救助工作中家庭经济状况核对中金融资产查询必须经过申请人授权的法律依据，在社会救助立法缺位的情况

---

① 《慈善法》第 3 条。

② 郑功成：《〈中华人民共和国慈善法〉解读与应用》，人民出版社 2016 年版，第 1 页。

下，社会救助经办机构对申请救助家庭进行经济状况查询必须经过申请人的授权。

（四）社会救助立法与特殊群体权益保护法

在社会救助领域，我国存在大量专门针对特殊群体权益保护的法律，主要包括《残疾人保障法》《未成年人保护法》《老年人权益保障法》《妇女权益保障法》《归侨侨眷权益保护法》等。

1. 《残疾人保障法》（1990年制定，2008年、2018年修改）。基于残疾人自身和需求的特殊性，残疾人社会救助与其他群体的救助存在较大不同。对残疾人的社会救助项目较为丰富，包括对残疾学生、贫困残疾人家庭的学生的教育救助，社会保险的参保费用补贴，医疗救助、护理救助、生活救助、住房救助、法律援助等其他社会救助。在社会救助的内容上，除了传统的金钱救助以外，还包括实物、服务、供养等内容，比如医疗护理康复方面的服务，对无劳动能力、无扶养人或者扶养人不具有扶养能力、无生活来源的残疾人的供养等。但是，在原理上，残疾人社会救助的一些项目内容与残疾人福利存在一定交叉重叠，不容易泾渭分明地划分清楚。该法第48条规定："各级人民政府对生活确有困难的残疾人，通过多种渠道给予生活、教育、住房和其他社会救助。县级以上地方人民政府对享受最低生活保障待遇后生活仍有特别困难的残疾人家庭，应当采取其他措施保障其基本生活。"第49条规定："地方各级人民政府对无劳动能力、无扶养人或者扶养人不具有扶养能力、无生活来源的残疾人，按照规定予以供养。"

2. 《未成年人保护法》（1992年制定，2006年、2016年修改）。该法第43条规定："县级以上人民政府及其民政部门应当根据需要设立救助场所，对流浪乞讨等生活无着未成年人实施救助，承担临时监护责任；公安部门或者其他有关部门应当护送流浪乞讨或者离家出走的未成年人到救助场所，由救助场所予以救助和妥善照顾，并及时通知其父母或者其他监护人领回。"

3.《老年人权益保障法》（1996 年制定，2012 年、2015 年、2018 年修订）。基于经济困难的老年人、"三无"老年人群体的特殊性，对老年人的救助，既有金钱的内容，同时也包括服务、供养、精神慰藉等内容。该法第 31 条规定："国家对经济困难的老年人给予基本生活、医疗、居住或者其他救助。老年人无劳动能力、无生活来源、无赡养人和扶养人，或者其赡养人和扶养人确无赡养能力或者扶养能力的，由地方各级人民政府依照有关规定给予供养或者救助。对流浪乞讨、遭受遗弃等生活无着的老年人，由地方各级人民政府依照有关规定给予救助。"

4.《妇女权益保障法》（1992 年制定，2018 年修改）。《妇女权益保障法》较为完整地列举了妇女的各项社会救助权利和相应制度安排，规定了妇女一般性的社会救助权利（第 28 条），生育救助制度性保障义务（第 29 条第 2 款），以及遭遇家庭暴力时获得救助的权利（第 46 条第 3 款），获得法律援助、司法救助的权利和制度性保障义务（第 52 条第 2 款）。该法第 28 条规定："国家发展社会保险、社会救助、社会福利和医疗卫生事业，保障妇女享有社会保险、社会救助、社会福利和卫生保健等权益。"

5.《归侨侨眷权益保护法》（1990 年制定，2000 年、2009 年修改）。该法第 10 条第 1 款规定："国家依法维护归侨、侨眷职工的社会保障权益。用人单位及归侨、侨眷职工应当依法参加当地的社会保险，缴纳社会保险费用"。第 10 条第 2 款规定："对丧失劳动能力又无经济来源或者生活确有困难的归侨、侨眷，当地人民政府应当给予救济"。

（五）社会救助立法与规定部分群体社会救助的法律

1.《精神卫生法》（2012 年制定，2018 年修改）。该法第 68 条第 3 款规定："精神障碍患者通过基本医疗保险支付医疗费用后仍有困难，或者不能通过基本医疗保险支付医疗费用的，医疗保障部门应当优先给予医疗救助。"第 69 条规定："对符合城乡最低生活保障条件的严重精神障碍患者，民政部门应当会同有关部门及时将其纳入最低生活保障。对属于农村五保供养对象的严重精神障碍患者，以及城市中无劳动能力、无生活来源且无法定赡养、抚养、扶养义务人，或者其法定赡养、抚养、扶养义务人无赡养、抚养、扶养能力的严重精神障碍患者，民政部门应当按照国家有关规定予以供养、救助。前两款规定以外的严重精神障碍患者确有困难的，民政部门可以采取临时救助等措施，帮助其解决生活困难。"

2.《传染病防治法》（1989年制定，2004年修订）第62条规定："国家对患有特定传染病的困难人群实行医疗救助，减免医疗费用。具体办法由国务院卫生行政部门会同国务院财政部门等部门制定。"

3.《母婴保健法》（1994年公布，2009年、2017年修改）。该法第13条第2款规定："省、自治区、直辖市人民政府对婚前医学检查应当规定合理的收费标准，对边远贫困地区或者交费确有困难的人员应当给予减免。"

4.《人口与计划生育法》（2001年制定，2015年修改）第28条规定："地方各级人民政府对农村实行计划生育的家庭发展经济，给予资金、技术、培训等方面的支持、优惠；对实行计划生育的贫困家庭，在扶贫贷款、以工代赈、扶贫项目和社会救济等方面给予优先照顾。"第27条第4款规定："独生子女发生意外伤残、死亡，其父母不再生育和收养子女的，地方人民政府应当给予必要的帮助。"本条文为"失独家庭"的社会救助提供了法律依据。

5.《旅游法》（2013年制定，2016年、2018年修订）。旅游者有请求救助的权利，并对应旅游经营者、当地政府、有关部门机构的义务。旅游救助的一个特殊性在于，旅游者接受救助后，应当支付应由个人承担的费用。《旅游法》第12条第1款规定，旅游者在人身、财产安全遇有危险时，有请求救助和保护的权利。第31条规定，旅行社应当按照规定交纳旅游服务质量保证金，用于旅游者权益损害赔偿和垫付旅游者人身安全遇有危险时紧急救助的费用。第82条规定，旅游者在人身、财产安全遇有危险时，有权请求旅游经营者、当地政府和相关机构进行及时救助。中国出境旅游者在境外陷于困境时，有权请求我国驻当地机构在其职责范围内给予协助和保护。旅游者接受相关组织或者机构的救助后，应当支付应由个人承担的费用。

（六）社会救助立法与就业促进法律制度

2007 年制定的《就业促进法》第六章为"就业援助"，专门规定了就业救助的相关内容，其中第 52 条规定："各级人民政府建立健全就业援助制度，采取税费减免、贷款贴息、社会保险补贴、岗位补贴等办法，通过公益性岗位安置等途径，对就业困难人员实行优先扶持和重点帮助。就业困难人员是指因身体状况、技能水平、家庭因素、失去土地等原因难以实现就业，以及连续失业一定时间仍未能实现就业的人员。就业困难人员的具体范围，由省、自治区、直辖市人民政府根据本行政区域的实际情况规定。"2007 年人力资源和社会保障部制定的《就业服务与就业管理规定》（2014 年修改）第五章用 5 个条款专门规定了就业援助制度，其中有诸多内容与社会救助制度中的就业救助发生交叉、重叠。

（七）社会救助立法与教育法律制度

我国教育相关法律从不同方面规定了教育救助制度，与社会救助立法中的教育救助发生关联。《教育法》（1995 年制定，2015 年修改）第 37 条规定："国家、社会对符合入学条件、家庭经济困难的儿童、少年、青年，提供各种形式的资助。"《义务教育法》（1986 年制定，2006 年、2015 年、2018 年修改）第 6 条第 1 款规定："国务院和县级以上地方人民政府应当合理配置教育资源，促进义务教育均衡发展，改善薄弱学校的办学条件，并采取措施，保障农村地区、民族地区实施义务教育，保障家庭经济困难的和残疾的适龄儿童、少年接受义务教育。"第 44 条第 2 款规定："各级人民政府对家庭经济困难的适龄儿童、少年免费提供教科书并补助寄宿生生活费。"《高等教育法》（1998 年制定，2015 年、2018 年修改）第 54 条规定："家庭经济困难的学生，可以申请补助或者减免学费。"第55条规定："国家设立高等学校学生勤工助学基金和贷学金，并鼓励高等学校、企业事业组织、社会团体以及其他社会组织和个人设立各种形式的助学金，对家庭经济困难的学生提供帮助。"

（八）社会救助立法与行政复议法、行政诉讼法

社会救助方面的纠纷性质上属于行政纠纷，需要通过行政复议或行政诉讼解决。关于社会救助纠纷的解决除社会救助法所做的原则性规定外，自然也适用《行政复议法》《行政诉讼法》的一般规定。《行政复议法》第6条和《行政诉讼法》第12条规定的受案范围就包含社会救助纠纷。

（九）社会救助立法与民事法律制度

我国现行社会救助对象为"家庭"，其认定标准涉及共同生活的家庭成员范围。家庭成员的范围与我国《民法典》的相关制度发生关联，如《民法典·总则编》中有关于法定监护人顺序的规定，《民法典·婚姻家庭编》中关于亲属之间的抚养、赡养义务关系的规定，《民法典·继承编》中有法定继承范围和顺序的规定等。社会救助立法中的家庭是以民事法律制度中的家庭成员为圭臬，还是构建出一个新的"共同生活家庭成员"概念，是社会救助立法的核心议题之一。

（十）社会救助立法与刑法

刑法是规定犯罪、刑事责任和刑罚的法律。《中华人民共和国刑法》于1979年通过，1997年对其进行了重大修订。继1997年全面修订刑法后，中国先后通过"一个决定"和"十个修正案"，对刑法作出修改、补充。社会救助工作中的违法行为，造成严重社会危害，构成犯罪的，应该依法追究刑事责任。具体的罪名和犯罪构成一般通过法律解释的方法适用刑法及其修正案。比

如，骗保的违法行为如构成诈骗罪的，应当依法以诈骗罪来追究刑事责任。

三、社会救助法与其他相关立法的关系处理

《社会救助法》在立法过程中应当充分考虑到与其他相关立法的关系，并能够妥善协调与处理，这样会使该法的科学性极大提高，法律通过后的实施效果将会更加理想。

处理《社会救助法》与其他相关立法关系的基本原则是"合理定位，于法有据，与时俱进，统筹兼顾"。"合理定位"是指要合理确定社会救助法在我国法律体系特别是社会保障法律体系中的定位。我国社会保障法律体系由社会救助法、社会保险法和社会福利法等构成，社会保险法在社会保障法律体系中处于核心地位，社会救助法在社会保障法律体系中属于基础性的、兜底性的制度安排。社会救助是在其他社会保障无法保障的情况由其承担最后的责任，因而，社会救助立法必须处理好和其他社会保障制度的关系。例如，对于贫困群体的医疗保障，应该首先落实资助其参加医疗保险缴费，将来发生医疗费用，通过基本医疗保险、大病保险给付以后，再启动医疗费用的救助机制。"于法有据"是要指依据《立法法》规定的立法权限和法律适用的规则处理《社会救助法》与其他立法的关系；"与时俱进"是指《社会救助法》要能够适应社会经济的发展，关于社会救助方面的一些滞后的规定需要及时废止。关于社会救助领域的方针和政策，例如，2017年国务院办公厅印发的《关于加强困难群众基本生活保障有关工作的通知》，虽然并不具有法律效力，但其中的合理内容应该作为社会救助立法的指导或者通过立法上升为法律；"统筹兼顾"是指社会救助立法需要兼顾与其他法律的关系。社会救助法如果是一部将由全国人大常委会审议通过的法律，要尊重宪法与基本法律的规定，不与基本法律发生抵触，如果认为基本法律的规定确实需要修改的，建议通过立法程序修改基本

法律。其次是考虑《社会救助法》与同一位阶的其他法律的分工和衔接，发挥法律的整体功能。

结合我国社会救助相关法律的具体情况，关于《社会救助法》与其他相关立法关系处理需要重点关注以下问题。

（一）《社会救助法》与《社会救助暂行办法》的关系处理

在《社会救助法》颁布之前，《暂行办法》总括式地规定了我国社会救助制度体系的基本内容。但是，根据我国《立法法》的规定，"法律的效力高于行政法规"。① 在此背景下，《社会救助法》颁布后，基于《社会救助法》的法律属性以及《暂行办法》的行政法规属性，凡是两者之间在宏观理念、制度规则方面存在冲突的地方，应当优先适用《社会救助法》的相关规定。与此同时，国务院应当根据《社会救助法》的最新立法精神、原则规定与具体规则，对《暂行办法》进行系统修改；抑或基于《暂行办法》的临时性特点，对其予以废止，并在此基础上重新制定完全反映与全面贯彻《社会救助法》基本理念、原则、制度与规则的"社会救助法实施办法"。

（二）《社会救助法》与《慈善法》的关系处理

在社会救助领域，应当贯彻"政府救助与社会主体救助相结合"② 的基本理念。就具体通过慈善组织与慈善活动来推进社会救助而言，《慈善法》属于全国人民代表大会通过的法律，《社会救助法》如果由全国人民代表大会常务委员会通过，其在法律位阶层次上与《慈善法》并不相同。但是，依据《立法法》第 7 条规定："全国人民代表大会常务委员会制定和修改除应当由全国人

---

① 　《立法法》第 88 条。
② 　林莉红、孔繁华：《社会救助法研究》，法律出版社 2008 年版，第 76 页。

民代表大会制定的法律以外的其他法律，在全国人民代表大会闭会期间，对全国人民代表大会制定的法律进行部分补充和修改，但是不得同该法律的基本原则相抵触"，因此，《社会救助法》关于社会力量参与的规定不应该和《慈善法》的基本原则相抵触。社会救助属于慈善法所调整的慈善活动的范畴，《社会救助法》中关于"社会力量参与社会救助"的规则必然需要与《慈善法》的相关规定相协调，"从而更好地满足困难群众多样化、多层次的需求，帮助他们摆脱困境、改善生活，为实现全面建成小康社会作出贡献"。① 因此，两者是调整范围有交叉、联系紧密的两部法律。在此背景下，相对于《社会救助法》作为社会救助领域基本法的定位，《慈善法》关于作为慈善目的的社会救助，以及社会救助类的慈善组织与慈善活动之规定，构成特别法。因此，即便在《社会救助法》颁布之后，《慈善法》中关于社会救助方面的特别规定原则上应当优先适用。例如，《慈善法》规定，"国家对开展扶贫济困的慈善活动，实行特殊的优惠政策"；"慈善组织开展'扶贫、济困、扶老、救孤、恤病、助残、优抚'慈善活动需要慈善服务设施用地的，可以依法申请使用国有划拨土地或者农村集体建设用地。慈善服务设施用地非经法定程序不得改变用途"②。当然，在《社会救助法》与《慈善法》就慈善性社会救助组织参与活动这一相同事项的规定不一致而导致无法确定如何适用时，则需要根据《立法法》的规定："法律之间对同一事项的新的一般规定与旧的特别规定不一致，不能确定如何适用时，由全国人民代表大会常务委员会裁决。"③ 这一基本原则构成《社会救助法》与其他法律在这一特殊情况下发生冲突时的一般解决方案。

（三）《社会救助法》与《商业银行法》《证券法》的关系处理

《社会救助法》作为法律，从立法权限上讲，有权直接规定申请社会救助

---

① 阚珂主编：《中华人民共和国慈善法释义》，法律出版社 2016 年版，第 234 页。
② 《慈善法》第 84—85 条。
③ 《立法法》第 94 条。

时，社会救助管理机构可以查询申请人及其共同生活的人的存款状况。但是，这涉及对存款人金融信息保护和家庭经济状况核查的价值衡量，如果认为在现代社会，存款人金融信息保护的价值高于家庭经济状况核查的便捷价值，立法并没有必要改变现有的经济状况核对金融资产时必须经过申请人授权的规定；而如果认为对于亟待获得社会救助的个体而言，迅速及时获得对其本人及家庭经济情况的真实准确的信息极为必要，则不妨在社会救助中取消关于须经申请人授权的规定。对于后者，我国之前颁布的法律预留了相应的空间。例如，《商业银行法》第 29 条第 2 款中规定："对个人储蓄存款，商业银行有权拒绝任何单位或者个人查询、冻结、扣划，但法律另有规定的除外。"为此，《社会救助法》应当明确社会救助管理机构的相应权限，否则不得适用类似法律中的但书条款。

（四）《社会救助法》与特殊群体权益保护法关系的处理

《社会救助法》与特殊群体权益保护法的关系较为复杂。就诸如未成年人、老年人、残疾人、妇女等特殊群体而言，其享有的权益不单包括获得社会救助的权利，而是涉及一系列人身、财产、社会方面的权益。因此，就权益保障而言，各自对应的权益保护法构成了一般法，而《社会救助法》关于其获得社会救助的权利之规则反倒成了特别法。与此同时，从社会救助的角度而言，《社会救助法》自然构成一般法；而各种特殊群体权益保护法中关于特殊群体获得社会救助的权利之规定则构成特别法。为此，从最有力地保障落实特殊群体社会救助权的角度而言，较为合理的一个解决思路是，就特殊群体获得社会救助的权利而言，其特殊群体权益保护法有特别规定的，则该规定往往基于特殊群体自身特性而有针对性的强化保障，应适用其规定；如果其特殊群体权益保护法并无特别规定，而只是宣示性地明确某特定群体有权获得社会救助的权利的，则自然需优先适用《社会救助法》中的具体规则加以保障。

例如，对于未成年人这一群体而言，因为其自身特性（心智尚未成熟，可能构成无民事行为能力人或限制民事行为能力人），需要在社会救助方面加以特别对待。对此，《未成年人保护法》（1992 年制定，2006 年、2016 年修改）直接对县级以上人民政府及其民政部门施加了担任临时监护人的法定义务，同时要求有关部门"及时通知其父母或者其他监护人领回"的法定义务。① 该规定属于未成年人社会救助方面的特殊规则，需要优先适用。而对于特殊群体权益保护法的另外一些规定，则主要属于权利宣示性的规定。例如，《老年人权益保障法》（1996 年制定，2012 年、2015 年、2018 年修订）规定："国家对经济困难的老年人给予基本生活、医疗、居住或者其他救助。"② 因此，就具体适用而言，还需要适用《社会救助法》的相关规定。

（五）《社会救助法》与规定部分群体社会救助之法律的关系处理

在不少法律中，对于部分群体在特殊领域、特定环节的社会救助事宜予以了特别规定。对此，与上文提到的处理《社会救助法》与特殊群体权益保护法之关系类似，在《社会救助法》颁布之后，应当根据规定部分群体社会救助之法律规则的具体情况，决定优先适用何种法律。一般而言，基于这些法律侧重规定了部分群体在特定情况下所特别享有的社会救助权利与保障机制，应当优先适用这些特别规定。例如，《母婴保健法》（1994 年 10 月 27 日公布、2009 年、2017 年修改）规定："省、自治区、直辖市人民政府对婚前医学检查应当规定合理的收费标准，对边远贫困地区或者交费确有困难的人员应当给予减免"。③因此，针对婚前医学检查而言，边远贫困地区或者交费确有困难的人员享有较其他群体更为优惠的待遇，该规定并非单纯的权利宣示，而是实质性的强化保障，自然应当相较于《社会救助法》而优先适用。又如，《旅游法》（2013 年制定，2016 年、2018 年修订）规定："旅游者在人身、财产安全遇有危险时，有权请

---

① 参见《未成年人保护法》第 43 条。
② 《老年人权益保障法》第 31 条。
③ 《母婴保健法》第 13 条。

求旅游经营者、当地政府和相关机构进行及时救助……旅游者接受相关组织或者机构的救助后，应当支付应由个人承担的费用"。在这方面，旅游者所享有的社会救助权具有特殊性，并非单独的权利宣示，其在获得救助后，需支付其个人应当承担的费用。因此，这一条款当然也应当优先于《社会救助法》而得到适用。

（六）《社会救助法》与就业促进法律的关系处理

在《社会救助法》中，就业救助是一项极为重要的组成部分，因此，就业救助与我国就业促进方面的专项法律存在密切关系。2007 年制定的《就业促进法》对就业救助多有规定，例如，该法要求"各级人民政府建立健全就业援助制度，采取税费减免、贷款贴息、社会保险补贴、岗位补贴等办法，通过公益性岗位安置等途径，对就业困难人员实行优先扶持和重点帮助"。[①] 对此，在法律适用上优先适用哪部法律，颇为困难。其中一种解决路径就是，对于《社会救助法》没有规定，但《就业促进法》有规定的内容，根据特别法优先于一般法的原则，适用《就业促进法》的规定；对于规定了相同内容的规则，根据新法优于旧法的基本原则，优先适用《社会救助法》中关于就业救助的相关规定。

（七）《社会救助法》与教育法律的关系处理

教育救助也构成《社会救助法》的重要内容。因此，在教育救助领域，《社会救助法》与相关教育法律具有相关性。在教育救助方面，《社会救助法》中的相关条款构成一般法，而《教育法》《义务教育法》《高等教育法》等教育领域中关于教育救助的法律规则构成特殊法。因此，一般而言，应当优先适用教育法中关于教育救助方面的特别规定。当然，如果《社会救助法》中关于教育

---

① 《就业促进法》第 52 条。

救助的规则在教育救助标准等方面作出了强行法要求或对教育法中关于教育救助的相关规则作出了修正，则应当根据新法优于旧法的原则，优先适用《社会救助法》的规定。

（八）《社会救助法》与行政复议法、行政诉讼法的关系处理

社会救助领域的多数纠纷在性质上属于行政纠纷。在我国，行政纠纷的解决多委诸于《行政复议法》《行政诉讼法》来予以应对解决。作为大陆法系国家，我国传统上也存在所谓的"重实体而轻程序"之法制问题。[1] 因此，具体到社会救助领域，从法律理念来看，必须牢固树立"实体法与程序法配套"[2] 的核心观点与体系结构，从而最大化地保障社会救助的实际效果与相关主体的合法权益。在社会救助方面，《社会救助法》对行政纠纷的解决不需作出太多规定。因此，除非《社会救助法》针对社会救助行政纠纷建构了有别于《行政复议法》《行政诉讼法》的特殊规定、特别程序与特定制度，原则上应当适用《行政复议法》《行政诉讼法》的相关具体规则来处理社会救助领域的各种行政纠纷。

（九）《社会救助法》与民事法律制度的关系处理

我国现行社会救助对象为"家庭"，其共同生活的家庭成员范围包括：（1）配偶；（2）父母和未成年子女；（3）已成年但不能独立生活的子女，包括在校接受本科及其以下学历教育的成年子女；（4）其他具有法定赡养、扶养、抚养义务关系并长期共同居住的人员。以上社会救助家庭成员范围的确定其实在我国的民法典等民事法律规制有关配偶、父母子女之间权利义务关系以及祖父母以及兄弟姐妹之间的权利义务关系中能够找到依据。但是，我国民事法律

---

① 参见汤德宗：《行政程序法论》（第二版），（台北）元照出版有限公司2005年版，第2页。

② 蒋悟真：《我国社会救助立法理念研究》，北京大学出版社2015年版，第186—218页。

制度中关于祖孙隔代之间的抚养义务的规制，对兄弟姐妹之间抚养义务的规制，是建立在传统的伦理和社会结构之上的。随着社会人口结构的变化，传统家庭的社会保障功能持续弱化，需要社会保障制度承担起更重要的职能。因此，社会救助立法可以对家庭成员的范围作出有别于民事法律制度的家庭成员范围的规定，可以以核心家庭作为救助对象。

（十）《社会救助法》与《刑法》的关系处理

在社会救助领域，《刑法》构成了确保《社会救助法》有效实施，保障各方当事人合法权益的重要制度。《社会救助法》一般只原则性地规定一些需要承担刑事责任的情形。至于在整个社会救助中存在的各种违法行为已经因为严重危害社会而构成犯罪的，自然应当根据我国《刑法》的规定，结合具体的罪名与犯罪构成，追究相关主体的刑事责任。从这个角度而言，在社会救助领域，《刑法》规制的是《社会救助法》中一些现实或潜在构成犯罪的违法行为，构成了《社会救助法》的刑事保障法。

四、结语

社会救助立法需要准确、科学、系统地处理《社会救助法》与其他法律法规的关系，完善现有的社会救助法律体系，有效整合各方面的社会救助资源，最大限度地发挥我国社会救助制度的整体效能，为此，本章大致梳理了与《社会救助法》相关的法律法规领域，以及未来在适用《社会救助法》时需要与其他法律法规加以协调的主要方法。但是，必须明确指出的是，《社会救助法》属于社会法方面的一部重要法律，其涉及的法律主体、法律关系与相关领域非常复杂。而且，当前我国在民事领域、社会保障领域以及其他领域的立法速度正在加快，很多法律法规的内容正处于不断变动之中。因此，本章无法就每一部相关法律法规与《社会救助法》的衔接问题进行全面梳理。为此，在遇到特定的衔接适用问题时，除了根据新法优于旧法、特别法优于普通法等基本法律适用原则之外，也可以参酌本章所探讨的处理方式并根据具体的场景问题加以审慎分析、妥当处理。

第三章　社会救助项目设置与体系优化

自 20 世纪 90 年代以来，我国开始建立与市场经济体制相适应的现代社会救助体制，至今已形成包括最低生活保障、特困人员供养、受灾人员救助、医疗救助、教育救助、住房救助、就业救助、临时救助并引入社会工作的所谓"8+1"的社会救助体系，为贫困人口构建了一道"最后的安全网"。但是我国现代社会救助项目是基于解决社会问题而建立，属于"打补丁"式的社会政策构建方式，即使在《社会救助暂行办法》中得到初步整合，但是仍然存在社会救助边界不清、项目关联过强、管理部门协调性差等问题，社会救助体系需要进一步优化。

一、我国社会救助项目设置和体系发展现状

（一）社会救助体系的建立

20 世纪 50 年代，我国基于"依靠集体，群众互助，生产自救，辅之以政府必要的救济"的原则建立了济贫制度，形成城乡二元社会救济体制。① 城镇

---

① 参见崔乃夫：《当代中国的民政》（下），当代中国出版社 1994 年版。

社会救济对象主要有：无法定扶养人、无劳动能力、无生活来源的孤老残弱；因天灾人祸或缺乏劳动能力造成生活困难的无业居民。农村社会救济对象主要有：丧失或缺少劳动能力的老弱病残；天灾人祸造成生活困难的农民、牧民、渔民、盐民等。对于城乡第一类人员建立定期定量救济制度，按时发放救济款或物资，受助时间没有限制；对于第二类人员建立临时救济制度，需要时给予少量现金或物资救助。

改革开放以后，中国农村实行联产承包责任制，农村贫困得到缓解，但是自 20 世纪 80 年代开始，在城镇实行经济体制改革后，城镇产生大量隐性失业人员（即下岗人员、冗余人员等）、"工作贫困"群体和就业不稳定人员。他们中有一部分人员生活于贫困甚至极端贫困状态之中，但又不符合社会救助资格条件。与此同时，中国开始逐步缩小城乡救济规模，越来越多的贫困者被排除在国家保护之外，由此产生大量社会问题。自 20 世纪 90 年代，中国开始改革传统的社会救济制度，逐步建立起与市场经济体制相适应的现代社会救助体系（见表 3—1）。2014 年，国务院颁布《社会救助暂行办法》，确立了"8+1"的社会救助体系。其中的"8"指最低生活保障、临时救助、灾害生活救助、特困人员供养、医疗救助、住房救助、就业救助、教育救助；"1"指社会力量参与，包括社会捐赠、设立帮扶项目、创办服务机构、提供志愿服务等。除上述 8 项社会救助项目外，还有部分地区建立了供暖救助、支出型贫困家庭生活救助等项目。

表3—1 20 世纪 90 年代以来中国社会救助改革发展历程

年份	事件	文件
1997	建立城市居民最低生活保障制度	国务院发布《关于在全国建立城市居民最低生活保障制度的通知》
1998	建立廉租住房和经济适用住房制度	国务院发布《关于进一步深化城镇住房制度改革加快住房建设的通知》
1999	建立国家助学贷款	国务院办公厅转发中国人民银行等部门关于国家助学贷款管理规定（试行）的通知

续表

年份	事件	文件
2003	建立农村医疗救助制度	民政部等部委联合下发《关于实施农村医疗救助的意见》（〔2003〕158）
2005	建立城市医疗救助制度	国务院办公厅转发民政部等部门《关于建立城市医疗救助制度试点工作意见的通知》（国办发〔2005〕10号）
2005	实施"两免一补"	国务院办公厅转发《财政部、教育部关于加快国家扶贫开发工作重点县"两免一补"实施步伐有关工作意见的通知》
2006	改革五保供养制度	国务院通过《农村五保供养工作条例（修订草案）》
2007	建立农村居民最低生活保障制度	国务院印发《关于在全国建立农村最低生活保障制度的通知》
2010	规范自然灾害救助工作	国务院发布《自然灾害救助条例》
2014	出台《社会救助暂行办法》	《社会救助暂行办法》（国务院令第649号）
2014	建立临时救助制度	国务院印发《关于全面建立临时救助制度的通知》
2015	建立残疾人"两项补贴"制度	《国务院关于全面建立困难残疾人生活补贴和重度残疾人护理补贴制度的意见》（国发〔2015〕52号）
2016	实施困境儿童社会救助	《国务院关于加强困境儿童保障工作的意见》（国发〔2016〕36号）
2018	建立残疾儿童康复救助制度	《国务院关于建立残疾儿童康复救助制度的意见》（国发〔2018〕20号）

在20世纪90年代以前，社会救助项目少，以生活救助为主，业务管理由民政部门负责；随着社会救助项目的增多，部分项目超出了生活救助范畴，社会救助业务管理按业务性质划归为不同的部门管理。2018年，国务院机构改革后，社会救助管理分工如下：民政部门统筹全国社会救助体系建设，并按其职责负责一定的社会救助管理工作，医疗保障、教育、住房城乡建设、人力资源和社会保障等部门亦按照各自职责负责相应的社会救助管理工作；县级以上地方人民政府民政、卫健、教育、住房城乡建设、人力资源社会保障等部门，按照各自职责负责本行政区域内相应的社会救助管理工作。在现行社会救助项目中，民政部门主管的社会救助项目有最低生活保障、特困人员供养、临时救

助、残疾人"两项补贴"、残疾儿童康复救助，应急管理部门主管受灾人员救助，教育部门主管教育救助，医疗保障部门主管医疗救助，人力和社会保障部门主管就业救助，住房和城乡建设部门主管住房救助。

总体上看，我国社会救助体系趋于完善。从内容上看，形成了以生活保障为基础、以发展性保障为补充的社会救助项目体系；从保障群体看，形成了以贫困家庭为重点保障对象并逐步扩展到低收入家庭及特定人群的保障圈层；从保障方式看，形成了现金救助为主要手段并辅助以实物救助和服务帮扶的形式多样的社会救助方式；从管理分工看，形成了各负其责、业务交互的分工合作模式。

(二) 社会救助项目设置存在的问题

我国现代社会救助改革始于 20 世纪 90 年代，基于当时的贫困形态和经济社会发展形势，逐项建立社会救助项目，这种方式难免造成社会救助项目的交叉和重复，还有些社会救助项目因为经济社会的快速发展而出现不适应。主要表现在以下几个方面：

一是社会救助边界快速扩展造成社会救助与社会福利的冲突。目前，还未有一个文件或法律明确界定社会救助的内涵和外延，由此导致社会救助的快速扩展并出现救助福利化的倾向，即用社会救助代替公共服务，或用选择性社会政策代替普惠性社会政策。如：义务教育是一种普惠性的社会福利，因贫上不起学的穷人应由福利制度解决（减免所有费），而不应由社会救助来解决；虽然失业是造成家庭贫困的主要原因，但是就业并不是属于救助的范围，而是属于就业公共服务的范畴，这种公共服务应是普惠性的；特困人员供养的部分服务（如住宿服务、医疗服务、丧葬服务等）范围远超出了社会救助的范围，它应纳入福利服务的范畴（事实上，城市"三无"人员供养曾长期划为社会福利服务范围）。

二是社会救助项目边界互为交叉。现行的 8 项社会救助项目是按照不同的标准划分而得的，其中最低生活保障是按贫困程度划分的，临时救助是按时间维度划分的，特困人员供养是按困难人群类别划分的，而医疗救助、教育救助、住房救助和就业救助是按致贫原因划分的。按照不同标准划分的社会救助项目存在交叉和重复。如：特困人员救助与最低生活保障的边界交叉，部分特困人员满足最低生活保障，目前各地采取的做法是"就高不就低"的方式解决这一冲突。边界交叉较为突出的是临时救助，由于临时救助边界模糊导致了"临时救助是一个筐，什么都往里面装"的现象发生，尤其是医疗救助与临时救助混用现象较为明显。在生活救助中，除最低生活保障制度外，特困人员供养、受灾人员救助、临时救助都有生活救助的内容。

三是最低生活保障的基础性地位受到冲击。最低生活保障不仅是社会救助的基础支柱，也是我国社会保障的重要制度安排。全国城乡最低生活保障人数最多时超过 7000 万人，在保障困难群众基本生存和维护社会稳定方面发挥了重要作用。但是基于绝对贫困结构建立起来的最低生活保障制度难以适应贫困结构的变化，导致城乡居民最低生活保障人数持续减少。城镇自 2010 年的最高点 2300 多万人减少到 2019 年的 860 万人，平均每年减少 150 万人以上；农村自 2013 年的最高点近 5400 万人减少到 2019 年的不到 3500 万人，平均每年减少 320 万人。目前有少数地区的最低生活保障受助率（受助人数占户籍人数的比）已跌至 1% 以下，严重地冲击了这一制度的基础性地位。而日本生活保护制度受助率最高时接近 2.5%，最低时不低于 1%，目前稳定在 1.5% 左右；韩国的生活保护制度受助率最高时超过 3%，最低时在 2% 以上。[①]

（三）社会救助体系存在的问题

随着社会救助项目的增多，整合社会救助项目，提升社会救助的系统性便成为社会救助急需解决的关键问题。2014 年《社会救助暂行办法》形成"8+1"体系，将分散管理的社会救助项目整合成一个易记且形象的体系，提升了社会

---

① 参见杨立雄、于洋、金炳彻：《中日韩生活保护制度比较》，中国经济出版社 2012 年版。

救助的系统性。但是这一体系还需要进一步改进，主要表现在以下几个方面：

一是社会救助项目之间的高度关联加剧了"福利悬崖"效应。《社会救助暂行办法》进一步强化了其他社会救助项目与最低生活保障之间的关系，甚至最低生活保障资格成为其他社会救助的资格条件之一。如：申请医疗救助的人员只能是最低生活保障家庭成员、特困供养人员和县级以上人民政府规定的其他特殊困难人员；申请教育救助的人员只能是最低生活保障家庭成员和特困供养人员；申请住房救助的人员只能是最低生活保障家庭和分散供养的特困人员；申请就业救助的人员只能是最低生活保障家庭成员。困难群众一旦获得低保资格，自动或者优先获得医疗救助、住房救助、教育救助等资格；相反，失去低保资格会失去上述社会救助资格。这种捆绑导致了"福利悬崖"现象的加剧，同时也造成救助资源的浪费，迫使部分人群为了获得专项社会救助而不得不先申请最低生活保障。

二是体系框架分类的科学性有待改进。《社会救助暂行办法》确立的"8+1"体系虽然生动易记，但是没有对8项社会救助进行区分，有欠精细。为此，学界将8项社会救助划分为基本生活救助、专项救助和临时救助。但是这种方法因为划分标准不统一导致部分项目的分类有争议。如医疗救助是一种应急性救助或临时救助，还是专项救助？目前多数学者将医疗救助划入专项救助中，把它当成贫困人群除生活救助之外的一项特定救助，如住房、教育和就业救助一样。但是医疗救助具有明显的紧急性和一次性特征，与其他专项救助存在明显的区别。

三是社会救助圈层尚未形成。随着我国社会救助项目的增多，社会救助对象超过传统的社会救济对象，但是现行的社会救助项目与社会救助对象的对应关系尚未理清，社会救助资源仍然向绝对贫困对象集中，形成较为明显的"福利悬崖"。而且随着居民生活水平的提升，绝对贫困人口逐年减少，导致社会救助对象逐步减少。与此同时，相对贫困人口逐步增加，他们的生活仍然较为艰难，但是由于没有建立递减的社会救助圈，他们中的多数人未能被社会救助所覆盖。现代社会是一个高风险社会，甚至中等收入群体都会面临贫困风险，在他们面临突发性、临时性困难时，也需要社会和政府给予支持。但是，目前我国尚未建立起相应的救助制度，以保障陷入困境的中等收入群体的基本生活。如2019年底爆发的新冠肺炎不仅影响到困难家庭的基本生活，也波及许多中等收入家庭，他们或失业，或经营困难甚至倒闭，收入减少甚至中断，生存陷入困难，如何针对这部分困难群体实施精准救助是当前急需解决的问题。

二、发达国家社会救助项目设置与体系框架

（一）项目设置总体情况

社会救助制度与反贫困理念、社会保障制度、国家政治体制等因素密切相关，各国社会救助项目设置也存在巨大差别，各项目之间的内在联系也各不相同，从而形成不同的社会救助体系。

考察发达国家的社会救助体系，英国著名社会政策学者 Eardley 等人将社会救助体系划分为三个部分。

一是一般性救助（General assistance），即对低于特定收入标准的个人或家庭提供现金救助，目的在于保障困难家庭的基本生活。发达国家普遍建立了一般性救助制度，如澳大利亚的特别津贴（Special Benefit），加拿大的社会救助计划（Canada Assistance Plan），法国的最低生活保障（Rerenu Minimum d'Insertion），德国的生活保障（Soialhilfe），英国的收入支持（Income Support），美国的食品券（Food Stamps）和一般救助（General Assistance）。

二是分类救助（Categorical assistance），即对儿童、老年人、残疾人、单亲家庭等特定困难群体实施的社会救助项目，目的在于保障弱势群体的基本生

活，提升其生活质量。发达国家较为重视分类救助，各国普遍建立了分类救助项目，而且救助项目较多。如：澳大利亚的分类救助项目有年长者养老金（Age Pension）、服务养老金（Service Pension）、残疾人支持养老金（Disability Support Pension）、妻子养老金（Wife Pension）、照顾者养老金（Carer Pension）、单亲父母养老金（Sole Parent Pension）、疾病津贴（Sickness Allowance）、失业津贴（Unemployment Allowances）、家庭支付（Family Payments）；爱尔兰的分类救助项目有失业救助（Unemployment Assistance）、退休前津贴（Pre-retirement Allowance）、老年、遗属和孤儿非缴费养老金（Old Age, Widow's and Orphan's Non-Contributory Pensions）、被遗弃和囚犯妻子津贴（Deserted and Prisoner's Wife Allowance）、照顾者津贴（Carer's Allowance）、单亲父母津贴（Lone Parent Allowance）、残疾和盲人支持津贴（Disabled and Blind Person's Maintenance Allowance）等。

三是附加救助（Tied assistance），即对有特定需求的困难家庭提供实物、服务或现金救助，住房救助是附加救助中最大的项目，也是最为重要的项目①。如丹麦的住房补贴、英国的住房津贴（Housing Benefit）、美国的联邦住房救助（Federal Housing Assistance）和低收入家庭能源救助（Low Income Home Energy Assistance）。其他附加救助则较少，主要有英国的学校免费餐食（Free Schoolmeals），美国的医疗救助（Medicaid）、学校午餐项目（School Lunch and Breakfast programme）、特别补充食品项目（Special Supplementary Food Programme）、工作培训伙伴法案（Job Training Partnership Act）以及领先项目（Head Start）。

Eardley 等人对 OECD 国家的社会救助体系进行了归类。从表 3—2 中可以看出，英国和美国的社会救助项目多，体系较为健全；而日本、西班牙、瑞典、荷兰、丹麦等国家的社会救助项目相对较少，社会救助偏重于一般救助和

---

① See Eardley, T, Bradshaw, J, Ditch, J et al. (1 more author) (1996) Social Assistance in OECD-Countries: Synthesis Report. Research Report. Department of Social Security ResearchReport, No.46 .HMSO , London.

分类救助，只有少数国家(如希腊和葡萄牙)尚未建立一般救助。从总体上看，多数 OECD 国家没有建立其他相关救助制度。

表3—2　OECD 国家社会救助体系

国家	一般救助	分类救助	相关救助	
			住房救助	其他相关救助
澳大利亚	✓	✓	✓	×
奥地利	✓	✓	×	✓
比利时	✓	✓	×	×
加拿大	✓	✓	✓	×
丹麦	✓	×	✓	×
芬兰	✓	×	✓	×
法国	✓	✓	✓	×
希腊	×	✓	✓	×
冰岛	✓	✓	✓	×
爱尔兰	✓	✓	×	×
意大利	✓	✓	×	×
日本	✓	×	×	×
卢森堡	✓	×	✓	×
荷兰	✓	✓	×	×
新西兰	✓	✓	✓	×
挪威	✓	✓	✓	×
葡萄牙	×	✓	✓	×
西班牙	✓	✓	×	×
瑞典	✓	✓	×	×
土耳其	✓	✓	×	✓
英国	✓	✓	✓	✓
美国	✓	✓	✓	✓

资料来源：Eardley, T, Bradshaw, J, Ditch, J et al. (1 more author) (1996) Social Assistance in OECD-Countries: Synthesis Report. Research Report. Department of Social Security Research Report, No.46 . HMSO , London。

（二）社会救助体系发展模式

进一步考察社会救助项目的整合程度，可以将社会救助体系划分为两种类型。

一是整合的社会救助体系。即社会救助项目之间的关联性较强，社会救助对象重合度高，社会救助的管理部门较为集中，甚至由一个部门管理。日本是整合的社会救助体系的代表。1946年，日本制定并实施《生活保护法》；1950年，日本对《生活保护法》进行了修改，并于1951年实施。此次修改的一个重要内容是增加社会救助项目，在原来生活补贴、医疗补贴、创业补贴和丧葬补贴的基础上增加了教育补贴和住宅补贴，后来又增加了介护补贴。日本社会救助体系的整合性体现在三个方面：（1）管理高度集中，劳动厚生省社会援护局是日本社会救助制度的最高管理机关，其职能包括生活保护制度的政策制定、运营实施以及监督指导等。劳动厚生省将生活保护的具体运营委托给地方政府中的民生部或民生局，地方政府将生活保护的具体执行又委托给社会福利事务所所长。（2）将八项社会救助项目整合成生活保护制度，通过《生活保护法》对所有社会救助项目进行了规定。《生活保护法》共分十三章、八十六条，对生活保护的保护原则、保护种类及范围、保护机关及实施、保护方法、设施设备等内容进行了规定，并非将八项救助项目分别成章，而是充分整合了社会救助项目的共性。（3）社会救助各项目的保障对象高度重合。申请生活保护须进行资产调查和认定，而且家计调查较为严格。日本最低生活保护基准费是八个项目的总和，一般情况下，最低生活保护基准费是指生活补贴、住宅补贴、教育补贴、医疗补贴、介护补贴的基准金额的总和。①

二是分散的社会救助体系。即社会救助项目的关联性不强，社会救助对象重合度低，社会救助项目管理较为分散。美国是分散的社会救助体系的代表。

---

① 参见杨立雄、于洋、金炳彻：《中日韩生活保护制度研究》，中国经济出版社2012年版，第79—112页。

美国社会救助项目多，社会救助体系呈现高度分散的特征。一是管理机构分散。如贫困家庭临时援助计划由联邦健康与人类服务部的儿童与家庭管理局管理，各州有权设定申请者的财务资格要求并受理和审查援助申请，救助水平在各州之间差异也较大；补充营养援助项目（前身为食品券项目）由美国农业部食品与营养服务部主管，各州社会服务部门可根据联邦规定制定本州规则；补充收入保障项目由联邦社会保障署负责管理，补充收入保障实行全国统一的残障、收入财产核查和救助标准，州政府可在此标准上进行补充；医疗救助由美国医疗保险和医疗援助服务中心主管，住房救助则由美国住房及城市发展部管理。二是各项目的关联度较低，社会救助对象的重合度低。多数社会救助对象均需要重新认定资格。三是各社会救助项目没有综合性立法。由于社会救助项目多，且项目之间的差异性较大，并且社会救助项目在不断变化之中。因此，美国没有采取日本综合立法的方式将所有社会救助项目整合到一部法律之中，而是采取单独立法的形式，成熟一项，立法一项，或者将社会救助项目整合到其他的社会保障立法之中。

上述两种社会救助体系各有优缺点。整合的社会救助体系管理集中，项目整合度高，体系运行的协调性较好，但是项目设置灵活性差，且易形成社会救助的马太效应；而分散的社会救助体系管理分散，项目之间关联性差，体系运行的协调性差，但是不易形成福利陷阱，且项目设置灵活，提高了社会救助的适应性。根据中国的国情，社会救助仍然在较长时间内是保障困难群体的主要制度设计，社会项目将会增多，且考虑到现行管理体制的分散性，宜采取分散的社会救助体系模式发展我国的社会救助体系。

三、中国社会救助项目调整与体系优化建议

采取分散的社会救助体系模式发展我国社会救助体系，需要在以下几个方

面做进一步改进。

(一) 建立基本生活保障制度

采取分散的社会救助体系，项目设置更为灵活，可以根据经济社会发展形势和困难群众的救助需求灵活设置社会救助项目。但是这种模式也极易突破社会救助的边界。为此需要限定社会救助的范围和边界，防止社会救助"福利化"（保障标准过高）和社会保障"泛社会救助化"（即将其他社会保障制度转化为社会救助项目）。建议将社会救助界定为"保障公民基本生活的制度安排"，将社会救助权利主要限定于困难群众的基本生活保障，而对于其他社会救助项目的拓展要持谨慎态度。鉴于最低生活保障作用逐步下降的现实，建议整合最低生活保障和特困人员供养制度，同时将受灾人员救助和临时救助中的生活救助内容抽取出来，建立基本生活保护制度。在事权划分上，中央政府收回基本生活保障政策的制定权和发布权，授权地方在一定幅度内调整最低生活保障标准。在业务管理上，可以采取委托—代理的方式，将基本生活保障业务委托给地方政府，管理成本由中央政府和地方政府各承担一半。中央政府对地方政府的绩效进行考核，制定相应的奖惩措施。在监督考核上，由中央政府制定的管理办法和测量指标，对地方政府的管理行为和管理过程进行严格而详细的考核；采用"漏保率"和"错保率"两个指标考核地方政府基本生活救助效果，并根据考核结果实施奖励或处罚，包括：加大绩效评价因素在分配补助任务和财政资金方面所占权重；加大绩效评价因素在管理费分担中的权重；将绩效考核结果排名并通报，以此作为评优和问责的依据。建立基本生活保护制度，不仅可以遏制最低生活保障受助人数持续下降的趋势，而且也划清了社会救助项目之间的边界，并整合了现有社会救助项目。

在发达国家中，生活救助仍然是社会救助的核心内容。如日本的新生活保护法已实施了60多年，生活补贴的重要地位一直未变；韩国实施的国民基本生活保护则主要关注于生活救助；美国实施的贫困家庭临时援助计划和补充营养计划也关注于贫困家庭的生活保障；在国际劳工组织倡导的底线社会保护（social protection floor）中，生活保护是其重要内容。我国贫困形态虽然发生了转变，但是生活救助仍是困难家庭的第一救助需求，尤其是在农村贫困地区，部分家庭仍然面临较为沉重的生存压力，弱化生活救助将导致他们重新陷入绝对贫困状态。在推进社会救助立法时，应围绕基本生活保障进行立法，进一步强化基本生活保障的地位，包括：整合最低生活保障、特困人员供养和临时救助条款，增加基本生活保障条款；整合《城市居民最低生活保障条例》和《国务院关于在全国建立农村最低生活保障制度的通知》，对基本生活保障原则、保障种类及范围、管理机关、救助方式、保障设施、申请经办、法律责任等进行细化并在相应条款中予以明确；基于基本生活保障提炼社会救助共性，并将其提升到社会救助法的"总则"中，或设立专章进行规定。

（二）优化社会救助体系

采取分散的社会救助体系模式，社会救助项目多，每个项目的保障目标、保障对象、救助形式等均有区别，再加上项目的关联性差，导致社会救助体系框架结构显得松散。为此需要对现行众多的社会救助项目重新归类。考察中国的社会救助发展史，济贫、纾困、救急难一直是社会救助的主要功能，并基于此而建立了三个层次的社会救助体系，形成了中国基于救助的社会保障体系特征。[1] 在上述三个层次中，济贫是历代社会救助的基本功能，也是其他社会救助的基础；纾困的目标使人摆脱贫困境况，达到"助人自立"的目标；而在灾难频发、生产力落后的情况下，救急难任务繁重且不可或缺。虽然中国也存

---

[1]　参见王君南：《基于救助的社会保障体系——中国古代社会保障体系研究论纲》，《山东大学学报（哲学社会科学版）》2003 年第 5 期。

在"救急不救穷"等思想，但是主要是针对有劳动能力的人提出的有条件救助，而针对特定人群很早就建立了济贫体系。[①]早在几千年前就提出了"鳏寡孤独废疾者皆有所养"的理念，由此发展出多种针对特定群体的分类救助项目。根据社会救助的保障目标、保障对象、家计调查、救助形式等因素，并基于中国传统社会救助的分层，将现行社会救助项目分为四类：（1）济贫类救助，其目标在于保障基本生存，制度设计主要有基本生活保障；（2）纾困类救助，其目标在于缓解贫困人群或贫困边缘人群的特定类救助需求，主要由住房救助、教育救助、就业救助等组成；（3）急难类救助，其目标在于缓解紧急性或临时性生存危机，由受灾人员救助、医疗救助和临时救助组成；（4）特困群体救助，其目标在于提升特定群体生存质量，主要由针对残疾人、儿童、老年人的救助项目组成（见表3—3）。

表3—3　中国社会救助体系的调整

分类	保障目标	保障对象	家计调查	救助形式	救助项目
济贫	维持基本生活水平	长期贫困家庭	较为严格的家计调查	现金和实物	基本生活保障
纾困	满足基本生存条件，获得发展条件	贫困家庭；中低收入家庭	一般性家计调查	现金补贴、租赁住房、危房改造、公益性岗位等	教育救助、住房救助、就业救助
救急难	缓解临时性生存危机，维持基本生存	因病、因灾或因其他突发事件而受影响的个人或家庭	宽松的家计调查或没有家计调查	提供基本生活条件(食品、饮用水、衣被、取暖、临时住所)，提供服务，现金	医疗救助、受灾人员救助、临时救助
特定群体	满足特定需求，提升生存质量	残疾人、老年人、儿童等	较为宽松的家计调查或没有家计调查	以现金和服务为主	特困人员供养，残疾人两项补贴、残疾儿童康复救助，流浪乞讨人员救助等

---

① 包括：对"五疾"之人"上收而养之，材而事之，官施而衣之，兼复无疑"；对"鳏寡孤独废疾者""皆有所养"。

OECD 国家采取中位收入的 40%、50% 和 60% 的贫困线划分了三类贫困，借鉴国际上通常的做法，结合我国国情，将贫困家庭划分为绝对贫困家庭、相对贫困家庭和贫困风险家庭。绝对贫困以基本生活保障线为标准，家庭人均收入低于基本生活保障标准的家庭均属于绝对贫困家庭；相对贫困以最低工资为标准，即家庭人均收入高于基本生活保障标准、低于最低工资标准的家庭均属于相对贫困家庭；贫困风险以社会平均收入的一定比例为标准，凡高于相对贫困标准、低于贫困风险标准均属于贫困风险家庭。划分贫困等级有利于根据不同家庭类型实施有针对性的社会政策。对于绝对贫困家庭，社会政策的主要目标在于保障家庭的基本生存条件，保障重点在于夯实兜底保障制度，助其摆脱生存困境；对于相对贫困家庭，社会政策的主要目标在于增强家庭的自我发展能力，缓解家庭刚性支出，逐步摆脱贫困境地，并获得可持续发展条件；对于贫困风险家庭，社会政策的主要目标在于增强家庭的抗风险能力，增强家庭的可持续发展能力。在划分了三类家庭之后，应根据家庭贫困程度的不同，设计不同的政策组合，建立社会救助圈层（见表 3—4）。

表 3—4　家庭贫困类型与社会政策的匹配

贫困等级	划分标准	贫困表现	政策目标	主要措施
绝对贫困	基本生活保障线	生存困境	济贫	社会安全网
相对贫困	最低工资线	发展困境	纾困	专项救助 + 社会服务
贫困风险	平均收入的一定比例	抗风险困境	救急难	急难救助 + 就业 + 社会保险

四、结语

经过二十多年的改革，中国社会救助制度逐步完善，形成了较为完整的体系，在保障贫困人口的基本生活方面发挥了重要作用。但是，由于我国社会救助是基于打补丁的方式建立起来的，无论是从宏观、中观、微观的角度，还是从管理的角度，社会救助制度还需要进一步整合，以便更为高效地发挥作用。

我国提出了 2020 年全面建成小康社会的目标，全面建成小康社会的短板在于贫困人口，目前政府在农村地区开展了精准扶贫战略，要求于 2020 年全部贫困人口实现脱贫。在实施精准扶贫过程中，有大量贫困人口需要由社会救助政策兜底，这给农村社会救助政策提出新的挑战；而在城镇，在新冠肺炎的影响下，就业形势严峻，收入增长乏力，低收入群体到 2020 年底实现收入翻番的目标面临较大的困难。面对上述形势，只有统筹整合社会救助制度，优化社会救助体系，提高社会救助效率，实现"精准、高效"救助，才能在实现全面建成小康的路上补齐贫困人口这块短板。

第四章　最低生活保障标准的设定

一、最低生活保障标准的重要性

在现代国家，应对常时性贫困的有效措施是建立最低生活保障制度。最低生活保障制度是指，国家基于保障生存权的理念，为保障生活贫困者过上人之所以为人的最低限度生活而对其进行必要给付的制度。在此，为了提供维持最低限度生活的必要给付，应明确其标准，该标准被称为最低生活保障标准。最低生活保障标准虽不能脱离一国的社会、经济状况而存在，但是，在一定的社会经济条件下，其客观合理的设定既是可能的又是必需的。

1.最低生活保障标准反映着生存权的实现程度。第一次世界大战后，生存权保障的思想在德国《魏玛宪法》第 151 条第 1 款中得到体现，即"经济生活的秩序必须符合对全体社会成员作为人的生活进行保障之目的的正义原则"。第二次世界大战后，许多国家制定或修改宪法，增加生存权方面的内容规定，在国际社会上，1948 年的《世界人权宣言》对社会保障权利、经济社会及文化权利进行了规定，具体地，第 22 条规定了公民享有接受社会保障的权利，第 25 条规定所有公民都享有保持和保障充分的生活水准之权利。此后，社会经济权在 1966 年的《经济、社会、文化权利国际公约》中得到规定,生存权保障成为人类普遍的价值追求。作为宪法上所规定的生存权是基本权利之一,其具体的保障是通过立法化的最低生活保障制度而得以实现的,而最低生活保障标准则是该制度的核心所在,因为一国最低生活保障制度发挥的有效性如何,直接体现在最低生活保障标准的内容上。该标准的制定越客观、科学和合理,越能反映一国公民生存权的实际保障状况。

2.最低生活保障标准是一国最低生活保障行政的出发点。最低生活保障行政的开展,首先需要依据最低生活保障标准来识别需要保障的对象,然后才按照其贫困的实际程度提供具体的保障。最低生活保障标准内容设定的客观科学性,决定着需要保障对象的范围之大小,科学合理的最低生活保障标准可以有效防止漏保现象的发生,并减少行政机关在最低生活保障行政工作中的恣意裁量行为。

3.最低生活保障标准"不仅是测定贫困的基准,而且是贫困对策的基准"。[1]从历史发展的维度看,在生存权保障理念指引下,最低生活保障标准设定的主要目的在于测定贫困,识别需要救助的最低生活保障对象,保障其维持最低限度的生活,维护社会稳定。然而,随着社会经济的发展,人们越来越认识到,接受最低限度生活保障者往往难以融入社会生活,受到社会排斥,并逐渐固化为社会的最底层。从社会连带的角度看,接受最低生活保障者也是社会共同体的一员,最低生活保障制度应具有这样的功能,即不仅要使接受生活保障者获得必要的各种援助,过上人之所以为人的有尊严的最低限度的生活,还应为其自主地追求自己的生活方式进而实现社会融入创造条件。[2]从这个意义上说,最低生活保障标准须体现出应对贫困的内容。具体而言,其不仅应着眼于测定贫困,还应对贫困者的日常生活、社会生活和就业自立进行援助,最终达到使贫困者成为能够自主追求其生活方式的人格自立的社会一员。[3]为此,最低生

---

[1]　[日]布川日佐史:《生活保護の論点》,山吹書店 2009 年版,第 62—63 页。

[2]　参见[日]菊池馨实:《社会保障法制的将来构想》,韩君玲译,商务印书馆 2018 年版,第一章。

[3]　参见[日]菊池馨实:《社会保障法制的将来构想》,韩君玲译,商务印书馆 2018 年版,第一章。

活保障标准不应局限于收入和消费的现金给付方面，还应体现在社会参与和自立支援方面，为了消除社会排斥，实现社会融入，须将对接受生活保障者的援助服务给付予以规定。

4.最低生活保障标准是纠正社会差距的重要指标。在一些国家，最低生活保障标准是决定最低工资标准或社会保障给付标准的参照物，如日本、澳大利亚、比利时、美国等。因此，最低生活保障标准的科学合理设定至关重要。在我国，最低生活保障标准的重要性在于，通过发挥缩小城乡差距和区域差距的功能，实现社会的公平与正义，构建和谐共生社会。

二、我国最低生活保障标准设定的立法依据

（一）宪法依据

最低生活保障标准是最低生活保障制度的核心问题，亦是最低生活保障行政的出发点。现代最低生活保障制度是在生存权理念的指引下发展至今的，生存权作为基本人权被各国宪法予以确认是在第二次世界大战以后。我国现行宪法第45条关于公民获得物质帮助权的规定即体现了生存权保障的思想，亦可称之为是社会主义国家生存权保障的独特表达。从实定法层面看，既然获得物质帮助权是宪法规定的公民的一项基本权利，那么，在制定最低生活保障标准时，应以保障公民的获得物质帮助权为基本理念，在最低生活保障标准的制定主体、制定内容及制定程序等方面，贯彻保障公民生存权的思想。当然，"在宪法上承认社会保障权并不意味着我国对公民社会保障权在宪法层面的保护就是充分和有效的。以宪法诉讼的形式来保护公民的社会保障权在我国仍属于法律上的空白。"[1] 除了

---

[1]　刘婧婧：《宪政视野下中国社会保障制度研究》，复旦大学出版社 2013 年版，第 151 页。

宪法诉讼制度的阙如之外，由于获得物质帮助权是宪法性权利，其实现还需要具体立法的推进，而目前我国社会救助法制的发展严重滞后，导致宪法上的公民获得物质帮助权并未得到强有力的法律保障。事实上，关于获得物质帮助权的权利性质，无论是理论层面还是实践层面，这项本土研究都并未得到实质性的展开。

（二）行政法规依据

目前，关于我国最低生活保障标准的法律规定主要体现在国务院颁布施行的 2014 年的《社会救助暂行办法》、1999 年的《城市居民最低生活保障条例》和 2006 年的《农村五保供养工作条例》等中。

根据《社会救助暂行办法》的规定，社会救助的种类分为：最低生活保障、特困人员供养、受灾人员救助、医疗救助、教育救助、住房救助、就业救助和临时救助八种。这些救助项目按照被救助者的需要，或给付单项救助，或给付两项以上救助。社会救助的标准亦是针对这八种救助项目而进行规定的，主要表现为救助的内容、范围、方式及制定的主体等方面。

关于最低生活保障标准，《社会救助暂行办法》第 10 条第 1 款规定："最低生活保障标准，由省、自治区、直辖市或者设区的市级人民政府按照当地居民生活必需的费用确定、公布，并根据当地经济社会发展水平和物价变动情况适时调整。"该条规定包含三方面的内容：第一，最低生活保障标准的制定主体是省级或设区的市级政府；第二，最低生活保障标准的制定内容根据"当地居民生活必需的费用"来确定，但"当地居民生活必需的费用"之具体内容并未明确规定；第三，最低生活保障标准的调整，应以经济社会发展水平和物价变动情况为指标适时进行。此外，该暂行办法第 15 条对特困人员供养标准的内容和制定主体进行了规定：①提供基本生活条件；②对生活不能自理的给予照料；③提供疾病医疗；④办理丧葬事宜。特困人员供养的标准，由省级政府或设区的市级政府确定、公布。第 19 条规定：供养的方法分为居家供养和集中供养两种。

根据《城市居民最低生活保障条例》第 6 条第 1 款："城市居民最低生活保障标准,按照当地维持城市居民基本生活所必需的衣、食、住费用,并适当考虑水电燃煤(燃气)费用以及未成年人的义务教育费用确定。"同条第 2 款规定:直辖市、设区的市的最低生活保障标准,由直辖市、设区的市级政府民政部门会同财政、统计、物价等部门制定,报本级政府批准并公布执行;县(县级市)的最低生活保障标准,由县级政府民政部门会同财政、统计、物价等部门制定,报本级政府批准并报上一级政府备案后公布执行。从该条例的规定看,城市居民最低生活保障标准主要是针对日常生活救助即日常最低限度生活的保障而制定的,将其称为日常生活保障标准或许更为妥当。

根据《农村五保供养工作条例》第 10 条规定:"农村五保供养标准不得低于当地村民的平均生活水平,并根据当地村民平均生活水平的提高适时调整。农村五保供养标准可以由省、自治区、直辖市人民政府制定,在本行政区域内公布执行,也可以由设区的市级或县级人民政府制定,报所在的省、自治区、直辖市人民政府备案后公布执行。国务院民政部门、国务院财政部门应当加强对农村五保供养标准制定工作的指导。"从该条的规定看,明确强调农村五保供养标准不低于当地村民的平均生活水平,似乎更具有福利的色彩,而非救助性质。

(三)地方性法规、地方政府规章等依据

大部分省、直辖市及设区的市政府制定了本辖区的社会救助实施办法,个别省份如浙江省人大常委会 2014 年 11 月 1 日起施行《浙江省社会救助条例》,甘肃省人大常委会 2015 年 10 月 1 日起施行《甘肃省社会救助条例》,广东省人大常委会 2017 年 9 月 1 日起施行《广东省社会救助条例》,上海市人大常委会 2019 年 5 月 1 日起施行《上海市社会救助条例》。广西、山西、江西、湖南、青海、宁夏、新疆、西藏、吉林、重庆、福建未制定全区或省(直辖市)的社

会救助实施办法,而是分项目推进或按实施意见文件贯彻执行。① 如重庆市人大常委会 2008 年制定了《重庆市城乡居民最低生活保障条例》,并于 2016 年 3 月 31 日进行了修订,自 2016 年 5 月 1 日起施行。② 其中,关于最低生活保障标准,云南、广东、河北、黑龙江、湖北、北京明确规定采取人均消费支出比例法;浙江、福建规定采取人均消费支出比例或可支配收入或最低工资标准比例法。以下为省一级地方性法规或政府规章关于最低生活保障标准制定主体的规定,如表 4—1 所示。

表 4—1 省一级地方性法规和地方政府规章有关最低生活保障标准制定主体的规定

级别项目	省和设区市二级标准	省或直辖市级标准	省指导设区市级标准	设区市级标准	县级以上标准
最低生活保障	云南、四川、山东、广东、陕西、海南	浙江、天津、上海、北京、重庆	河北、河南、黑龙江、甘肃	安徽、辽宁、江苏、贵州、湖北、内蒙古、福建	
特困人员供养	云南、山东、海南	广东、陕西、天津、上海、重庆	河南、黑龙江、北京③	贵州、四川、江苏、贵州、甘肃、湖北、内蒙古、福建、河北	浙江

除表 4—1 所示最低生活保障标准的制定主体外,关于该标准公布的方式,

---

① 在此,主要以省级人大常委会颁布的地方性法规和省级地方政府发布的规章为分析对象。

② 《重庆市城乡居民最低生活保障条例》中有关最低生活保障标准的内容有:"第九条最低生活保障标准,按照维持居民基本生活所必需的费用确定,并随经济社会发展、居民生活消费水平变化和基本生活必需品物价指数变动每年调整。最低生活保障标准按月计算,其具体标准应当低于本市最低工资标准。最低生活保障标准由市民政部门会同财政、统计、物价等市级相关行政部门制定,报市人民政府批准后,向社会公布。""第十条本市居民,共同生活的家庭成员人均收入低于最低生活保障标准,且符合当地最低生活保障家庭财产状况规定的家庭,由政府按户给予最低生活保障。最低生活保障家庭的收入状况、财产状况应当结合消费支出状况综合认定,具体认定办法由市人民政府制定。"

③ 2018 年北京市政府公布的《北京市社会救助实施办法》第 15 条规定:"各区的特困人员标准按照不低于本市上年度全市居民人均消费支出确定。"

有制定权的地方政府均以行政通知或意见的形式公布本地的最低生活保障标准。在相关通知或意见中，地方政府主要公布最低生活保障标准的金额和说明资金渠道来源。个别地方政府与此同时还召开新闻发布会，说明最低生活保障标准的计算方法和政策依据。[①]

（四）分析

总体来看，我国关于最低生活保障标准的立法规定体现的特征和问题主要表现在以下几个方面：

第一，关于最低生活保障标准的制定原则。无论是作为行政法规的《社会救助暂行办法》或《城市居民最低生活保障条例》等，还是地方性法规或地方政府规章，仅仅明确了最低生活保障标准的制定主体，几乎均未具体言及最低生活保障标准设定主体应遵循的原则，仅在 2011 年民政部、国家发展改革委、财政部、国家统计局发出的《关于进一步规范城乡居民最低生活保障标准制定和调整工作的指导意见》中，确立了最低生活保障标准制定的原则，即科学性、合理性、动态性和规范性。

第二，关于最低生活保障标准的算定方法。从最低生活保障现行法的规定看，在行政法规中未明确标准的算定方法，但在前述《关于进一步规范城乡居民最低生活保障标准制定和调整工作的指导意见》中，对最低生活保障标准的算定方法提出了建议要求，其仅具有指导性，并无强制力，这意味着地方政府可以自主灵活地选择算定的方法，这包括最初算定和实施中的调整。事实上，若对最低生活保障标准的动态调整不进行规制，也同样会造成地方行政机关恣意行使其自由裁量权。世界银行的分析报告指出："在实际操作的过程中，一些省份基于连续三个月 CPI 的增长来建立调整机制，另一些省份

[①]　2018 年 5 月 28 日山西省太原市政府召开新闻发布会，http://shanxi.sina.com.cn/news/report/2018-05-29/detail-ihcffhsu7380396.shtml，最后访问日期 2018 年 12 月 6 日。

基于季度平均值调整，而其他省份则基于年度物价变化幅度来调整。"① 在各地方有关标准的规定中，有的省份或直辖市明确规定了标准制定的方法。如前所述，云南、广东、浙江、河北、黑龙江、湖北、北京明确规定采取人均消费支出比例法；浙江、福建规定采取人均消费支出比例或可支配收入或最低工资标准比例法。

第三，关于最低生活保障标准的制定主体。《社会救助暂行办法》规定最低生活保障和特困人员救助标准的制定主体是省级或设区的市级人民政府，由于各地在制定标准时采取的方法并不一致，且在分税制下各地方政府的财力亦不相同，因而很容易造成地区之间、城乡之间最低生活保障标准的差距加大。从地方政府主要负责最低生活保障制度的具体实施工作规定来看，由于对地方政府用于最低生活保障的财政资金比例没有明确规定，实践中主要取决于地方政府机关所做的判断，其中的价值取向和政治决断均含有较大的主观成分。② 因此，各个地方政府制定的最低生活保障标准是否真正能够保障贫困者的最低限度生活，存在着疑问。从标准的公平性和统一性来看，应统一并提高最低生活保障标准的制定主体层级。

第四，关于最低生活保障标准的制定程序。审视我国有关最低生活保障标准制定程序的法制现状，可以发现，《社会救助暂行办法》关于最低生活保障标准制定的程序完全没有涉及；《城市居民最低生活保障条例》《农村五保供养工作条例》及少部分地方性法规或地方政府规章中，涉及了地方政府民政部门会同财政、统计、物价等部门制定标准及其有关"备案"的程序性规定。但是，在前述《关于进一步规范城乡居民最低生活保障标准制定和调整工作的指导意见》中对最低生活保障标准的制定工作明确要求规范程序，其中指出："城乡低保标准测算完成后，要由工作小组或其成员单位联合报请本级人民政府审

① 王德文：《最低生活保障制度的保障标准：国际经验及其对中国的启示》，载王治坤主编：《中国社会救助发展报告 2013》，中国社会出版社 2015 年版，第 308 页。
② 对地方政府制定最低生活保障标准的弊端之分析，参见关信平：《我国低保标准的意义及当前低保存在的问题分析》，《江苏社会科学》2016 年第 3 期。

批。……需要备案的，要同时报上一级地方人民政府备案。根据本级人民政府的批复，工作小组或民政部门要通过网站、报纸等媒体以适当方式，将新的城乡低保标准向社会公布，并按批复要求的时间执行。"在此，具体测算城乡最低生活保障标准的专门机构，如工作小组或其他成员单位如何定位？专门机构测算的标准或提出的相关建议究竟具有决定性作用抑或是参考性作用？有权制定标准的行政机关对专门机构之建议或意见等的采纳为任意事项还是必要事项？这些问题在上述指导意见中规定不详。今后，为了实质贯彻法治原则，在立法中应对标准测算的专门机构予以清晰定位，明确其与有权制定机关之间的关系，如立法规定有权制定标准的行政机关如民政部和专门机构如工作小组或中立性第三方机构相分离的机制，前者具有标准制定权，后者具体测算标准内容。① 为了避免后者的测算报告仅起到参考作用，应明确其测算报告对有权制定标准的行政机关最终决定之影响程度，以体现标准制定程序的正当性。

三、最低生活保障标准的发展性

（一）我国最低生活保障标准的历史发展

自 1949—1993 年，上海市率先建立城市居民最低生活保障线制度以前，我国对于农村中的五保户实行农村五保供养制度，即保吃、保穿、保烧、保住、保葬（孤儿保教）；对于城市生活困难群体实行定期定量救济。以 1992 年为例，城镇生活困难救济对象的人均月救济金额仅为当年城镇居民人均生活费的 25%。②

① 参见韩君玲：《我国最低生活保障标准的法制现状与完善》，《法学杂志》2008 年第 1 期。
② 转引自唐钧：《城市居民最低生活保障报告》，载何平、华迎放等：《城市贫困群体社会保障政策与措施研究》，中国劳动社会保障出版社 2006 年版，第 44 页。

1993 年以降,以上海为首的大中城市开始试行最低生活保障线制度,1997 年国务院发布《关于在各地建立城市居民最低生活保障制度的通知》,该通知要求,要在所有城市和县政府所在的镇建立最低生活保障制度,"城市居民最低生活保障标准由各地人民政府自行制定。各地要本着既保障基本生活、又有利于克服依赖思想的原则,按照当地基本生活必需品费用和财政承受能力,实事求是地确定保障标准。保障标准由各地民政部门会同当地财政、统计、物价等部门制定,经当地人民政府批准后向社会公布,并且随着生活必需品的价格变化和人民生活水平的提高适时调整。所定标准要与其他各项社会保障标准相衔接。"从上述内容看,该通知明确了城市居民最低生活保障标准的制定原则,即"既保障基本生活又有利于克服依赖思想";保障标准的内容要考虑两方面的因素,一是"当地基本生活必需品费用",即日常生活的费用;二是"财政承受能力"。在此,不得不令人质疑的是,考量了财政承受能力的城市居民最低生活保障标准能否客观地反映城市居民实际的生活贫困程度。并且,如此规定为仅依据财政状况来确定最低生活保障标准的地方政府提供了政策依据。几乎与此同时,为了保障农村五保户的正常生活,1994 年 1 月 23 日,国务院颁布施行《农村五保供养工作条例》,其中第 10 条规定:"五保供养的实际标准,不应低于当地村民的一般生活水平。具体标准由乡、民族乡、镇人民政府规定。"该条例将农村五保供养定位于农村集体福利事业,未彰显政府责任原则。

1999 年 10 月 1 日,国务院制定的《城市居民最低生活保障条例》正式施行。该条例第 6 条规定:"城市居民最低生活保障标准,按照当地维持城市居民基本生活所必需的衣、食、住费用,并适当考虑水电燃煤(燃气)费用以及未成年人的义务教育费用确定。直辖市、设区的市的城市居民最低生活保障标准,由市人民政府民政部门会同财政、统计、物价等部门制定,报本级人民政府批准并公布执行;县(县级市)的城市居民最低生活保障标准,由(县级市)人民政府民政部门会同财政、统计、物价等部门制定,报本级人民政府批准并报上一级人民政府备案后公布执行。城市居民最低生活保障标准需要提高时，依照前两款的规定重新核定。"该条例以行政法规的形式明确规定：第一，城市居民最低生活保障标准的制定主体是直辖市、设区的市及县（县级市）人民政府，体现了属地管理原则，与第 4 条城市居民最低生活保障制度实行地方各级人民政府负责制和第 6 条保障所需资金列入地方人民政府财政预算之规定相一致。然而，保障标准由各地自行制定的后果是标准五花八门，[①] 难以体现保障标准的公平性和统一性。第二，城市居民最低生活保障标准的制定内容是按照维持当地城市居民基本生活所必需的衣、食、住费用，以及水电燃煤（燃气）费用和未成年人的义务教育费用确定，这表明城市居民最低生活保障标准仅仅是日常生活的最低标准，并未反映贫困生活的全貌。2004 年，民政部发布了《关于进一步加强和规范城市居民最低生活保障工作的通知》，要求"积极推进分类施保"，即对无生活来源、无劳动能力又无法定赡养人、扶养人或者抚养人的城市居民即"三无对象"、残疾人、重病人及老年人等特殊困难家庭应给予倾斜式关心和照顾，与一般最低生活保障对象应有所区别。至此，政府已明确认识到按照被保障对象的实际生活困难程度提供保障的重要性。

2006 年 3 月 1 日，国务院施行《农村五保供养工作条例》，明确了农村五保供养的政府责任原则，其中第 10 条规定："农村五保供养标准不得低于当地村民的平均生活水平，并根据当地村民平均生活水平的提高适时调整。农村五保供养标准，可以由省、自治区、直辖市人民政府制定，在本行政区域内公布执行，也可以由设区的市级或者县级人民政府制定，报所在的省、自治区、直辖市人民政府备案后公布执行。国务院民政部门、国务院财政部门应当加强对农村五保供养标准制定工作的指导。"

随着城市居民最低生活保障制度的发展，2007 年 7 月 11 日，国务院发布了《关于建立农村最低生活保障制度的通知》，规定："各地要从当地农村

---

① 转引自唐钧：《城市居民最低生活保障报告》，载何平、华迎放等：《城市贫困群体社会保障政策与措施研究》，中国劳动社会保障出版社 2006 年版，第 58—59 页。

经济社会发展水平和财力状况的实际出发，合理确定保障标准"。"农村最低生活保障标准由县级以上地方人民政府按照能够维持当地农村居民全年基本生活所必需的吃饭、穿衣、用水、用电等费用确定，并报上一级人民政府备案后公布执行。农村最低生活保障标准要随着当地生活必需品价格变化和人民生活水平提高适时进行调整。"从上述相关规定中可知，制定农村最低生活保障标准的指导思想是从当地农村经济社会发展水平和财力状况的实际出发，合理确定保障标准；农村最低生活保障标准的制定主体是县级以上地方人民政府；最低生活保障标准的内容为日常生活的最低标准。这些规定与城市居民的最低生活保障标准的规定基本一致。换言之，无论是城市抑或农村，都面临着如何使最低生活保障标准更加规范化，以体现其公平性和统一性的问题。然而，总体而言，"2011 年之前，中央层面政策文件未明确低保标准的测算方法，给地方政府留下了较大的操作空间，各地制定和调整低保标准的方法不一，主要方法可分为抽样调查型、部门协调型、参照制定型、主观判断型和混合型等"。①

2011 年，民政部、国家发展改革委、财政部、国家统计局发出了《关于进一步规范城乡居民最低生活保障标准制定和调整工作的指导意见》，该指导意见确立了最低生活保障标准制定的原则，即科学性、合理性、动态性和规范性，并且规定各地在制定和调整城乡最低生活保障标准时，可以采用基本生活费用支出法②、

---

① 王治坤、刘喜堂、蒋玮：《最低生活保障标准法定量化调研报告》，载王治坤主编：《中国社会救助发展报告 2013》，中国社会出版社 2015 年版，第 282 页。

② 2011 年的指导意见中规定："城乡低保标准根据当地居民基本生活费用支出确定，包括必需食品消费支出和非食品类生活必需品支出两部分。用公式表示为：城乡低保标准＝必需食品消费支出＋非食品类生活必需品支出。其中，必需食品消费支出通过市场调查确定当地食品必需品消费清单（即标准食物清单）、根据中国营养学会推荐的能量摄入量、相应食物摄入量以及食物的市场价格计算得出；非食品类生活必需品支出根据调查数据确定维持基本生活所必需的衣物、水电、燃煤（燃气）、公共交通、日用品等消费清单测算支出数额。为确保城乡低保标准的制定和调整符合当地实际，各地可以参考当地上年度城乡居民人均消费支出、城镇居民人均可支配收入、农民人均纯收入、城乡低收入居民基本生活费，以及经济发展水平、财政状况等因素对测算得出的低保标准予以适当调整。"

恩格尔系数法①或消费支出比例法②。这个指导意见的发布，开启了最低生活保障标准的科学化和规范化进程，具有进步意义和规范价值。但是，由于该指导意见的性质仅仅是部门规范性文件，其强制力较弱，且其中要求可以采用三种测算标准之一，这本身就会产生因采取不同测算方法而造成的地区之间不公平的问题。

2012年9月16日，国务院发布了《关于进一步加强和改进最低生活保障工作的意见》，其中指出："科学制定最低生活保障标准，健全救助标准与物价上涨挂钩的联动机制，综合运用基本生活费用支出法、恩格尔系数法、消费支出比例法等测算方法，动态、适时调整最低生活保障标准，最低生活保障标准应低于最低工资标准；省级人民政府可根据区域经济社会发展情况，研究制定本行政区域内相对统一的区域标准，逐步缩小城乡差距、区域差距。"并且强调："对最低生活保障家庭中的老年人、未成年人、重度残疾人、重病患者等重点救助对象，要采取多种措施提高其救助水平。"从上述内容看，该意见建议由省级人民政府制定全省统一的最低生活保障标准；明确调整最低生活保障标准时应考量的要素是物价和最低工资标准；要求对最低生活保障家庭中有特殊需要的救助对象应进一步提高救助水平，旨在实现最低生活保障对象之间的实质平等。

---

① 2011年的指导意见中规定，"城乡低保标准根据当地居民必需食品消费支出和上年度最低收入家庭恩格尔系数确定。用公式表示为：城乡低保标准＝必需食品消费支出／上年度最低收入家庭恩格尔系数。其中，必需食品消费支出的确定方法同基本生活费用支出法，即通过市场调查确定当地食品必需品消费清单（即标准食物清单）、根据中国营养学会推荐的能量摄入量、相应食物摄入量以及食物的市场价格计算得出。为确保城乡低保标准的制定和调整符合当地实际，各地可以参考当地上年度城乡居民人均消费支出、城镇居民人均可支配收入、农民人均纯收入、城乡低收入居民基本生活费用，以及经济发展水平、财政状况等因素对测算得出的低保标准予以适当调整。"

② 2011年的指导意见中规定，"已按基本生活费用支出法或恩格尔系数法测算出城乡低保标准的地区，可将此数据与当地上年度城乡居民人均消费支出进行比较，得出低保标准占上年度城乡居民人均消费支出的比例。在今后一定时期内再次计算城乡低保标准时，可直接用当地上年度城乡居民人均消费支出乘以此比例。用公式表示为：城乡低保标准＝当地上年度城乡居民人均消费支出 × 低保标准占上年度城乡居民人均消费支出的比例。"

2014 年 5 月 1 日，国务院施行《社会救助暂行办法》，这是首次以行政
法规的形式将城乡统一的最低生活保障制度确立下来，在中国社会救助法制
史上具有里程碑式的意义，从此打破了关于最低生活保障的城乡二元法律结
构，体现了城乡公平保障待遇原则。在该暂行办法第 10 条中规定："最低生
活保障标准，由省、自治区、直辖市或者设区的市级人民政府按照当地居民
生活必需的费用确定、公布，并根据当地经济社会发展水平和物价变动情况
适时调整。"这个规定为最低生活保障制度"从过去反'生存型贫困'向目前
和今后反'生活型贫困'的目标提升提供了政策空间"。[①] 此外，该暂行办法
第 12 条第 2 款还规定："对获得最低生活保障后生活仍有困难的老年人、未
成年人、重度残疾人和重病患者，县级以上地方人民政府应当采取必要措施
给予生活保障。"由此可见，最低生活保障标准的立法设定开始朝着实质平等
发展。2016 年 8 月 22 日，国家发展改革委员会、民政部、财政部、人力资
源社会保障部、统计局发布了《关于进一步完善社会救助和保障标准与物价
上涨挂钩联动机制的通知》，规定为保障城乡最低生活保障对象、特困人员等
生活困难群众的生活，当居民消费价格指数（CPI）单月同比涨幅达到 3.5%，
或 CPI 中的食品价格单月同比涨幅达到 6% 时，可启动联动机制，明确了标
准调整的主要手段为发放价格临时补贴，价格临时补贴实行"按月测算、按
月发放"。并且该通知明确规定要规范标准调整启动单位层级，"各地要以省
（区、市）级或地市级为单位统一启动或中止联动机制，不得下放至县区级。
以地市级为启动单位的省（区），必要时可在全省（区）范围内全面启动或中
止联动机制。"

从我国迄今为止最低生活保障标准的规范化历史发展过程看，随着我国最
低生活保障制度的不断发展，中央政府对最低生活保障标准规范化的认识亦逐
步提高，这无疑对实现最低生活保障制度的价值具有重要影响。

---

① 关信平：《新时代中国城市最低生活保障制度优化路径：提升标准与精准识别》，《社会保障
评论》2019 年第 1 期。

（二）新时代对最低生活保障标准的新要求

我国已进入了共享发展的新时代，社会的主要矛盾已经发生了转变，现阶段社会的主要矛盾是人民日益增长的美好生活需要和不平衡不充分的发展之间的矛盾。随着 2020 年全面消除绝对贫困目标的完成，贫困问题的着力点将集中于建立解决相对贫困的长效机制。从世界范围看，在当今社会保障制度发达的国家，最低生活保障制度是解决相对贫困的有效制度之一，其最低生活保障标准就是基于相对贫困观而设定的标准，亦称为相对贫困标准。该标准意味着，无论一国的经济、社会如何发达，相对于广大的中产阶级而言，总有一部分社会落伍者处于社会的最底层，其生活水平相对低下。为了使这些社会落伍者能够分享经济发展的成果，缩小社会差距，一国根据本国的社会经济发展水平，设定相对的最低生活保障标准或基本生活保障标准，以确保社会落伍者能够过上符合其社会经济发展状况的起码的基本生活。在国际上，通常以一国或地区社会中位收入的约 60% 作为相对贫困的标准。从总体趋势看，社会经济发展水平将不断提升，为了缩小社会差距，加强社会连带关系，一国的最低生活保障标准也应具有发展性，与时俱进。从我国最低生活保障标准的发展历程看，社会经济发展水平的不断提升是导致各地最低生活保障标准逐年得到提高的主要原因，并促使该标准的设定方法朝着追求科学性和公平性转变。随着我国进入新时代，今后，应将相对贫困观作为最低生活保障标准设定时的指导思想。质言之，最低生活保障标准的发展性是经济社会进步的必然要求。我国实行改革开放以来，经济的高速发展带来的人民生活水平之提高已受世界瞩目。在人民生活水平和社会文明程度整体提高的情况下，为了缩小社会差距，建立和谐共生社会，使社会落伍者拥有获得感和幸福感，最低生活保障标准亦应反映改革发展的成果，以体现社会文明的程度。今后，为了健全符合新时代社会发展方向的最低生活保障制度，更好地体现最低生活保障标准的发展性，设定该标准时应坚持：第一，最低生活保障标准的设定须以相对贫困观为指导思想，摒弃慈善恩惠的社会救济思想。

第二，最低生活保障标准的内容应满足人的全面发展之基本需求。第三，最低生活保障标准应成为有效应对贫困的对策标准。

四、最低生活保障标准的设定主体

如前所述，由于最低生活保障标准反映着生存权的实现程度，因此，其设定主体的层级至关重要。目前国际上最低生活保障标准的设定主体主要有：（1）立法机关为设定主体。以德国为例，2011 年，德国制定了《基准额需要算出法》，按照该法律的规定，计算最低生活保障标准。（2）国家行政机关为设定主体。以日本为例，最低生活保障标准即生活保护基准按照 1950 年《生活保护法》的规定由厚生劳动大臣制定，其以"告示"的形式发布，详细规定了生活扶助、医疗扶助、教育扶助、分娩扶助、就业扶助、住宅扶助、护理扶助和丧葬扶助的具体标准，其中生活扶助标准最为基础和重要。（3）地方行政机关为设定主体。以我国为例，根据《社会救助暂行办法》的相关规定，省级政府或设区的市级政府为最低生活保障标准的设定主体。（4）国家和地方行政机关为设定主体。以瑞典为例，现行的《社会服务法》将最低生活保障标准分为中央政府相关部门制定的全国标准和交由地方政府自由决定的前者未规定之合理需求费用及援助给付的地方标准，这意味着地方政府制定的标准可高于全国标准。

我国目前最低生活保障标准的设定主体为省级政府和设区的市级政府，该模式的特点是具有灵活性、地方性和主观性，但弊病在于缺乏公平性、统一性和科学性，易造成接受最低生活保障者之间的国民不平等待遇。近年来，民政部等不断通过前述的"指导意见"等方式，试图对最低生活保障标准的设定进行引导性规范，以纠正各地最低生活保障标准设定的主观性和随意性。然而，改进的步伐应不止于此，由于我国最低生活保障标准的设定还存在着城乡之间和区域之间的不公平，为了消除这种不公平，今后，必须进一步提高最低生活保障标准的设定主体层级，即由国家民政部对最低生活保障标准的设定进行统一规范，努力确保最低生活保障标准设定的科学性与公平性，以有效发挥最低生活保障标准平等保障公民的生存权和应对贫困的功能。

第五章　社会救助支出责任分工

社会救助通常被视为政府的当然责任或义务和调节社会成员收入不平等的重要手段，体现了政府执政为民及保障民生的终极责任。但是，社会救助责任由哪级政府来承担一直存在不同的声音。在我国社会救助支出逐年递增的情况下，社会救助支出责任分工成为社会救助实践的关键问题，它不仅影响到社会救助的受益水平和受助面，更直接影响到社会救助制度能否得以顺利有效实施。本章系统地梳理社会救助支出责任分工现状，分析社会救助支出责任分工存在的问题，并提出完善社会救助支出责任分工的建议。

一、社会救助支出责任分工现状

（一）社会救助支出责任分工的形成

长期以来，中国传统社会救济形成"中央救灾，地方济贫"的事权分工局面，社会救济（除重大自然灾害）的支出责任主要由地方政府承担。中华人民共和国成立后，实行高度集权的统收统支财政体制，地方财政支出的自主度较为有限。在支出科目上，社会救济费被归入抚恤和社会福利救济科目，属地方财政支出责任。而在农村，不仅基层政府承担了社会救助主要支出责任，甚至集体也承担了社会救济支出责任。以农村五保为例，1956 年颁布的《高级农业生产合作社示范章程》第 53 条规定："农业生产合作社对于缺乏劳动力或者完全丧失劳动力、生活没有依靠的老、弱、孤、寡、残疾的社员，在生产上和生活上给予以适当的安排和照顾，保证他们的吃、穿和柴火的供应，保证年幼的受到教育和年老的死后安葬，使他们生养死葬都有依靠。"《高级农业生产合作社示范章程》再次规定其资金来源于农业生产合作社从每年的收入当中留出的公益金。尽管《1956 年到 1967 年全国农业发展纲要》（草案）模糊规定了集体、国家和社会在五保供养工作中的支出责任，即：在农业社不能承担五保供养工作的情况下，可以请求国家的酌情救济，但是在实际执行过程中，农业社仍然是主要承担者。

改革开放以后，传统计划经济体制逐步被打破，经济体制转向计划与市场并存的局面，"高度集中，统收统支"的"一灶吃饭"财政体制有所松动，经历 1980 年、1985 年和 1988 年的三次财政体制改革后[①]，形成了财政包干体制，地方财政责任扩大，财政权力有所扩大。[②] 在包干制下，抚恤和社会救济费由地方财政负责，特大自然灾害救济费、特大抗旱防汛补助费、经济不发达地区资金等由中央专案拨款。[③] 这一时期，社会救济费的支出责任属于地方财政包干范围，对于不宜实行包干的专项支出（如特大自然灾害救济费和补助费、支援经济欠发达地区的发展资金）由中央专门拨款，不列入地方财政支出的包干

---

① 1980 年，国务院颁布的《关于实行"划分收支、分级包干"的财政管理体制的暂行规定》，对中央和地方的财政关系做了重大调整，确立了"分灶吃饭"的新体制。1985 年，"分灶吃饭"财政体制有所变化，实行"划分税种、核定收支、分级包干"财政管理体制，但是支出责任基本保持不变。1988 年，国务院出台《关于地方实行财政包干办法的决定》，开始在各省市实施财政包干制度，进一步调动了地方组织财政收入的积极性。

② 属于中央财政的支出包括：中央的基本建设投资、中央企业的流动资金挖潜改造资金、国防战备费外援支出、国家物资准备支出、中央各部门的事业费和行政管理费、地质勘探费等。属于地方财政的支出有：地方基建投资、地方企业的流动资金、地方企业的挖潜改造资金和新产品试制费，支农资金，地方各部门的事业费和行政管理费、城市维护费等。

③ 参见吕贤谷：《当代中国财政工作研究》（上），经济日报出版社 2011 年版，第 40 页。

范围①，地方政府承担了抚恤和社会救济的主要支出责任（见表5—1）。

表5—1　1991—2006年中央财政和地方财政的抚恤和社会救济费支出

单位：亿元

年份	1991	1992	1993	1994	1995	1996	1997	1998
中央财政	0.51	0.69	0.65	0.98	0.8	1.69	1.09	6.34
地方财政	66.81	65.76	74.62	94.16	114.66	126.74	141.05	164.92
年份	1999	2000	2001	2002	2003	2004	2005	2006
中央财政	2.22	2.21	1.92	2.68	5.13	7.72	5.34	5.61
地方财政	177.66	210.82	264.76	370.29	493.69	555.74	711.05	902.07

数据来源：《中国财政年鉴》（历年）。

20世纪90年代，中国开始改革传统社会救济制度，逐步建立起与市场经济相适应的现代社会救助体系。在建立现代社会救助体系的过程中，由地方政府承担主要支出责任的财政分工被沿袭下来。1999年颁布的《城市居民最低生活保障条例》明确规定，"城市居民最低生活保障所需资金，由地方人民政府列入财政预算，纳入社会救济专项资金支出项目，专项管理，专款专用。"2007年，《国务院关于在全国建立农村最低生活保障制度的通知》（国发〔2007〕19号）规定："农村最低生活保障资金的筹集以地方为主，地方各级人民政府要将农村最低生活保障资金列入财政预算，省级人民政府要加大投入"。2014年，《社会救助暂行办法》规定，"县级以上人民政府应当将社会救助纳入国民经济和社会发展规划，完善社会救助资金、物资保障机制，将政府安排的社会救助资金和社会救助工作经费纳入财政预算"。

（二）社会救助支出责任分工现状

随着社会救助项目的增多和保障标准的提高，地方财政支出面临越来越大

---

① 参见阮日生：《中国地方财政体制研究》，中国财政经济出版社2004年版，第33页。

的支出压力。考虑到地方财政紧张等原因，中央政府对地方政府的社会救助支出给予不同程度的补贴，形成了不同的社会救助责任分工现状。归纳起来，社会救助支出责任分工主要有三种模式。

一是"中央出大头，地方出小头"。即中央财政承担社会救助项目的主要支出责任，地方政府承担次要支出责任，并承担全部管理费用。这种分工模式的典型代表为最低生活保障。自1999年起，中央对地方的城市居民最低生活保障支出给予财政补助，形成中央与地方分担支出责任的局面，其中中央承担了30%的支出，地方承担了70%的支出。随后，中央财政加大了对地方财政的补贴力度，到2008年，中央与地方的分担比例被扭转过来，即中央财政承担近70%的支出责任，地方财政承担约30%的支出责任，此后基本维持了这一分担比例。2007年，全国建立农村最低生活保障制度之后，中央财政承担了70%的支出责任，地方承担了30%的支出责任[1]。2016年，财政部和民政部联合发布《中央财政困难群众基本生活救助补助资金管理办法》，将最低生活保障、特困人员救助供养和临时救助三个使用方向的补助资金整合为困难群众基本生活补助资金，采用因素法计算中央财政对各地区的补贴额。因素法主要参考城乡困难群众数量、地方财政困难程度、地方财政努力程度、绩效评价结果等因素。每年分配资金选择的因素和权重，可根据年度工作重点适当调整，重点向贫困程度深、保障任务重、工作绩效好的地区倾斜。根据因素法确定的财政分担，各省市承担的支出责任，最低的不到20%，最高的超过50%。

二是中央政府和地方政府共担支出责任。即中央政府和地方政府的社会救助事权各有分工，支出责任根据各自事权分工确定。以灾害救助项目为例。中央救灾物资的定点储备由民政部根据救灾需要商财政部后，委托有关地方省级人民政府民政部门定点储备。救灾经费实施包干制度，即中央制定救灾资金的总量，实行无偿救济与有偿使用相结合的原则。一般用于紧急抢救灾民、救灾储备物资和保证灾民最低生活需要的救助资金是无偿的，而灾后用于恢复生

---

① 数据来源：中华人民共和国民政部：《社会服务发展统计公报（历年）》。

产、生活和社会秩序等方面的资金则主要由地方政府承担或有偿使用中央资金。地方根据本地区经济发展水平和财力，确定对受灾群众的救助项目和补助标准，保障受灾群众的基本生活。财政部、民政部将根据社会经济发展水平和救灾工作实际需求，适时调整中央自然灾害生活救助项目，并确定相应的中央补助标准。对遭受特大自然灾害的省，中央财政给予适当补助，受灾群众生活救助资金由中央和地方按比例承担。中央财政采取比例法与地方共担灾害支出责任，根据地方经济发展程度确定不同等级的补助比例，经济落后地区，中央承担较高的比例；经济发达地区，中央承担较低的比例。尽管中央担负灾害救助支出的比重有较大波动，但2010年除外，其他年份的中央社会救助支出所占比重均超过50%。从总体上看，灾害救助支出呈现"地方自筹为主、中央补助为辅"的特征。

三是"地方出大头，中央出小头"。即中央财政对地方政府的社会救助项目支出给予补贴，地方政府承担主要支出责任，并承担全部管理费用。(1) 医疗救助资金的筹集主要由地方政府负责，中央财政给予地方医疗救助补助。中央财政补助资金采用因素法进行分配，财政困难的地区，中央承担的比例高；财政宽松的地区，中央承担的比例低。自2006年以来，中央支出比重呈现下降趋势。其中，2007年所占比重最高，达85.41%，而到了2014年这一比例下降到58.10%，目前中央支出责任处于下降通道。(2) 教育救助由地方负主要责任，中央在教育救助中的作用主要体现在对特困地区的一般性转移支付和部分专项救助资金支持上。在高等教育阶段，中央部门所属高校国家助学金所需资金由中央财政负担，地方所属高校国家助学金所需资金根据各地财力及生源状况由中央与地方财政按比例分担。中央对地方开展教育救助超出中央核定总额部分的所需资金由中央财政给予适当补助，并对民族院校、以农林水地矿油核等国家需要的特殊学科专业为主的高校予以适当倾斜。(3) 就业补助资金分为对个人和单位的补贴、公共就业服务能力建设补助两类，主要通过奖补结合，先缴（垫）后补实现。根据财政部、人力资源和社会保障部联合制定的《就业补助资金管理暂行办法》（财社〔2015〕290号）规定，就业补助资金由地方县级以上人民政府设立，通过一般公共预算安排用于促进就业创业的专项资金，由财政部门会同人力资源社会保障部门管理。（4）住房救助的财政投入以地方财政为主，中央财政对农村危房改造进行补助。中央财政补助资金采用因素法分配，主要参考各地存量农村危房数、四类重点对象（即低保户、农村分散供养特困人员、贫困残疾人家庭和建档立卡贫困户）危房数、申请改造任务、财力情况、工作绩效以及信贷贴息试点开展情况等，重点加大对四类重点对象危房改造的支持力度，对改造任务重、工作绩效好、贫困程度深的地区给予倾斜支持。

二、社会救助支出责任分工存在的问题

（一）支出责任下沉造成社会救助差距拉大

社会救助是一项分配性较强的社会保障项目，如果责任下沉，就会出现马太效应，即：贫困地区因为保障人数多、财政能力弱，就会降低保障水平；相反，发达地区因为保障人数少、财政能力强，保障水平就会提高，从而导致地区间的社会救助水平出现较大差距。中央政府将保障生存的社会救助管理权下放到地方政府，地方各级政府贯彻中央文件时，往往根据中央文件精神结合各省的社会经济发展水平制定保障标准，导致各地以财政承受能力、当地生活水平等因素决定保障水平高低，造成了各地"最低"标准的巨大差距，这种差距甚至超过了人均收入的差距。

分析 2008 年第四季度最低生活保障标准，其中，城市最低生活保障的均值为每人每月 199.18 元，中位值为每人每月 187.68 元，最大值与最小值的比值为 3.55 倍；农村最低生活保障的均值为每人每月 81.44 元，中位值为每人每月 63.18 元，最大值与最小值的比值为 17.39 倍，农村低保标准的内部差距

显著高于城镇；如果将城乡低保视为一个整体，则最大值与最小值的比值上升到18倍。经过十年的发展，最低生活保障标准的制定进一步规范，地区之间的低保标准差距有所缩小。分析2017年第四季度最低生活保障标准，其中，城市最低生活保障的均值为每人每月535元，中位值为每人每月523.5元，最大值与最小值的比值缩小为2.39倍；农村最低生活保障的均值为每人每月359.81元，中位值为每人每月280元，最大值与最小值的比值缩小为3.57倍，城乡低保的内部差距也缩小为3.57倍。但是应该看到，即使均标以"最低生活保障标准"，但是各地的差距仍然在3倍以上。而且，随着最低生活保障标准的逐步提高，各地最低生活保障标准的绝对值在迅速拉大。2008年，城镇低保、农村低保和城乡低保的最大值与最小值的差分别为每人每月298元、377元和392元，到2017年则上升到每人每月524元、647.83元和647.83元（见表5—2）。

表5—2 2008年和2007年全国地市级最低生活保障标准变化趋势

单位：个，元/月

测量指标	2008 年第 4 季度			2017 年第 4 季度		
	城市低保	农村低保	城乡低保	城市低保	农村低保	城乡低保
样本量	338	333	671	341	336	677
平均值	199.18	81.44	140.75	535.06	359.81	448.08
标准差	47.93	48.88	76.23	99.43	132.51	146.16
最小值	117	23	23	376	252.17	252.17
最大值	415	400	415	900	900	900
最大值/最小值	3.55	17.39	18.04	2.39	3.57	3.57
最大值-最小值	298	377	392	524	647.83	647.83

说明：2008年云南迪庆公布的低保数据存在错误，故将其删除。

（二）因素法的分配方式导致负激励

2012年，财政部、民政部制定了《城乡最低生活保障资金管理办法》，采取因素法对地方城乡低保进行补贴。因素分配方法主要依据城乡低保对象数量、地方财政困难程度、城乡低保资金安排情况等因素；中央财政城乡低保补助资金重点向贫困程度深、保障任务重、工作绩效好的地区倾斜。2015 年和 2017 年，财政部、民政部两次印发《中央财政困难群众基本生活救助补助资金管理办法》的通知，再次明确了"因素法"的补助原则。但是，在上述因素中地方财政努力程度和绩效评价结果具有明显的主观性，中央与地方在社会救助对象相关信息的掌握上存在严重的信息不对称。中央的转移支付决策要依赖地方上报的信息进行决策，而地方政府对本区域潜在社会救助对象信息的拥有上具有天然优势，从而地方容易进行逆向选择。现在的考评体系存在的过程监管手段不够、情况掌握不及时、定量分析不够、精准度不高、客观性与全面性不足、预测和决策分析能力不强等方面的问题，直接影响到中央对救助资金的使用进行调查、追踪、监督和考评等。中央也难以改变地方争取社会救助资金和政策支持时，夸大困难程度，上报成绩时又夸大政策成效的问题，导致绩效考核不实。另外，绩效考核侧重资金管理考评，而对救助资金使用成效给予的权重太小。

在缺乏相对监督和考核手段的情形下，现行的支出责任分工导致了社会救助的负激励，即中央补贴占比越高，地方低保受助率越高；相反，地方低保受助率越低，中央补贴占比越低，地方政府则承担了更大支出责任。以甘肃为例，甘肃省最低生活保障财政支出主要由中央财政和省级财政负担（两级财政承担了 99% 以上的财政支出责任），市县财政负担比基本可以忽略不计，造成甘肃低保受助率居高不下（见表 5—3）。

表5—3　甘肃省最低生活保障财政分担比例和受助人数发展

单位：%

年度	中央财政占比	省级财政占比	市县财政占比	受助率
2007	70.28	29.72	0	9.42
2008	66.41	20.99	12.6	15.60

年度	中央财政占比	省级财政占比	市县财政占比	受助率
2009	81.58	11.67	6.75	15.31
2010	81.63	17.3	1.07	14.91
2011	74.48	24.72	0.8	16.33
2012	78.22	21.13	0.65	16.75
2013	84.62	14.8	0.58	16.67
2014	81.34	18.15	0.51	16.25

说明：受助率＝城乡低保人数／全省常住人口 ×100%。

比较农村最低生活保障受助率，甘肃省自 2010 年后一直高达 20% 以上，排在全国第一位。与经济发展水平和农村居民收入水平相近的贵州省相比，2010—2015 年，甘肃省农村低保受助率一直高出贵州省 5 个百分点以上，其中 2014 年甘肃省农村低保受助率是贵州省的两倍(见表5—4)。从发展趋势看，全国农村最低生活保障人数均在下降，但是甘肃却逆势而上。造成这种巨大差距的根本原因在于最低生活保障支出结构的差别。甘肃省最低生活保障支出由中央、省、市三级政府承担，县级政府基本不承担支出责任，从而导致了"搭便车"现象的发生。

表5—4　贵州、甘肃两省农村低保受助率发展趋势比较

单位：元／年，%

年份	贵州		甘肃	
	农村居民人均纯收入	受助率	农村居民人均纯收入	受助率
2010	3471.9	15.19	3424.7	20.55
2011	4145.4	14.95	3909.4	20.43
2012	4753	14.44	4506.7	21.75
2013	5897.8	13.28	5588.8	22.19
2014	6671.2	11.57	6276.6	22.43
2015	7383	16.19	6936	22.84

说明：受助率＝农村低保人数／农村常住人口 ×100%。

三、社会救助支出责任分工国际经验借鉴

（一）OECD 国家社会救助支出责任分工

在 OECD 国家 [1] 统计项目中，没有社会救助的支出项目，只有社会保护的支出统计 [2]。社会保护以社会救助项目为主，其内涵比社会救助更宽。由于 OECD 国家的福利体制、政治体制、国家管理层级等均有较大差别，社会保护在福利体制中的地位有所不同，社会保护的项目也存在较大差别，社会保护央地关系也不尽相同。根据中央政府和地方政府在社会保护管理中的职责不同，OECD 国家的社会保护管理模式通常划分为三种：（1）集权管理模式，其特点是中央政府制定社会保护政策且负责社会保护运营（也可委托地方政府管理），社会保护支出责任主要由中央政府承担。这种管理模式具有受助资格统一、受助标准差别较小、管理流程完全一致、地域性差距小等优势。但是由于管理权上交，地方在社会保护中的积极性下降。（2）分权管理模式，其特点是地方制定社会保护政策，管理和运营社会保护项目，并承担主要支出责任。这种模式的优势在于，地方政府更了解本地贫困者的社会救助需求，制定的政策更有针对性；但是这种模式易导致福利的地域化，拉大地区差距。（3）分级管理模式，其特点是中央和地方政府在社会救助事务中各司其职，各负其责，既有分工，也有合作。在事权管理中，既有中央政府负全责的项目，也有中央与地方分担的项目，还有地方负全责的项目；在支出责任方面，

---

① 智利、爱沙尼亚、以色列、斯洛文尼亚、拉脱维亚是 2010 年以后加入 OECD 国家行列的，本章中引用的 2010 年 OECD 国家不包含 2010 年以后加入的国家。

② 社会保护是指帮助提高贫困人口和弱势群体摆脱贫困、更好应对突发事件的政策和措施，针对长期贫困和突发事件引起的贫困，通常指向患者和残疾人、老人、烈属、家庭和儿童、失业者、住房、社会排斥等。

通常中央政府负责的项目由中央财政承担，中央与地方分摊责任的项目由中央和地方财政分担，而地方性社会救助项日由地方财政承担。OECD国家的社会救助管理模式见表5—5。

表5—5　OECD国家社会保护管理模式

管理模式	国家
集权式	澳大利亚、爱尔兰、爱沙尼亚、波兰、韩国、日本、新西兰、英国
分权式	奥地利、冰岛、丹麦、芬兰、捷克、荷兰、挪威、葡萄牙、瑞典、瑞士、西班牙、希腊、匈牙利、意大利
分级式	比利时、德国、法国、加拿大、卢森堡、美国、斯洛文尼亚、智利

无论采取何种管理模式，OECD国家的社会救助项目的支出责任由中央政府与地方政府共同分担，且多数国家的中央政府承担了主要支出。2009年的统计数据显示，在29个OECD国家中，有18个国家的中央政府承担了超过85%的社会保护支出责任，只有加拿大、韩国和丹麦三个国家的地方政府承担了超过30%的支出责任，其中丹麦的地方政府承担了超过80%的支出责任[1]。2013年，上述29个OECD国家中，仍有18个国家的中央财政承担了超过80%的社会保护支出责任。这表明发达国家实施财政分权运动（即要求地方政府承担更多的责任）并未引起社会保护项目支出责任的显著变化。进一步考察OECD国家在教育、医疗、经济事务和生活保护四个方面支出责任分工发现，大多数国家的中央政府承担了生活保护的主要责任；在医疗方面则呈现两极分化的现象，多数国家的中央政府承担了主要支出责任，有6个国家的地方政府承担了主要责任，其中有三个国家的地方政府承担了80%以上的支出责任；教育和经济事务的支出责任则主要由地方政府承担[2]。

---

[1]　数据来源：Kim, Junghum and Camila Vammalle (eds.) (2012)，"Foreword and Acknowledge-ments"，in *Institutional andFinancial Relations across Levels of Government*, OECD Publishing, Paris. DOI: https://doi.org/10.1787/9789264167001-1-en。

[2]　数据来源：https://data.oecd.org/gga/central-government-spending.html。

（二）美国主要社会救助支出责任分工

美国社会救助项目种类多，影响较大的社会救助项目有贫困家庭临时救助（Temporary Assistance for Needy Families，TANF）、医疗救助（Medicaid）和补充营养救助计划（Supplemental Nutrition Assistance Program, SNAP）。TANF的前身为有未成年孩子的家庭援助项目（Aid to Families with Dependent Children, AFDC），建立于 1935 年。1996 年，美国通过《个人责任和工作机会协调法案》，AFDC 被 TANF 所取代。TANF 由联邦项目、州立项目、印第安人项目和"从福利到工作"项目四部分组成。此次改革，州政府获得了更多自主权，不仅各州可以自主设立 TANF 项目，自主设立受助人资格条件、确定发放范围和受助水平，而且在不超出联邦控制的前提下，各州可以自主使用基金。但是，联邦政府的拨款形式从配套拨款变为固定拨款，地方政府也承担了更多的支出责任。医疗救助起源于 1950 年的《社会保障法》修正案，该法案授权联邦政府拨款资助州政府，用于支付公共援助对象的医疗费用，目前已成为美国最大的健康保障项目。医疗救助项目由联邦政府和州政府共同出资，联邦政府根据各州经济发展水平为州政府提供一定比例的费用，州人均收入水平越低，获得的联邦拨付资金越高。联邦政府承担的支出比例在 50%—83% 之间，联邦政府承担了主要筹资责任[①]。州政府医疗救助资金主要来源于专门的州政府立法拨款、政府间的转移支付、公共支出税费和捐款。SNAP 起源于 20 世纪 30 年代的食品券制度，2008 年更名为补充营养援助项目。该项目由美国农业部食品和营养局（The Food and Nutrition Service）负责管理，各州可以在联邦食品券法律和行政条例的基础上制定本州项目规则，并负责项目的具体运营和管理，而有些州将管理权授权给地方政府。补充营养援助项目的资金全部由联邦承担，运营成本由联邦、州和地方政府共同来承担，通常联邦政府承担一

---

① 数据表明，1999—2013 年，医疗救助中联邦承担的费用的比例最低为 58.6%（2007 年），最高为 68.5%（2010 年），参见 Kaiser Commission on Medicaid and the Uninsured estimated on the NASBO's State Expenditure Reports（2000—2014）。

半的管理费用。

上述三个救助项目,央地关系有所不同:在事权划分方面,采取联邦和州分担且州政府承担主要行政管理责任的管理模式,管理费用由联邦和地方政府共担,联邦政府承担一半的运营成本;在支出责任划分方面,则根据不同项目划分不同的责任:TANF 采取"联邦资金为主,地方配套为辅"的支出责任分工模式;医疗救助实行联邦和州政府共同分担医疗救助筹资责任,原则上,联邦政府承担 55% 的支出责任,州政府承担 45% 的支出责任,联邦政府根据各州经济发展水平确定分担比例①;补充营养救助计划则由联邦财政承担全部支出责任,并与各州分担管理成本。从发展趋势看,美国社会救助支出的地方责任正在向联邦政府转移。在所有的社会救助计划中,联邦支出比例由 1960 年的 44% 上升到 1980 年的 68%。虽然自 1980 年以后州和县承担的支出责任有所提高,但是联邦政府承担的支出比例仍达 60% 以上。20 世纪 50 年代,联邦政府在医疗补助计划中所占份额是 0,而到 90 年代,联邦政府超过地方政府,占到总份额的 53%,以后基本保持在对半负担的水平上。在收入保障补助中,联邦政府则占到 81%。当然,各项目存在一定差别。

(三) 日本社会救助支出责任分工

1946 年,日本政府制定并颁布《生活保护法》,并于 1950 年正式实施,其后经过多次修改。最低生活保护的内容由八种补贴构成。这八种补贴分别是:生活补贴、住宅补贴、教育补贴、医疗补贴、生育补贴、创业补贴、丧葬

---

① 根据 2015 年的(财政年度)联邦数据,美国 2015 年联邦政府对州政府的医疗救助支出补助比例为:14 个州为 50%,13 个州为 50.1%—59.9%,13 个州为 60.0%—66.9%,11 个州和哥伦比亚特区为 67.0%—73.1%。其中密西西比河因为人均收入水平最低,所以其得到的联邦医疗救助补贴也最高,州政府在医疗救助中每支出 1 美元则联邦政府给予 2.79 美元的配套资金。

补贴和介护补贴。每种补贴都有其相应的补贴标准，其中生活补贴包含的内容最多，金额最大，是生活保护制度的核心部分。

根据生活保护法的规定，厚生劳动省对于生活保护制度的保护对象的确认、补贴内容、补贴标准等拥有政策的制定权和解释权。而在生活保护制度的具体开展过程中，中央政府（厚生劳动省）则通过委托的方式把生活保护制度的实施权利移交给地方政府，地方政府通过委托方式移交给当地的社会福利事务所长，并由其负责具体的实施工作。① 日本最低生活保护基准的发布权利归于中央政府，而不是由各都、道、府、县自行确定。基准的确定根据受助人的年龄、性别、家庭构成等不同情况给予了充分的考虑，除此之外，根据各个家庭的不同情况还可能有其他相应的补贴和加算额，如教育补贴、介护补贴、老年人加算、母子加算等。生活补贴、住宅补贴和丧葬补贴的确定采取地区级别制，不同地区有不同的基准，但是地区差距相对较小。

日本生活保护制度中包括的各项费用支出大体可分为：生活保护费（各项补贴的支出合计），保护设施② 管理费，各项委托事务费以及保护设施的建筑费、设备费等。以上各项费用均由中央及地方的财政拨款负责筹措。其中中央财政应该负担的费用包括：生活保护费、保护设施管理费和各项委托事务费的四分之三，保护设施的建筑费、设备费的二分之一。地方财政应该负担的费用包括：生活保护费、保护设施管理费和各项委托事务费的四分之一，保护设施的建筑费、设备费的二分之一。

从上述社会救助可以得到以下结论：尽管发达国家的社会救助事权划分有较大区别，但是多数国家的社会救助的主要支出责任由中央政府承担；美国社会救助项目众多，事权划分不尽相同，支出责任也有所区别，但是从总体上看，联邦政府承担了主要支出责任。日本社会救助则整合于生活保护之中，中

① 参见杨立雄等：《中日韩生活保护制度比较》，中国经济出版社 2012 年版。
② 保护设施是指生活保护制度给没有住所的受助对象提供的公共设施。这些设施有救援设施、更生设施、医疗保护设施、援产设施和简易宿舍等。生活保护制度对于没有住所的受助对象提供在保护设施内的服务与管理。

央政府不仅承担了主要支出责任，还分担了地方政府的管理成本。

四、我国社会救助支出责任分工调整

（一）社会救助支出责任分工原则

中央与地方的支出责任划分需遵循三个基本原则：

一是根据不同社会救助项目划分支出责任。目前，我国在全国层面上实施的社会救助项目已超过 10 项，一些地区还建立了供暖救助、能源救助、贫困孕产妇救助等项目，这些社会救助项目的保障目标、保障对象、管理方式等均存在较大差异，中央政府和地方政府的支出责任也理应有所区别。明确中央承担的具有较强外部性和全局性的社会救助项目的财政事权，并强化中央财政的执行能力。但是，同时也应给地方以自主权，适宜由地方承担的财政事权决策权要下放给地方，切实减少中央部门对社会救助具体事务开展的干预。将财政事权履行涉及的战略规划、政策决定、执行实施、监督评价等各环节在中央与地方间作出合理安排，做到财政事权履行权责明确和全过程覆盖。中央对地方的社会救助转移支付政策不仅要实现公共服务均等化的目标，还应通过中央财政资金的引导和激励充分调动地方的积极性，促使地方政府更积极地改善民生和实现社会稳定和谐。

二是事权与支出责任相一致。中央与地方的社会救助支出责任的划分需基于事权的划分，并做到事权与支出责任的一致。从国外的经验看，社会救助的事权与支出责任主要有三种模式：第一种是中央集中管理模式，社会救助政策由中央制定，社会救助资金由中央承担，社会救助事务由中央政府委托地方管理；第二种是地方分散管理模式，由地方制定社会救助政策，地方承担社会救助支出责任和管理责任；第三种模式为中央和地方分权管理模式，中央和地方政府在社会救助事务中各司其职，各负其责，在支出责任方面，由中央与地方分担，管理成本由中央与地方共同承担。无论哪种模式，事权划分与支出责任要做到基本一致。中国疆域广，地区差距极大，社会救助项目多，建议采取第三种管理模式划分中央与地方的支出，即针对不同的社会救助项目采取中央与地方分权管理，明确中央与地方的事权，并明确相应的支出责任，而具体的业务管理则可以由中央政府委托给地方政府。

三是根据地方经济发展划分支出责任原则。改革开放以来，我国经济社会快速发展，居民收入水平也得到了快速提升，但是还存在规模庞大的绝对贫困人口，这些贫困人口的分布呈现地域特征。从公平角度看，强有力的中央政府是有效地进行收入再分配的政治保障，中央政府通过对社会救助资源的配置达到共济互助的社会效果。中央用以社会救助的转移支付应基于当地财政实力和具体社会救助项目而定，对于经济相对落后的省市，中央政府应当充分发挥转移支付的功能，对贫困地区开展社会救助进行必要的资金补助。

基于上述理念，根据社会救助的保障目标、保障对象、家计调查、救助形式等因素，并基于中国传统社会救助的分层，将现行社会救助项目划分为济贫类救助、纾困类救助、急难类救助和特困群体救助。济贫类救助主要由最低生活保障和特困人员救助供养组成，目的在于保障困难家庭的基本生存；纾困类救助由教育救助、住房救助、就业救助组成，目的在于满足除基本生存之外的发展型需求；急难救助由医疗救助、受灾人员救助、临时救助组成，目的在于缓解紧急性生存问题；特定群体救助由重度残疾人护理补贴、困难残疾人生活补贴、残疾儿童康复救助等组成，目的在于夯实特定群体的基本生存权益。上述四类救助的责任分工也有所不同，济贫类社会救助由中央政府管理，做到标准统一、资格条件一致；急难救助关系到个人或家庭的基本生存，由中央与地方共同承担；纾困类救助和分类救助以保障基本生存条件、减轻支出压力、提升生活质量为目标，具有地域性特征，主要由地方政府承担支出负责；针对特定人群的分类救助已接近于福利范畴，根据福利地域化原则，应由地方政府承担主要责任（见表5—6）。

表5—6　社会救助圈层与央地支出责任分工

分类	救助项目	支出责任分工
济贫	基本生活救助	中央出大头，地方出小头
纾困	教育救助、住房救助、就业救助	地方出大头，中央给予补助
救急难	医疗救助、受灾人员救助、临时救助	中央财政与地方财政共担
特定群体	"两项补贴"、残疾儿童康复救助等	地方出大头，中央给予补助

（二）社会救助支出责任优化

首先，建立由中央承担主要支出责任的基本生活保障制度。目前，最低生活保障制度由地方政府承担管理责任，各地根据自身的经济发展水平和财政承受能力制定最低生活保障标准，导致各地的"最低"保障标准相差甚大。基于最低生活保障制度，整合特困人员供养、临时救助等制度，建立基本生活保障制度，并由中央政府承担最低生活保障的主要管理责任和支出责任，有利于防止各地拉开"最低"保障标准差距，切实保障每个公民的生存。凡是由中央政府负责的社会救助项目，其主要支出责任由中央财政承担。基于现行困难群众基本生活补贴现状，原则上由中央财政承担80%的支出责任，地方政府承担20%的支出责任。基于此，根据地方经济发展或其他因素确定各地区的分担比例。在此提出两种方案：（1）"中央最低保障＋地方补充救助"的设计方案。中央政府划定全国基本生活保障标准，在此标准下的所有基本生活保障支出均由中央政府承担；地方政府在全国基本生活保障标准的基础上，根据当地的经济发展水平和居民生活水平，制定本地的基本生活保障标准，增加的费用均由地方政府承担。（2）基于地方人均收入的分担方案。即改革现行的因素法，参照各地居民人均收入与全国人均收入的比值，适当划分分担档次，当地人均收入越低，则中央承担的比例越高，反之亦然。

其次，对于分担的社会救助项目合理确定支出分担比例。急难救助由中央财政和地方财政分担。在自然灾害救助中，我国建立了灾害分级管理制度。《自然灾害生活救助资金管理暂行办法》规定：灾害救助资金实施分级管理，分级负担。对遭受特大自然灾害的省，中央财政给予适当补助，受灾群众生活救助资金由中央和地方按比例承担，目前这一制度运行较为成熟。但是，医疗救助和临时救助制度尚有待改进。目前，中央财政对地方财政的医疗救助补贴按因素法确定，这种方法参考的因素过多，计算公式不简便。建议只参考当地居民平均收入分配资金。借鉴美国医疗救助资金分担计算公式，划定医疗救助支出中央财政承担的支出责任：$CE = 100 - \frac{LI}{NI} \times 50\%$　其中，CE 为中央财政支出比例，LI 为地方人均收入（计算时点为前三年的平均值），NI 为全国人均收入（计算时点为前三年的平均值），50 表示地方政府承担 50% 的支出责任。据此可以计算出中央和地方的分担比例。以 2014 年为例，2012—2014 年全国平均收入为 26625.2 元，则 2014 年中央与地方在医疗救助上的分担比例，上海、北京两市承担的社会救助支出责任超过 80%，而甘肃、青海、西藏、黑龙江和贵州承担的社会救助支出责任低于 40%，前者是后者的两倍以上，较好地拉开了地区差距，减轻了落后地区的财政压力。

表5—7　2014年医疗救助支出中央与地方分担比例计算方式

单位：元／年，%

地区	地方平均收入	收入比	地方负担比	中央负担比
上海	44636	1.68	83.82	16.18
北京	43188.17	1.62	81.1	18.9
浙江	37340.9	1.4	70.12	29.88
江苏	31869.6	1.2	59.85	40.15
广东	30637.37	1.15	57.53	42.47
天津	30037.4	1.13	56.41	43.59
福建	28983.83	1.09	54.43	45.57
山东	27286.5	1.02	51.24	48.76
辽宁	26333.8	0.99	49.45	50.55
内蒙古	25834.5	0.97	48.52	51.48

续表

地区	地方平均收入	收入比	地方负担比	中央负担比
湖南	24080.33	0.9	45.22	54.78
重庆	23724.5	0.89	44.55	55.45
安徽	22884	0.86	42.97	57.03
湖北	22786.6	0.86	42.79	57.21
广西	22867.07	0.86	42.94	57.06
海南	22605.2	0.85	42.45	57.55
云南	22611.17	0.85	42.46	57.54
河北	22303.8	0.84	41.88	58.12
山西	22246.43	0.84	41.78	58.22
四川	22256.3	0.84	41.8	58.2
陕西	22481.87	0.84	42.22	57.78
江西	22096.43	0.83	41.5	58.5
河南	21951.8	0.82	41.22	58.78
吉林	21585.63	0.81	40.54	59.46
宁夏	21530.57	0.81	40.43	59.57
新疆	20742.07	0.78	38.95	61.05
黑龙江	20405.73	0.77	38.32	61.68
贵州	20604.53	0.77	38.69	61.31
西藏	20146.2	0.76	37.83	62.17
青海	20075.1	0.75	37.7	62.3
甘肃	19611.4	0.74	36.83	63.17

说明：（1）平均收入的计算时间为 2012—2014 年，以三年的收入计算平均值。

（2）收入比 = 地方平均收入 / 全国平均收入

最后，对于地方承担主要支出责任，中央适当给予补贴。教育救助、住房救助和就业救助由地方政府承担主要支出责任，中央财政对于财政困难的省市给予适当补贴。

五、结语

自 20 世纪 90 年代以来，我国改革传统社会救济制度，逐步建立起现代社会救助体系，社会救助项目不断完善，受助待遇水平持续提高。但是支出责任下沉到基层政府，区县级政府的财政压力越来越大。为此，区县级政府以下的各级财政逐步分担了社会救助的支出责任，部分社会救助项目的主要支出责任上移至中央政府。但是，目前社会救助支出责任的中央与地方分工存在共担机制不明确、因素法补助方法不科学等问题。一些本应由中央直接负责的社会救助交给了地方承担，而部分宜由地方负责的社会救助又由中央政府承担了过多责任，导致了社会救助的负激励。另外，社会救助是保障贫困人口基本生存的托底性社会政策，由于不发达地区的贫困人口多，财政能力弱，发达地区的贫困人口少，财政能力强，如果由地方财政承担困难群众生活救助的主要责任，不仅会拉大贫困人口的地区差距，还会导致不发达地区的困难群众难以得到基本保障。

基于我国社会救助支出责任存在的问题，有必要对中央政府和地方政府的社会救助支出责任进行调整。总的思路是优化社会救助管理框架，明确中央与地方政府社会救助事权范围，完善中央转移支付资金分配方法；根据社会救助项目的不同，划分中央政府与地方政府的责任。对于济贫类社会救助，中央政府应承担主要支出责任，并分担地方管理成本；对于救急难的救助，应明确中央政府和地方政府的分工，并根据事权划分确定各自的支出责任，建立共担支出责任的局面；对于纾困类社会救助项目和针对特定群体的社会救助项目，则以地方财政支出为主，中央财政支出为辅助。

第六章 社会救助经办管理现状及立法建议

现代社会救助是直接面向贫困弱势群体的公共制度安排。从世界各国来看，社会救助作为政府的一项基本职能，通常具有严格的认定标准和给付程序。社会救助的重要性和复杂性使得社会救助的政策效果在很大程度上取决于其经办管理能力和水平。当前我国在积极优化社会救助制度，大力推动社会救助立法进程的背景下，聚焦社会救助经办管理研究具有重要的现实意义。

一、社会救助经办管理的现状和问题

新中国成立后，我国社会救助工作得到重视和发展。特别是从 1978 年改革开放以来，伴随着经济增长和市场经济体制的建立，社会救助在政府主导下获得了快速发展，1978 年 3 月 5 日，第五届全国人大第一次会议批准恢复民政部。民政部成立初期，设置农村社会救济司、城市社会福利司等 7 个司局级单位，农村社会救济司主管农村社会救济工作，城市社会福利司主管城市社会救济工作，全国社会救助建设和管理开始有了主管部门，同时各级民政部门也迅速建立了社会救助专门的工作机构，社会救助经办建设和管理走上正轨。①

（一）我国社会救助经办管理的现状

我国现行社会救助经办管理的主要架构建立于 20 世纪 90 年代，2014 年以来，随着《社会救助暂行办法》的实施，我国社会救助经办管理也进入到快速发展轨道。在《社会救助暂行办法》中，第一次以行政法规的形式来规定最低生活保障、特困人员供养、受灾人员救助、医疗救助、教育救助、住房救助、就业救助、临时救助等八项社会救助制度和社会力量参与，构建了一个民政统筹、分工负责、相互衔接，及其政府救助和社会力量参与相结合，具有中国特色的社会救助体系。②

在经办管理模式上，我国社会救助业务主要采取由公共部门负责经办，在中央、省（自治区）、市（州）、县（区）一级，社会救助业务由主管部门直接经办。由于主管部门分割，最低生活保障、特困人员供养和临时救助业务由民政部门经办，住房救助、医疗救助、教育救助、就业救助和受灾人员救助业务分别由住建、医保、教育、人社和应急管理部门经办。在基层，社会救助业务则由乡镇人民政府（街道办事处）、村（居）民委员会、敬老院、福利院、学校等机构负责经办。这种基层社会救助经办模式也可以称之为"代办制"。③

在经办内容上，社会救助经办的业务内容主要有三项：对象认定、待遇发放和动态管理。一是在对象收入和财产认定方面，在全国范围内全面建立了居民家庭经济状况核对机制，全国 30 个省份在省级层面建立了核对工作机构，全国大部分县（市、区）开展了核对工作。民政部会同公安部、银监会、证监会

---

① 参见刘喜堂：《建国 60 年来我国社会救助发展历程与制度变迁》，《华中师范大学学报》2010 年第 4 期。

② 参见林闽钢：《我国社会救助体系发展四十年：回顾与前瞻》，《北京行政学院学报》2018 年第 5 期。

③ 郑功成：《中国社会救助制度的合理定位与改革取向》，《国家行政学院学报》2015 年第 4 期。

等部门初步建立了户籍、车辆、社会救助申请家庭金融存款及有价证券信息查询机制。同时，各地社会救助家庭经济状况核对工作正在与发展改革、教育、工业和信息化、公安、司法行政、财政、人力资源社会保障、自然资源、住房城乡建设、交通运输、农业农村、卫生健康、退役军人事务、市场监管、统计、税务等部门和工会、残联等组织，以及银行、证券、保险等金融管理机构，进一步开展全面的合作。二是在对象认定程序方面，通常分为个人申请、基层经办机构审核、县级经办机构审核、县级主管部门审批等环节。现金待遇通常采用社会化发放，由经办机构委托银行定时向受助对象发放救助金；实物和服务类待遇则由社会救助经办机构或第三方提供者直接发放。三是在动态管理方面，通常由各级社会救助经办机构定期或不定期对社会救助对象资格进行核查，根据家庭收入和财产状况及时清退不符合条件的对象以及调整待遇标准。

在跨部门协作配合上，2013 年 8 月，经国务院同意建立社会救助部际联席会议这一协调机制。社会救助部际联席会议主要定位于：研究拟订完善社会救助体系的重大制度、政策、体制和机制，向国务院提出建议；统筹做好最低生活保障与医疗、教育、住房等其他社会救助政策以及促进就业、扶贫开发政策的协调发展和有效衔接；研究解决救助申请家庭经济状况核对跨部门信息共享问题；督导推进全国社会救助体系建设，等等。联席会议由民政部为牵头单位，民政部、中央宣传部、中央编办、中央农办、发展改革委、教育部、公安部、财政部、人力资源社会保障部等共 23 个部门和单位组成。①

2017 年 1 月，国务院办公厅印发《关于加强困难群众基本生活保障有关工作的通知》，要求全国各县（市、区）都要建立健全由政府负责人牵头、民政部门负责、有关部门和单位参加的困难群众基本生活保障工作协调机制，定期研究解决本地区困难群众基本生活保障问题。从这几年运行效果来看，社会救助部际联席会议和困难群众基本生活保障工作协调机制，发挥出强化部门协作配合、促进社会救助横向府际关系的整合作用。

---

① 参见武唯：《全国社会救助部际联席会议制度建立》，《中国人力资源社会保障》2013 年第 10 期。

在基层社会救助能力建设上，一是近年来民政部门把强化基层作为重点。在全国范围内，依托基层建立"一门受理、协同办理"平台。主要在街道办事处（乡镇人民政府）办事大厅、居（村）民委员会公共服务工作站等综合性便民服务场所，建立了统一的"社会救助"服务窗口，制定了社会救助申请分办、转办流程，还明确了办理时限。全国大部分县（市、区）实现了医疗救助"一站式"即时结算。同时通过政府购买社会救助服务，提升基层社会救助经办能力。2017 年 9 月，民政部、中央编办、财政部、人力资源社会保障部联合印发了《关于积极推行政府购买服务加强基层社会救助经办服务能力的意见》，针对长期以来基层社会救助经办服务能力薄弱，特别是人手不足、经费短缺、方式单一、效率不高等问题，导致一些地方社会救助兜底保障能力不足的问题时有发生，强调通过改进政府提供公共服务方式，采取政府购买服务方式，促进社会力量参与，从而提升基层社会救助经办服务能力，打通社会救助服务的"最后一公里"。二是开展社会救助信息化建设。近年来，以金民工程为依托，积极推动社会救助信息化建设。2016 年，民政部对金民工程一期初步设计服务进行公开招标。2018 年，民政部发布《"互联网＋民政服务"行动计划》（以下简称《行动计划》），提出开展"互联网＋社会救助"。《行动计划》要求各地积极探索构建社会救助综合服务信息平台，扩展业务功能，加强业务协同，实现资源对接；充分利用"互联网＋"和大数据等技术，推进社会救助家庭经济状况核对机制建设，助力社会救助精准认定；综合利用网站、微信、APP、服务热线、自助终端等多种手段向社会公众提供政策解读、办理查询、监督举报等服务，公开社会救助相关信息，接受社会监督；围绕救助对象申请受理、入户调查、复核督查等工作，开展移动互联网应用，提升救助工作效率和信息化水平。2019 年，民政部发布《金民工程一期项目试点工作方案》，确立了两批试点地区、三种试点模式，以进一步探索、推广包括"互联网＋社会救助"在内的民政服务新业态。

目前，全国各地都在探索社会救助信息综合管理平台建设。地方社会救助管理平台通常具有多项功能：一是信息集成功能，由民政部门协同各主管部门采集社会救助对象基础信息。二是信息共享功能，主要实现由民政部门主管的各项社会救助制度之间的信息共享。三是信息比对功能，主要用于救助申请家庭经济状况核查，由民政部门向其他社会救助主管部门推送比对信息，并获取比对结果。四是信息预警功能，对社会救助对象信息变动以致不符合救助资格的情况进行预警。五是痕迹保留功能，保留业务经办记录，以便追责。六是数据挖掘功能，对社会救助信息和数据进行提炼和分析。可以看到社会救助信息综合管理平台对于社会救助业务的精准开展、提高效率发挥了重要的作用。

（二）我国社会救助经办管理存在的问题

1.经办管理碎片化，信息共享渠道不畅

我国社会救助业务主要采取由公共部门负责经办，但至今并未设置相对独立的、专业化的经办机构，亦未建立统一的、系统化的经办机制，进而呈现出"碎片化"的经办形态。这种"碎片化"体现在两个方面：一是不同救助项目的经办方式不尽相同；二是不同行政层级的经办方式存在差异。目前的社会救助经办管理涉及民政、教育、住房城乡建设、人力资源和社会保障、应急管理、医疗保障等部门。民政部门负责低保、特困供养、临时救助、生活无着流浪乞讨人员救助，同时参与拟定医疗、教育、住房、就业各专项救助相关办法，具体救助经办管理由相应部门来负责实施。目前，尽管建立起社会救助联席会议、"一门受理、协同办理"等工作机制，使得社会救助管理部门间的协调有所提升，但制约社会救助经办的体制性障碍仍然存在。主要体现在政策条块分割、救助资源分散、资金来源不一、工作方式不同，救助实施基本独立，合力明显不够，推动救助经办管理一体化势在必行。目前全国基层基本都设立了社会救助窗口，形式上符合要求，但部分地区在实际运转上仍是条线分割、多头管理，未能有效实现社会救助一门受理、统筹管理，难免出现重复救助或救助疏漏问题。改革社会救助经办管理体制，健全经办运行机制是今后社会救助发展的重点。

社会救助信息共享程序较为复杂和低效，各部门、各经办环节之间的"壁

垒"尚未完全消除。特别是救助申请家庭经济状况信息核对平台在实现救助信息纵向无缝衔接、横向全面覆盖，业务互联互通、数据实时共享上仍然不足。造成信息共享难的主要原因在于部门利益，目前我国对信息资源的归属、采集、开发等没有作出明确的规定，不少政府部门将公共资源的产权部门化，人为设置信息互联互通的壁垒；多数部门出于利益考虑，不愿进行信息交换与应用。另一方面，社会救助信息化建设进程缓慢，信息管理系统的稳定性和服务的可及性还有待提高。同时，不少地区已经建立了"互联网＋社会救助"系统，但使用率和运行效率并不高。此外，新经济和新业态的大量涌现使得人口流动性与就业多样性不断增强、家庭收入和财产日益多元化和隐形化，这对社会救助对象的精准认定和动态管理构成了新的挑战，从而对社会救助信息化建设提出了新的要求。

2.基层经办管理人员力量薄弱，在专业性方面有待进一步加强

社会救助经办管理主要取决于基层经办能力。以家庭收入调查为重点，包括救助资格审核、救助金发放、救助信息管理等在内的一系列救助业务都要由县（区）及以下的经办机构承担。同时，由于涉及领域众多，关键环节技术性强，加之具有权利与义务的单向性，基层社会救助业务经办是一项极为复杂的工作，需要由专业机构和专业人员负责实施。

但基层经办管理人员在人员数量、人员稳定性，以及人员能力素质方面还存在明显不足。一是基层相关经办人员配备不足，救助工作人员与救助工作量明显不匹配。同时，从事民政工作的工作人员基本还要从事社会事务、养老、福利慈善等多项业务，工作繁重，压力大。二是基层从事与救助相关的经办工作人员流动性大，工作队伍不稳定。民政部门基层工作岗位薪酬待遇普遍偏低，工作待遇与工作量不成正比，工作激励机制不明显，岗位上升通道较少，导致基层工作队伍积极性不高。基层社会救助队伍流失较为严重。频繁的人员流动加剧了工作队伍薄弱，影响救助经办效果。三是基层经办人员素质偏低，专业化社工队伍薄弱。目前社会救助经办管理对主动发现、精准识别、精准救

助和个性化服务等方面提出更高要求，基层工作人员的素质与要求之间还存在
显著差距。在实际工作中发现，困难人群对心理层面的救助期望值越来越高，
对该方面的需求越来越大，而基层能提供心理服务和心理疏导方面的专业社工
基本没有配备，影响救助质量和效率。

总之，长期以来我国基层社会救助经办能力普遍薄弱，大多数乡镇(街道)
只有1—2名工作人员负责社会救助业务，从而导致一些困难群众的救助需求
没有被及时发现，急难个案没有得到及时救助。同时基层"代办制"使得社会
救助成为了兼职机构和兼职人员的兼职工作，业务优先序列的劣势、工作人员
的非专业性结合社会救助自身的复杂性，导致社会救助执行偏差、运行失序的
错乱现象时有发生，不仅有损制度的公平性和公信力，也造成公共资源的严重
浪费。近年来各省民政部门纷纷响应民政部要求，不断推进政府购买服务，加
强基层社会救助经办能力建设，在基层窗口建设、信息化建设、人员培训、村
（居）委会协助救助等方面做了积极的探索工作。但基层救助经办能力仍较为
不足，未能从根本上扭转基层基础薄弱的问题，不能有效满足现实需求。

二、社会救助经办管理的立法建议

党的十八届三中全会通过的《关于全面深化改革若干重大问题的决定》指
出，"加快健全社会保障管理体制和经办服务体系"。加快健全社会保障管理体
制和经办服务体系，是推动政府职能转变和深化行政体制改革的关键，是建设
服务型政府的重要标志。

社会救助经办服务作为社会保障经办服务体系的重要组成部分，是连接社
会救助各个环节的节点，对整个社会救助系统的运行起着支撑的作用。在一定
意义上讲，社会救助经办机构的管理决定着社会救助体系运行是否通畅，从而
也决定着今后《社会救助法》的实施效果。

（一）社会救助经办机构的性质和定位

社会救助经办机构是由国家指定的、依法负责社会救助服务和管理事务的机构。世界各国社会救助经办机构的立法模式和法律地位虽然各不相同，但作为公益服务的提供者，多数都具有独立的法人地位，拥有独立的人事权和经办费用。40 多年来，以美国、日本、韩国为代表的政府部门直接管理的一体化经办模式，其主要表现为：采取垂直化的管理方式、按照法人治理模式管理和运行，引领了国际社会保障经办机构发展的方向。①

目前，我国正在全面推进社会救助立法，社会救助经办机构的性质和定位必须尽快明确。从我国的现实国情出发，结合我国社会救助事业发展前景，借鉴世界其他国家的经验，应把社会救助经办机构的性质明确为服务社会的公共机构，即非行政机关的公共服务机构，其主要依据如下：

第一，党的十八大报告明确提出了深化行政体制改革的目标，"要按照建立中国特色社会主义行政体制目标，深入推进政企分开、政资分开、政事分开、政社分开，建设职能科学、结构优化、廉洁高效、人民满意的服务型政府"。党的十八届三中全会进一步提出："必须切实转变政府职能，深化行政体制改革，创新行政管理方式，增强政府公信力和执行力，建设法治政府和服务型政府。"社会救助服务作为社会公共服务的基本组成部分，具有公共产品和强专业性等特性。按照社会组织形态和行政管理方式划分，《中华人民共和国民法通则》规定了四种法人，即企业法人、机关法人、事业单位和社会团体。按照"政事分开"原则设立的社会救助经办机构当属事业单位。因此社会救助经办机构不应当成为行政机关或参公管理的"类行政机关"。

第二，根据《中共中央国务院关于分类推进事业单位改革的指导意见》，事业单位划分为承担行政职能、从事生产经营活动和从事公益服务三个类别。

---

① 　参见房连泉：《社会保险经办服务体系改革：机构定位与政策建议》，《北京工业大学学报（社会科学版）》2016 年第 6 期。

从事公益服务的事业单位进一步可以划分为公益一类和公益二类。公益一类承担义务教育、基础性科研、公共卫生及基层的基本医疗服务等基本公益服务；公益二类承担高等教育、非营利医疗等公益服务。社会救助服务经办机构由于面向社会提供基本公益服务，一方面不能或不宜由市场配置资源；另一方面不从事经营活动，其宗旨、业务范围和服务规范由国家确定。因此，社会救助经办机构应定性为"公益一类事业单位"，给予独立法人地位。人员编制完全由经办服务机构的负荷比决定，由上级机关来核定，与传统的机构编制管理机关完全脱钩，与参公管理完全分离；经办机构运营费用全部在社会救助经费中列支，由经办机构提出申请，由财政部、民政部核定，与同级财政完全脱钩。

第三，社会救助经办机构管理的定位问题，一是摆脱地方行政部门的干预，采取垂直管理模式。确保社会救助经办机构独立法律地位的关键在于弱化其行政管理职能，使之摆脱与地方政府行政部门的隶属关系，使其从而能够独立履行义务和承担责任。在中央层面设立独立的社保经办管理机构，依托地方各级经办机构，实行全行业垂直管理；在地方层面，按照相应行政区划，设立省级和市级经办机构的分支机构，在街道（乡镇）设立服务网点。二是建立法人治理结构，实现"人权"和"财权"的独立。作为面向社会提供公益服务的事业机构，社会救助经办机构可以在内部尝试建立理事会、委员会等形式的决策机构和执行机构；在外部建立社会监督机制，接受政府职能部门和社会公众的监督。同时以专业化强化经办能力，使经办机构成为专业化的社会救助事务服务机构。

（二）社会救助经办机构的管理体制

社会救助工作机构包括社会救助行政部门和社会救助经办机构。社会救助行政部门（归属于民政部门）主要负责社会救助有关政策、法规的制定，具有对社会救助经办机构的监督等职责。社会救助经办机构主要负责社会救助的服务性事务。基于我国国情，社会救助经办机构管理体制应采取政府直管模式，形成覆盖全国的分层设置、垂直管理的经办组织系统。

第一，从社会救助经办机构的具体设置来看，社会救助经办机构又可以分为中央、省（自治区、直辖市）、市、县（区）四级机构，在乡、镇和城镇中的社区设立相关服务网点。社会救助经办机构在中央一级，民政部下设社会救助事业管理中心，不承担具体社会救助经办业务，主要是对地方社会救助经办机构实行业务指导。在地方，各省、自治区、直辖市以及地市、区县三级，社会救助经办机构根据工作需要，可设立分支机构。基层社会救助应当以专业经办制取代长期以来的"代办制"。在街道（乡镇）服务网点应配置专门负责社会救助经办的工作人员，确保事有人管、责有人负。目前在街道（乡镇）代办机构的社会救助经办应当回归专门的专业化经办。社会救助经办机构的人员经费和经办社会救助发生的基本运行费用、管理费用，由财政部门按照国家规定予以保障。

第二，社会救助经办机构的职能与其性质紧密相连。社会救助经办机构的管理层级不仅需要明确定性，其具体职能也要明确具体内容。由于中央和地方的社会救助经办机构在具体职能上存在较大差异，因此有必要把二者分开。

总体上看，中央一级的社会救助经办机构的职能定位相对宏观。民政部社会救助事业管理中心承担的具体职责可包括十个方面：（1）制定全国社会救助经办管理总体规划和实施方案，并组织实施。（2）组织拟订社会救助经办工作的管理、技术和服务标准，并组织实施。（3）拟订社会救助服务业务工作计划建议方案，制订计划考核评估体系，并组织实施。（4）承担编制全国社会救助预决算草案，组织实施社会救助预算；指导各地编制社会救助资金使用年度报告。（5）编制汇总全国社会救助年度、季度、月度财务报表，指导全国社会救助经办系统执行社会救助财务、会计制度。（6）建立全国社会救助运行情况分析制度，指导各地开展运行分析。（7）受民政部委托，负责全国社会救助统计数据的采集汇总、整理分析工作，参与拟订社会救助统计指标体系。（8）拟订社会救助经办业务档案管理规定并组织实施；指导全国社会救助经办系统开展社会救助咨询服务工作。(9) 承办社会救助经办事务的国际交流与合作，及中外社会救助协议的具体实施。(10) 参与社会救助宣传工作等。

地方社会救助经办机构的具体职责可包括五个方面：(1) 社会救助对象的排查和救助家庭经济状况的核查。(2) 社会救助政策的咨询和宣传。(3) 社会救助的申请受理和建档服务。(4) 受理有关社会救助的举报、投诉。(5) 对社会救助对象开展照料护理、康复训练、送医陪护、社会融入、能力提升、心理疏导、资源链接等服务。

(三) 社会救助经办机构的运行机制

第一，社会救助经办机构的管理，通过实行负荷比管理机制和业绩考核机制，建立一支专业化的社会救助职业队伍。长期以来公益类事业单位成立之后，往往会出现明显的人满为患、服务效率低下等问题。按国际经验实行负荷比管理机制，社会救助经办机构可以灵活调整经办机构人员数量和结构，同时制定业绩考核机制，实行工效挂钩，建立薪酬激励等制度，就可以保持经办机构的活力和效率，全面提高社会救助服务质量。

第二，部分社会救助经办服务岗位和项目，通过政府购买服务的机制，提高专业化水平。《国务院办公厅关于政府向社会力量购买服务的指导意见》指出，"教育、就业、社保、医疗卫生、住房保障、文化体育及残疾人服务等基本公共服务领域，要逐步加大政府向社会力量购买服务的力度"。《民政部、中央编办、财政部、人力资源社会保障部关于积极推行政府购买服务加强基层社会救助经办服务能力的意见》指出，"乡镇人民政府、街道办事处可购买社会救助相关服务"，明确提出购买社会救助相关服务包括事务性工作和服务性工作两类。

一是部分社会救助经办服务岗位工作人员可以采取市场机制，实行合同聘用制，根据服务需求和业务量设定动态调整的人员岗位；对于特殊岗位的技术人员可以采取市场招聘的方式，解决专业技术人才短缺的问题。二是部分具体的社会救助服务项目可采取政府购买社会力量服务的方式予以解决。① 这样既可满足社会救助对象多样性的社会服务需求，又能满足地区间发展不平衡的问题，还能提高某些领域的公共服务质量，在经办系统内部引入一定的竞争和示范效应，有利于创新社会服务供给模式和基层救助服务方式。事实上，近年来在社会救助服务领域，通过采取政府购买第三方专业公司服务，将城乡低保家庭入户核查工作委托给第三方，防止"骗保""错保""人情保""关系保"等现象的发生。通过采取政府购买社会组织服务，为社会救助对象提供照料心理咨询、社会融入、能力提升、资源链接等服务，取得了较好的效果。

总之，在社会救助经办领域率先按照管办分开、政事分开原则，垂直化管理模式，可以带动整个社会保障领域经办管理体制的进一步改革和整体状态的突破，为此，针对我国社会救助经办管理的现状和问题笔者提出四条立法建议：一是按照政事分开和管办分开原则，建立全国社会救助事业管理中心，全国社会救助经办机构实行垂直领导体制，在事业单位分类中将社会救助经办系统定性为"公益一类事业单位"。二是采取政府直管的垂直化管理模式，社会救助经办机构服务系统的经费预算与各级财政预算"脱钩"，纳入到社会救助资金支出中列支，以确保经办服务经费始终能够达标。三是社会救助经办机构可分为中央、省（自治区、直辖市）、市、县（区）四级机构，乡镇（街道）设立相关服务网点，应当以专业经办制取代长期以来的"代办制"。乡镇（街道）应配置专门负责社会救助经办的工作人员；同时目前基层代办机构的社会救助经办应当回归专门的专业化经办。四是部分社会救助经办服务岗位和项目可采取购买服务的方式予以解决，以提高社会救助实施效果和专业化水平。

---

① 参见林闽钢：《关于政府购买社会救助服务的思考》，《行政管理改革》2015 年第 9 期。

第七章　以核心家庭为单位
确定社会救助对象

社会救助是通过解除社会弱势群体的生活困难来维持社会底线公平的一种制度安排，被称为现代社会保障体系的最后一道防线。[①] 自 1999 年 9 月国务院颁布《城市居民最低生活保障条例》以来，我国社会救助制度日臻完善，但是仍然存在不少争论与问题，如何确定社会救助的对象，使之有效衡量社会救助将达到的程度和规模，仍是一个悬而未决的难题。社会救助对象的确定既是社会救助工作的核心，也是社会救助工作的难点……既是一个理论问题，更是一个现实问题，关系到社会救助制度运行的理念和效率；[②] 关系到被救助对象权益的维护、贫困者生活的保障；还深刻影响着家庭成员间抚养、扶助义务与国家社会救助义务之间的关系。我国自最低生活保障制度建立后，救助对象范围不断扩大，但是对于社会救助应有的覆盖范围，并没有法定、明确的标准。[③] 对社会救助对象的确定，实践中存在以"家庭"为单位还是以"个人"为单位的争议。在《社会救助法》（草案）中，规定居民在申请最

[①] 参见杨立雄、刘喜堂主编：《当代中国社会救助制度回顾与展望》，人民出版社 2012 年版，第 133 页。

[②] 参见杨立雄、刘喜堂主编：《当代中国社会救助制度回顾与展望》，人民出版社 2012 年版，第 187 页。

[③] 参见谢增毅：《中国社会救助制度：问题、趋势与立法完善》，《社会科学》2014 年第 12 期。

低生活保障待遇时，由户主向户籍所在地的乡、镇人民政府或者街道办事处提出。① 此种规定下，社会救助对象的确定标准是以"户"为单位，即共同生活的家庭成员人均收入低于当地居民最低生活保障且家庭财产状况符合当地有关规定的家庭，可以由户主提出申请并出具相关证明，低保审批机关通过入户调查、邻里访问、信函索证、群众评议等方式对申请人的家庭经济状况进行调查，符合规定的家庭可以获得最低生活保障。

本章拟对我国社会救助对象的确定进行研究，阐述目前关于社会救助对象的争论，分析以核心家庭确定社会救助对象的原因，分析家庭成员间的扶养、扶助义务与国家社会救助义务之间的关系，并基于此进一步对核心家庭的认定标准展开探讨。

一、关于我国社会救助对象的争论

(一) 学界观点

1. 以个人为单位确定社会救助对象

有学者认为，社会救助中的最低生活保障制度覆盖的范围应是一个国家的全体公民，无论是城镇居民还是农村居民，只要具备了享受最低生活保障的条件，便可以主动提出申请。② 也有学者根据生存权理论主张以个人为单位确定

---

① 《中华人民共和国社会救助法》（征求意见稿）第 11 条：对共同生活的家庭成员人均收入低于当地居民最低生活保障标准且家庭财产状况符合所在省、自治区、直辖市人民政府有关规定的家庭，由县级人民政府民政部门给予最低生活保障。第 13 条第 1 款规定：申请居民最低生活保障待遇，由户主向户籍所在地的乡、镇人民政府或者城市街道办事处提出，经审核后报县城人民政府民政部门批准。

② 参见于杰兰、李春斌：《农村最低生活保障制度的对象、标准、基金筹措及监管——以〈社会救助法〉的制定为中心》，《西藏民族学院学报（哲学社会科学版）》2008 年第 3 期。

社会救助对象①，依据生存权的本源性权威，即最低生活水准权，无差别地维护生命体的尊严和安全，对于非户籍困难群体和低收入群体给予充分地关注和保障。持该观点的学者认为，以个体为单位确定社会救助对象，更加契合宪法中公民社会救助权的精神内核。②

主张以个人为单位确定社会救助对象，更多地通过分类认定、自我认定的方法进行确定。此种认定方法，有利于更精准地瞄准社会救助对象，更大程度上保障被救助者的权益；同时，此种认定方法下的政府管理成本相对较低。传统的家计调查认定方法，难以应对专项救助瞄准偏差和社会救助待遇简单叠加的问题，具体而言，我国很多地方都围绕最低生活保障制度形成了一系列的配套措施，若家庭获得低保资格，那么会自动获得与此配套的生活补贴，以及其他专项救助或优惠政策。③ 对于一些存在教育困难但是非低保家庭的子女会由于家庭认定标准的缘故而被社会救助排除在外，这显然不符合社会救助的原则与目的。而更具有个体性特征的以个人为单位的确定方法能在一定程度上解决此类问题。

现代家庭结构和传统家庭观念的变化也是部分学者主张以个人为单位确定社会救助对象的重要原因。我国社会传统的"大家庭（族）"观念不断瓦解，转而形成普遍性的核心家庭。传统社会中宗法家族与政治国家同构，强调家庭的赡养、抚养、扶助义务，家庭承担了绝大部分的福利供给和生活救助责任，但是随着家庭（族）成分的解构、连带思想的式微、家庭（族）内部凝聚力的减弱以及家庭（族）规模的缩小，家庭（族）的风险承担能力日趋减弱，社会救助能力也明显下降。如果在现行社会救助立法中仍过多以家庭救助为基础必

---

① 参见邓大松、刘喜堂、杨红燕主编：《当代中国社会救助制度比较与借鉴》，人民出版社2014年版，第368—369页。

② 《中华人民共和国宪法》第45条第1款：中华人民共和国公民在年老、疾病或者丧失劳动能力的情况下，有从国家和社会获得物质帮助的权利。国家发展为公民享受这些权利所需要的社会保险、社会救济和医疗卫生事业。

③ 参见兰剑：《反贫困视域下社会救助依赖问题的解构及其治理》，科学出版社2018年版，第98—99页。

将导致家庭不能承受之重，出现救助失灵。个人主义思想的盛行，突破了国家—家庭—个人的层次结构，个人主体人格确立，个人与国家之间发生直接的权利义务关系，[①] 故而，有学者主张以个人为单位确定社会救助对象成为家庭结构核心化、家族连带思想式微化背景下新的选择。

但此种认定方法在实践中仍然面临诸多挑战，以个人为单位确定社会救助对象容易造成人情保、福利保、特殊保的现象，难以匹配现代社会救助对于政府管理的水平要求，且以个人为单位不符合我国传统的家户观念，也不符合广泛层次的社会认同。

2. 以家庭（户）为单位确定社会救助对象

户之本义指单扇门。《说文·户》云："户，护也，半门曰户。象形。反户之属皆从户。"至晚到西周时，户开始具有了家的含义。《辞源·户部》释"户"云："一家谓一户"。唐律中也是家、户相释。如《唐律疏议·名例律》："犯徒应役家无兼丁。"沈之奇在《大清律辑注》中云："计家而言之曰户，计人而言之曰口。"[②] 在古代中国，家与户意义相近，故见称于"家户"，户基本等同于家庭的概念。以户为单位确定社会救助对象有着比较广泛的认同基础。

一方面，我国自建立最低生活保障制度以来，救助对象的认定以传统家计调查方法为主，形成了较为系统的社会救助模式。当下，我国社会救助对象的确定依赖于家庭成员的确定、家庭收入的测算、家庭状况的核实，在程序方面，也需要由户主向户籍所在地的乡镇人民政府、街道办事处提出。在确定社会救助对象的过程中，始终围绕"家庭"这一基本单位展开。

另一方面，从我国传统文化角度，也可充分解释以家庭（户）为单位确定社会救助对象的合理性。中华民族历来重视自给自足、勤俭持家，个体主义贫困观有着较为广泛的社会认同。在个体主义贫困观的影响下，家庭发挥着提供

---

① 参见蒋悟真：《我国社会救助立法理念研究》，北京大学出版社 2005 年版，第 31 页。

② 参见周子良：《中国传统社会中"户"的法律意义》，《太原理工大学学报（社会科学版）》2010 年第 1 期。

生活救助和生活福利的重要作用。尊老养老、慈幼扶幼是中华民族的优良传统，是社会成员的基本文化认同，也是家庭成员的基本社会责任。[①] 有学者主张家庭（族）被认为是最值得信赖的地方，"没有劳工的统合主义，没有广泛的教会慈善，没有平等的团结，也没有自由主义的自由放任，取而代之的是家庭在福利供给中所扮演的角色，强调亲属关系，因此家人有提供福利和照顾服务的义务"。[②] 以家庭为基本单位确定社会救助对象符合我国民众对家庭责任与功能的认知，相关政策在实践中能得到较为有效的贯彻。

也有学者提出了对以家庭确定社会救助对象的担忧[③]，主要原因在于以家庭确定社会救助对象时，容易产生瞄准偏差。在传统家计调查时，收入财产的计算面临诸多挑战，尤其是在我国农村地区，土地经营收入的货币化折算比较困难，而且在大量的农村外出务工人员群体的收入测算上缺乏科学路径。在以家庭为单位确定社会救助对象时，产生了社会救助的实施效果不公问题。[④] 以家庭确定社会救助对象，可能难以充分考虑贫困边缘人群的客观需求，从而造成贫困线的"悬崖效应"。

（二）立法选择

我国自 20 世纪 80 年代后逐步建立社会救助法律体系，先后制定了多部相关法律法规，但是这些规定是从相对分散、不同角度确定我国社会救助法律制度的，导致一直以来存在权利保障过于分散、"群龙治水"效果不佳的问题。我国社会救助立法缺乏对社会救助对象的明确规定，也缺乏社会救助

---

① 参见徐道稳：《论我国社会救助制度的价值转变和价值建设》，《社会科学辑刊》2001 年第 4 期。

② Jones Finer, Catherine, "The Pacific Challenge: Confucian Welfare", in Catherine Jones, *New Perspectives on the Welfare State in Europe, Routledge*, 1993, pp.198-217. 转引自蒋悟真：《我国社会救助立法理念研究》，北京大学出版社 2005 年版，第 37 页。

③ 参见李卫东：《社会救助对象认定的国际实践与我国的制度创新》，《中国民政》2018 年第 23 期。

④ 参见洪大用：《社会救助的目标与我国现阶段社会救助的评估》，《甘肃社会科学》2007 年第 4 期。

覆盖范围的阐述。2014 年国务院出台的《社会救助暂行办法》作为我国第一部统筹各项社会救助制度的行政法规，对我国社会救助发展影响重大。《社会救助暂行办法》中将社会救助上升为根本性、稳定性的法律制度，为保障群众基本生活、解决急难问题构建起完整严密的安全网。① 我国当前的救助对象认定标准以收入水平作为最核心的赋权资格判断依据。《社会救助暂行办法》第 11 条第 2 款规定低保申请人的"家庭收入情况、财产状况"是判定其是否具备救助资格的主要标准。《中华人民共和国社会救助法》（征求意见稿）第 13 条第 1 款规定，申请居民最低生活保障待遇，由户主向户籍所在地的乡、镇人民政府或者城市街道办事处提出，经审核后报县级人民政府民政部门批准。"户主"一词突出了我国社会救助立法在社会救助对象上的选择，通过"家庭"这一基本单位，实现社会救助对象的测算、评估、评议和救助。可见，我国社会救助的立法更倾向于以"户（家庭）"为单位确定救助对象。

（三）社会救助对象定位现状

1. 制度配置缺位——社会救助与"事实孤儿"

从社会救助的视角看，我国现阶段的贫困问题主要源于治理改革落后于经济发展，从而导致贫困群体的社会救助权利缺少实现路径而普遍失效。② 由于我国社会救助对象的确定不够清晰，社会救助的覆盖面仍然是一个有待研究的问题。当下社会救助权利的实现资格的真实覆盖面过窄，对于处在贫困线边缘群体的保障力度不足，社会救助制度在某些群体的社会救助权保障上呈现缺位状态，典型案例为针对"事实孤儿"的社会救助问题。"事实孤

---

① 参见《社会救助暂行办法》解读，http://www.rmzxb.com.cn/c/2014-05-13/324767.shtml，2019 年 9 月 28 日访问。

② 参见汪湖泉：《论社会救助的精准实施——以〈社会救助暂行办法〉的执行机制创新为视角》，《求实》2016 年 8 月。

儿"全称为"事实无人抚养儿童",指父母双方不能正常履行抚养和监护责任的儿童。[①] 我国事实无人抚养儿童大约 50 万人。"事实孤儿"在法律上欠缺明确的标准,范围认定和界定标准的地区差异显著,导致社会救助工作的实施面临诸多挑战。"事实孤儿"由于没有父母的死亡证明,无法认定为孤儿,导致其无法享受国家孤儿福利救助政策。"事实孤儿"多跟随祖父母、外祖父母或者叔伯等亲人生活,各地对其认定低保户的标准、程度不一,个别地区甚至会因为其父母判刑入狱而拒绝给予其低保户的认定,导致其难以得到最低生活保障的救助。"事实孤儿"长期被排除在社会救助体系之外,这些儿童的生活标准相对较低,很难得到有效监护,而由于经济上的相对困难,长期缺乏监护人的有效监护,容易造成儿童心理层面、精神层面的问题。在现行的社会救助对象确定体系下,难以有效保障"事实孤儿"群体的社会救助权益。

2019 年,民政部为解决我国事实无人抚养儿童问题,出台了《关于进一步加强事实无人抚养儿童保障工作的意见》(以下简称《意见》),我国 50 万事实无人抚养儿童今后将获得政府发放的基本生活补贴,重点解决"事实孤儿"的生活、医疗、教育和监护责任问题。《意见》中不仅体现了对"事实孤儿"的保障,也突出了对有能力却"生而不养"父母的法律追责、失信惩戒。在强调社会救助的国家责任的同时,也强调了家庭的抚养责任。《意见》的出台将"事实孤儿"纳入社会救助的体系范畴,对我国传统的以家庭收入情况、财产状况为判断依据有所补充和完善,但是还有诸多因病致贫、因学致贫等支出型贫困者的救助权利无法得到充分保障[②],处于社会救助的边缘群体仍面临着社会救

[①] 《关于进一步加强事实无人抚养儿童保障工作的意见》(民发〔2019〕62 号文)第 1 条明确保障对象:事实无人抚养儿童是指父母双方均符合重残、重病、服刑在押、强制隔离戒毒、被执行其他限制人身自由的措施、失联情形之一的儿童;或者父母一方死亡或失踪,另一方符合重残、重病、服刑在押、强制隔离戒毒、被执行其他限制人身自由的措施、失联情形之一的儿童。

[②] 参见汪湖泉:《论社会救助的精准实施——以〈社会救助暂行办法〉的执行机制创新为视角》,《求实》2016 年 8 月。

助制度配置缺位的问题。

2. 制度配置错位——社会救助的"福利化"

《社会救助暂行办法》将社会救助对象的确定事权赋予乡镇人民政府、街道办事处，实践中由于社会救助工作往往并非由专人负责，导致在救助对象的识别过程中发生"错保""漏保"等问题。社会救助的制度配置在于保障贫困者的最基本生活，在于对已经陷入生活困境的社会成员以帮助和支持，是具有最低生活保障兜底性质的制度，而非给予特殊群体的福利待遇。但是在社会救助实践中，社会救助对象的不明确，导致实践中存在将社会救助"福利化"的现象，如给予村干部、边民等社会救助待遇。为了给予村干部此类特殊群体以社会救助的"福利待遇"，往往通过以村干部或边民个人认定社会救助资格的方式达成，以"个人"为单位认定社会救助对象的弊端也在此显现。造成社会救助"福利化"的原因主要是我国现行社会救助对象的确定体系未尽完善，救助对象的认定程序欠缺规范，此外，对社会救助的制度功能认知偏差也是导致社会救助待遇滥用的重要原因。社会救助制度的"福利化"显然与社会救助原则不符，也与社会救助精准实施的效果价值相悖。

二、以核心家庭确定社会救助对象的原因

（一）中国传统文化的家户观念影响

户籍在中国历史上源远流长，其产生可追溯到夏商时期。在夏商时期，史书上虽没有户籍一说，但据《后汉书·郡国志》刘兆引《帝王世纪》云："及禹平水土，还为九州，今《禹贡》是也。是以其时九州之地……民口千三百五十五万三千九百二十三人"。从这段记载可知，在夏禹时期已经具有早

期人口登记、清查的特色。① 在西周时期，我国已经产生了社会救助的思想形态，如《周礼》记载的"十二荒政"② 和"六条"③ 保息制度，均高度概括了当时社会救助的实践；《管子》的"行九惠之教"和"德有六兴"高度概括了当时的社会救助思想。从古代的荒政措施中可以窥见家庭在自然灾害发生时所承担的救助责任，如"十曰多婚"，强调通过婚姻增加家庭的规模，强化家庭应对灾难的能力。在古代社会，人类抗御自然灾害的能力有限，在自然界的各种侵袭面前，人类的自我保护和延续是一件十分困难的事情。在这种情况下，人类的占有欲和控制欲，往往不是表现在土地和其他资源方面，而是表现在对同类的占有、控制上。在中国古代，这一点尤为突出。历代统治者都认为，国家权力的大小，不在于或主要不在于掌握了多少土地，而在于掌握了多少户口。在自然资源极为有限的情况下，家庭规模的大小往往会决定家庭应对风险的能力，也会决定家庭承担救助责任的程度。在这一统治思想的影响下，古代中国的家户观念十分突出。

此外，我国深受以家庭为中心的儒家文化的影响，宗法家庭与政治国家的同构、君权与父权的一体决定着家庭在我国传统社会救助中的重要地位。④ 强调家庭提供福利和照顾服务的义务，无论是福利供给，还是对家庭困难主体的救助，家庭都发挥着十分关键的作用。儒家文化强调以家庭为中心的集体主义，对内而言，中国传统的小农经济的自给自足形态下，个体力量的有限决定了个体对家庭的依附性，如汉代的宗族互助，具体表现为经济互助、收养孤弱、散财同宗和聚族自保等方面。⑤ 无论是家庭成员的生老病

---

① 参见宋镇豪：《夏周人口初探》，《历史研究》1991 年第 4 期。

② 参见《周礼·地官·大司徒》载：以荒政十有二，聚万民。一曰散利，二曰薄征，三曰缓刑，四曰弛力，五曰舍禁，六曰去几，七曰眚礼，八曰杀哀，九曰蕃乐，十曰多婚，十有一曰索鬼神，十有二曰除盗贼。

③ 参见《周礼·地官·大司徒》载：以保息六，养万民。一曰慈幼，二曰养老，三曰赈穷，四曰恤贫，五曰宽疾，六曰安富。

④ 参见蒋悟真：《我国社会救助立法理念研究》，北京大学出版社 2005 年版，第 37 页。

⑤ 参见杨立雄、刘喜堂主编：《当代中国社会救助制度回顾与展望》，人民出版社 2012 年版，第 128 页。

死或是教育、经济生产，都依托于家庭这一基本单位；对外而言，传统的氏族文化呈现出大家（族）的形态，家庭因素成为社会交往中的重要因素。浓厚的乡土情结也使得家庭成为对外的基础单位。以汉代的社会保障为例，汉代作为农业社会，自然经济占据支配地位，人们的生活主要依赖于土地，土地给家庭成员提供生存和就业的基本保障。天灾人祸，生老病死，均由家庭提供保障。[①] 家庭承担了重要的保障功能，也承担了更多的救济性质上的经济功能。

尽管传统的家户观念在当下有所转变，家庭结构向核心化转变，家庭在救助功能承担上有所减弱，但是家庭在承担救助、扶助、赡养等保障责任上仍具有广泛的文化认同。美国著名社会学家詹姆斯·S. 科尔曼在其《社会理论的基础》中谈道："现代工业社会中存在两种平行的组织结构：一种原始性结构，以家庭为基础发展而成；一种新型结构，由完全独立于家庭，具有目的性的法人行动者组成。"[②] 家庭为基础的原始性结构，其关系度远远紧密于后一类型的由法人行动者组成的结构。以户为单位确定社会救助对象具有文化理念的支撑，也更加符合我国当下的实际情况。

（二）家庭成员救助义务与国家社会救助义务的关系

国家的社会救助在近现代的社会救助体系中发挥着日益丰富、强大的作用。社会救助是针对弱势群体的最古老的一种社会救济方式，同时又经历了最深刻的历史变化：从富贵阶层的施恩行善，到宗教慈善组织的扶弱济贫，再到国家承担救助责任，建立社会保障制度，最终实现从道义性救济向制度性救济的转变。而社会救助制度的这种历史演进又是与社会的工业化变革、国

---

① 参见杨立雄、刘喜堂主编：《当代中国社会救助制度回顾与展望》，人民出版社 2012 年版，第 129 页。

② ［美］詹姆斯·S. 科尔曼：《社会理论的基础》（下），邓方译，社会科学文献出版社 1999 年版，第 679 页。

家社会职能的发展、人本主义及人权思想的普及密切联系在一起的。① 我国古代社会，统治者出于维系统治、展现仁政的考虑，实施的社会救助带有显著的施舍和恩赐特征。但是在现代社会救助制度下，国家责任已经成为其重要标志。现代国家之所以要以法律的形式确立社会救助的政府责任，是因为社会救助制度实际上就是一种国家强制性的权利和利益分配机制。② 在利益再分配领域，为了实现社会公平，必须要有国家组织的有效参与，这成为国家承担救助义务的重要原因。现代社会保障制度的确立与发展表明，慈悲已经升华为正义与平等，而正义与平等已经成为制度化的公理。③ 国家作为现代社会救助中最重要最基本的主体，在社会救助供给中扮演兜底角色。社会救助属于国家责任，正如洛克认为，人们将自然状态中享有的权利让渡给国家是为了更好地保护自己，而国家的存在亦只能是为了实现民众的和平、安全和公共福利。④

家庭成员之间的赡养、扶助和救助义务，在法定层面上，具有更多道德层面的内涵。传统儒家文化影响下的中国社会，对家庭功能的认知天然地蕴含救助责任和义务。如父母对子女的抚养、子女对父母的赡养，或者是成年兄、姊对未成年弟妹的扶养，都是出于家庭成员之间的救助义务。最早在1980年的《婚姻法》中，结合我国家庭成员关系较为密切的实际，从爱小育幼的社会主义家庭关系出发，就规定兄、姐在特定条件和特定情况下扶养弟、妹的内容纳入了法律的调整范围。⑤ 这一理念在随后修订的《婚姻法》中得到延续。家庭承担着社会救助的第一道屏障功能，在家庭成员力所能及的范围内，给予其他成员救助帮扶，是普遍的社会认知。但是随着社会和思想的发

① 参见喻文光：《德国社会救助法律制度及其启示——兼论我国行政法学研究领域的拓展》，《行政法学研究》2013年第1期。
② 参见王伟奇：《最低生活保障制度的实践》，法律出版社2008年版，第12页。
③ 参见王显勇：《社会保障国家：法治国家的新蓝图》，《现代法学》2011年第1期。
④ 参见[英]洛克：《政府论》（下篇），叶启芳、翟菊农译，商务印书馆2010年版，第77—80页。
⑤ 《中华人民共和国婚姻法》（1980）第23条：有负担能力的兄、姊，对于父母已经死亡或父母无力抚养的未成年的弟、妹，有抚养的义务。

展，家庭在社会救助中的作用有所减弱。传统家族思想的淡化、家庭结构日益小型化、家族主体互助功能的弱化，使得家庭的救助功能有所减弱，难以完全涵盖成员的救助需求和目标。

现代社会救助中，呈现出家庭救助功能的减弱和国家社会救助义务增强的趋势。在现代社会救助体系中，对构建国家—社会—家庭的多元化社会救助责任主体的关注日益突出。自 1601 年英国颁布世界首部《济贫法》开始，社会救助责任经历了家庭（个体）救济、国家救济以及国家与社会互动的多元救济等不同的责任配置模式。[①]《德国社会法典》第 12 部第 2 条中规定了德国社会救助中国家责任的次级性和辅助性。德国社会救助的基本原则之一为辅助性原则，意指社会救助是最后一道社会保障网，是用尽其他办法仍不能保证生存必需时的辅助手段。辅助性原则作为德国社会保障法的重要原则，是指个人无法以自己的积极行动或力量帮助自己时，国家或社会才有义务进行干预。这也符合基本法尊重个人自由与个人意思自治的价值体系。在德国辅助性原则下，构建了三个层次的救助责任体系，个人自救处于第一位阶，因为个人对于自身生存权的继续负有第一位的责任。国家的救助责任是次级的、辅助性的，处于最后位阶，因为国家作为公益的代表、国库的管理者，用来源于所有纳税人的税收收入救助个别贫困者的活动只能是补充性的、辅助性的，只限于无法通过自力保障有尊严地生存的情形。处于中间层次的是家庭成员和社会共同体的团结互助责任。[②] 即只有公民自己没有劳动能力且没有亲属帮扶的情况下，才能得到国家的社会救助。社会救助制度体现了国家对公民的义务和责任，但也强调公民的个体努力和自立。社会救助的重要目的是通过国家救助，实现个人的自立，促进个人尊严和价值的实现。[③] 德国社会救助中的"辅助性原则"、日本《生活保护法》中强调"帮助其本人自立"的规定，都体现出社会救助中个人责任

---

① 参见蒋悟真：《我国社会救助立法理念研究》，北京大学出版社 2005 年版，第 22 页。

② 参见喻文光：《德国社会救助法律制度及其启示——兼论我国行政法学研究领域的拓展》，《行政法学研究》2013 年第 1 期。

③ 参见谢增毅：《中国社会救助制度：问题、趋势与立法完善》，《社会科学》2014 年第 12 期。

与国家责任的并存。现代社会救助，并不意味着完全由国家承担救助义务，家庭救助义务仍然是基础性的，且有一部分家庭成员间的救助义务是法定性的。家庭救助义务位于第一位阶，国家社会救助义务为补充位阶，在家庭难以解决救助需求时，国家承担补充的救助和保障义务。家庭成员间的救助义务和国家社会救助义务的关系，决定了国家在确定社会救助对象时，需要考量整个家庭的收入情况、经济状况，而非直接考察公民个体情况，故以户（家庭）为单位确定社会救助对象符合现代社会救助体系的内在逻辑，也符合家庭成员救助义务与国家社会救助义务的位阶要求。

三、核心家庭的认定标准及社会救助的规范设计

（一）域外立法例

1. 德国

德国基本法中的"家庭"是指组成家户团体（Hausgemeins-chaft）所必需的成员，亦即父母与成年或未成年之子女。[①] 德国立法例下的保障对象并非是传统的大型家庭，而是现代社会的核心家庭。具体而言，如单亲家庭；继父母、养子女等关系；非婚子女与其母亲的关系等。德国社会救助在国家责任辅助性原则影响下，对象的确定较为紧缩，在 2003 年哈茨改革后，社会救助法中划定的救助对象进一步缩小，即只局限于没有就业能力的人。[②] 这与德国家庭认定标准的核心化趋势相匹配。

---

① 参见钟秉正：《社会法与基本权保障》，（台湾）元照出版社 2010 年版，第 156 页。
② 参见喻文光：《德国社会救助法律制度及其启示——兼论我国行政法学研究领域的拓展》，《行政法学研究》2013 年第 1 期。

2. 加拿大

加拿大社会救助的理念是从申请者及其家庭成员的实际需求出发，以整个家庭为单位进行救助。具体根据家庭成员的组成结构划分救助类型，通过家庭整体化需求的测试，有针对性地满足待救助家庭的基本需求。"家庭"在制度安排上占据重要地位，通过对单亲家庭、残疾人、孩子数量较多的家庭进行区分，提供不同程度的照顾。这样设计的合理性在于：家庭共同居住、共同生活的各项收入和开支极为紧密，难以区分。因此，以家庭为单位提供一揽子的社会救助金，能够更加合理、有效地保障一家人的基本生活需求。[①] 加拿大在社会救助中，对家庭进行详细的区分，根据具体的家庭成员组成结构进行划分救助类型和救助水平。加拿大对"家庭"并没有严格的认定标准，而是从家庭的实际类型出发，进行划分社会救助层次。例如，加拿大区分的家庭类型有成人—单身、成人—无子女夫妇、成人—单亲家庭、成人—有家庭成员的夫妇等。

（二）我国民法中"家庭"的认定标准

我国《民法典·婚姻家庭编》第 1067 条[②] 规定了父母对子女的抚养义务以及成年子女对父母的赡养义务。第 1070 条[③] 规定了有负担能力的祖父母、外祖父母对父母已经死亡或者父母无力抚养的未成年孙子女、外孙子女的抚养义务，以及有负担能力的孙子女、外孙子女，对于子女已经死亡或者子女无

---

① 参见杨立雄、刘喜堂主编：《当代中国社会救助制度回顾与展望》，人民出版社 2012 年版，第 198 页。

② 《民法典·婚姻家庭编》第 1067 条：父母不履行抚养义务的，未成年子女或者不能独立生活的成年子女，有要求父母给付抚养费的权利。
成年子女不履行赡养义务的，缺乏劳动能力或者生活困难的父母，有要求成年子女给付赡养费的权利。

③ 《民法典·婚姻家庭编》第 1074 条：有负担能力的祖父母、外祖父母，对于父母已经死亡或者父母无力抚养的未成年孙子女、外孙子女，有抚养的义务。
有负担能力的孙子女、外孙子女，对于子女已经死亡或者子女无力赡养的祖父母、外祖父母，有赡养的义务。

力赡养的祖父母、外祖父母的赡养义务。第 1075 条[1] 规定了有负担能力的兄、姐,对于父母已经死亡或者父母无力抚养的未成年弟、妹的抚养义务,以及由兄、姐扶养长大的有负担能力的弟、妹,对于缺乏劳动能力又缺乏生活来源的兄、姐的扶养义务。第 1045 条[2] 中规定了配偶、父母、子女、兄弟姐妹、祖父母、外祖父母、孙子女、外孙子女为近亲属。在民法视域下,规定了我国"户(家庭)"的认定标准为配偶、父母、子女和其他共同生活的近亲属。这也是我国社会的普遍认知情形,在认定低保户时,地方民政部门往往会将其共同生活的近亲属纳入"户"的成员范畴。

(三)社会法视域下"家庭(户)"认定标准的特殊性

在中国传统文化中,对"家庭(户)"的范围界定见诸于《唐律疏议》卷十六:"称同居亲属者,谓同居共财者,与简文不同"。唐人颜师古在解释汉代的"同居"时说:"同居,谓父母、妻子之外,若兄弟及兄弟之子等见于同居业者,若今言同籍及同财也"。"同居"指父母、妻子以及兄弟、兄弟之子等同籍同财之人。翟同祖先生指出,中国古代大概一个家庭只包括祖父母及其已婚的儿子和未婚的孙儿女,祖父母逝世则同辈兄弟分居,家庭只包括父母及其子女,在子女未婚嫁以前很少有超过五六口以上的。[3] 在我国古代,户的认定范围可能较现代而言更为宽泛,但是其认定标准也主要依据血缘关系、配偶关系以及经济依赖关系等情况。

---

[1] 《民法典·婚姻家庭编》第 1075 条:有负担能力的兄、姐,对于父母已经死亡或者父母无力抚养的未成年弟、妹,有扶养的义务。
   由兄、姐扶养长大的有负担能力的弟、妹,对于缺乏劳动能力又缺乏生活来源的兄、姐,有扶养的义务。

[2] 《民法典·婚姻家庭编》第 1045 条:亲属包括配偶、血亲和姻亲。
   配偶、父母、子女、兄弟姐妹、祖父母、外祖父母、孙子女、外孙子女为近亲属。
   配偶、父母、子女和其他共同生活的近亲属为家庭成员。

[3] 参见翟同祖:《翟同祖法学论著集》,中国政法大学出版社 1998 年版。

　　我国社会救助制度中仅仅规定了家计审查等认定方式，规定了由户主向户籍所在地的乡镇人民政府、街道办事处提出申请，但是并未对"户（家庭）"的认定标准予以明确规定。在《社会救助暂行办法》（2019）中提及的"共同生活"这一标准，也具有极大的不确定性和模糊性。我国社会救助体系中欠缺"家庭（户）"的认定标准，导致在社会救助实践中，存在救助对象瞄定的偏差。尽管如上文所述，民法典中对"户（家庭）"有一个相对清晰的界定，但是社会救助领域的特殊性，使得在"户（家庭）"的认定标准上应当与民法领域中的"户"有所区分。民法视阈中的"家庭（户）"，其承担的功能更多地是亲属关系下的内容，更多强调于权利的赋予。而社会救助视阈中的"户"，需要承担更多负担性的义务和责任，换言之，社会救助视阈中的家庭成员是承担社会救助的主体。从民法与国家、社会法与国家的关系角度看，国家尊重民法领域中的意思自治，并不能随意干预其家庭领域。而社会法作为国家责任延伸至家庭领域的规范，必然呈现国家组织的干预。以"事实孤儿"为例，当父母不能实际履行抚养义务时，尽管儿童的祖父母、外祖父母能够进行抚养，但是"事实孤儿"已经产生了社会救助的需求，祖父母、外祖父母已经承担了超出法定义务之外的责任。这部分责任理应是国家作为社会救助主体应当予以承担的，在这种情形下，国家不能将"事实儿童"排除在社会救助体系之外，不能因其近亲属的抚养而否定国家的救助责任。从社会救助产生的需求角度来看，不同于个体主义贫困观，即个人对自己的贫穷负责，现代社会更倾向于主张贫困是社会制度和社会结构的产物。国家应对公民的福利承担某种责任。① 国家对于个体社会救助需求的产生应当给予积极的回应，故而不能过分强调家庭的救助义务，也不能过分苛责家庭成员的帮扶义务。在社会法视域下，家庭（户）的认定标准应当小于《民法典·婚姻家庭编》中的认定标准，而采取父母、子女、配偶的核心家庭结构进行认定，即更多地主张家庭社会保障观念，即家庭和国家在社会救助、社会保障的关系上，承认

---

① 参见徐道稳：《论我国社会救助制度的价值转变和价值建设》，《社会科学辑刊》2001年第4期。

家庭存在的必要性和基础性，国家先发地保障家庭的经济安全，承担家庭原来的照顾责任，使得家庭可以更为自由地选择最合乎实际的选择。① 在发挥家庭的赡养、抚养义务基础上，也充分发挥国家的社会救助义务。

民法学者对目前民事立法中"家户分立"的局面多有批评，而主张采取以"'家'代'户'"、以"家庭统摄"。② 笔者以为，此种观点有其合理性。社会救助立法中"家庭"和"户"的概念使用并未做严格的区分，《社会救助暂行办法》和《社会救助法》（征求意见稿）中既使用了"户"也使用了"家庭"，二者混用。从文义来看，立法者也是将二者等同。《社会救助法》（征求意见稿）为了明确居民最低生活保障的申请义务人，将《社会救助暂行办法》规定的"由共同生活的家庭成员向户籍所在地的乡、镇人民政府、街道办事处提出书面申请，"改为"由户主向户籍所在地的乡、镇人民政府或者城市街道办事处提出，"而且户主根据户口簿登记确认，但总体而言，语义上仍将二者等同。

综上，应以核心家庭作为社会救助对象认定标准，具体规范设计建议如下：

第一，坚持以"家庭成员人均收入"作为社会救助标准。社会救助是对生活贫困人员的社会保障机制，为他们提供基本的生存保障，帮助他们逐渐能够实现自立。社会救助不应该成为作出"特殊贡献"群体的"社会补偿"，如作为边民、村干部的补偿金；也不应该是特定群体的"社会福利"机制，如将其作为残疾人的"残疾津贴"，更不应成为部分地方政府提供给"上访户"的"维稳金"，上述群体应该通过其他机制获得相应的保障，因此，社会救助对象的认定前提条件是其家庭成员人均收入低于当地的法定标准，存在生活困难。

第二，区分社会救助法中的家庭成员和民法典中的家庭成员。《民法典·婚姻家庭编》规定的祖父母、外祖父母、兄弟姐妹以及其他共同生活的近亲属则

---

① 参见黄静茹：《论家庭社会保障制度》，兰州大学硕士研究生学位论文，2016年。

② 鲁晓明：《从家户并立到家庭统摄——我国民事法上家户制度的问题与出路》，《法商研究》2018年第5期。

不纳入社会救助法中的家庭成员，社会救助法应该以核心家庭为对象，即家庭成员的范围限于父母、配偶、未成年子女以及已成年但不能独立生活的子女，其中，成年但不能独立生活的子女主要是指在校接受学历教育的成年子女，以及因为身体健康等原因无法工作且无收入来源的子女。笔者认为，随着我国高等教育水平的提升，应将接受学历教育的层次由《最低生活保障审核审批办法（试行）》规定的"本科及其以下"提升至"硕士研究生及其以下"，其原因在于：一是高等教育促进发展的目的和社会救助的生存保障目的应该相互促进，而不应相互排斥。由于社会竞争导致的就业压力，我国国民的受教育程度普遍提升，通过接受更高水平的学历教育可以提升就业能力，进而可能获得更高的劳动报酬，促进个人及其家庭生活状况的改善，然而，目前《最低生活保障审核审批办法（试行）》中限定为"在校接受本科及其以下学历教育"，可能使得部分家庭需要在申请社会救助和子女攻读硕士研究生之间进行选择，导致二者目的的排斥，不符合制度效应最大化的目的。二是从我国高等教育发展的现实来看，硕士研究生教育已经普及化，大部分硕士研究生需要缴纳学费，并且生活补助相对较低，而博士研究生则生活补助相对较高，并且可以通过参加科研项目来获得更多的补助，因此，将"在校接受硕士研究生及其以下学历教育的子女"纳入社会救助家庭成员的范围，符合我国高等教育的实际。

此外，纳入家庭成员的成年子女的前提在于"不能独立生活"，如果子女已经成年，且具有劳动能力，但未就业的，则父母可单独申请社会救助。

第三，允许家庭任一成员单独申请，而无需限定家庭内部某个成员申请。目前限定"户主"申请的方式存在较多问题，为了使符合条件的人员都能够更加便利地获得社会救助，避免任何公民掉在社会安全的底线保障之外，应该允许任一家庭成员单独提出申请，但仍以家庭成员的人均收入作为审核标准。

第四，取消"共同生活"条件。基于血亲或者姻亲关系作为核心家庭成员范围确定的条件。由于采取核心家庭的理念，对家庭成员的范围予以限缩，因此，不再以共同生活为条件，《最低生活保障审核审批办法（试行）》将"在校接受本科及其以下学历教育的子女"纳入家庭成员的范围，实际上是"共同生活"的例外情形。

第五，削弱"户口"的影响，仅将其作为社会救助申请地的确定依据。现行社会救助对象认定标准中"户口"扮演着重要角色，既是社会救助申请地的确定依据，又是申请人的确定依据，还是家庭成员范围的确定依据。以核心家庭作为社会救助对象后，应该弱化"户口"在社会救助对象认定中的作用，其仅作为社会救助申请地的确定依据，而不再作为其他依据，这不仅有助于简化社会救助的经办流程，避免《最低生活保障审核审批办法（试行）》规定的为了申请社会救助而迁移户口的情形，而且符合我国目前户籍制度改革中整体上放开户籍限制的趋势。

第六，建立社会救助经办机构的追偿机制。以核心家庭作为社会救助对象认定标准，仍需平衡国家社会救助责任和家庭保障责任之间的关系，成员之间仍需履行抚养和赡养义务。由于成员不履行抚养和赡养义务的，导致家庭成员陷入生活困难的，如子女不与父母共同生活，且有较高的收入，但不履行赡养义务，父母年迈没有收入来源，且由于身患重病等原因导致生活困难的，则父母可单独申请社会救助，社会救助可先行支付相应待遇后，可以向其子女追偿，要求其赔偿所支付的社会救助待遇及其必要的成本。

第八章　受助人的权利与义务

　　公民基于宪法所赋予的获得物质帮助的权利而申请救助，并在有关机关依照法定程序予以认定后，其即获得了社会救助受助人之身份，那么受助人由此应享有哪些权利？又应承担哪些义务？本章将对社会救助受助人的上述权利与义务问题展开探讨。

一、社会救助受助人的一般权利

　　如果从法律渊源来区分社会救助受助人所享有的权利，那么我们可以发现其所享有的权利大致可以区分为由宪法等上位法所赋予的一般权利，以及由社会救助法等相关法所赋予的特殊权利。

　　首先，社会救助受助人的一般权利，意指受助人作为公民所享有的由宪法所赋予或认可的权利。[①]但值得注意的是，受助人基于其地位与身份的特殊性，其所享有的这些由宪法所赋予或认可的权利也呈现出特殊的形态和内容，其中

---

① 宪法所赋予公民的权利也被称之为基本权利，其大致包括了平等权、政治权利、精神自由、人身自由、人格尊严、社会经济权利和获得权利救济的权利等。参见林来梵：《宪法学讲义》（第三版），清华大学出版社 2019 年版，第 330—332 页。

较为典型的有三种权利，即获得平等救助的权利、享有人格尊严的权利、获得权利救济的权利。

（一）获得平等救助的权利

所谓获得平等救助的权利，其意指社会救助受助人在获得国家给予的物质救助等方面，享有受到平等对待的权利。获得平等救助的权利实为宪法上平等权之具体形态，就平等权而言，我国《宪法》第33条明确规定："中华人民共和国公民在法律面前一律平等……任何公民享有宪法和法律规定的权利，同时必须履行宪法和法律规定的义务。"而依据上述法条规定之平等权，再审视《宪法》第45条第1款的规定："中华人民共和国公民在年老、疾病或者丧失劳动能力的情况下，有从国家和社会获得物质帮助的权利"，即可以相应推断出任何公民都应当平等地享有获得社会救助的权利。

获得平等救助的权利作为平等权在社会救助领域的具体化，其内容大致包括两个方面：第一，所有公民平等地享有获得社会救助的资格。平等权首先强调形式上的平等，亦即所有公民都在资格上平等地享有包括社会救助权在内的法律权利。换言之，社会救助"在保障的主体和内容上的选择应该实行无差别平等待遇原则，即公民无论因为什么原因陷入生活贫困，国家都有义务保护其获得平等救助的权利"。① 为此，政府在对公民予以救助时，不得在救助条件上和程序上基于受助人的民族、种族、性别、家庭出身、宗教信仰、教育程度等因素予以不合理的对待。

第二，社会救助皆应存在合理的差别。平等权反对不合理的差别，但允许存在合理的差别，亦即在强调相同情况相同对待时，皆应强调不同情况不同对待，以此实现一定程度上的实质平等。事实上，就社会救助而言，"基于地域间的经济差异，公民所能够请求的救助水准也有不同；基于个体情况的差异，公民

---

① 贾锋：《社会救助权之国家义务》，《南通大学学报（社会科学版）》2013年第6期。

所能够请求的救助内容也有不同"，① 因此应该进行具体合理的分类，而非过分强调资格平等。为此，社会救助及相关法律法规在制定过程中，应当针对不同的社会救助受助人，不仅仅要基于其需求提供诸如救济金、教育、住房、医疗等救济，而且还要针对其健康、年龄、地域、民族、种族、性别等因素予以合理的差别对待。譬如，对待残障社会救助亚群体与老龄社会救助亚群体，就要根据两类社会救助亚群体的不同需求有所侧重，制定差异化的救助政策，尽可能实现实质意义上的平等。当然，我们也必须意识到，就上述合理的差别对待而言，其实施皆需基于其目的与手段的适当性以及两者之间的关联性来论证其合理性。

（二）享有人格尊严的权利

所谓享有人格尊严的权利，意指包括社会救助受助人在内的公民作为社会之成员，其享有的人格自由和发展不受侵犯之权利。人格尊严作为宪法赋予公民之基本权利，② 其强调国家在行使公权力时必须尊重与保护公民个体的人格尊严，我国《宪法》第 38 条明确规定："中华人民共和国公民的人格尊严不受侵犯。禁止用任何方法对公民进行侮辱、诽谤和诬告陷害"，在此意义上，政府在开展社会救助时应当注意尊重和保护受助人作为公民所享有的人格尊严。但问题在于，由于社会救助受助人往往属于社会弱势群体，其寻求的救助甚至仅是为保障其生存，因而政府"容易将社会救助变成随意而为的施舍和慈善行为"，进而有可能演变为对受助人的人格尊严的减损与伤害。③ 在实践中，侵犯社会救助受助人的人格尊严的现象屡见不鲜，甚至引发出了各种社会事件，因此政府在进行社会救助时需要对受助人的人格尊严予以重视和保护，并充分

---

① 　黄锴：《论社会救助权的本土塑造——以法律与政策的互动为视角》，《南通大学学报（社会科学版）》2018 年第 6 期。

② 　参见林来梵：《人的尊严与人格尊严——兼论中国宪法第 38 条的解释方案》，《浙江社会科学》2008 年第 3 期。

③ 　参见黄锴：《论社会救助权的本土塑造——以法律与政策的互动为视角》，《南通大学学报（社会科学版）》2018 年第 6 期。

认识到"社会救助是国家和政府对生活贫困者的一种救助，但这种救助绝不是怜悯和施舍，而是国家和政府的义务"①。

就人格尊严的内容而言，根据其保护内容的范围大致可以区分为广义说和狭义说，但即便狭义说也认为其保护的内容至少包括了名誉权、荣誉权、姓名权、肖像权、隐私权等具体人格权，②而上述具体人格权对于社会救助受助人皆非常重要，具体来说：第一，就名誉权和荣誉权而言，政府在提供社会救助时，应当注意尊重受助人之人格，严防其名誉权、荣誉权受损现象的发生，抵制与杜绝对于社会救助受助人的歧视化、标签化、污名化行为。第二，就姓名权和肖像权等隐私权而言，政府在提供社会救助时，应当注意保护受助人之隐私，尤其是应当杜绝受助人姓名、肖像的不当使用和不当外泄，进而造成对其人格尊严的侵害。

（三）获得权利救济的权利

所谓获得权利救济的权利，其意指法律赋予包括社会救助受助人在内的公民的权利遭受侵害或减损时，公民享有向相关国家机构寻求救济与保护的权利。正如法谚有云："无救济则无权利"，就法律所赋予的各项具体权利而言，如果权利主体无法获取有效的救济途径，那么法律所作之规定将毫无意义。我国《宪法》第41条即明确规定，③公民除享有针对国家机关及其公务人员批评权、建议权、检举权以外，还享有控告权、申诉权以及获得赔偿或补偿的权

---

① 林莉红、孔繁华：《社会救助法研究》，法律出版社2008年版，第67页。
② 参见林来梵：《宪法学讲义》（第三版），清华大学出版社2018年版，第411页。
③ 我国现行《宪法》第41条规定："中华人民共和国公民对于任何国家机关和国家工作人员，有提出批评和建议的权利；对于任何国家机关和国家工作人员的违法失职行为，有向国家机关提出申诉、控告或者检举的权利，但是不得捏造或者歪曲事实进行诬告陷害。对于公民的申诉、控告或者检举，有关国家机关必须查清事实，负责处理。任何人不得压制和打击报复。由于国家机关和国家工作人员侵犯公民权利而受到损失的人，有依照法律规定取得赔偿的权利。"

利，而这些权利即可被视为是获得权利救济权之具体内容。

就社会救助受助人而言，当其获得社会救助的权利受到侵害时，他们即可以基于获得权利救济的权利以寻求救济，而通常来说，我国社会救助受助人所享有的获得救济的权利主要包含以下两个方面：

第一，行政救济权。行政救济权是行政法赋予公民以行政复议请求权为内容，而要求行政机关改变、撤销其具体行政行为或作出一定行为的权利。对于社会救助受助人而言，其所享有的行政救助权，主要意指针对国家行政机关未能切实有效地履行国家给付的义务，依法提起行政复议的权利。对此，我国《行政复议法》第 6 条规定的复议范围就明确包含了"申请行政机关依法发放抚恤金、社会保险金或者最低生活保障费，行政机关没有依法发放的"。

第二，司法救济权。所谓司法救济权，是"公民启动诉讼程序并在诉讼过程中保护自己已经受到侵犯的权利的权利。它是公民享有的在自身资源之外求助于国家司法权力救济的重要权利"。[①] 对于社会救助受助人而言，其所享有的司法救助权，主要针对的是国家行政机关未履行或未合理地履行国家给付义务而对其予以有效的救助，以及救助人在经过行政复议后仍认为并未获得有效救济，进而依法提起行政诉讼的权利。对此，我国《行政诉讼法》第 12 条规定的受案范围就明确包含了"认为行政机关没有依法支付抚恤金、最低生活保障待遇或者社会保险待遇的"。

二、社会救助受助人的特殊权利

社会救助受助人的特殊权利，意指受助人基于其特殊身份所享有的由

---

① 张维：《权利的救济和获得救济的权利——救济权的法理阐释》，《法律科学（西北政法大学学报）》2008 年第 3 期。

社会救助法及其相关法律法规所赋予的权利，而缺乏受助人身份的其他公民则无法享有这些权利。具体来说，社会救助受助人的特殊权利主要有以下三种，即免于不利变更的权利、免于征缴纳税的权利、免于强制执行的权利。

（一）免于不利变更的权利

所谓免于不利变更的权利，其意指对于社会救助受助人已经获得的救助，除非法律存在明确规定，否则政府不得作出对受助人不利之变更。所谓"不利之变更"，一般是指不利内容增加、扩大或被认可，而受益内容减少、限制、被剥夺或被拒绝。在社会救助领域，主要表现为社会救助减少、资格受到限制以及被剥夺等。[①]

社会救助受助人之所以享有免于不利变更的权利，其理由可以从两个方面予以论证，具体来说：第一，从公民获得社会救助的权利来说，公民在社会救助开展中所获得之利益与其生存存在密切的关联，因而政府除非存在非常充分之理由，否则不应对其所获得的社会救助予以随意的变更，为此有必要对所谓的"充分之理由"在法律上予以明确的规定，以保护公民获得社会救助之权利。[②] 第二，从政府开展社会救助的义务来说，对可以进行不利变更的情况予以明确规定，其本质上也是控制政府在社会救助过程中的自由裁量权，避免政府基于过度的自由裁量权而肆意变更救助，进而对救助人的权利造成不必要的损害。但值得注意的是，在现有的社会救助立法中，对于何种情况可以作出不利之变更并未予以明确规定，为此在将来的《社会救助法》

---

① 参见涂怀艳：《论禁止不利变更》，《法商研究》2013 年第 1 期。

② 值得注意的是，此处实际上涉及所谓的"信赖利益保护原则"，这一原则产生早期便在于保护社会弱势群体，对于社会救助受助人而言，保护其继续获得救助金，不使其陷入经济和生活的困境。参见刘飞：《信赖保护原则的行政法意义——以授益行为的撤销与废止为基点的考察》，《法学研究》2010 年第 6 期。

制定中应当考虑予以明确规定。

（二）免于征缴纳税的权利

所谓免于征缴纳税的权利，其意指社会救助受助人在法律规定的种类和范围内可以免除履行纳税的义务。从宪法的角度来说，征缴纳税是公民所应该负有的一般义务，我国《宪法》第56条规定"中华人民共和国公民有依照法律纳税的义务"。但纳税的义务也存在例外，《个人所得税法》第4条即对公民可以免于征缴个人所得税的情况予以了明确的规定，其中即包括了"救济金"等社会救助所得款项。

社会救助受助人之所以可以享有免于征缴纳税的权利，其理由大致可以从两个方面予以论证，具体来说：第一，从征缴纳税的目的方面来说，其义务的本质在于对公民的财产权予以限制，进而通过再分配等方式以促进社会的公平正义。但在此意义上，公民承担纳税的义务以其拥有相当数量（具体数量由法律予以明确规定）的财产为前提，而当公民并无相当数量的财产时，甚至需要向政府申请获得社会救助时，对其予以课税即可能危及其个人乃至家庭的生存，进而可能引发危害社会稳定之问题。在此意义上，可以说"人民之最低生活水准，实为国家课税权之禁区，不得染指"。[①]

第二，从社会救助的实施方面来说，社会救助受助人作为社会的、经济的弱势群体，其享有宪法所赋予的获得社会救助之权利。与此同时，依法纳税虽然是包括社会救助受助人在内的公民之义务，但征缴纳税的行为不能侵害公民获得社会救助的权益，否则可能损害公民作为受助人所享有的获得物质帮助的权利。在此意义上，受助人享有免于征缴纳税的特殊权利。当然，对于受助人免于征缴纳税的范围仍然值得讨论，可以认为，其免于征缴纳税的范围不仅包

---

① 葛克昌：《论纳税人权利保障法的宪法基础》，载《曾华松大法官古稀祝寿论文集——论权利保护之理论与实践》，（台湾）元照出版公司2006年版，第108页。

括个人所得税，而且还应该包括其他可能影响个人生存的全部个税。①

通过上述分析可以发现，社会救助受助人免于征缴纳税权利的获得不仅揭示了纳税义务的根本目的，而且也体现了国家税收权力和公民基本权利之间的平衡。而为了保障公民获得物质帮助的权利，进而免除社会救助受助人的部分纳税义务，② 无疑正是这种权力与权利平衡关系的体现。

（三）免于强制执行的权利

所谓免于强制执行的权利，其意指在立法及司法上，社会救助受助人生存所需的财物应享有免于强制执行的权利。就免于强制执行的范围而言，社会救助受助人不仅免于民事诉讼法上的强制执行，还被免于行政诉讼法上的强制执行，有鉴于此，以下需要对上述两类分别予以讨论。

第一，免于民事诉讼法上的强制执行。民事诉讼法的强制执行意指为了实现或保障债权人的民事权利，基于生效的民事法律文书而强制要求被执行人履行相应的义务。而民事诉讼中存在对社会救助受助人财产的豁免制度，具体来说，我国《民事诉讼法》第243条规定："被执行人未按执行通知履行法律文书确定的义务，人民法院有权扣留、提取被执行人应当履行义务部分的收入。但应当保留被执行人及其所扶养家属的生活必需费用。"③ 依据此条之规定，如果社会救助受助人成为被执行人，那么为确保被执行人的生存之所需财产如救助金等可以享有免于强制执行的权利。

值得注意的是，对于免于强制执行的财产范围，我国民事诉讼法并未详细予以规定，但从比较法的视野予以审视，可以发现德国法与日本法对此均做了较为细致之规定，具体来说，德国《民事诉讼法》第811条第1项、第

---

① 参见高军：《试论纳税人税法上的生存保障》，《广州大学学报（社会科学版）》2009年第11期。

② 参见韩大元、冯家亮：《中国宪法文本中纳税义务条款的规范分析》，《兰州大学学报（社会科学版）》2008年第6期。

③ 张丽洁：《强制执行中财产豁免制度研究》，《河北法学》2018年第12期。

2 项规定了"衣服、餐具、厨具、床上用品"等维持被执行人生活之必需品免于扣押，判断的具体标准为"适当的、中等的生活及生活所必需"；维持被执行人及家属基本生活的费用是满足在"四周内"生活的"食物、燃料、照明用具"费用或者在四周时间内无法获得该"储备"也没有替代物的款项费用；加班报酬、工作补贴、节假日报酬以及因劳动而产生的丧葬抚恤、教育奖励、盲人津贴等不得扣押等。① 日本《民事执行法》第 131 条规定，包括债务人的生活必需品等可以豁免执行。第 152 条规定包括与薪水、报酬、退休养老保险金等有关的债权，以及为维持生计而接受的给付等债权禁止扣押。此外，法国《民事执行程序改革法》第 14 条和第 15 条规定了包括生活必需品、具有赡养、抚养、抚养性质的生活费与款项；由立遗嘱人或是赠与人声明不得扣押的可处分财产；受扣押人及其家庭生活、劳动所必要的动产；残疾人所必不可少的物品或者旨在用于病人治疗的物品等一般不得扣押的财产范围。② 有鉴于此，我国相关立法也有必要在将来对被强制执行人免于强制执行的财产范围予以规定。

第二，免于行政诉讼法上的强制执行。就行政诉讼法的强制执行而言，依据《行政强制法》第 2 条第 2 款之规定，其意指"行政机关或者行政机关申请人民法院，对不履行行政决定的公民、法人或者其他组织，依法强制履行义务的行为。"而行政诉讼中也存在对免于强制执行的豁免制度，依据《行政强制法》第 43 条即有关禁止强制执行之规定，以下对象禁止强制执行：残障人士、未成年人、怀孕的妇女、高龄老年人等，禁止对其进行可能造成人身危险的针对其人身、财产的强制执行。③ 因此，如若上述弱势群体人员正好属于社会救助受助人，那么其同样享有免于强制执行的权利。至于免于强制执行的财产范围，《行政强制法》并未予以详细规定，但依据其上述法条之规定，可以认为其应当以保障被执行人生存并防止"造成人身危险"为限度。

---

① 参见谢怀栻译：《德意志联邦共和国民事诉讼法》，中国法制出版社 2001 年版。

② 参见黄海涛：《日本豁免财产制度》，《人民法院报》2001 年 6 月 25 日。

③ 参见解志勇：《行政强制之禁止研究》，《法学杂志》2016 年第 1 期。

三、社会救助受助人的义务

社会救助受助人作为公民，其除了需要履行宪法所赋予公民的一般义务外，① 还需要履行社会救助法及其相关法律法规所要求的特殊义务，而这些特殊义务在学理上大致可以区分为五种：提供真实材料的义务、受助人生活中的义务、积极主动报告的义务、服从救助指导的义务和救助权利不得转让的义务。

（一）提供真实材料的义务

所谓提供真实材料的义务，其意指社会救助受助人必须本着诚实信用原则，如实向行政机关报告自己的家庭财产和收入情况，不得隐瞒有关事实，更不得伪造、变造有关材料。社会救助法规定受助人提供真实材料义务的目的在于防止弄虚作假骗取社会救助的行为，从而让真正需要救助的人能够享受社会救助，使不符合救助标准的人退出社会救助，保证社会救助制度的动态循环和制度的有效性。而根据社会救助程序阶段的不同，提供真实材料义务的内容也存在以下两个方面的不同。

第一，申请阶段。根据行政法理论，社会救助属于依申请行政行为，需要行政相对人首先向行政机关申请，行政机关受理审核后方可作出。《城市居民最低生活保障条例》第7条第1款规定："申请享受城市居民最低生活保障待遇，由户主向户籍所在地的街道办事处或者镇人民政府提出书面申请，并出具有关

---

① 我国《宪法》所要求公民履行的一般义务大致包括：劳动的义务（第42条），受教育的义务（第46条），计划生育、抚养未成年子女和赡养扶助父母的义务（第49条），维护国家统一和民族团结的义务（第52条），维护祖国的安全、荣誉和利益的义务（第54条），服兵役的义务（第55条）和纳税的义务（第56条）。

证明材料，填写《城市居民最低生活保障待遇审批表》。"《社会救助暂行办法》也规定了申请医疗救助、教育救助、住房救助等各项救助时，应当提交相应的证明材料。社会救助制度的目的在于"托底线"，因此，受助人通过证明材料证明自身的生活水平对社会救助的成立具有至关重要的意义。就此而言，受助人必须确保自身所提交的证明材料的真实性，唯有如此方可协助行政机关作出合法准确的社会救助决定。①

第二，调查阶段。需要注意的是，基于社会救助持续性的特点，受助人提供真实材料的义务不仅仅限于申请阶段，还将延伸到社会救助的调查阶段。《城市居民最低生活保障条例》第7条第2款规定："管理审批机关为审批城市居民最低生活保障待遇的需要，可以通过入户调查、邻里访问以及信函索证等方式对申请人的家庭经济状况和实际生活水平进行调查核实。申请人及有关单位、组织或者个人应当接受调查，如实提供有关情况。"当社会救助进入调查阶段以后，行政机关需要依据当事人的申请对其家庭经济状况和实际生活水平进行调查核实，此时，受助人应当积极配合行政机关的调查，如实提供相关的材料。

对于受助人不履行提供真实材料的义务，采取虚报、隐瞒、伪造等手段，骗取社会救助资金的行为，法律对其责任也作了相关的规定。《社会救助暂行办法》第68条规定："采取虚报、隐瞒、伪造等手段，骗取社会救助资金、物资或者服务的，由有关部门决定停止社会救助，责令退回非法获取的救助资金、物资，可以处非法获取的救助款额或者物资价值1倍以上3倍以下的罚款；构成违反治安管理行为的，依法给予治安管理处罚。"但是，法律并未规定，因行政机关工作人员未审慎审查，从而导致材料不真实的情况下，受助人所要承担的法律后果。从信赖利益保护原则的角度来看，由于此种情况下，相对人并无主观上的过错，且已基于对行政机关的信赖作出后续生活安排，因此在停止予以后续救助之同时，应当考虑对其已取得的救助款项或错

---

① 参见雷娟：《配合还是强制：行政协力义务论》，《云南大学学报（社会科学版）》2014年第1期。

误作存续保护。①

（二）受助人生活中的义务

所谓受助人生活中的义务，其意指社会救助受助人为了维持自己的生活水平，努力工作，节约支出，而不能进行浪费性消费和借贷性消费等行为使自己的生存条件更加恶化。根据社会救助法的辅助性原则，②社会救助制度针对的是依靠自己的努力不能维持最低限度生活的情形；因此，国家对受助人的救助也以达到最低限度生活标准为限；换言之，国家对受助人的救助不是为了让他过上奢靡的生活，而仅仅是让其维持最低限度生活水平，否则就可能出现"助养懒汉"之问题。比较法上对受助人的这一义务均有规定，如德国法上规定，获得社会救助的所有收入，都必须用于日常生活消费；日本法上规定，受助人有考虑节约支出的义务。我国原有的社会救助立法对此虽未作出规定，但《城市居民最低生活保障条例》第10条第3款规定："在就业年龄内有劳动能力但尚未就业的城市居民，在享受城市居民最低生活保障待遇期间，应当参加其所在的居民委员会组织的公益性社区服务劳动。"根据该款规定，可以推出受助人有通过劳动完成自立的义务。因此，更不能随意浪费救助款项或财物。

对于受助人不履行该项义务的法律责任，比较法上有较多探讨，如日本学者提出，违反节约支出的义务超过一定程度时，保护实施机关对受助人可以进行为实现维持和提高生活及其他保护目的的指导、指示，若被保护者不服从

---

① 参见蒋成旭：《存续力理论视野下的信赖利益保护原则》，《东方法学》2016年第4期。

② 经典的辅助性原则来源于德国行政法，其"意味着，经济上的个人责任与协作优先于国家责任，私人企业的经营优先于国家所有的经济活动。在这种情况下，辅助原则就成了私人自由优先的代名词，是把国家完成的任务私有化的基础。只有当私人经济没有能力有序高效地完成某一任务时，国家对经济的调控才作为最后手段或者说作为备用力量予以考虑。"[德] 斯特博：《德国经济行政法》，苏颖霞、陈少康译，中国政法大学出版社1999年版，第114页。

时，保护实施机关可以进行保护的不利变更、停止和废止处分。^① 我国原有的社会救助立法对此并未作出直接规定，但可以从受助人赌博所要承担的责任中进行管窥，如《江西省城市居民最低生活保障办法》第 9 条规定，参与赌博人员不得享受最低生活保障待遇。该项规定在海南、黑龙江、湖南等地的社会救助地方性立法中也可见到。据此，可以推出，受助人若以赌博方式挥霍救助款项或财物的，社会救助应当停止或变更。

（三）积极主动报告的义务

所谓积极主动报告的义务，其意指社会救助受助人在其收入、支出及其他相关情况有变化时，或者居住地、家庭构成有变动时，必须及时向行政机关提出相关报告。社会救助法之所以规定这一义务，其原因在于救助款项或财物的数额与受助人的收入和财产状况紧密相关。因此，当受助人的上述状况发生变化时，对其发放的救助款项或财物也将发生相应的变化。《最低生活保障审核审批办法（试行）》（民发〔2012〕220 号）第 32 条第 2 款对此作出规定："低保家庭应当向乡镇人民政府（街道办事处）定期报告家庭人口、收入和财产状况的变化情况。"此处的"家庭人口"是指，受助家庭的人口数量，涉及家庭财产的计算；"收入和财产状况"是指，除去救助款项或财产之外，受助家庭所有的金钱和物品，在一些地方的文件中还将其扩展至家庭成员的就职、失业、入学、疾病等影响生活的所有事项。与该项义务所对应的是政府对社会救助的动态管理制度，即受助人在主动报告相关状况后，行政机关应当及时对救助款项或财物作出调整。《城市居民最低生活保障条例》第 10 条规定："享受城市居民最低生活保障待遇的城市居民家庭人均收入情况发生变化的，应当及时通过居民委员会告知管理审批机关，办理停发、减发或者增发城市居民最低生活保障待遇的手续。"

---

① 参见〔日〕桑原洋子：《日本社会福利法制概论》，商务印书馆 2010 年版，第 118—119 页。

需要讨论的是受助人未履行积极主动报告义务的法律责任。在日本法上，该项义务被看作是政府调查责任的转移。因此，受助人不履行该项义务无须直接承担后果，此时行政机关应当主动对受助人的相关情况进行调查，并在后续加强对该受助人的调查频次。[①] 但在我国，学者一般认为，可以适用《社会救助暂行办法》第68条，认为不履行积极主动报告义务的就属于"采取虚报、隐瞒、伪造等手段，骗取社会救助资金、物资或者服务"的行为，应当追究其行政或刑事责任。[②]

（四）服从救助指导的义务

所谓服从救助指导的义务，意指社会救助受助人在接受社会救助期间，应当接受行政机关的就业指导，努力实现自立。在发达国家普遍存在所谓的"福利依赖"，而这也成为了几乎所有国家社会救助制度的问题。在我国社会救助制度的运行过程中也出现了一些受助人接受救助后不愿积极寻找工作的现象。[③] 为了减少这种现象，发达国家采取了"从福利到工作"的积极社会政策，加强了对受助人的指导，激励人们从福利依赖转向积极从事有偿劳动。如德国社会救助立法上规定，受助人必须接受社会服务办公室安置的工作，否则将有可能失去救助资格；英国社会救助立法上为了促进就业，强制有工作能力而不工作的人主动工作，在发放社会补贴时，将"寻找工作"作为必要条件。

虽然我国社会救助目前的主要矛盾是救助不足，但福利依赖也是应当防患的问题。《社会救助暂行办法》第45条规定："最低生活保障家庭中有劳动能力但未就业的成员，应当接受人力资源社会保障等有关部门介绍的工作。"同

---

① 参见［日］桑原洋子：《日本社会福利法制概论》，商务印书馆2010年版，第119页。

② 参见席能：《行政救助法治化问题研究》，中国检察出版社2011年版，第191页。

③ 参见韩克庆、郭瑜：《"福利依赖"是否存在？——中国城市低保制度的一个实证研究》，《社会学研究》2012年第2期。

时，对于不履行服从救助指导义务的法律后果也作出明确规定，即"无正当理由，连续 3 次拒绝接受介绍的与其健康状况、劳动能力等相适应的工作的，县级人民政府民政部门应当决定减发或者停发其本人的最低生活保障金"。该条虽然规定了减发或者停发救助款项或财物的法律后果，但在前提条件上作出了"无正当理由""连续三次"以及"与其健康状况、劳动能力等相适应的工作的"等规定，由此对于保障受助人的选择就业的权利给予了充分的保障。

（五）权利不得转让的义务

所谓权利不得转让的义务，其意指社会救助受助人获得社会救助的权利具有专属于公民人身的性质，不得随意转让，也不得予以继承。社会救助具有高度的人合性，受助人获得救助的资格在除法律明确规定之情形以外，以其死亡而自然终止，自然不具有转让或继承的可能性。在以家庭为单位进行社会救助的事项中，如果家庭中某一成员死亡，应该对该家庭的人均收入和财产进行重新计算，重新作出是否救助以及救助额度的判断，如在最低生活保障中，应当重新核算人均财产是否低于当地最低生活保障标准。

关于受助人不履行权利不得转让义务的法律责任，我国现有社会救助立法中并未予以规定。但对于此问题，我国将来的社会救助立法则可以借鉴德国法上的相关规定予以处理，即如果受助人在获得救助期间死亡，并留下可观的遗产，则其继承人必须返还其所获得的救助款项或相关财产。

第九章　家庭经济状况调查

社会救助是指公民因为各种原因导致生活贫困而难以维持最低生活水平时，由国家和社会按照法定程序给予款物或服务，以使其生活得到最基本的保障。因此，社会救助识别的根本目标就是要找出那些被社会认为不能维持最低生活水平和基本生活水平的人。由于社会救助需要找出最贫困的人，因此，任何社会救助都需要对救助对象的家庭经济状况进行审查（又称"家计调查"）。

一、救助对象家庭经济状况调查的重要意义

家庭经济状况调查是实施社会救助项目的前提，也是目前世界各国的普遍做法。从立法的角度来看，救助对象家庭经济状况调查的重要性可以概括为以下三个方面：

第一，节约公共资源。社会救助对象家庭经济状况调查的本质目标是将有限的资源用于"最需要的人"身上，从而实现公共资源的节约。尤其是在那些经济发展水平偏低的国家或地区，通过家庭经济调查将社会中最贫困的群体挑出来，并按照其贫困程度给予相应的救助待遇不仅可以让有

限的资源保障最贫困群体基本生活，也能一定程度上减少地方政府的财政
负担。

第二，促进社会公平。通过对救助对象进行家庭经济调查，可以有效识别
出各类社会救助对象的真实经济状况，从而减少"错保"和"漏保"的情况的
发生，避免救助政策实施导致不公平。同时，在家庭经济状况调查的基础上可
以了解救助对象的需求，确定各个救助项目的待遇标准，可以有效避免"福利
重叠"、"救助依赖"、"福利欺诈"现象的发生，促进社会公平。

第三，保障社会救助体系的良性运行。我国目前除了低保和特困人员救助
的资格条件确定比较成熟之外，专项救助项目的资格大都与低保和特困救助捆
绑在一起。此外，司法、工会、共青团、妇联、计生、民族、宗教等部门也会
提供很多救助，这些救助项目往往也和低保、特困救助捆绑在一起。如果救助
家庭的经济状况调查不准确，不同社会救助项目的资格条件和标准体系难以形
成，这将会大大地制约我国社会救助事业的发展。

二、家庭经济状况调查方法与救助对象识别

救助对象瞄准作为一个选择"最需要或最贫困人群"的过程，其方法归纳
起来主要有财富瞄准、类别瞄准、行为和道德瞄准和社区瞄准等。[1]

（一）财富瞄准

财富瞄准就是对申请人进行家计调查，获得有关收入和财产状况资料，

---

[1] 参见尼尔·吉尔伯特：《社会福利的目标定位——全球发展趋势与展望》，中国劳动社会保障
出版社 2004 年版，"序言"第 6 页。

在此基础上与贫困标准进行比较，并确定是否给予相关待遇。家计调查包括资产调查（asset test）和收入调查（income test）两个部分。家计调查通常由政府相关部门工作人员对申请人是否具有参与某项目的资格进行评估。

财富瞄准方法主要用于社会救助项目。例如，根据我国 1999 年国务院颁布的《城市居民最低生活保障条例》，管理审批机关可以通过入户调查、邻里访问以及信函索证等方式对申请人的家庭经济状况和实际生活水平进行调查核实。2014 年国务院颁布实施的《社会救助暂行办法》（第 649 号）第 11 条规定，凡是申请最低生活保障的困难居民，乡镇人民政府、街道办事处应当通过入户调查、邻里访问、信函索证、群众评议、信息核查等方式，对申请人的家庭收入状况、财产状况进行调查核实，提出初审意见，在申请人所在村、社区公示后报县级人民政府民政部门审批。除了最低生活保障制度之外，我国所有专项救助都有家庭经济状况的要求，并且大都和现有最低生活保障制度和特困人员救助制度捆绑在一起。例如，2014 年的《浙江省社会救助条例》第 23 条规定：最低生活保障家庭成员、特困供养人员和最低生活保障边缘家庭成员可以凭相关证件直接获得医疗救助。第 26 条规定：对接受学前教育、义务教育、高中教育（含中等职业教育）、普通高等教育的最低生活保障家庭成员、特困供养人员、最低生活保障边缘家庭成员，以及不能入学接受义务教育的残疾儿童，给予教育救助。第 29 条规定：对符合规定标准的住房困难的最低生活保障家庭、分散供养的特困人员和最低生活保障边缘家庭，给予住房救助。

除了收入和资产以外，当前一些地方为了应对支出型贫困，也专门制定了支出型贫困家庭申请低保的相关政策。也就是说，除了收入和资产状况以外，还将家庭大额消费支出纳入家庭经济状况调查的范围。例如，安徽省宿州市规定，具备以下条件的因病支出型贫困居民，可以按程序申请低保：（1）提出申请之日前一年内家庭成员患重特大疾病的自负住院医药总费用（含特殊慢性病门诊）支出超过家庭可支配收入，或虽未超过家庭可支配收入，但家庭可支配收入扣除自负住院医药总费用（含特殊慢性病门诊）后，家庭实际月人均可支配收入低于当地城乡低保标准。（2）家庭财产符合当地相关规定。①

（二）类别瞄准

所谓类别瞄准就是根据年龄标准、家庭类型、健康状况、就业状况等特征挑出不同的受助对象，如老年人、儿童、残疾人、单亲、失业者等，使之具有获得某种项目的受益资格。由于性别、年龄、家庭结构等人口特征不容易人为操纵，因此瞄准的准确性也会比较高。但是，仅仅采用年龄、家庭子女数等宽泛的人口特征作为瞄定标准，可能会使受助人基数很大。因此，类别瞄准往往也会结合家计调查或社区瞄准等方法。② 此外，类别瞄准方法无法区分家庭的经济状况，因而在一定程度上可能造成浪费有限的公共资源。

虽然所有社会救助都要采用财富瞄准方法，但在实践中往往会结合其他瞄准方法确定救助对象。分类施保就是我国在实践中总结出来的类别瞄准和财富瞄准相结合的瞄准方法。例如，陕西省民政厅和陕西省财政厅发布的《关于对城乡低保对象中的特困人员实施分类施保有关问题的通知》（陕民发 [2013] 33 号）的规定，根据各类对象的困难程度按以下标准提高低保补助水平。（1）对城市低保对象中的三无人员，按不低于当地低保标准的 70% 增发保障金。（2）对低保家庭中的 70 周岁以上老年人，按每人每月不低于当地低保标准的 20% 增发保障金。（3）对低保家庭中的儿童，按每人每月不低于当地低保标准的 30% 增发保障金。（4）对低保家庭中的重度残疾人，盲人、严重低视力及智力残疾、精神残疾、一级肢体残疾者，按每人每月不低于当地低保标准的 50% 增发保障金；对言语、听力、肢体残疾三级以上的残疾人，按每人每月不

① 资料来源：《宿州市最低生活保障工作操作细则（试行）》，宿民发 [2017] 60 号。http://gk.ahsz.gov.cn/public/2655573/954291.html。

② 参见周凤华：《社会救助对象瞄定：方法与实践》，《社会主义研究》2009 年第 4 期。

低于当地低保标准的30%增发保障金。（5）对低保家庭中的重病患者，按每人每月不低于当地低保标准的50%增发保障金。（6）对低保家庭中的单亲未成年人，如父母离异，按每人每月不低于当地低保标准的30%增发保障金；如父母一方去世，按每人每月不低于当地低保标准的50%增发保障金。（7）对低保家庭中的哺乳期妇女，在哺乳期内，按每人每月不低于当地低保标准的70%增发保障金。（8）对低保家庭中的非义务教育阶段学生，按每人每月不低于当地低保标准的60%增发保障金。[①] 对上述各类人员增发的保障金不得高于当地最低生活保障标准；低保对象同时符合上述多项条件的，按其中最高一项补助，不得同时享受。

（三）社区瞄准

社区瞄准法是基于社区组织对当地居民经济生活状况的充分了解，以公平、公正的方式挑出合适的受益者。贫困人口是最了解自身需求与社区中其他人情况的，也只有他们才能够准确地回答"谁是穷人，谁不是穷人"。我国农村最低生活保障制度的瞄准也基本上采用社区瞄准法。在一般情况下，农村居民提出低保申请之后，都会组织村民进行民主评议。民主评议实际上就是一个社区瞄准的过程。例如，安徽省的《2014年农村居民最低生活保障实施办法》第16条规定，乡镇人民政府（街道办事处）需在10个工作日内在村（居）委的协助下对低保申请家庭逐一入户调查。入户调查后，乡镇人民政府（街道办事处）需在10个工作日内，组织村（居）民代表或者社区评议小组对申请人声明的家庭收入、财产状况以及入户调查结果的真实性进行评议。村（居）民代表人数不得少于参评人员的三分之二，并有所有参加评议人员签字确认，评议情况在公示栏公示7天以上且无异议的，在《农村居民最低生活保障待遇申

[①]　陕西省民政厅和陕西省财政厅发布的《关于对城乡低保对象中的特困人员实施分类施保有关问题的通知》（陕民发［2013］33号），http://www.dalisn.gov.cn/mszd/sbbw/shjc/89803.html，2019-10-12。

请审批表》上签署意见。

农村低保制度的社区瞄准在实践过程中也存在明显不足。有研究表明，一些地方农村低保所采用的提名制并未使农户满意，他们认为低保对象确定的过程存在不公正。由于农户不了解村一级所确定的低保对象名单，无法对低保对象作出评价，因此他们相互之间会产生猜忌。在这个利益博弈过程中，由于低保政策执行过程不透明和村一级掌握着低保指标分配的权力，因此村一级在该博弈中占据了优势。[1] 由于农村低保对象的瞄准很大程度上是一个信息博弈和利益博弈的过程，因此其准确性会受到影响。

（四）行为和道德瞄准

中国的最低生活保障制度早期对受助者的瞄准并非完全按照收入和资产，而有明显的道德要求。根据 1997 年出台的《国务院关于在全国建立城镇居民最低生活保障制度的通知》，城市居民最低生活保障的受益对象要向两类人倾斜：一是传统社会救济对象，二是下岗失业人员。在实际操作过程中，有很多有行为道德问题的人是排除在城市最低生活保障的范围以内的，具体包括违反《婚姻法》《收养法》《计划生育法》的人员和家庭；因吸毒、赌博造成家庭生活水平低于当地最低生活保障标准的人员和家庭；在领取最低生活保障金期间无正当理由拒绝劳动部门和基层组织提供劳动就业机会的人员；家庭中虽无从业人员，但主观认定其日常生活消费水平明显高于当地最低生活保障标准的家庭成员；家庭中拥有非生活必需的高档消费品的家庭成员。[2] 对有劳动能力的人的劳动要求和不能有超标准的消费行为规定是救助制度的基本要求，而将违法犯罪人员排除在外则在不同时期存在一定争议。但总体看来，社会救助的行

---

①　参见王军强、张雪梅、左停：《农村低保瞄准偏差的博弈分析——以宁夏盐池县增记畔村为例》，《广东农业科学》2011 年第 21 期。

②　参见多吉才让：《中国最低生活保障制度研究与实践》，人民出版社 2001 年版，第 140—141 页。

为道德瞄准在对象识别过程中长期存在。例如，2012 年湖南省衡阳市衡南县就规定了很多不能享受低保的行为。见专栏 1。

专栏 1　湖南省衡阳市衡南县关于城镇居民不能享受最低生活保障行为的规定

第七条　有下列情形之一的不能享受最低生活保障待遇：

（一）家庭日常生活消费水平明显高于当地城镇居民最低生活保障标准的；

（二）当年非生活性开支过大（购买空调、高档组合音响，中、高档移动电话、摩托车、家用小汽车、金银首饰、液晶及等离子电视机等）或者经常自费参加高消费娱乐活动的；

（三）持有或从事有价证券（股票）及其他投资行为和从事收藏高价值物品的；

（四）安排子女择校就读，出国留学的；

（五）户口在本县范围内，其家庭成员长期举家生活在外地（人户分离）的；符合政策农转非的城镇居民未满一年的；为享受城镇低保而非政策性农转非的城镇居民；

（六）在就业年龄（男 18—55 岁、女 18—50 岁）内，有劳动能力，经就业服务机构 3 次介绍就业无正当理由拒绝就业的；有劳动能力对象无正当理由二次以上拒不参加社区组织的公益性劳动的；

（七）参与各种形式赌博、吸毒行为经教育未改正的；

（八）劳教和服刑期间人员；

（九）放弃法定赡养费、抚养费和其他应得合法收入的居民或法定抚养人、赡养人具有抚养、赡养能力但不履行义务造成生活困难的；

（十）因违反计划生育造成家庭生活困难未满两年的；

　　（十一）无特殊情况，申请前三年之内及享受最低生活保障待遇期间建房、购买商品房且入住的住房人均面积明显超过当地平均水平的；

　　（十二）申请低保人员有虚报、隐报、瞒报收入或提供虚假收入证明或拒不接受低保工作人员入户调查核实的（经查实，该家庭两年内不得申请享受最低生活保障待遇）；

　　（十三）无特殊情况，又无正当理由，连续2次不按月领取最低生活保障金或者连续3次不到居民委员会签字又无正当理由和不按规定申报家庭收入的；

　　（十四）其他法律、法规规定不能享受城镇居民最低生活保障待遇的。

　　资料来源：《衡南县城镇居民最低生活保障制度实施细则》（南政发〔2012〕20号）

　　随着社会救助制度的改革和发展，目前很多地方都将大量关于行为道德瞄准的规定已经删除，只保留了收入和资产的规定，以及对履行劳动义务的行为要求。例如，2019年的《广东省最低生活保障制度实施办法》只规定了"除在校接受本科及以下学历教育的学生外，申请人家庭成员在法定劳动年龄段内且有劳动能力，无正当理由不从事与其健康状况、劳动能力、家庭状况相适应的工作或者生产劳动的，不得纳入最低生活保障；已获得最低生活保障的，应当减发或者停发其本人最低生活保障金；计算其家庭收入时，应当按照当地最低工资标准计算其收入"[1]。

---

[1]　资料来源：《广东省最低生活保障制度实施办法》，广东省人民政府令第262号，经十三届广东省人民政府第54次常务委员会会议通过，于2019年9月1日实施。http://www.gd.gov.cn/zwgk/wjk/qbwj/yfl/content/post_2539733.html。

三、家庭经济状况信息核对

传统的家计调查方法包括入户调查、邻里访问、信函索证三种方式。但这三种方法都各有其自身的局限性，并一定程度上制约了社会救助制度的发展。近年来，家庭经济状况信息核对技术的发展为家计调查提供了更好的平台。与传统方法相比，信息核对能够迅速查清申请家庭的收入和资产状况，并且更加客观和公正。在目前基层工作人员和工作经费比较紧张的情况下，信息核对不仅可以节省大量人工成本，并且在实践中越来越表现出来对传统家计调查方法的替代性优势，主要表现在：（1）针对已经进入社会救助制度的低保户重新进行信息核对，能够将那些不符合条件的人员挑选出来，并把它们清除出去，不仅可以大量节省财政经费，也能一定程度上消除过去传统方法不准确而造成的"骗保""错保"带来的不良社会影响。（2）信息核对不仅可以检出"错保"的受助者，更重要的是能够阻吓那些妄图钻政策空子、企图骗保的人。（3）由于信息核对给出的收入和资产状况核对结果是客观标准，相比于社区评议、邻里访问、信函索证等传统方法更加公正和权威，能够很大程度上减少纠纷。

（一）家庭经济状况信息核对体系建立历程

中国低收入居民家庭经济状况核对体系建设大体可以分为三个阶段。2009年，民政部先后在上海等143个地区开展居民家庭经济状况核对试点。从全国的情况来看，上海市最早探索建立低收入家庭经济状况核对体系。作为中国经济最发达的地区，上海市在开展家庭经济状况核对方面不仅有成熟的技术条件，而且有迫切的现实需求。早在21世纪初期，随着上海市社会保障制度由补缺型向"适度普惠型"转变，社会保障的项目和涉及群体不断扩容，其中一项重要的基础性工作就是掌握居民家庭真实收入情况，以避免虚报瞒报。由于居民收入类型日趋多样，核对难度越来越高，传统的入户察看、邻里访问核对机制在城市化进程中面临着严峻的挑战。经过两年半的试点，2009 年上海市成立了全国首个为民生政策提供经济状况权威核对信息的支持性政务平台——上海市居民经济状况核对中心。中心的居民经济状况核对系统平台，具备了与全市所有街镇联通的接入能力。完成了与市人保局、市公积金中心、市税务局、市民政局的 4 条电子比对专线的建设。中心城区 86 个街镇实现了电子比对和电子审核。① 为了让信息核对工作具备法制化基础，2009 年 7 月 13 日《上海市居民经济状况核对办法》（以下简称《办法》）由市政府第 50 次常务会议通过，并自 2009 年 9 月 1 日起施行。《办法》第 8 条规定，核对机构可以运用入户调查、邻里访问、信函索证以及调取政府相关部门信息等方式开展工作。这是我国首次将居民家庭经济状况的信息核对工作写入政策文件中。另外，《办法》第 6 条规定，政府相关部门受理本市居民个人或者家庭提出最低生活保障、医疗救助、教育救助、住房保障等项目申请后，按照规定需要以其经济状况作为参考的，可以委托核对机构进行调查核实。这一规定明确了家庭经济状况核对必须经过申请者的委托授权，这一原则也一直为以后全国各地信息核对工作立法所采用。

基于第一批试点地区所取得初步经验，民政部又组织开展了第二批城市居民家庭经济状况核对试点，进一步加强部门协作，利用分散在公安、人社、住建、税务、金融、工商等单位的户籍、车辆、社会保险、房产、公积金、税收、存款、证券、个体经营等信息，探索建立分类别、跨部门、多层次的居民家庭经济状况核对机制，加强居民家庭经济状况核对机构及能力建设。试点工作的开展为居民家庭经济状况核对工作的开展积累了丰富经验，为在全国范围内推进核对体系建设奠定了坚实的基础。根据民政部低收入家庭认定指导中心的数据资料，截至 2016 年 9 月，全国已有 23 个省份、221 个地级市、1426 个县（区）建成核对信息系统或正在建设，其中安徽、北京、上海、

---

① 参见曹继军：《上海成立居民经济状况核对中心》，《光明日报》2009 年 7 月 5 日。

江苏、江西、湖南、广东、广西、福建、海南、宁夏及青海等省份由省份级核对机构统一建设；[①] 到目前为止，全国核对系统平台建设已经全面铺开，只是由于各地受到建设资金、人员以及其他客观条件的限制，核对平台建设的速度并不一样。

（二）家庭经济状况信息核对的内容

家庭经济状况核对包括收入和财产两个部分。家庭经济状况核对的第一项内容是收入。居民收入结构十分复杂，但是大体可以分为工资性收入、经营性收入、财产性收入和转移性收入四类。在实践中，并非所有收入都要纳入信息核对进行计算，有些收入在经济状况核查时可以排除在外。例如，2014年实施的《麻阳苗族自治县城乡低收入家庭经济状况核对认定办法（试行）》就将下列收入不计入家庭收入：（1）政府给予的奖金和特殊津贴，省级以上劳动模范退休后享受的荣誉津贴，新中国成立前入党未享受离退休待遇的老党员生活补贴；（2）优抚对象享受的抚恤金、补助费、护理费、保健金和义务兵家属优待金，退役士兵安置补偿费；（3）政府、社会和学校给予贫困在校生的助学金、奖学金和生活补贴；（4）政府、社会组织和个人给予的临时性生活救助金、医疗救助金；（5）因工（公）负伤人员的工伤医疗费、护理费、一次性伤残补助金、残疾人辅助器具费，因工（公）死亡人员的丧葬补助费、一次性抚恤金、人身伤害赔偿金；（6）从业人员按规定由所在单位代扣代缴的社会保险费；（7）土地、房屋征收补偿费中用于购买（或重建）住房（建筑面积不超过90平方米）、缴纳基本社会保险费的部分；（8）计划生育奖励扶助金；（9）见义勇为奖励金；（10）百岁老人长寿金；实际上，各地关于哪些收入要进行核对、哪些收入在核对时可以排除在外的规定略有差异，在全国并没有统一的规定。专栏2是"湖南省邵阳市家庭经济状况核对

---

① 参见民政部低收入家庭认定指导中心：《2016年核对机制建设情况》，内部资料。

关于收入的规定"。

家庭经济状况核对的第二项内容是资产。家庭资产主要包括存款、住房公积金、有价证券、房产、车辆以及大件家电、金银饰品及其他财产等。一般说来，越是富裕地区，其家庭资产的形式和种类越多，因此相关政策文件规定也会越详细。例如，2014年的《上海市城乡居民最低生活保障申请家庭经济状况核对实施细则》规定，需要核对的家庭资产包括现金和银行存款、有价证券、债权、商业保险、居住类和非居住类房屋、机动车辆（含车辆牌照）、古董、艺术品等其他有较大价值的财产。同时，家庭资产还有一定的城乡差别。例如，2013年出台的《南漳县居民家庭经济状况核对办法》（试行）规定家庭资产包括实物财产、货币财产、动产、不动产和知识产权四个部分。其中动产包括货币、存款、债券、股票、古董、艺术品等。不动产包括房屋、承包经营地上的树木、农作物、花草等。知识产权包括工业产权和著作权。非经营性动物和宠物等。

专栏2　湖南省邵阳市家庭经济状况核对关于收入的规定

第十条　家庭收入是指申请家庭全体成员在申请前6个月内所拥有的全部可支配收入，包括扣除缴纳的个人所得税以及个人缴纳的社会保障支出后的工资性收入、经营性净收入、财产性收入以及县级以上民政部门认定的其他应当计入的收入：

（一）工资性收入：工资、奖金、津贴、补贴、福利及其他劳动服务所得的报酬（扣除缴纳个人所得税和社会保险支出）。

（二）经营性净收入：从事生产经营所获得的全部营业收入（销售收入）扣除经营性支出后的收入。

（三）财产性收入：土地和房屋出租收入、存款利息、有价证券股息红利、保险受益、其他投资收入、知识产权收入、财产出售收入（含房屋拆迁补偿收入）、其他财产性收入。

（四）转移性收入：养老金或离退休金、基本生活费、失业保险金、遗属补助费、赔偿收入、捐赠收入、遗产收入、赡养（扶养、抚养）收入、提取住房公积金、一次性安置费和经济补偿金。

（五）经认定其他应计入的收入。

第十一条　下列收入不计入家庭收入：

（一）政府给予的奖金和特殊津贴，省级以上劳动模范退休后享受的荣誉津贴，建国前入党未享受离退休待遇的老党员生活补贴；

（二）优抚对象享受的抚恤金、补助费、护理费、保健金和义务兵家属优待金，退役士兵安置补偿费；

（三）政府、社会和学校给予贫困在校生的助学金、奖学金和生活补贴；

（四）政府、社会组织和个人给予的临时性生活救助金、医疗救助金；

（五）因工（公）负伤人员的工伤医疗费、护理费、一次性伤残补助金、残疾人辅助器具费，因工（公）死亡人员的丧葬补助费、一次性抚恤金、人身伤害赔偿金；

（六）从业人员按规定由所在单位代扣代缴的社会保险费；

（七）土地、房屋征收补偿费中用于购买（或重建）自住住房、缴纳基本社会保险费的部分；

（八）计划生育奖励扶助金；

（九）见义勇为奖励金；

（十）百岁老人长寿保健金；

（十一）经民政部门认定不计入收入的其他收入。

资料来源：《邵阳市低收入家庭经济状况核对认定办法（试行）》（2014），http://www.shaoyang.gov.cn/Content-30751.html。

（三）信息核对的成效

核对系统建设的目标之一就是要避免错保现象，以便节省公共财政资金。核对系统建设以来，各地开始用来启动对参保对象进行核查，并取得了显著成效。截至 2014 年 9 月中旬，甘肃省各地通过入户调查、信息比对等形式共清退不符合低保条件的对象 11.9 万户，补充新增符合低保条件的对象 10.02 万户，查处具体问题 237 起，追缴低保资金 55.98 万元。[1] 武汉市信息核对系统建设成效情况请参见专栏 3。

另外，也有学者从研究的角度来评价信息核对体系建设的成效。例如，刘万里等人基于 2003—2014 年全国城市低保数据，设计一个自然实验框架，采用综合控制方法（SCM）构建了可比对的虚拟上海市，以评估部门协作、信息共享对提高瞄准效率的效果。研究发现，与近似家计调查相比，可信收入凭证的获取使城市低保的瞄准率提高了 30%。研究也发现，以往城市贫困人口黏滞的原因，来源于民政部门甄别能力的不足，非低保标准提升和福利依赖等因素。如果上海版本的核对系统切实推进，全国低保人数预计将减少 647.90 万—1509.76 万人。[2] 信息核对工作极大地提升了社会救助的公正性和公信力，提高社会救助的瞄准率，并节省财政资金。随着居民家庭经济状况核对服务领域逐步拓展，辐射带动作用将日益显现，服务社会政策作用逐渐显现。

专栏 3　武汉市清理万余户低保超标家庭

以往核查申请低保家庭的收入和财产信息，民政部门采取的是入户调查、邻里走访、信函索证等传统方式。由于不能准确掌握申请家

---

[1]　参见甘肃省民政厅调研组：《甘肃居民家庭经济状况核对机制建设情况的调研报告》，《中国民政》2014 年第 12 期。

[2]　参见刘万里、吴要武：《精准识别：用技术完善城市低保的退出机制》，《经济学报》2016 年第 4 期。

庭的经济状况信息，容易出现"关系保""人情保"和错保现象。我市作为民政部第二批居民家庭经济状况信息核对工作试点城市，先后投入 560 余万资金全面建成居民家庭经济状况核对系统，与人社、房管、工商、公安交管等 12 家单位实现信息共享，准确掌握申请社会救助家庭的户籍人口、房产、车辆、工商登记等 15 项涉及家庭经济状况的信息。2014 年，通过信息核对，全市共清理或审批不予通过超标家庭 10323 户，避免低保资金损失 5000 余万元，大大提高了救助资金的使用效率。据了解，有部分可能不符合救助条件的申请家庭在得知有系统核对时，自动放弃了救助申请。

2015 年居民家庭状况信息核对系统将开通与银行、保险、证券部门的信息核对，了解和掌握申请社会救助家庭的存款、理财和投资证券等信息。2014 年 12 月，武汉市先期核查了 119 户申请救助家庭的银行信息，核出疑似超标对象 8 户，存款最高的一户达到 26 万余元。2015 年年初，该低保户被取消低保资格，该低保户对低保中心出具的核对信息确认无误，表示不再上诉、不再隐瞒事实。随着社会救助的开展，核对系统将拓展范围，针对住房保障和助学工程、临时救助、医疗救助等社会救助业务，陆续开发住房保障业务和低收入业务，其中低收入核对业务可为多项救助审核提供参考依据。

资料来源：王志新、周钢：《我市清理万余户低保超标家庭》、《长江日报》2015 年 3 月 6 日。

四、现行救助对象家庭经济状况调查存在的问题

从我国目前社会救助制度体系运行的情况来看，救助对象家庭经济状况调

查存在一些问题，主要包括以下几个方面。

(一) 救助对象家庭经济状况调查过程中的技术难题

第一，准确核查家庭收入和资产困难。当前，我国很多地方收入和资产缺乏量化测算指标，致使家庭经济状况核查不准。实际上，对于申请家庭的收入判断要做到完全准确是很难的。一些城市低保人员的收入可能是季节性的，有些是临时性的，还有些低保人员可能故意隐瞒家庭收入。另外，当前也缺乏资产状况评估的量化标准，很多地方从实际操作中往往采取"一刀切"的方式。在这种情况下，工作人员对收入和资产的判断往往具有一定的主观性。

农村居民的家庭收入和财产的核查比城市地区更加困难。虽然几年来各地出台的有关农村低保政策文件和实施办法对农村低保申请家庭收入财产认定做了规定，然而在实际操作中却面临诸多困难，主要包括：(1) 家庭收入难以量化核算。农民收入不同于城市居民收入那样来源结构相对单一。尤其是随着农村外出务工人员的增多，农村居民收入既有传统经营性收入，也有工资性收入、转移性收入、财产性收入等。收入的多样化更容易产生隐瞒收入的问题。(2) 农村经营性纯收入的计算，需要根据各类农产品的价格和成本投入进行核算，一方面价格易受市场波动等多种因素影响，另一方面不同家庭在农业经营中的投入成本也不一致，增加了收入核算难度。另外，农业经营性收入除了土地经营收入，还有林业、渔业、畜牧业等收入受季节、气候、自然灾害以及市场供求等因素影响大，收入难以量化。

此外，农村地区更加依赖民主评议的方式来核查救助申请对象的家庭经济状况。但是，我国农村人际关系往往比较复杂。虽然各地持续加大检查整顿力度，但"人情保""关系保"等问题很难完全避免。

第二，家庭经济状况信息核对缺陷。目前我国救助对象的家庭经济状况调查越来越依赖信息核对。但是，信息核对系统也不是万能的。例如，跨省信息无法查询，有些资产甚至在省内也无法查询。对于家庭持有现金的情况无法查询。即使能够查出家庭资产，对家庭资产的量化有时候也是难题。特别是目前农村地区房产、车辆、税务等信息化发展相对落后，多数农村地区尚不具备开展跨部门家庭经济状况信息比对工作的条件，仅靠简单地直观考察和登记财产信息很难做到全面准确核实。由于信息不对称，家计审查过程中存在逆行选择。一些申请者在申请过程中会隐瞒对自己不利的收入和资产信息，导致目标对象识别错误，让不符合条件者被纳入受助行列中。

（二）低保对象的持续下降与救助家庭的资产标准确定问题

城市低保人数在 1997 年时只有 87.9 万，覆盖率为 0.22%。城镇低保人数到 2003 年时增加到 2246.8 万，覆盖率为 4.29%，此后开始逐年下降。到 2017 年，城镇低保人数为 1261 万，覆盖率只剩下 1.55%。农村低保覆盖率在制度初建时的 2001 年只有 304.6 万人，覆盖率只有 0.38%。此后迅速上升，到 2013 年时农村低保人数为 5388 万，覆盖率到达 8.56%，此后也逐渐下降。[①] 尤其是城市低保连续 10 多年持续下降趋势令人担忧。农村低保目前的覆盖率仍然保持在一个较高的水平，但是近年来下降的趋势已经十分明显。低保对象减少的原因比较复杂，其中最重要的是家庭经济状况核对系统的建立将大量不符合条件的城乡低保对象清理出去，使得城乡低保制度越来越倾向于保障那些没有劳动能力的老弱病残人员。在这种情况下，如何使用家庭经济状况调查的数据以及如何界定救助家庭资产标准是一个急需进一步深入探讨的课题。例如，低保户应该允许有多少存款？低保户是否可以允许拥有私人车辆？低保户的住房数量和面积该如何规定？如果过于严格，或者采取"一刀切"

[①] 低保数据来自中华人民共和国民政部：《民政事业发展统计报告（1996 年—2008 年)》、历年民政部发布的《社会服务发展统计公报》，中华人民共和国民政部官方网站：http：//cws.mca. gov.cn/article/tjbg/，2018 年 1 月 28 日。人口数据来自《中国统计年鉴 2017》，http://data.stats. gov.cn/easyquery.htm?cn=C01，2018 年 1 月 28 日。
覆盖率＝制度覆盖人数 / 户籍人口数。

的做法，势必会造成大量低收入／贫困人员退出低保。

（三）家庭经济状况信息核对相关法律问题

虽然信息核对在技术上已经成熟，但是其具体运用到社会救助工作中面临着诸多法律问题，每一个环节出现错误都可能造成严重后果。从各地的探索和实践具体情况来看，所涉及的法律问题主要包括以下几个方面：

第一，社会救助对象的委托授权问题。如何做到既不侵犯社会救助对象的人身权和财产权又能够查清其经济状况，《社会救助暂行办法》对此做了"权利让渡"的制度规定。该制度规定社会救助对象可以委托社会救助经办机构或管理机构对自己的经济状况进行查询，而上述机构再委托县以上人民政府所属核对机构对其经济状况进行调查。核对机构所查询出具的结果，告知委托人，委托人据此作出救助与否的决定。因此，社会救助对象委托授权于法有据，权利让渡受到保护。但是，在社会救助对象申请救助时，经常出现户主代其妻子、儿女签名的情况。这种委托是否有效值得分析。如果户主的代签名委托得到被代签人的认可，则该代签委托对被代签人有效。为防止无效代签委托授权产生的不良法律后果，要在制度上建立实名见证委托制度。户主与有完全民事行为能力的户员要亲自签名或按手印，共同确认授权内容。对于无效的委托，社会救助经办机构、核对机构一律不得接受，工作中应该从严把握。

第二，核对报告的法律属性问题。核对报告是核对机构依据请求和委托，就委托的居民家庭经济状况进行查询、比对后所做出的结果。核对结果是具有法律效力和证明力的书面性的材料和证据。根据《社会救助暂行办法》的规定，社会救助家庭经济状况核对结果为审核认定社会救助对象的依据。从行政执法理论上讲，它是行政执法的重要证据。当社会救助对象提出救助行政诉讼时，核对报告在社会救助资格认定上具有本证、直证的功效作用。

第三，信息共享的法律问题。信息共享、互联互用是核对机制建设的重点和难点。《社会救助暂行办法》规定，民政部门通过户籍管理、税务、社会保险、不动产登记、工商登记、住房公积金管理、车船管理等单位和银行、保险、证券等金融机构，代为查询、核对其家庭收入状况、财产状况，有关单位和金融机构应当予以配合。但在实践中，一些单位和机构担心数据丢失、破坏或泄密，不愿意互联互用。在实践中，各地银行和金融部门在与核对部门信息对接过程中就碰到了很大困难。其根本原因在于《社会救助暂行办法》的立法层次太低。

五、立法建议

从《社会救助暂行办法》的情况来看，关于救助对象家庭经济状况调查的规定是分散在各章里。例如，第二章的第 10 条和第 11 条包含了最低生活保障制度救助对象家庭经济状况调查的条款。由于专项救助的资格条件大都与最低生活保障制度捆绑，因此在专项救助相关章节没有针对救助对象的家庭经济状况进行规定。关于家庭经济状况信息核对的规定主要在第十一章的监督管理部分（第 58 条和第 59 条）。随着中国社会救助事业的发展，专项救助要向低收入群体扩展是发展趋势。同时，家庭经济状况调查将覆盖更多的内容（例如，消费支出将纳入调查范围）。在这种情况下，家庭经济状况调查就会变得更加复杂。因此，《社会救助法》关于救助家庭的家庭经济状况调查的规定可以考虑单设一章来具体规定。

关于救助对象家庭经济状况调查，以下几个方面的问题需要在《社会救助法》里认真考虑。

（一）进一步明确家庭财产核查的范围和标准

第一，明确财产核查范围。由于社会救助的目标是为了让申请者维持一定的生活水平，因此财产核查应当允许申请者拥有一定数量的维持日常生活和生产经营的财产，同时也不能仅凭财产核查的结果来认定低保对象，而应当综合考虑申请者维持日常生活的刚性支出情况。因此，在这个原则的基础上明确财产核查的范围。

第二，尽快制定社会救助制度财产标准。社会救助制度的收入标准早就在全国有明确规定，但是各地却没有明确量化的财产标准。在实际工作中，工作人员在很多情况下依靠个人的主观判断来决定申请人员是否符合申请社会救助的资格。因此，财产评估的偏误是瞄准偏误产生的重要原因。为此，应该尽快制定社会救助瞄准的财产标准。在确定财产标准时，首先要区分哪些属于必需品和哪些财产属于非必需品，然后在此基础上计算各类财产相应的价格上限。各地可以根据本地实际情况形成财产标准清单，作为低收入家庭申请社会救助的依据。

（二）建立农村社会救助申请家庭收入认定测算指标体系

第一，建立农村家庭收入认定指标体系。根据农村经济收入特点，选择城乡居民家庭普遍涉及、具有共性、基本反映家庭收入水平的关键收入项目作为核算内容。根据这一原则，应当将工资性收入、经营(含土地、林业等)收入、房租收入、畜牧水产养殖等收入、土地转租（流转）收入、转移性收入项目纳入重点核查评估内容。

第二，明确收入评估和测算的方法。可以考虑以县（区）农业生产一般收入水平为核算基数，通过劳动力系数折算量化申请家庭的实际纯收入水平。农业生产一般收入水平可根据统计年鉴公布的农村上年家庭经营人均纯收入确定。劳动力系数可按照丧失劳动能力的类型和程度合理设置。

（三）完善社会救助申请家庭经济状况核查方式

第一，合理规定入户经济状况核查的次数。对已经纳入保障范围的社会救助对象，要根据对象的年龄、身体状况，可设置相对固定的核查周期（如每年集中核查一次）；对一般保障对象（如家中有劳动力人口）采取频次较高的核查周期（如每季度集中核查一次），对于那些基本没有劳动能力和收入的社会救助对象，可以每半年核查一次，使入户调查真正成为完善低保对象退出机制的基本手段。

第二，改革民主评议。在社会救助（低保）民主评议过程中，应当确保参与人员的代表性、运作模式公开有效，避免暗箱操作、人情保和关系保；组织民主评议应由定性评议低保申请家庭困难程度向定量评估其家庭收入情况转变，逐步提高民主评议的量化程度，降低居民对评议结果的争议。由于城市地区的社区和邻里之间并不熟悉，因此可以考虑在城市地区逐步取消民主评议。

（四）加快家庭经济状况信息共享和核对平台建设

第一，尽快将信息登记、信息查询、数据共享等内容写进《社会救助法》，为数据信息的共享和查询提供法律依据，确保查询信息的完整性、准确性、权威性，客观真实地反映居民家庭经济状况。同时，在《社会救助法》中，要明确规定社会保障审核部门获得申请人授权的情况下有权要求其他相关部门提供户籍、婚姻状况、住房、纳税情况、公积金、养老金、车辆、股票、证券、银行存款个人信用报告等一些相关信息。各部门也有义务为社会保障审核部门的核对工作提供帮助，以保证核对工作的正常进行。

第二，对《证券法》《商业银行法》中有关保密的规定进行修改，出台具体的查询办法，允许相关部门在活动居民授权的情况下可以调取、查阅居民的相关数据。

（五）建立和完善社会救助对象动态跟踪机制和主动发现机制

第一，建立救助对象动态跟踪机制。现实生活中，很多贫困人员往往由于很多原因并未申请社会救助。尤其是那些城市最底层的贫困者往往更容易被政策所忽视。为此，各地政府部门可以建立城市贫困动态跟踪系统。采集并跟踪城乡贫困人员的各种信息，尤其是重度残疾人员、患重特大疾病人员以及发生重大事故人员的信息，争取在贫困发生之前提前干预。同时，针对那些在保的社会救助对象要加强对其家庭经济状况跟踪核查，及时掌握其家庭经济状况的变动，做到"应退尽退"，以避免"错保"现象的发生。

　　第二，建立社会救助对象主动发现机制，减少应保未保现象。目前的社会救助制度需要贫困人员主动申请才可能获得救助。但是现实生活中，一些贫困人员往往由于很多原因（例如，不了解政策、有耻辱感等）并未申请社会救助。这些人不申请社会救助不仅无法解决自身的贫困问题，而且很容易发生极端事件成为媒体和社会关注的焦点。为了减少这种现象发生，需要做的工作包括两个方面：一是建立城市贫困动态跟踪系统。采集并跟踪城乡贫困人员的各种信息，尤其是重度残疾人员、患重特大疾病人员以及发生重大事故人员的信息，争取在贫困发生之前提前干预。二是可以考虑利用现代通信方式和手段，建立一个包括社会爱心人士和志愿者，民政、残联、新农合、妇联、计生委、教委等有救助项目的部门经办人在内的网络（如微信群等），让人民群众随时提供潜在社会救助对象的线索，从而减少应保未保现象发生。

第十章　社会救助法律责任规范

法律责任机制，对于保障社会救助制度顺利实施，确保主管部门、经办机构、申请人等各方尊法守法，具有无可替代的重要意义。社会救助的立法与顶层设计，法律责任具有举足轻重的意义，是不可或缺的一环。

就已有立法而言，从《城市居民最低生活保障条例》到《社会救助暂行办法》，其法律责任的条款既存在罗列情形、主体不够完整的问题，还存在规范过于原则笼统、操作性不强的问题。虽然部门规章、规范性文件，以及各地关于社会救助的地方立法，关于法律责任均有探索，其经验值得总结，但也存在缺乏上位法依据、各自为政不统一等问题。在实践层面，社会救助法律责任较为单薄。对于救助对象的瞒报收入、骗保等违法行为，其责任追究并不到位；对于经办机构及工作人员的违法行为，既有其违法违规等行为未得到纠正和处分的现象，也有责任追究滥用的问题。这些问题的出现乃至在一定程度上的泛滥，既损害了救助对象的合法权益，也导致社会救助资源的浪费，损害到救助制度运行的精准性、严肃性和公信力。

全国人大及其常委会层面的统一社会救助立法，应当高度重视法律责任条款的细化和完善。这既有必要性，也有紧迫性。通过论证研讨为法律责任板块提供理论储备和条文参考，构成社会救助立法研究的重要内容。

一、社会救助法律责任机制的必要性与重要性

总体上，社会救助领域违法违规违纪行为较为多发，亟待加强法律责任的追究和落实。

社会救助基层力量薄弱，执法监督不力，导致违法违规行为不同程度存在，"关系保""人情保"等现象，尚未根绝；对于群众举报投诉的问题，查处覆盖面不够；即便发现错保、违法违规行为，能做到"应退尽退"已然不错，相关行政处罚很难作出，即便作出也很难执行。

社会救助领域违法行为的多发、频发，已受到一些关注。早在2012年，审计署发布"全国社会保障资金审计结果"，[①] 在肯定城乡最低生活保障巨大成效的同时，发现了不少问题。包括，扩大范围支出低保资金，低保对象审核不够严格，骗取、冒领城乡低保资金等。2017年以来，按照中央关于审计结果及整改情况向社会公开的要求，一些地方也开展并向社会公开了社会救助的专项审计调查结果，也发现审核不严、退出机制不够完善、超范围使用、发放程序和标准不规范、发放有延时等问题；[②] 有些地方甚至还存在已死亡人员、享受财政供养人员、机关企业退休人员享受城乡最低生活保障的现象[③]。对此，不少地方还开展了最低生活保障等社会救助项目的专项检查，对救助款物管理

---

① 《2012年第34号公告：全国社会保障资金审计结果》。

② 参见《2018年第3号公告：关于2015—2017年度全县最低生活保障政策落实情况专项审计调查的结果报告》，杭州市淳安县政府官网，网址为：http://www.qdh.gov.cn/art/2018/7/27/art_1403156_19720459.html，最近访问于：2020年1月30日；另参见《2019年第6号：天津市人民政府2017至2018年最低生活保障资金管理使用情况审计结果公告》，网址为：http://sjj.changde.gov.cn/zwgk/zfxxgk/zdlyxxgk/sjjggk/content_702176，最近访问于：2020年1月30日。

③ 参见《2018年梁河县城市最低生活保障和农村最低生活保障资金审计结果公告》，网址为：http://www.dhlh.gov.cn/sjj/Web/_F0_0_28D04I651O41RWPJSKGFNG7NOU.htm，最近访问于：2020年1月30日。

使用情况开展监督检查，以加大对骗取社会救助待遇行为的惩戒力度。专项检查虽然短期效果明显，但由于缺乏可持续性和常态化，其制裁效果和威慑效力仍有待进一步加强。

二、制度概述及评价

社会救助的法律责任条款，分散在相关法律、法规、规章，以及大量规范性文件之中。从立法层次来看，不仅中央层面的立法有规范，明确了制度基本框架和主要要求；不少地方性法规、地方政府的规章和规范性文件，也进行了法律责任的细化和充实。

（一）中央立法及规范性文件

在中央立法层面，社会救助中的法律责任，其主要规范如下：

最低生活保障制度中的法律责任：1999 年国务院颁布的行政法规——《城市居民最低生活保障条例》，作为社会救助领域较早的国务院行政法规，其中已有数处关于法律责任的规范。第 12 条明确了对最低生活保障资金使用情况的财政监督和审计监督；第 13 条规定了有关工作人员违法行为的法律责任，从轻到重依次为批评教育、行政处分，以及构成犯罪的刑事责任。

2014 年，国务院颁布的《社会救助暂行办法》扩充了法律责任的内容，从《城乡居民最低生活保障条例》上的 2 条，扩充到第十二章"法律责任"的整一章共 4 个条文。在表述上，也有所充实、调整。对于主管部门工作人员的法律责任，其责任形态包括责令改正、行政处分等；承担责任的主体，进一步明确为"直接负责的主管人员和其他直接责任人员"（第 66 条）；需要承担责任的情形，也有所细化。对于骗取社会救助资金、物资或服务的，除

停止社会救助、责令退回外，"可以处非法获取的救助款额或者物资价值1
倍以上3倍以下的罚款"（第68条）；构成违反治安管理行为的，依法给予治
安管理处罚；凡是违反该办法的行为，都设置了构成犯罪的刑事责任表述（第
69条）。

自然灾害救助中的法律责任：2010年的《自然灾害救助条例》也设置了法
律责任的相关规范，要求进行监督检查（第28条）；对行政机关工作人员的违
法违规行为予以处分，构成犯罪的依法追究刑事责任（第29条）；骗取、抢夺、
聚众哄抢救助款物的法律责任（第30条、第31条）；以及以暴力、威胁等方
法阻碍自然灾害救助工作人员依法执行职务，构成违法治安管理行为和犯罪的
法律责任（第32条）。

流浪乞讨人员救助中的法律责任：2003年国务院出台的《城市生活无着的
流浪乞讨人员救助管理办法》也有法律责任的相关规定。对于救助站的工作人
员，其违法行为"构成犯罪的，依法追究刑事责任；尚不构成犯罪的，依法给
予纪律处分"（第14条第3款），对于救助站不履行救助职责的，民政部门对
其直接责任人员依法给予纪律处分（第15条），受助人员违反法律法规的，应
当依法处理（第16条第1款）。应当承认，虽然法律责任相关规范，占该办法
的总体比例较大，但总体上仍较为原则笼统。

除正式的行政法规之外，规范性文件也有社会救助法律责任的细化要求。
现典型如下：

《国务院关于进一步加强和改进最低生活保障工作的意见》（国发〔2012〕
45号）要求"强化责任追究"，各地要加大对骗取最低生活保障待遇人员的
查处力度，除追回骗取的最低生活保障金外，还要依法给予行政处罚；涉嫌
犯罪的，移送司法机关处理。对无理取闹、采用威胁手段强行索要最低生活
保障待遇的，公安机关要给予批评教育直至相关处罚。对于出具虚假证明材
料的单位和个人，各地除按有关法律法规规定处理外，还应将有关信息记入
征信系统。

《国务院关于全面建立临时救助制度的通知》（国发〔2014〕47号）要求

强化责任落实，"民政、财政部门要会同有关部门将临时救助制度落实情况作为督查督办的重点内容，定期组织开展专项检查。财政、审计、监察部门要加强对临时救助资金管理使用情况的监督检查，防止挤占、挪用、套取等违纪违法现象发生。对于出具虚假证明材料骗取救助的单位和个人，要在社会信用体系中予以记录。临时救助实施情况要定期向社会公开，充分发挥社会监督作用，对于公众和媒体揭露的问题，应及时查处并公布处理结果。要完善临时救助责任追究制度，明确细化责任追究对象、方式和程序，加大行政问责力度，对因责任不落实、相互推诿、处置不及时等造成严重后果的单位和个人，要依纪依法追究责任。"

《国务院关于进一步健全特困人员救助供养制度的意见》（国发〔2016〕14号）要求，加强对特困人员救助供养资金管理使用情况的监督检查，严肃查处挤占、挪用、虚报、冒领等违纪违法行为。充分发挥社会监督作用，对公众和媒体揭露的问题，要及时查处并公布处理结果。完善责任追究制度，加大行政问责力度，对因责任不落实造成严重后果的单位和个人，要依纪依法追究责任。作为国务院的规范性文件，其要求也具有较高层次的效力。

《民政部、国家统计局关于进一步加强农村最低生活保障申请家庭经济状况核查工作的意见》（民发〔2015〕55号），要求"强化监督管理"，各级民政、统计调查部门要加强监督管理，健全监督检查长效机制，加大对政策落实的监管力度。要强化违法违纪责任追究和处罚力度，会同有关部门建立失信信息披露和诚信登记制度，对于骗取农村低保的行为要及时予以披露、惩戒，对因管理不力产生的问题，造成恶劣后果，或有滥用职权、玩忽职守、徇私舞弊行为的，要依法依规追责。

通过这些政策文件，除对已有中央社会救助相关立法的要求予以强调之外，还探索了社会监督、处罚结果公开、纳入社会信用体系记录、征信系统等。这也是今后统一的全国人大及其常委会层面在社会救助立法中所应考虑纳入的内容。

（二）地方制度建设

在中央已有社会救助法律责任规范基础上，一些地方结合本地实际，积极促进制度完善，提升可操作性。

《上海市社会救助条例》设置了"法律责任"专章，且内容较为丰富。《浙江省社会救助条例》也有若干法律责任的内容。

北京市民政局出台了《社会救助行政执法工作指引（试行）》（京民执发〔2016〕219号），规定了对骗取社会救助资金、物资、服务、待遇，以及享受低保待遇期间家庭收入情况好转却不告知管理机关继续享受待遇的行政执法。

上海市民政局出台了《本市城市居民享受最低生活保障待遇违法行为行政处罚裁量基准（试行）》（沪民规〔2017〕10号），对法律责任的规范进行基准细化。在处罚上，针对骗取低保金的金额不同，分别给予不同的责任承担，见表10—1。

表 10—1 骗取低保金的处罚规定

骗取金额	责任承担
2 个月以下低保金	批评教育 + 追回冒领低保金
3—4 个月的低保金	警告 + 追回冒领低保金 +1 倍罚款
5—6 个月的低保金	警告 + 追回冒领低保金 +2 倍罚款
7 个月以上低保金	警告 + 追回冒领低保金 +3 倍罚款

说明：家庭收入好转不按规定如实告知管理审批机关，继续享受低保金的，处置方式相同。

总体上，许多地方虽然有规定，但比较分散。一方面，是地方之间的分散和不统一。各地就社会救助法律责任均有所规范，虽然各有侧重和创新探索，但却不尽一致。另一方面，按照不同救助项目，在不同的地方性法规、规章和规范性文件中规定的，也多有分散。各种救助类型分别设置法律责任，即便在一地之内，不同救助项目的法律责任规范，既有较多重合，也存在不一致。

三、法律责任的类型及内容

法律责任，虽然表面上看只是社会救助立法的一个小问题，但"麻雀虽小而五脏俱全"，其内容、机制、规范涉及多个方面和多重要素，通过剖析分解，对于全面了解把握具有重要意义。

从承担法律责任的主体来看，可以分为主管机关、财政部门、相关部门、经办机构，公职人员（包括行政机关的领导干部、直接负责的主管人员和其他责任人员，以及经办机构），有关单位及其工作人员、被救助对象等。根据法律责任的属性不同予以分类，包括公务员行政处分、政务处分、行政处罚、责令退回、刑事责任、国家赔偿责任等形态，以及信用惩戒等。本部分主要按照涉及主体，对法律责任予以剖析研讨。

（一）主管机关、经办机构工作人员的法律责任

其性质主要为公务员处分、政务处分的内部责任，以及对于救助资金、物资的追回和违法所得的没收。①

《城乡居民最低生活保障条例》第13条，规定了从事管理审批工作人员违法行为的法律责任，包括批评教育、行政处分，以及构成犯罪的刑事责任。在适用情形上，包括符合条件拒不同意享受待遇，不符合条件故意同意待遇，以

---

① 比如，《上海市社会救助条例》第53条规定，截留、挤占、挪用、私分救助资金、物资的，由有关部门责令追回；有违法所得的，没收违法所得；对直接负责的主管人员和其他直接责任人员，依法给予处分；构成犯罪的，依法追究刑事责任。

及玩忽职守、徇私舞弊，贪污、挪用、扣压、拖欠低保款物的。在其基础上，《社会救助暂行办法》予以了更加全面、完整的规范。

《广东省社会救助条例》罗列了多种应当予以行政处分的情形。值得注意的是，除国务院行政法规和其他地方已罗列的情形之外，还列举了不按照规定对已获得社会救助家庭（人员）人口状况、收入状况、财产状况进行复核、核查的；不按照规定核实处理有关社会救助举报、投诉的等。重庆市还将"收受最低生活保障对象财物的"①，以及未依法依规予以公示的，纳入处分范围。《广州市最低生活保障办法》规定需追究责任的情形还包括"与最低生活保障申请人或者对象有近亲属关系或者利害关系而未如实申明或者未进行备注、单独登记的"。

《宁波市最低生活保障办法》规定需追究责任的情形有"故意刁难最低生活保障申请人或者最低生活保障对象的"②，以及"最低生活保障审核审批中有意隐瞒或者歪曲事实，或者违反公开原则，不接受群众监督的"。《济南市社会救助工作责任追究办法（试行）》规定，对于"接待群众态度生硬，服务意识差，政策解释不准确，造成社会负面影响的"，应当追责。主管部门发现违法行为，不及时或不依照法定程序调查处理的，也应依法承担法律责任。有些地方还规定对社会救助工作人员违法违纪行为实行"一案双查"，"一问三责"。

上述违法行使职权的行为，对侵犯申请人、救助对象和利害关系人合法权益造成损害的，还应当适用《国家赔偿法》之规定依法给予国家赔偿，属于国家赔偿中"行政赔偿"的范畴。

这些行为情节严重构成犯罪的，还应依法追究刑事责任。但国内本着罪刑法定原则，需要明确的《刑法》条文予以规范。

---

① 南昌则表述为"收受最低生活保障申请人员财物的"，应当说，南昌的规范更为合理。毕竟，收取申请人财物后，即便未为其办理救助也应承担法律责任。

② 与之类似，《南昌市最低生活保障办法》则有"无故阻碍、拒绝受理最低生活保障申请的"；《济南市社会救助工作责任追究办法（试行）》表述为"刁难救助申请人，存在吃、拿、卡、要现象，收受申请人财物的"。

（二）社会救助申请人及待遇享受者的法律责任

申请人及享受社会救助待遇的居民、家庭的法律责任，其属性为行政处罚或其他行政决定。主要类型包括：

1. 社会救助法律法规上的行政处罚及其他法律责任

社会救助申请人、享受者的违法行为，违反社会救助相关法律法规的，由民政部门依法追究法律责任。

在违法行为情形上，依照《社会救助暂行办法》第68条的规定，主要为"采取虚报、隐瞒、伪造等手段，骗取社会救助资金、物资或者服务"。《广西壮族自治区最低生活保障办法》还规定对于入户调查核实不予配合的法律责任。对于"最低生活保障对象连续2次无正当理由不配合或者超过1年无法联系的"，可暂停发放其最低生活保障金。《广西壮族自治区最低生活保障办法》第34条还规定，对于无正当理由3次拒绝接受介绍工作，有与其收入水平不相符的高消费行为，以及主动放弃法定赡养费、扶养费、抚养费和其他合法收入的，可以减发或停发其低保金。

2. 构成违反治安管理行为的法律责任

社会救助申请人、享受者的一些违法行为，如违反《治安管理处罚法》，则由公安机关追究法律责任。对此，《社会救助暂行办法》规定得比较笼统，仅表述为"构成违反治安管理行为的，依法给予治安管理处罚"。事实上，《慈善法》中已有类似规定，足以提供借鉴。地方立法则更为明确一些。如《上海市社会救助条例》除依照《社会救助暂行办法》对骗取救助资金、物资或服务的行为构成违反治安管理行为的依法给予治安管理处罚之外，其第54条第3款还规定，"无理取闹或者以威胁、暴力等方式干扰社会救助工作，扰乱社会救助管理部门工作秩序"的，也依法给予治安管理处罚。有的地方规定"对威胁、侮辱、打骂临时救助工作人员，扰乱临时救助工作秩序，构成违反治安管理行为的"①；或者采取无理取闹、威胁手段强行索要救助待遇的，应给予治安管理处罚。

3. 各地特色规范

停止救助或减发救助金。比如，《重庆市城乡居民最低生活保障条例》第36条规定，对于用虚报、隐瞒、伪造等手段骗取最低生活保障金，或者在享受居民最低生活保障期间，家庭人口、收入、财产和消费支出状况发生变化，应当告知乡（镇）人民政府、街道办事处而不告知的，区、县民政部门有权减发或停发最低生活保障金，并责令其退回非法获取的低保金。

退回救助资金、物资。有的地方还规定，在冒领款物退还之前，将不再受理其救助申请。②

罚款。《重庆市城乡居民最低生活保障条例》罚款的前提条件是"情节严重"，《厦门市最低生活保障办法》《广州市最低生活保障办法》《宁波市最低生活保障办法》也有类似要求。但《江苏省社会救助办法》和2018年修订的《安徽省最低生活保障办法》则未提及"情节严重"。③

信用惩戒。对于骗取社会救助，干扰社会救助工作、扰乱社会救助管理部门工作秩序等违法行为，《上海市社会救助条例》第54条第4款和《北京市社会救助实施办法》第54条要求将其有关信息纳入公共信用信息平台，实施相应信用惩戒。与之相类似，《浙江省社会救助条例》第61条则要求计入个人征信系统。

---

① 参见2018年的《泰州市临时救助实施办法》第30条。

② 比如，2018年的《泰州市临时救助实施办法》第29条规定："申请对象采取虚报、隐瞒、伪造等手段骗取临时救助的，由市（区）民政部门或者乡镇人民政府（街道办事处）给予批评教育，冒领款物退还之前，不再受理其临时救助申请；对于出具虚假证明材料骗取救助的单位和个人，将相关信息记入社会信用体系；情节严重构成犯罪的，依法追究刑事责任。"

③ 《安徽省最低生活保障办法》（2018年修订）第27条："采取虚报、隐瞒、伪造等手段骗取最低生活保障金的，由县级人民政府民政部门决定停止发放最低生活保障金，追回非法获取的最低生活保障金，并处以非法获取最低生活保障金1倍以上3倍以下的罚款；构成违反治安管理行为的，依法给予治安管理处罚。"

(三) 相关机关、组织和单位的法律责任

在社会救助制度运行中，除民政部门之外，其他相关机关、组织、单位也承担一部分职责。比如，银行、税务、市场监管、村居两委等有配合调查或开具证明的义务。如违反（包括不作为、违法作为等），也应承担相应法律责任。在中央立法层面，其相关规定较为稀缺；而地方立法层面，已有不少探索。

比如，《广东省社会救助条例》第 92 条规定，对于不配合民政部门、其他社会救助管理部门根据申请人请求、委托，代为查询、核对申请人社会救助有关信息的，由上级主管部门责令改正；对直接负责的主管人员和其他直接责任人员依法给予处分。《重庆市城乡居民最低生活保障条例》第 37 条规定，应当为申请人申请最低生活保障出具证明而不出具证明，或者出具虚假证明的，由区县（自治县）民政部门对相关单位主管人员和其他直接责任人员处 500 元以上 1000 元以下罚款。在此，各地的处罚情形、处罚金额也不尽一致。比如，《南昌市最低生活保障办法》的表述为"单位为申请最低生活保障人员出具虚假证明的，对直接负责的主管人员和其他直接责任人员依法给予处分，并由民政部门对单位处以 200 元以上 1000 元以下的罚款"。国家机关工作人员有上述行为的，由其主管部门或者监察机关视其情节给予处分。

实践中，最低生活保障等社会救助资金存在未能按时足额拨付的问题，对此，还需要明确财政部门承担的法律责任，这是目前仍然欠缺的。

(四) 领导干部的领导责任

社会救助法律制度上的法律责任，除对直接相关的申请人、经办人、主管部门工作人员责任追究之外，还有对负有领导责任的机关组织、领导成员的责任追究，通常被称为"问责"机制。

《厦门市最低生活保障办法》第 27 条规定对于"未安排足额的预算或者最低生活保障资金不到位的，追究直接负责的主管人员和其他直接责任人员的责

任"。湖北省民政厅出台的《关于加强社会救助履职问责工作的指导意见》（鄂民政发〔2016〕22 号）提出，"对工作不负责任导致数据信息出现较多错误、资金发放审核把关不严造成严重后果、未按要求组织公开惠民政策及其落实情况造成负面影响、隐瞒不报、压案不查、查而不力等问题的，严格依纪依规追责问责。"①此种要求、规范在各地较为常见。但此种责任如何追究，并未有进一步的明确规定。

一些地方还将社会救助工作纳入政府领导班子、相关领导干部的政绩考核评价指标体系，作为干部选拔任用、管理监督的重要依据。比如，2018 年 12 月，中纪委国家监委调查认为，时任广东省韶关市市长、市委书记的某领导同志主体责任落实不到位，对广东省韶关市新丰县练溪托养中心受助人员死亡事件的发生负有重要领导责任；时任广东省分管民政工作副省长的某领导同志对社会救助工作重视不够，对该事件发生负有领导责任，依法予以问责，分别被政务记大过、政务记过处分，其做法值得推广，并予以常态化、制度化。

（五）专项监督与法律责任

通过财政监督和审计监督等专项监督制度，有利于制止挤占、挪用、套取社会救助资金等违法违纪行为。专项监督带来的制裁和追究，也成为法律责任的重要组成部分。

财政部、民政部印发的《中央财政困难群众救助补助资金管理办法》（财社〔2017〕58 号），要求对于各级财政、民政部门及其工作人员在补助资金的分配审核、使用管理等工作中，存在违反该规定的行为，以及其他滥用职权、玩忽职守、徇私舞弊等违法违纪行为的，按照《预算法》《公务员法》《财政违法行为处罚处分条例》等国家有关规定追究相应责任。一些地方也出台了当地的社会救助资金管理办法，以加强资金监管，强化审计监督、财政监督，对发现的挤占、

---

① 宜昌市民政局：《全市民政系统运用大数据开展惠民政策落实情况监督检查的工作方案》。

挪用、截留和滞留资金等违规问题，及时纠正并依法依规追究相关人员责任。

随着审计法律制度的不断健全，针对社会救助政策落实和资金管理的审计活动及相应责任追究，成为推进社会救助制度落实和规范运行的重要机制。相应的，审计将成为社会救助责任追究的重要发力点和连接点。

四、社会救助法律责任的落实与救济

徒法不足以自行，社会救助法律责任的追究与落实，并非自动实现，同样是值得关注的问题。其中，既有追究的启动机制、实施程序的程序法问题，也有追究现状的问题。

（一）调查程序

社会救助法律责任调查机制的启动，一部分来自对监督、投诉、举报的查处。对此，民政部建立了举报核查制度。民政部《最低生活保障审核审批办法（试行）》（民发［2012］220号），要求对于实名举报应当逐一核查，并及时向举报人反馈核查处理结果。

许多地方民政部门向社会公示了城乡低保举报电话。2020年公布的《广西壮族自治区最低生活保障办法》还规定了"随机抽查核验"，增强执法力度及其威慑力。

如果适用治安管理处罚责任的，由公安机关依据《行政处罚法》《治安管理处罚法》，以及《公安机关办理行政案件程序规定》《公安机关执法公开规定》等进行调查，并公开处罚结果。

配合移送机制。在实践中，社会救助法律责任的追究较为少见，其中原因之一在于民政部门缺乏足够的执法资源去发现违法并予以处置。对此，一些地方立法进行积极探索。比如，上海规定了乡镇、街道的移送义务。对于乡镇、街道发现骗取救助资金、物资或服务的，要求及时移送社会救助管理部门处理。

（二）法律责任的强制执行

民政部门及相关机关单位工作人员的行政处分和政务处分，不存在强制执行问题；刑事责任的追究，则移送司法机关依据《刑法》和《刑事诉讼法》予以刑罚，也不存在强制执行问题。强制执行，主要是针对社会救助申请人、救助对象违法行为未构成犯罪的，给予的行政处罚、责令退回等行政决定的强制执行问题。应当说，针对申请人、救助对象作出的行政处罚决定的执行，似有较大的改进空间。

（三）社会救助法律责任实施的偏差与失衡

一方面，救助对象和申请人的责任追究不同程度落空。从实践中看，有些地方存在机关退休人员享受低保待遇情况，对此，民政部门能做到核实清退、并追回多领取的低保资金，已算不错；能依法给予行政处罚的，则少之又少。就制度文本而言，自 1999 年《城市居民最低生活保障条例》实施开始，对于骗取低保款物的和收入情况好转不告知管理审批机关继续享受待遇的，除依法追回冒领款物外，情节恶劣的，还可处冒领金额 1 倍以上 3 倍以下的罚款。2014 年的《社会救助暂行办法》，对于骗取社会救助资金、物资或服务的，明确规定停止救助、责令退回，以及可以处以非法获取的救助款额或者物资价值 1 倍以上 3 倍以下的罚款；另外，对于构成治安违法行为的，根据《治安管理处罚法》给予行政处罚。但实践中，停止救助尚且可以实施，而责令退回资金、款物已不多见，1—3 倍的罚款则几乎成为"僵尸条款"而极少适用；对于骗取社会救助构成犯罪、依法追究刑事责任的，则更是少之又少。

另一方面，在一些地方，社会救助主管及经办工作人员的责任追究存在滥用，基于审计的问责和处分，存在扩大化的倾向，也值得给予关注。

五、完善法律责任相关规范的建议

社会救助法律责任科学设置、准确追究的一个前提是，实体法律条款的明确、可操作。比如，如果收入核实与家计调查规则本身存在漏洞，势必给法律责任追究带来困难。显然，在实体规则清晰、明确的基础上，再完善法律责任追究的制度设计，非常必要。

责任设置需予以梯次化，在追究适用时应充分考虑依法原则和比例原则。应考虑故意、过失等主观状态，考虑到制度自身因素的影响，既要避免追责不足，也要避免追责过度、滥用或追责不当。明确刑事责任兜底。《社会救助法》宜借鉴《社会保险法》《社会救助暂行办法》等规定，简略规定"违反本法规定，构成犯罪的，依法追究刑事责任"。在《刑法》修订时，可考虑将有必要通过刑事制裁的情形，明确其罪名和构成要件。

（一）民政、经办等政府机关及工作人员的责任追究

"动员千遍，不如追责一次。"社会救助实体法律规范的落实，需要责任机制予以保障；与此同时，这也是对干部队伍从严管理，进而增进其责任心、提高工作效率的重要体现。在法律责任一章的顺序上，应把政府机关及工作人员的责任追究排在首位。

1.全面罗列民政、经办机构人员应承担法律责任的情形

各地区、各领域已有的制度规则存在较大问题在于，表述罗列的不一致，或有遗漏、或有增添。建议予以统一。首先，对于已经构成违反《公务员法》

《行政机关公务员处分条例》《监察法》和《公职人员政务处分法》的，依法予以公务员处分或政务处分。当然，这在《社会救助法》中也可予以概括性规定。在此，《浙江省社会救助条例》第59条的做法值得借鉴。可规定为"违反本法规定的行为，其他法律、行政法规已有法律责任规定的，从其规定"。

其次，建议全面罗列社会救助自身特殊性应当处分的情形。适用情形上，除以往已明确罗列的，建议增加或充实以下方面：一是违反救助法定程序要求的。二是各类不作为：比如应受理未受理，符合条件应批准拒不批准的。三是作风问题：接待群众态度生硬、服务意识差、政策解释不准确等。四是滥用职权、玩忽职守、徇私舞弊等行为。五是截留、挤占、挪用、私分社会救助资金、物资的法律责任。

2. 泄露公民个人信息的法律责任单列

《社会救助暂行办法》第66条第4项已规定"泄露在工作中知悉的公民个人信息，造成后果的"，应当责令改正，对直接负责的主管人员和其他直接责任人员依法给予处分。近年来，社会救助泄露个人信息的情况仍时有发生。一些地方在社会救助审核公示和相关政府信息公开中，也出现过泄露身份证号码等个人信息的现象。对此，建议对泄露个人信息，从一项提升为单独一条，彰显其重要性。

3. 明确规定主要领导的责任

社会救助的法律责任追究，不仅应关注民政部门直接责任人员的责任，还应关注领导干部的责任。抓住地方、系统主要领导干部的主体责任，对于加强社会救助的领导、健全内部机制流程都具有无可替代的重要性。2012年，《国务院关于社会救助工作情况的报告》就提出"对因工作重视不够、管理不力发生重大问题、造成严重社会影响的，要依法追究有关责任人的责任"。相应地，社会救助立法宜考虑规定对主要领导的责任。其条文可为：社会救助实施出现严重问题或导致严重后果的，应依法追究当地政府和领导的责任；对主要领导及相关责任人，根据危害程度以及具体情况，予以问责。

4. 建立完善尽职后的免责机制

在强调民政部门、经办机构工作人员违法追责的同时，也应避免其过严、滥用，导致因畏惧追责而不敢积极履责，产生"多干多错、不干不错"的怪象。为此，应通过立法明确并运用好容错免责机制，充分保护好工作人员的工作积极性。

因客观原因出现失误偏差，实施尽职免责。近年来，我国一些领域、地方进行了尽职免责的探索。2019 年修改后的《中国共产党问责条例》第 17 条明确，以下三种情形之一的，可以不予问责或免于问责。分别为：在推进改革中因缺乏经验、先行先试出现的失误，尚无明确限制的探索性试验中的失误，为推动发展的无意过失；在集体决策中对错误决策提出明确反对意见或者保留意见的；在决策实施中已经履职尽责，但因不可抗力、难以预见等因素造成损失的。2019 年，国务院在政府工作报告中提出，"要健全激励约束机制和尽职免责机制，营造干部愿干事、敢干事、能干成事的环境"。2018 年，中共中央办公厅印发的《关于进一步激励广大干部新时代新担当新作为的意见》提出，要妥善把握事业为上、实事求是、依纪依法、容纠并举等原则，结合动机态度、客观条件、程序方法、性质程度、后果影响以及挽回损失等情况，对干部的失误、错误进行综合分析，对该容的大胆容错，不该容的坚决不容。对给予容错的干部，考核考察要客观评价，选拔任用要公正合理。准确把握政策界限，对违纪违法行为必须严肃查处，防止混淆问题性质、拿容错当"保护伞"，搞纪律"松绑"，确保容错在纪律红线、法律底线内进行。比如，原中国银监会下发了《关于进一步加强商业银行小微企业授信尽职免责工作的通知》（银监发 [2016] 56 号），一些地方也进行了社会救助尽职免责的探索。比如，温州市洞头区纪委、区民政局联合下发《温州市洞头区社会救助尽职免责办法（试行）》，对于社会救助工作人员主观上已尽职尽责，但客观上由于难以预见的困难造成的失误，与不作为、不担当行为区分对待，在机制上予以保护。这些要求和已有探索，为构建法律层面的社会救助尽职免责制度，指明了发展方向。

在此，建议在已有基础上，尽可能明确尽职免责的具体规范，避免因过于笼统而缺乏操作性或流于形式。

（二）关于申请人与救助对象骗保的责任

关于责任主体，最低生活保障以"按户施保"为原则，以"单人入保"为补充。换言之，低保的申请以户为单位作为原则。但从法律追责角度来看，户并不宜作为行政处罚、强制的对象。特别是关联较大的《治安管理处罚法》，其处罚对象，更主要以个人为处罚对象；当下迅猛发展的征信记录、信用联合惩戒，也以个人为主体。

扩大治安管理处罚的适用。申请人、救助对象威胁、侮辱、打骂社会救助工作人员，其他干扰社会救助管理秩序，构成违反治安管理行为的，应依法给予治安管理处罚。

（三）社会救助责任追究及结果的公开

以公开作为增强法律责任威慑效力，起到法治宣传效果，是促进社会救助制度顺畅实施的重要一环。

立法明确社会救助检查结果、处罚结果等法律责任追究的及时公开。《国务院办公厅关于运用大数据加强对市场主体服务和监管的若干意见》（国办发〔2015〕51号）要求"除法律法规另有规定外，应将行政许可、行政处罚等信息自作出行政决定之日起7个工作日内上网公开，提高行政管理透明度和政府公信力"。在此，有必要以《社会救助法》的制定为契机，推进社会救助行政处罚结果的及时公开。在当下公职人员被问责、处分信息向社会公示实践的基础上，将对社会救助相关公职人员处分、问责结果向社会公开明确入法。

定期向社会公开实施情况和相关数据。在此，应考虑建立社会救助实施年度报告制度，而法律责任的实施情况作为其中专门一部分。社会救助实施年度报告，可借鉴政府信息公开工作年度报告和法治政府建设情况年度报告的经验做法，在下一年度的 3 月 31 日之前向社会公开。

（四）纳入社会信用体系，完善社会救助失信惩戒机制

在此部分地方已有探索。对于骗取社会救助的个人，在其社会信用体系中予以记录。比如，《浙江省社会救助条例》规定将此类情形记入个人征信系统。《江苏省社会救助办法》也有类似规定。对于故意出具虚假证明材料的单位、组织，经查证属实的，纳入该单位、组织的信用记录，并通过公共信用信息共享平台予以公开。另外，一些地方还进行了更加前沿的探索。比如，山东省临邑县探索诚信救助机制，贵州省贵阳市创建社会救助失信惩戒机制。其做法是，要求申请对象签订诚信承诺书，对救助申请人实行"肯定式"受理，即假设申请人所提供信息全部真实有效，不再进行实质性审核；在村级进行民主评议和公示后，乡镇即行审批。对通过举报或事后经济状况核对查实的弄虚作假事项，启动信用追溯程序，把当事人和涉事人员纳入失信人员信息库。失信人员如果再申请办理救助事项，则启动"否定式"审查，即假定当事人所提供的资料全部为不实资料，予以严格审查把关。①

一些研究者和地方民政部门建议或探索设置社会救助对象信用数据库。对此，本报告认为，对救助对象专门设置数据库似无必要，且导致信用数据库的重复建设，建议将社会救助对象信用数据，作为统一信用数据系统的信用类型之一，予以纳入即可。相应地，其信用信息的异议程序、修复程序，也适用统一信用信息的异议、修复机制即可，辅以救助自身所需的特别规则，并无必要叠床架屋，再建构一套单独的系统出来。

---

① 参见《再造救助流程创新建立诚信救助机制》，载临邑县人民政府官网网站，网址为：http://www.linyixian.gov.cn/n30172949/n30172985/c45690045/content.html，最近访问于：2019-8-11。

下篇　国外社会救助立法

第十一章　美国的社会救助立法

　　美国是一个自由主义思潮占主流的国家，福利制度建设滞后于经济发展。自 1929 年以来，美国社会对福利制度的态度发生变化，福利制度逐步建立起来，并成为"不情愿的福利国家（reluctant welfare state）"（Alesina & Sacerdote，2001；Mcclymer & Jansson，1988），成为自由型福利国家的典型代表（埃斯平·安德森，2003）。在自由主义福利国家体制中，社会救助成为福利体制的基础组成部分，美国也是如此，至今美国面向贫困人群的救助项目超过 80 项。

　　当前，国内学者研究美国社会救助可以分为两类：第一类是介绍性的文献，包括：（1）将社会救助作为美国社会保障制度的组成部分，介绍其项目构成及发展历程（朱传一，1986；邓大松，1999；牛文光，2004；李超民，2009）；（2）单独介绍各救助项目，如医疗救助、灾害救助、食品券及困难家庭救助等项目（唐斌尧，2005；郭涛，2010；朱春奎、陆娇丽，2012；万明国，2013）。第二类是分析性文献，包括：（1）聚焦于社会救助制度本身探讨美国社会救助制度的理念及其演变（李春成，2004；林德山，2009；杨立雄，2006、2012）；（2）美国社会救助的国际比较与经验总结（姚建平，2007；郭明霞，2010；杨成波、苏秋阳，2011；刘璐婵，2015）。而对于美国社会救助立法的研究文献相对较少（陶梦婷，2018；杨思斌，2019）。基于此，本章试图在厘清美国社会救助体系基本框架的基础上，着重探讨美国社会救助立法的理念、过程、主要内容及关键特征，从而为完善并优化我国社会救助立法提供借鉴。

一、美国社会救助制度框架体系

（一）美国社会救助发展历程

1929 年，纽约股市暴跌，由此引发了美国持续近 10 年的经济大萧条。据统计，1929—1932 年，美国国民生产总值从 1050 亿美元下降到 550 亿美元，与大萧条前相比，新增净投资为负，付给工人的工资从 1929 年的 500 亿美元下降到 1932 年的 300 亿美元。[①] 全美失业率高达 25%（有 1200 万—1500 万失业人口），贫困率高达 40%—50%（王永红，2011）。但危机前期，信奉自由放任的执政党并未认识到社会救助的"安全网"作用，对穷人的救济依然由慈善团体主导，但效果甚微。危机发生后，在凯恩斯政府干预主义思想影响下，罗斯福（Franklin D. Roosevelt）总统开始推行"新政"（New Deal），并于 1933 年 5 月签署《联邦紧急救助法》（*Federal Emergency Act*），成立美国历史上第一个全国性救济机构——联邦紧急救济署，国会拨款 5 亿美元用于援助各州失业人员，为他们提供免费的食品、衣物及燃料等生活必需品，并通过"以工代赈"提供就业机会（牛文光，2004）。1935 年，美国国会通过《社会保障法》（*Social Security Act*），公共援助项目成为这一法案的重要内容之一。法案确定了公共援助的联邦政府主导责任，成为美国现代社会救助制度建立的开端（牛文光，2004；肖艳辉，2015）。

---

① Historical Background and Development of Social Security，参见美国联邦社会保障署网站（https://www.ssa.gov/history/tally65.html），最后访问时间：2020 年 4 月。

第二次世界大战后到 20 世纪 60 年代，美国迎来空前繁荣富裕的"丰裕社会"（affluent society），但仍有大量少数民族和下层群体（underclass）生活在贫困线以下。1964 年，约翰逊(Lyndon B. Johnson) 总统发起"伟大社会"(Great Society) 计划，全面向贫困宣战，最大限度增加穷人获得救济与福利项目的机会，如针对老年人的医疗照顾、食品券和婴幼儿营养补助、住宅补贴及从小学到大学的教育资助计划等。同年底，美国颁布《经济机会法》（*Economic Opportunity Act*），标志着美国反贫困政策重心从化解穷人生存危机转向为受助者赋能，政府在继续加大反贫资金投入的同时，通过营养改善、教育投入和就业培训等计划增强穷人脱贫的内生动力。这些举措使得美国贫困发生率大幅减少（杨立雄，2012）。

20 世纪 70 年代，在新自由主义思潮及"滞胀"的双重影响下，美国政府对社会救助制度进行了一系列改革。里根政府在"新联邦主义"（new federalism) 思想的指导下，将工作表现与福利待遇挂钩，鼓励受助者自食其力；大幅减少社会救助财政支出，缩减或直接取消部分福利项目；推动福利及救助项目私有化、市场化，从而减轻政府所负担的巨大的财政和管理压力（肖艳辉，2015）。这些改革措施使得社会救助支出和领取人数出现大幅减少，短期内在化"消极救助"为"积极自助"及减轻政府负担方面取得了积极效果，但文化和心理惯性所带来的阻力亦造成贫困现象反弹。20 世纪 90 年代，克林顿政府开始对社会保障制度进行全面改革，其基本思路为强调政府和个人的双向义务：个人有权利从政府获得救助，但也有义务自力更生。1996 年，美国通过《个人责任与就业机会协调法案》（*Personal Responsibility and Work Opportunity Act*，PRWORA），规定了领取社会救助的年限，并附加了工作要求，标志着美国社会福利制度实现了从主要靠政府现金救助向强调"工作福利"的方向性转变。2002 年，美国出台《为自立而工作法案》（*Working Toward Independence Act*），倡导通过就业自力更生，强调在摆脱依赖的基础上改善家庭结构，减少非婚生子女，减轻政府救助负担。

（二）美国社会救助主要项目

美国社会救助项目繁多，从联邦政府到州政府和地方政府均建立了不同的社会救助项目。下面介绍几项联邦政府负责的社会救助项目。

困难家庭临时救助（Temporary Assistance for Needy Families，TANF）。TANF 是一项由联邦政府出资、州政府管理的为有子女的低收入家庭提供临时经济援助并帮助他们实现自给自足的计划，由联邦、州立、印第安人和"从福利到工作"项目四部分组成，其目标包括：为有需要的家庭提供协助，让儿童可以在自己家中或亲戚家中得到照顾；通过促进工作准备、工作和婚姻来结束贫困父母对福利的依赖；预防和减少非婚生子女的发生以及鼓励建立和维持双亲家庭(Stephen & Mary，1997)。TANF 强调救助的"临时性"，强调"工作优先"，同时给予地方政府较大的自主权。在管理方面，TANF 计划由联邦健康与人类服务部下设的儿童与家庭管理局管理，各州有权设定申请者的资格条件和救助标准。在资金分担上，TANF 资金实行联邦政府"打包"下拨方式拨给州政府，各州可用于受助家庭的就业安置和培训、儿童保育和税收抵免等。联邦政府并不承诺对各州贫困者提供无限救助，各州要么按照联邦要求严格准入，要么只能自己弥补预算超出部分。

补充收入保障计划（Supplemental Security Income，SSI）。SSI 是美国联邦政府设立、联邦社会保障署主管，地方政府负责经办的旨在为 65 岁以上的老年人、失明或残疾的成年人或儿童提供现金援助，从而满足他们基本食物、衣服和住所需求的救助项目。SSI 实行全国统一的残障、收入财产核查和救助标准，州政府可在此标准上进行补充，其资金来源于一般税收（而非社会保障税），由联邦和州政府共同负担（其中，联邦 SSI 救助金给付及联邦管理的州增补计划管理开支从一般税收划拨，州增补计划给付及管理开支则由各州承担）。作为联邦预算的一部分，国会负责确定 SSI 年度总预算以及每月支付给 SSI 领取者的最高救助金，除联邦统一的福利标准外，SSI 允许各州每月提供额外补贴。

补充营养援助计划（Supplemental Nutrition Assistance Program，SNAP）。目前，美国共有 15 个食品和营养补助项目，每年至少惠及大约 1/4 的美国人，项目支出占美国农业部年度预算的 2/3 以上。SNAP 是其中规模最大的一项[①]，面向美国大多数低收入贫困家庭，但这些家庭必须接受严格的收入、支出及财产调查。同时，大多数成年申请者必须参加工作或就业和培训项目。SNAP 由联邦发起并采取层层授权的管理体制及以联邦财政为主的资金分担体制。在联邦一级，该项目由美国农业部的食品和营养服务部管理，联邦法规设定资格要求、救助水平、运作规则等；各州通过地方福利办公室负责该计划的日常运作。在支出方面，SNAP 的救助资金全部由联邦财政负担，行政成本则由联邦和州政府共同负担，二者大约各负担一半，部分县政府也要求承担管理费用但主要责任仍在州政府（朱春奎、陆娇丽，2012）。

医疗救助（Medicaid）。医疗救助计划于 1965 年建立，旨在为低收入群体提供医疗卫生费用资助，提高贫困老年人、残疾人、低收入者及其家庭的医疗可及性，为他们提供平等的就医机会[②]。医疗救助由美国医疗保险和医疗援助服务中心主管，在联邦法规、规章和政策指导下，州政府有权制定受助者的资格条件、受助标准、受助时限等内容。除了联邦计划，大多数州都有自己的专属（State-only）计划，为那些没有资格享受医疗救助的穷人提供医疗援助。医疗救助费用由联邦和州政府联合资助，联邦出资比例一般维持在 60% 左右[③]。联邦政府按项目支出的特定百分比向各州支付费用，该百分比称为联

[①] 2018 年，SNAP 月均参与者达到 4300 万人，年财政支出高达 961 亿美元。数据来源：美国农业部经济研究服务中心（https://www.ers.usda.gov/topics/food-nutrition-assistance/supplemental-nutrition-assistance-program-snap/charts/snap-eligibility/），最后访问时间：2020 年 4 月。

[②] Medicaid 服务项目包括：儿童早期或定期体检与诊疗、门诊和住院、内外科手术、护理设施服务、家庭保健和计划生育服务、农村临床诊疗服务、实验室及 X 光及对各州的医疗援助计划的保费补助等。

[③] 数据来源：Actuarial Report on the Financial Outlook for Medicaid｜Medicaid（2010—2016），参见美国医疗照顾与医疗援助服务中心，https://www.medicaid.gov/medicaid/financial-management/actuarial-report-financial-outlook-medicaid/index.html，最后访问时间：2020 年 4 月。

邦医疗救助百分比，各州必须进行配套。①

二、美国社会救助立法阶段及推进路径

（一）美国主要社会救助项目立法状况

社会救助作为一项借助公权力干预收入再分配的制度，必须通过立法使其获得合法性，立法先行也是英、美及大陆法系国家社会救助建制的通行做法（杨思斌，2019）。目前，美国大大小小的社会救助项目超过 80 项，几乎涵盖了个人生命周期内可能遇到的各种生存风险。对项目如此众多且涉及面如此之广的社会救助进行管理，一个重要的手段是立法管理。考察美国社会救助立法历程，可以将之划分为三个主要阶段。

第一个阶段为社会救助的发展期，社会救助立法主要源于 1935 年的《社会保障法》。该法案对老年人救助、抚养未成年孩子的低收入家庭救助、盲人救助、残疾人救助及联邦对各州的医疗援助等进行了专章规定，旨在促进公共福利并为上述群体提供可靠的生活保障，形成了美国现代社会救助体系的雏形。在凯恩斯主义影响下，美国政府首次通过立法承担起为老年人和失业者提供经济保障的职责，并将社会救助视为一项公民权利（Brents，1984），政府有责任保障"人人享有不受饥饿的自由"和"不担心匮乏的自由"。然而，该法遵循的依然是"勤俭、节约"及"勤奋工作"的美利坚民族传统，对穷人进行救助的同时强调个人责任和政府的底线保障。正如罗斯福总统在签署《社会保障法》时，曾不忘提醒公众：政府从来不会保证为所有公众提供百分之百的

---

① 2017 年，联邦政府对各州 Medicaid 的拨款比例从 50% 到 74.63% 不等，参见美国健康与人类服务部网站，https://aspe.hhs.gov/federal-medical-assistance-percentages-or-federal-financial-participation-state-assistance-expenditures，最后访问时间：2020 年 4 月。

保障来应对人生各种风险（邓大松，1999）。这一法案奠定了美国福利国家的基础，明确了政府对穷人的"兜底"责任（吴晓天，2003）。此后，1939 年《社会保障法修正案》将受益人配偶及未成年子女纳入保障，美国社会福利实现了由个人导向到家庭导向的转变；1946 年，《社会保障法修正案》增加了联邦对老年人、残疾人和盲人援助的费用；1949 年，《全国住宅法》（*National Housing Act*）为清理城市贫民窟及农村住房改善提供了大笔援助。

　　第二个阶段为社会救助的扩展期，社会救助立法主要源于 1964 年《经济机会法》。第二次世界大战后经济社会的高度繁荣使得大多数美国人认为美国社会已不存在贫困现象，很多人提出为实现预算平衡，应减少公共援助人数并削减福利支出。基于此，各州于 20 世纪 50 年代纷纷制定严格的福利准入政策，公共援助人数大幅减少，其直接后果便是"动荡的十年"（troubled decade）（杨立雄，2003）。1964 年 1 月，约翰逊总统宣布"向贫困开战"（war on poverty）。同年 8 月，国会通过《经济机会法》，建立经济机会办公室，为职业培训提供资金，成立就业团（Job Corps），为青少年提供培训并成立志愿服务队为贫困家庭儿童提供早教服务。[1]1965 年的《中小学教育法》（*Primary and Secondary Education Act*）及《高等教育法》（*Higher Education Act*）则规定为中小学生提供普遍援助并为大学生提供联邦奖学金及各类补助，65 岁以上老人及残疾人则可获得医疗援助。这一系列立法和举措使得美国社会福利项目及覆盖范围不断扩大，开始转向"福利国家"。

　　第三个阶段为社会救助的调整期，这一时期的标志性立法源于 1996 年《个人责任和工作机会协调法案》。20 世纪 70 年代中期，"滞胀"加上巨额的福利开支使得美国财政难以为继，1975 年社会福利开支的 GNP 占比高达 19.1%，美国一度成为负债最多的发达国家，凯恩斯经济理论难以适应新形势（牛文光，2004）。1974 年，《社会保障法修正案》中将原本由联邦资助、各州经办的老年人、

---

① 参见大英百科全书（https://www.britannica.com/topic/War-on-Poverty#ref1223412）War on Poverty | History, Speech, Significance, & Facts | Britannica，最后访问时间：2020 年 4 月。

盲人和残疾人救助项目收归联邦并由联邦统一筹款并按统一标准发放待遇（杨思斌，2019）。1983 年，里根签署"一揽子福利改革计划"，在保留美国现行福利制度基本方针及结构的前提下，削减财政福利开支，加强受助资格限制并鼓励政府救助与个人自助相结合。1988 年，国会通过《家庭支持法案》（*Family Support Act*），并规定每州至少要有 20% 的受助者参加培训并寻找工作，满足条件者才能继续获得政府救助。1996 年，《个人责任与工作机会协调法》出台，其最大变革就是以"困难家庭临时救助"取代"有未成年孩子的家庭援助计划"，明确规定了受助者工作要求及最长受助年限，并为他们顺利就业提供配套激励措施。至此，原本以现金救助为主的公共援助体系开始转向以就业救助为主，在强调"独立、奋斗"及个人主义传统深厚的美国，"以工作换取福利"（welfare-to-work）的理念获得广泛认同并深刻影响了此后的福利立法及改革。

（二）美国社会救助立法推进方式

美国社会保障项目多而杂，因此很难"揉"进同一部法律中，形成所谓"美国社会救助法"。美国社会救助制度呈现管理分散、单项立法特征，甚至部分社会救助项目并未进行单独立法，而是在其他福利立法中加以规定。下面是主要社会救助项目立法的发展历程。

困难家庭临时救助。1935 年，美国通过《社会保障法》，在第 4 款中提出建立"抚养未成年孩子援助计划"，旨在向各州提供援助和服务以帮助有孩子的贫困家庭并提供儿童福利服务和低收入家庭社会服务（包括卫生保健、日间照料、家庭管理咨询、就业咨询、抚养孩子的援助及职业培训等）。20 世纪 60 年代，"抚养未成年孩子援助计划"经历一系列重大变革，包括：将父母失业的家庭纳入救助；将"抚养未成年孩子援助计划"改为"有未成年孩子的家庭援助项目"；放宽资格限制。20 世纪 70 年代，里根政府对"有未成年孩子的家庭援助项目"进行大规模紧缩性改革，包括：减少津贴数目；降低联邦对各州的拨款率；提高受助门槛并增加工作要求。1996 年的《个人责任与工作机会协调法案》中，"有未成年孩子的家庭援助项目"被"困难家庭临时救助计划"所取代。此后，与"困难家庭临时救助计划"有关的立法主要体现在工作要求、成本分担、救助金发放形式等"参数"改革层面。

补充收入保障计划。补充收入保障计划源于 1935 年《社会保障法》，最初仅针对贫困老年人和盲人，1950 年增加贫困残疾人，由州和地方政府管理，联邦政府提供部分资金并对各州进行指导。1972 年，《社会保障法修正案》通过，正式建立补充收入保障计划。1977 年，为应对资金短缺，当年的社会保障修正案通过"税率微增（从 6.45% 增加到 7.65%）、扩大税基和待遇微降"的方式来寻求项目的长期资金平衡。20 世纪 80 年代的立法则侧重于残疾人相关规定的调整上。1996 年，《美国进步合同法案》（*Contract With America Advancement Act*）进一步调整了补充收入保障的助残理念。同年，《个人责任与工作机会协调法案》终止了许多非美国公民的受助资格；1997 年，《平衡预算法案》（*Balanced Budget Act*）又恢复了非公民的资格。2009 年，为应对金融危机，奥巴马总统签署《美国复苏与再投资法案》（*American Recovery and Reinvestment Act*），为补充收入保障计划的成年受助者提供 250 美元的一次性补贴。[①]

补充营养援助计划。补充营养援助计划的前身是食品券计划（Food Stamp，FSP）。首个食品券计划由美国农业部长亨利·华莱士（Henry Wallace）等人于 1939 年发起。1961 年，为兑现竞选承诺，肯尼迪总统宣布启动食品券试点，实行统一票券，救济领取者可持券在确定副食店购买任意食品。1964 年，美国国会通过《食品券法案》（*Food Stamp Act*），食品券计划成为一项正式制度安排，其管理运作有了专门的法律依据。20 世纪 70 年代，食品券项目历经多次立法调整：1970 年，《食品券修正案》（*Food Stamp Act Amendment*）确立了全国统一的食品券资格要求及工作要求；1973 年，《农业和消费保

---

① Supplemental Security Income Program Description and Legislative History，参见美国联邦社会保障署网站，https://www.ssa.gov/policy/docs/statcomps/supplement/2019/ssi.html，最后访问时间：2020 年 4 月；Historical Background and Development of Social Security，参见美国联邦社会保障署网站（https://www.ssa.gov/history/tally65.html），最后访问时间：2020 年 4 月。

护法》（*Agriculture and Consumer Protection Act*）扩大了食品券的地理和人群覆盖范围，确定了救助标准的调整机制；1974 年的立法则要求改革食品券项目财政分担机制，并对各州管理效率提出要求；1977 年，《食品和农业法案》（*Food and Agriculture Act*）则全面取消了食品券购买要求并降低了申领门槛，规定家庭收入低于一定标准的穷人均能获得食品券资格。20 世纪 80 年代的立法侧重于预算削减，90 年代后期的立法则更加强调食品券领取资格限制和工作要求。进入 21 世纪，食品券计划的目标定位逐渐从建立之初的扩大农产品需求，发展到"反饥饿、反贫困"再到提升低收入者营养水平，2008 年通过的《食物、保护和能源法案》（*Food, Conservation, and Energy Act*）将食品券计划更名为补充营养援助计划，既充分体现出这一变化又减轻了食品券的污名化效果；2014 年，《农业法案》（*Agricultural Act*）开始推行线上福利兑换方式，并扩大了补充营养供应与零售商授权范围，同时批准了食品安全和营养激励赠款计划以鼓励受助者多消费果蔬。①2018 年，《农业促进法案》（*Agriculture Improve-ment Act*）则要求加强补充营养援助计划的资格审查。

医疗救助。1935 年，美国《社会保障法》提出为贫困母亲和儿童提供公共医疗和医疗保险服务。1950 年，国会通过议案，为福利领取者提供医疗援助。1965 年，医疗援助计划正式写入《社会保障法修正案》。1996 年，《个人责任与工作机会协调法案》对医疗救助准入资格作出限制。1999 年，《工作券和工作激励促进法》（*Ticket to Work and Work Incentives Improvement Act*）规定继续为残疾人提供医疗救助，但收入相对较高的受助者需要支付一定费用。2005 年通过的《赤字削减法案》（*Deficit Reduction Act*）进一步提高了医疗救助的准入门槛。2008 年，奥巴马（Barack H. Obama）总统执政后开始围绕"广覆盖、低成本"两大目标设计其医改方案，最终于 2010 年签署《美国医改法案》（*Health Care Reform in the United States*）和《预算协调法案》（*Budget Recon-*

---

① A Short History of SNAP | USDA-FNS，参见美国农业部网站（https://www.fns.usda.gov/snap/short-history-snap#1939），最后访问时间：2020 年 4 月。

ciliation)，以期在 10 年内将 3200 万无任何医保的美国民众纳入免费医保，但这一改革在实践中阻力重重（杨斌、杨植强，2013）。2014 年，《平价医疗法案》（*Affordable Care Act*）将医疗救助准入资格放宽至所有家庭收入低于联邦贫困线 138% 的 65 岁及以上老年人，33 个州还将 18 岁以下儿童及其父母、残疾人和孕妇纳入医疗救助范围。①

从美国主要社会救助项目的立法看，美国社会救助立法修订频繁，这是因为社会救助立法既与社会经济发展水平密切相关，又受到公众与政府不断变化的社会救助理念的深刻影响。而且，美国政党频繁轮替，各方博弈不断，一项立法调整经历数十年"拉锯"亦不足为奇，不同执政党及总统的理念往往存在较大差异，从而导致社会救助立法的频繁变革。因此，采用单独立法、单项推进的方式，一方面可以发挥社会救助项目"成熟一项，推进一项"的优势，避免综合性立法中"牵一发而动全身"的弊端，在博弈中受到的阻力相对较小，更易获得国会通过；另一方面，采取单独立法，立法调研及准备过程会更充足、内容更专业，从而具有更强的可操作性。

三、美国社会救助立法特征

（一）工作伦理与个人责任

在天主教统治下的中世纪，工作往往被视为赎罪和对抗懒惰的方式。直到宗教改革这一思想才从本质上得以扭转。此后，经过韦伯（Max Weber）系统论述，清教徒所倡导的工作伦理逐步塑造了美国社会的工作价值观：以上帝为

---

① See Barbara S. Klees，Christian J. Wolfe，and Catherine A. Curtis .Brief Summaries of Medicare & Medicaid：Title XVIII and Title XIX ofThe Social Security Act.

中心，把工作视为上帝派给的任务，而财富是荣耀上帝的方式，贫穷则是不可饶恕的罪孽。在这一理念影响下，清教徒无不努力工作，积累财富，由此形成了以勤劳、节俭和禁欲为核心内容的工作伦理（韦伯，2010）。同时，在强调个人主义的美国，人们认为所有个体不论在什么处境下都能通过努力工作获得成功。因此，不成功的人应该对他们的处境负责，因为他们没有努力工作。这一理念亦体现在美国的社会救助制度设计与实践当中，在其 1999 年颁布的《工作券和工作激励促进法》中专门提出工作券计划，为 18—64 岁想工作或增加收入的救助申请者提供免费的就业指导服务，并与官方就业机构合作以实现个人工作或增收目标。①TANF 项目则针对不同家庭提出了具体工作要求：

表 14—1　不同类型家庭 TANF 工作要求

工作时数	所有家庭		双亲家庭	
	有未满 6 岁子女的单亲家庭	其他家庭	接受联邦子女照顾福利	未接受联邦子女照顾福利
总工作时数	一个月内平均 20 小时／周	一个月内平均 20 小时／周	一个月内平均 55 小时／周	一个月内平均 35 小时／周
核心活动时数	一个月内平均 20 小时／周	一个月内平均 20 小时／周	一个月内平均 50 小时／周	一个月内平均 30 小时／周
补充活动允许时数	不被允许	一个月内最多 10 小时／周	一个月内最多 5 小时／周	一个月内最多 5 小时／周

资料来源：作者整理。

当前，美国的社会救助项目众多且覆盖范围广，各项目的适用人群及适用条件均有不同面向并有着清晰的边界。在实践中，美国强调救助项目的针对性，采取个案申请和分类救助，有效避免福利叠加或"悬崖效应"。同时，各个救助项目尤为注重个人责任和积极救助，对于领取救济金者而言，必须达到工作要求。若达不到工作要求，州政府可以减少或终止救济，能被豁免的只有

---

① Understanding Supplemental Security Income SSI Work Incentives -- 2019 Edition，参见美国联邦社会保障署网站（https://www.ssa.gov/ssi/text-work-ussi.htm），最后访问时间：2020 年 4 月。

那些需要照顾 1 岁以下儿童的单亲母亲或未成年父母，但他们须按规定参加学校或职业教育作为替代。在深受基督文化影响和普遍信奉工作伦理的美国，接受救助往往是陷入贫困后的临时之举（Rusu，2018）。因此，无论从福利领取者占总人口的比例、福利领取时间及受助者福利收入占其总收入之比来看，美国事实上都未出现所谓的"福利陷阱"（张浩淼，2017）。

与此同时，美国式的个人主义并不意味着自私、自利甚至损人利己，它更多强调的是个人须对自己的行为负责（李其荣，1998）。在福利领域，强调个人信用，并建立完善的信用惩戒机制。根据《社会保障法》第 1632 款（Penalties for fraud）规定：在为申请福利项目所准备的材料和陈述中有任何欺骗行为、明知有人故意欺诈而授权其从福利项目中获益、通过欺诈手段为他人骗取福利资格或给付或与他人合谋的欺骗者，将根据民法典进行罚款或判处 5 年以下的监禁或兼而有之（若欺骗或提供假证明的主谋或共犯是申请者的代理人、议员、社会保障管理前雇员或现雇员、医生或其他医疗服务提供者，将被重罚或判 10 年以下监禁）①。以 TANF 为例，若州政府利用联邦拨款为不符合条件者提供救助或未达到联邦对受助者的工作要求或违反相关工作程序，均会受到联邦减少拨款的惩罚。而对那些未遵守公共部门为其量身定制的个人责任计划的家庭或无正当理由而拒绝工作的受助者，州政府有权减少其资助或终止其受助资格，同时享受 TANF 的家庭必须配合特定的儿童保护强化方案，联邦法律要求州惩罚那些不配合的家庭，至少削减他们 25% 的救助金，州可以处罚更多甚至终止其受助资格。

（二）社会救助立法明确划分政府职能

从理论上看，作为保障公民基本生存权利的具有兜底属性的公共物品，社

---

① SOCIAL SECURITY ACT-〉TITLE XVI—SUPPLEMENTAL SECURITY INCOME FOR THE AGED, BLIND, AND DISABLED-〉Sec. 1632. Penalties for fraud，参见美国联邦社会保障署网站（https://www.ssa.gov/OP_Home/ssact/title16b/1632.htm），最后访问时间：2020 年 4 月。

会救助"天然属于政府责任",并已逐渐成为由政府运作的一项重要的再分配制度。因而在社会救助立法过程中,有必要根据"事权与支出责任一致"的原则合理界定各级政府职责。在实践中,中央与地方在社会救助制度供给与运行中各有其优势和不足,前者的资源优势能够最大限度保障制度的公平性,而后者的信息优势则有助于提高制度运行效率(汪湖泉,2016)。模糊的府际关系容易导致"福利移民""推诿扯皮"及"哭穷"等现象的发生。因此,通过立法明确各级政府责任分担机制基本已成为共识。

作为一个分权式的联邦制国家,美国各级政府包括联邦、州和地方政府,联邦和州政府享有独立的立法及制定政策的权利。在社会救助上,美国政府首次承担起解决穷人衣食住行基本需求的社会救助责任,可追溯至1865年内战结束,但是直到1935年《社会保障法案》出台才确立了联邦政府的主要救助责任(王永红,2011)。随着救助项目的增加和受助规模的不断扩大,联邦政府在社会救助中发挥的作用也日益扩大。此后,起始于20世纪80年代福利改革中的"工作激励"和"权力下放"取向一直延续到21世纪,州在社会救助管理方面拥有了越来越多的自主权。目前,从社会救助事权划分看,联邦政府和地方政府在社会救助事务中各司其职,各负其责,既有分工也有合作。既有联邦政府负全责的项目,也有联邦与地方分担的项目,还有地方负全责的项目(杨红燕,2011;林德山,2009)。具体而言,联邦主要负责拟定社会救助的法律法规、设计救助项目、制定执行标准并对州的具体工作开展监督检查,而州政府则负责具体的执行和经办工作(如申请人资格审核、待遇发放、就业指导等)并拥有较大的自由裁量权。

从财政体制看,美国联邦、州和地方政府之间实行分税制,各级政府都有相对稳定的税收来源,其中,联邦主要是个人和企业所得税,州和地方政府则依赖销售和财产税,这为其社会救助项目支出责任共担提供了现实基础(杨红燕,2011)。但其社会救助项目不但没有分权,反而财权向联邦集中,联邦承担更多甚至全部支出责任。目前,美国所有救助项目(除那些完全由州或地方政府资助并管理的"一般社会救济"项目)均能获得联邦政府资助,同时国会每年都会对福利计划的联邦资金水平进行调整。

从实践中看，美国社会救助支出责任划分呈现两大特点：（1）根据项目性质划分，对补充收入保障和补充营养援助计划等具有强烈"兜底"功能的基本生活救助项目，几乎由联邦政府承担全部支出责任，而对医疗救助和困难家庭临时救助这类"临时性"和具备一定"发展性"的项目，则由联邦和州政府共同承担，其中，前者由联邦政府承担主要支出责任，后者则由州政府逐步承担更多支出责任。这是因为地方政府在困难家庭临时救助项目的管理上享有较大自主权，其支出责任理应做到匹配，而医疗救助费用虽与地方政策密切相关但鉴于医疗救助自身特殊性（在美国，医疗保险并非强制，目前仍有约 1/6 的美国人没有任何医疗保障，因此医疗救助在相当程度上带有"兜底"属性），联邦"出大头"有其合理性和必要性。（2）联邦和州之间的分担比例清晰且联邦占大头，从表 11—2 可以看出，主要救助项目的支出责任均能从其对应立法中找到依据，同时分担比例并非固定不变而是以特定公式作为参考，因而具备较高的科学性。① 通过转移支付来支持州尤其是那些欠发达的州开展社会救助，能够有效避免地方"哭穷"行为及社会救助的地域化。除拨款外，联邦政府亦通过社会救助个案的积极错误率和消极错误率两个指标，对地方政府社会救助质量和行为进行监控。

表 11—2 美国主要社会救助项目管理和支出责任划分

项目	央地关系模式归属	管理责任		支出责任	
		联邦	州/地方	联邦	州/地方
困难家庭临时救助	联邦出资＋州政府管理	家庭与儿童事务局主管	可以自主设立 TANF 项目及受助人资格条件、确定发放范围和受助水平	从配套拨款变为固定拨款	在不超出联邦控制的前提下，可以自主使用基金

---

① 例如，Medicaid 联邦对州的拨款比例 =1-[州人均收入 2/ 美国人均收入 2×0.45] ；州所得补助比例在 50%—83% 之间，联邦政府承担了主要筹资责任。

续表

项目	央地关系模式归属	管理责任		支出责任	
		联邦	州/地方	联邦	州/地方
补充收入保障计划	联邦政府主导	联邦社会保障署主管：设定资格条件和救助标准	具体经办事宜及福利发放	资金来源于国库普通税收，允许各州发放额外补贴	
补充营养援助计划	管理责任层层授权，支出责任主要在联邦	农业部食品与营养服务部主管	可在联邦相关法律基础上制定本州项目规则，并负责具体运营和管理，有些州则将管理权授权给地方政府	承担全部项目资金和大约一半运营成本	承担大约一半运营成本
医疗救助	二者共担	州政府具体负责但必须遵守联邦规定，任何修改变动须向联邦报备		共同出资但联邦负主要责任，并根据州经济水平提供一定比例拨款	

资料来源：作者整理。

四、结论

自 20 世纪 30 年代开始，美国相继建立了以困难家庭临时救助及补充保障收入为代表的现金救助项目和以医疗援助及补充营养援助计划为代表的非现金救助项目，至今社会救助项目已超过 80 项，救助对象几乎涵盖美国所有贫困人口，如贫困老年人、残疾人、失业者、营养不足的母亲和儿童及低收入家庭成员等，除满足受助者医食住等基本生存需求外，亦注重满足其营养、教育及就业等方面的发展性需求且具备鲜明的"工作福利"导向，已成为数千万贫困者的"安全网"。

在美国，对儿童、孕产妇、残疾人等致贫风险高但脱贫能力弱的重点人群都设有专门的救助项目，予以专项救助。其中，对贫困婴幼儿、学龄儿童和单身母亲的营养援助尤为重视。此外，美国社会救助制度在改革过程中尤为注重"工作导向"，即从"输血"向"造血"模式转变，通过各种举措鼓励受助者自力更生：肯尼迪政府通过将救助资金投入教育和就业等领域来促使贫困者自立自强，同时防止贫困家庭再度贫困；福特政府斥巨额投资用于帮助失业工人再就业，以使他们减轻依赖；克林顿政府则直接立法规定受助者最低工作时间及最长受助年限从而倒逼他们自谋生路。这一系列"以工作换福利"的举措短期内减轻了财政负担，长期内则逐步重塑了"独立""自强"的民族精神。

　　立法先行是现代社会救助制度建设的基本经验，公民所享有的法定社会救助权必须通过立法保障。美国在进行社会救助项目设计时，在立法方面往往不遗余力，几乎所有项目都能做到立法先行和依法实施。而在推进社会救助立法时，美国几乎全部采取单项立法形式，且在立法过程中体现出鲜明的"补救性"目标定位及工作伦理和个人主义理念指引。同时，其立法注重可操作性，对各项目的准入资格、申请程序、待遇给付等都有详细规定。除此之外，对社会救助财权事权划分亦有清晰界定，具体表现为财权上联邦主责而事权上分级管理、费用共担。

第十二章　日本的社会救助立法

一、日本社会救助法制的历史演变

日本社会救助制度肇始于明治时期，其代表性立法是 1874 年的太政官达 162 号《恤救规则》。该规则共由序言和正文七条组成，明确规定贫民救济应以亲属互救、邻里相扶为原则，但是对于无依无靠的贫民，即极度贫困且独身的、无劳动能力的 70 岁以上的老衰者或重病者、残疾者、患病者及 13 岁以下的儿童，以及非独身但其家人在 70 岁以上或者 15 岁以下，因残疾、重病、老衰等无法劳动者，根据本规则实施救济，给付一定限度的米钱。该规则实行限制救济主义，救济对象范围狭窄，否认政府对于前述贫民进行救济的义务，更遑论贫民接受救济的权利，其性质是具有慈善恩惠色彩的济贫法。[①] 随着第一次世界大战的爆发，日本帝国主义在得到扩张的同时，对于战争牺牲者遗属和伤残军人的生活贫困问题，政府不得不予以重视。并且，随着物价的暴涨一般民众的生活日益艰难，对政府的不满与日俱增，1918 年爆发了"米骚动"，即抢米运动。为了应对这些状况，1919 年日本制定了《救

---

① 参见韩君玲：《日本最低生活保障法研究》，商务印书馆 2007 年版，第 7 页。

护法》，于 1932 年施行。该法在明确对因贫困无法维持生活者实行政府救助主义原则的基础上，规定了以下主要内容：市町村长及作为辅助机关的名誉职委员为救护的实施机关；救护内容是提供生活救护、医疗救护、助产救护、就业救护和埋葬救护；救护方法是以居家救护为原则；救护费用的负担比例为国家承担 1/2 以内费用，道府县承担 1/4 的费用，市町村承担 1/4 以上的费用。然而，该法依然不承认接受救护的权利，认为贫困者接受救护不过是法的反射性利益而已，为此，设置了欠格条款，即若申请救护者素行不良或有具备扶养① 能力的扶养义务者，于此情形，对其不得予以救护。并且，还将有劳动能力者排除在救护的范围之外。总之，该法本质上被认为是《恤救规则》的延续而已。②

　　第二次世界大战后，战败的日本出现大量的需要救济的贫民，作为紧急应对措施，1945 年 12 月日本政府制定了《生活穷困者紧急生活援护纲要》，并向盟军最高司令部提出《关于救济福利》的文件。对此，盟军最高司令部向日本政府发出 SCAPIN775《关于社会救济备忘录》，提出著名的四原则，即无差别平等原则、国家责任原则、公私分离原则和保护支给金总额无限制原则。接到该指令后的日本政府开始着手制定社会救济的法律，1946 年，日本国会颁布并施行《生活保护法》，史称"旧生活保护法"。该法明确了生活保护的国家责任原则，规定生活保护费用的八成由国库负担。但是，该法制定时，由于《日本国宪法》亦处于制定过程中，生存权保障的思想还未确立，封建的救济恩惠思想仍充斥其中，表现在该法未承认接受生活保护的国民权利，仍将懒惰者和素行不良者等置于生活保护的对象范围之外。该法施行后，在实践中产生的突出问题是：具有生活保护标准制定权的地方政府在制定生活保护标准时随意性较大，导致各地方政府制定的生活保护标准缺乏统一性和公平性；该法规定民生委员是生活保护实施机关的辅助机关，由于其对生活保护行政事务的

---

① 此处的"扶养"一词为日语用语，相当于我国的抚养、赡养和扶养的总称。
② 参见［日］小川政亮：《社会事业法制》（第 4 版），ミネルヴァ書房 1996 年版，第 19 页。

过分干涉，招致民众不满；申请生活保护者和被保护者对生活保护实施机关作出的生活保护行政决定不服时，无法定的途径提出申诉；等等。上述问题的深刻化使生活保护制度面临着不得不进行全面修改的局面。1950 年，日本全面修改旧生活保护法，颁布了新的《生活保护法》，史称"新生活保护法"。考察日本生活保护法的制定过程，倘若说旧生活保护法是在盟军最高司令部的强大压力下和第二次世界大战后日本民不聊生的社会状况下匆忙制定出的法律，那么，新生活保护法的诞生则可以说是日本政府对于生活保护的权利认识逐渐深入定着的产物。

日本现行社会救助的法律主要以 1950 年颁布的《生活保护法》为代表，该法是日本社会救助的一般法，在第二次世界大战后的 60 余年里，发挥了保障日本国民生存权的重要作用。进入 21 世纪，由于日本经济长期不景气而导致接受生活保护的人数大量增加，政府用于生活保护方面的财政支出费用庞大。2012 年日本国会通过了《社会保障制度改革推进法》，该法的目的在于，"综合集中地推进社会保障制度改革之同时，推进旨在确立受益和负担相均衡的可持续社会保障制度的改革"。在该法目的指引下，日本开始进行生活保护制度的改革，2013 年末日本国会对现行《生活保护法》首次进行了重大修改，与此同时，还颁布了《生活穷困者自立支援法》，主要是向有陷入贫困之危险的低收入边缘群体提供就业和住居援助，该法自 2015 年 4 月 1 日起施行。

需要说明的是，除了《生活保护法》外，日本还制定了《旅行病人及旅行死亡人处理法》（1899 年）、《支援无家可归者自立等特别措施法》（2003 年）、《灾害救助法》（1961 年）、《灾害慰问金给付法》（1973 年）等。此外，对于生活贫困者的救助，其他法律即使并非以救助为目的，但若其中涉及对贫困者的救助规定时，这些相关立法适用优先于《生活保护法》，如《就学奖励法》《学校给食法》《学校保健安全法》《儿童福利法》《精神保健法》《传染症预防及其患者医疗法》等法律中的相关规定。

二、日本《生活保护法》的主要内容

（一）法的目的与基本原则

法的目的在于，基于宪法第 25 条的生存权理念，对于所有生活贫困的国民，保障其最低限度的生活之同时，帮助其自立。这里的自立，立法当时主要是指经济的自立，① 从当时国会的讨论看，主要是为了防止惰民的出现。② 但随着时代的发展，日本接受生活保护者占多数的是老年人和残疾人，对其强调通过活用劳动能力而实现经济性自立显然是不合时宜的，其实现日常生活自立和社会生活自立更为重要。并且，即使是有劳动能力者，亦应强调通过活用劳动能力在可能的范围内实现经济性自立，并最终使其实现人格性自立。③ 总之，无论是生活保护的理论抑或实践，均赋予了"自立"更加丰富的积极内涵，即不仅是指经济性自立，还包括日常生活自立和社会生活自立，最终实现人格的自立。从帮助自立的视点出发，生活保护法应不仅仅停留于现金给付，还应发挥和重视社会工作的作用。④

法的基本原则是：第一，国家责任原则。基于《日本国宪法》生存权保障的理念而建立的生活保护制度，其在肯定国民享有最低限度生活保障权利的同时，亦明确了国家是承担保障国民最低限度生活的唯一义务主体。为了切实贯彻国家责任原则，《生活保护法》从生活保护的实施机制、生活保护设施和生活保护种类的提供、生活保护费用的财政分担比例三个方面进行了全面细致的规

① 根据当时的主要立法起草者小山進次郎的说明，这里的自立是指，"为了使其不接受公私的扶助，依靠自己的力量能够经营适应社会的生活而进行帮助"。[日] 小山進次郎：《改訂増補 生活保護法の解釈と運用》，中央社会福祉協議会 1951 年版，第 94 页。
② 参见韩君玲：《日本最低生活保障法研究》，商务印书馆 2007 年版，第 104 页。
③ 参见 [日] 菊池馨实：《社会保障法》（第 2 版），有斐阁 2018 年版，第 291 页。
④ 参见 [日] 菊池馨实：《社会保障法》（第 2 版），有斐阁 2018 年版，第 291 页。

定。第二，无差别平等原则。所有国民只要符合法律规定的要件，均无差别平等地享有接受生活保护的权利，而不问其贫困的理由如何。第三，最低限度生活保障标准原则。本法所保障的最低限度的生活，应是能够维持健康的、具有文化意义的生活水准之生活。第四，补足性原则。该原则包括三个方面的内容：首先，资产及能力的活用。为了维持最低限度的生活，生活保护应以贫困者可以利用的资产、能力及其他所有物的活用为要件，据此仍不能维持最低限度的生活时，才予以生活保护。其次，亲属扶养义务优先和他法优先。民法上规定的扶养义务者的扶养及其他法律规定的扶助应优先于生活保护法的生活保护。最后，遇有急迫事由的情形，生活保护的实施机关应依其职权予以必要的保护。

(二) 生活保护实施中的具体原则

第一，申请保护原则。生活保护基于需要保护者、扶养义务者或其他同居的亲属之申请开始进行。第二，基准及程度原则。生活保护是根据厚生劳动大臣规定的基准，以测定的需要保护者的需求为基础。其中，对需要保护者的资产和收入充当生活费后，仍不能满足的部分予以补足。厚生劳动大臣规定的基准，是按照需要保护者的年龄、性别、家庭构成、所在地区及其他保护的种类等，充分满足考量了必要情况的最低限度生活基准，且应不超过该基准。第三，按需要保护原则。生活保护应考虑需要保护者的年龄、性别、健康状况等个人或家庭的实际需求之差异，有效且适当进行。第四，以家庭（或户）为单位的原则。生活保护以家庭（或户）为单位进行，据此有困难时，可以以个人为单位进行。

(三) 生活保护的实施

1.保护决定和实施的程序

（1）原则上保护的开始基于申请；（2）保护实施机关的调查，即进行入户调查、收入认定等。在 2013 年的法修改中扩大了福利事务所的调查权限，在资产及收入所限定的调查事项中，增加了对工作状况、求职活动状况、健康状况、扶养状况等的调查权限，并创设了要求相关机构回答政府机关调查之义务。福利事务所认为有必要时，在必要限度范围内，可以要求扶养义务者提出相关报告。(3) 保护的决定通知，须在法定期限内作出。(4) 保护的变更、停止和废止。保护的变更可以依申请而提出，也可以依职权而进行。保护实施机关认为已无必要对被保护者进行保护时，应及时作出保护停止或废止的决定，并书面通知被保护者。(5) 促进劳动自立，开展劳动自立给付金的给付和被保护者就业支援的工作。这是 2013 年法修改时增加的新规定，即为了强化被保护者脱离生活保护的意欲，亦为了支援其在刚刚脱离生活保护时的不安定生活，防止其再度接受生活保护，在被保护者脱离保护时支付其劳动自立给付金。并且，保护实施机关应开展被保护者的就业支援业务，提供有关就业的咨询和信息服务等。(6) 2013 年的法修改新增了医疗扶助适当化的内容，即改革指定医疗机构制度；医生认为有必要使用新研发的医药品时，对于被保护者鼓励其使用新研发的医药品；强化中央政府对指定医疗机构的直接指导体制，这主要是针对医疗扶助费约占生活保护费五成的现实状况而采取的措施。

2. 运营实施体制

生活保护事务本来是中央政府应从事的事务，但根据《地方自治法》的规定，生活保护事务归类于法定受托事务。都道府县知事、市长及管理福利事务所的町村长，为法定实施机关，决定和实施生活保护，以居住地主义为原则，以现在地主义为例外。保护实施机关的权限通常委任给福利事务所长，其为具体实施机关，接受知事及市町村的委托，承担具体的保护事务，决定是否保护及开展实施工作。社会福利主事为辅助机关，专职从事具体的生活保护事务。民生委员为协力机关，协助市町村长、福利事务所长或社会福利主事从事生活保护工作。

(四)生活保护的种类、基准、方法及范围

1. 生活保护的种类

生活保护的种类分为八种，即生活扶助、教育扶助、住宅扶助、医疗扶助、护理扶助、分娩扶助、就业扶助和丧葬扶助。根据需要保护者的需求，可以单项给付或合并给付。

2. 生活保护的基准

生活保护基准由厚生劳动大臣设定，自 1963 年厚生省告示《生活保护法之保护基准》发布以来，实施至今，每年进行修改，其内容主要如下：

生活保护基准根据《生活保护法》所规定的生活保护的法定种类，分为生活扶助基准、教育扶助基准、住宅扶助基准、医疗扶助基准、护理扶助基准、分娩扶助基准、就业扶助基准和丧葬扶助基准，共八个基准，为了实质性地保障最低限度的生活，生活保护基准根据地区间物价水平和生活实际状况的不同，在全国实行级地制，即按地区差别设置了 1 级地 -1、1 级地 -2、2 级地 -1、2 级地 -2、3 级地 -1、3 级地 -2，按这六个区分层来设定生活扶助、丧葬扶助、护理扶助和住宅扶助的基准，级地间的差距约有 4%—5%，1 级地 -1 和 3 级地 -2 之间的差距约有 22.5%。但是，教育扶助、医疗扶助、分娩扶助、就业扶助的各基准未采取级地制，实行全国统一标准。还需提及的是，除了对护理扶助基准进行了笼统性规定外，针对生活扶助基准和分娩扶助基准，还细分了居家和设施的基准；针对生活扶助基准、教育扶助基准、住宅扶助基准、医疗扶助基准、分娩扶助基准、就业扶助基准、丧葬扶助基准还细分了一般基准和特别基准。所谓特别基准是指，对于因特别事由而产生的一般基准无法应对的需要，由厚生劳动大臣设定特别的基准。以生活保护基准中最为重要和复杂的生活扶助基准为例，其是为满足最低限度的日常生活需要所设定的基准，由基准生活费（与每个月的衣食等经常性费用相关）、年

末扶助费、加算①和临时扶助费②构成。需要说明的是，与我国社会救助法定种类之一的临时救助不同，日本生活扶助基准中的临时扶助费并不是生活保护的种类之一，其是按照生活扶助一般基准之外的特别基准来进行给付。

3.生活保护的方法与范围

生活保护的方法，原则上为现金给付，但对于医疗扶助和护理扶助等，主要以服务给付为主。

生活保护的范围，按照生活保护的八个种类，具体规定了每个种类的救助范围。以生活扶助为例，其法定的扶助范围是：（1）为满足被保护者衣食及其他日常生活的需要而给付的必要费用，即作为个人经费计算饮食费、衣物等日用品的购入费，作为家庭经费计算电、暖、水费，以及家具什物的费用等。在针对被保护家庭进行计算时，又分为基准生活费、特殊情形的加算和临时扶助费等。（2）移送，即被救助者搬家时的交通费用等。

（五）被保护者的权利、义务及程序性保障

被保护者的权利有：无正当理由禁止不利变更保护决定的权利；禁止对保护的金钱和物品课税的权利；禁止对保护的金钱和物品查封扣押的权利；接受保护或劳动自立给付金的权利不可让渡。

被保护者的义务有：（1）生活上的义务。被保护者负有应不断根据自己的能力辛勤劳动，厉行节约，努力维持和提高生活的义务，在此规定基础上，2013年的法修改新增规定了被保护者还负有维持和促进健康，以及负有把握收入、支出等生活状况的义务。（2）报告义务。被保护者的收入、支出及其他

---

① 所谓加算，即指个人及家庭的特别需要，包括母子加算、障碍者加算、孕产妇加算、入住护理机构者加算、居家患者加算、放射线障碍者加算、儿童养育加算、护理保险费加算八种。

② 即为应对需要保护者临时产生的特别需求，限于分娩、入学、住院及出院等情形，或者因缺乏维持最低生活所必不可少的物资，必须予以给付这种紧急情形，可认定为临时性的需要。

生计状况发生变化时，或者居住地、家庭构成发生变动时，应及时向保护实施机关或福利事务所长提出报告。（3）服从指示义务。在保护机构接受保护或委托私人家庭养护时，被保护者应服从保护实施机关的指导或指示。（4）费用返还义务。被保护者虽有资力，但由于急迫情形接受了保护时，应向已支付该保护费用的都道府县或市町村返还该金额。

程序性保障主要是指，对保护实施机关作出的决定不服时，可以申请行政复议。经申请行政复议后仍不服时，方可提起行政诉讼，即采取行政复议前置主义。

（六）生活保护的费用

生活保护事务是国家以其责任承担的国家事务，其费用原则上由国家负担。根据本法规定，作为保护实施机关的都道府县和市町村先行支付全部费用后，国家负担市町村及都道府县支付的保护费、保护设施事务费、委托事务费的 3/4，劳动自立给付金之费用的 3/4，保护设施设备费的 1/2；保护实施机关负担的费用为 1/4。此外，对于市町村及都道府县支付的与被保护者就业支援事业相关的费用，国家考量人口、被保护者的人数及其他情况负担算定额的 3/4。对于市町村向无居住地或居住地不明的被保护者及入住保护相关机构的被保护者支付的保护费，于让市町村负担费用不适当的情形，都道府县负担此类费用的 1/4。

此外，都道府县可对保护设施的管理者所花费的设施修理、改造等费用进行 3/4 以内的补助，国家可对都道府县支付的补助费进行 2/3 以内的补助。

（七）对骗取生活保护费行为的处罚

2013 年法修改后，对于骗取生活保护费的行为新增了处罚幅度更为严厉的规定，即对于不正当领取生活保护费的行为，从过去的"处以 3 年以下徒刑或 30 万日元以下罚金"，修改为"处以 3 年以下徒刑或 100 万日元以下罚金"；对于不正当领取生活保护费的返还金，另征收 40% 的征收金。

三、日本《生活穷困者自立支援法》的主要内容

该法是对低收入群体的生活进行支援的法律，若将社会保险法视为社会保障的第一道安全网，将社会救助法视为社会保障的最后一道安全网，那么，该法则被视为介于二者之间的第二道安全网。

（一）生活穷困者的法律定义

生活穷困者是指，现时经济穷困，有不能维持最低限度生活之危险者。这部分国民属于生活保护边缘群体，随时有陷入贫困状态的危险。这里的"危险"，主要指住房困难和劳动就业困难。在日本，由于医疗保险发挥了较好的作用，生活穷困者的医疗问题并不突出。

（二）法的目的

通过开展生活穷困者自立咨询支援事业，支付生活穷困者住居确保给付金，以及提供针对生活穷困者的其他自立支援措施，旨在实现促进生活穷困者自立之目的。

（三）法定的主要事业

1.自立咨询支援事业的开展及住居确保给付金的支付（属于必为事业）

设置福利事务所的地方自治体即地方政府应开展自立咨询支援事业，这是该法的中心性事业。除此之外，其业务也可以委托社会福利协议会、社会福利法人、NPO 等进行。

设置福利事务所的地方自治体，应向因离职而失去住房的生活穷困者支付相当于住房补贴的"住居确保给付金"，原则上以支付 3 个月为限，最长为 9 个月，给付金以住宅扶助基准为上限。

2. 就业准备支援事业、临时生活支援事业及家计咨询支援事业等的开展（属于任意事业）

设置福利事务所的地方自治体可以进行以下事业：第一，就业准备支援事业；第二，临时生活支援事业；第三，家计咨询支援事业；第四，学习支援事业（针对生活穷困者家庭的孩子）；第五，其他促进生活穷困者自立的必要事业。

3. 都道府县知事等关于就业训练事业（过渡性就业）的认定

都道府县知事、市长，对从事就业训练事业者提出的事业申请，即从事提供就业机会、提高就业相关的必要知识和能力的培训事业之申请，是否符合一定的标准，进行事业认定。

4. 费用

自立咨询支援事业、住居确保给付金由国家负担 3/4；就业准备支援事业、临时生活支援事业由国家在预算范围内补助 2/3 以内；家计咨询支援事业、学习支援事业及其他促进生活穷困者自立的必要事业由国家在预算范围内补助 1/2 以内。

四、对我国社会救助立法的启示

（一）明确"最低生活保障"的含义

日本社会救助立法的状况表明，日本的社会救助采取的是小救助概念，主要以最低生活保障制度为中心，其代表性法律是《生活保护法》。然而，需要注意的是，日本的最低生活保障种类，涵盖生活扶助、教育扶助、医疗扶助、住宅扶助、分娩扶助、就业扶助、护理扶助和丧葬扶助。我国的最低生活保障即低保制度，实质上仅指日常基本生活的救助，而将教育救助、医疗救助、住房救助、就业救助等视为专项救助。低保对象若在获得最低生活保障的同时，还获得医疗救助、住房救助等，往往将这种情况视为救助项目的"捆绑"和救助金的"叠加"。在此，涉及如何理解"最低生活保障"概念的问题，中日两国的差异反映了相对贫困观和绝对贫困观下对"最低生活保障"概念理解的不同。最低生活保障的内容并非一成不变，其随着经济社会的发展，内容不断得以丰富。按照我国《社会救助暂行办法》的规定，低保对象不仅接受"最低生活保障"，还可接受医疗救助、住房救助、教育救助、就业救助等所谓的专项救助，这实则恰恰反映了我国现阶段法律规定的最低限度生活之内容。一言以蔽之，《社会救助暂行办法》中所谓的"最低生活保障"，其内容仅为日常生活的救助，就实质而言，其是具有最低生活保障性质的社会救助的一个重要专项救助而已。为了避免理解歧义，我国在今后的立法中应将"最低生活保障"项目改称为"日常生活救助"项目。

（二）构建适合我国国情的社会救助法律制度

各个国家的法律制度都在一定程度上反映了自身的国情，日本现行《生活保护法》制定于第二次世界大战后，当时日本面临的社会状况是国民经济几近崩溃的边缘，民不聊生。日本社会救助立法主要是为了集中解决国民常时性陷入贫困状态的生活问题，采取了小救助的概念，形成以《生活保护法》为中心的社会救助法律制度体系。至于灾害救助、流浪乞讨人员或无家可归者救助等，则未将其纳入该法的范围之内，而制定了专门应对的法律。然而，经过第二次世界大战后70余年的发展，日本生活保护制度在发挥了保障国民最低限度生活的重要作用之同时，亦出现了诸如医疗救助费用支出庞大、国家财政负担过重、社会排斥现象加剧、骗保行为不断等弊端。并且，对处于生活保护边缘状态的低收入群体救助断层问题日益突出，2013年《生活保护法》的重大修改和《生活穷困者自立支援法》的出台正是为了应对这些问题所采取的有力措施。迄今为止，日本已形成应对贫困和防止陷入贫困的两道制度防线。不过，关于生活保护与流浪乞讨人员或无家可归者的救助、灾害救助之间衔接不畅等问题，立法至今并未很好解决之。

我国在制定社会救助法时，应借鉴日本的经验和教训，科学设计社会救助法律制度，重新审视是按照大救助还是小救助的概念来设计社会救助法律制度的问题。

若采取大救助的概念来制定社会救助法律制度，其好处在于，不仅将处于最低生活保障标准以下的群体纳入了被救助的范围，而且将处于最低生活保障标准以上即标准边缘的低收入群体也纳入了部分救助项目的范围之内。但是，若将这些低收入群体纳入社会救助的范围之内，那么，对其应提供哪些项目的救助，则要从国情出发进行客观合理的考量。就目前我国的现实情况看，对于低收入群体除了提供医疗救助和临时救助外，还应对其提供住房救助和就业救助。此外，在大救助的概念之下，若将灾害救助作为社会救助的一个项目予以规定，理论上讲并非不可，但是，由于灾害救助的对象和内容的特殊性，以及行政程序的应急性等原因，一般应对灾害救助专门立法为宜。从现行法的规定看，《社会救助暂行办法》对于受灾人员救助的内容规定，其意义主要在于彰显了政府对灾民救助的主导责任，而2010年国务院颁布的《自然灾害救助条例》明确该条例的立法目的"是为规范自然灾害救助工作，保障受灾人员基本生活"，共用35个条文对灾害救助进行了较为详细的规定，其实则发挥着灾害救助的主要制度作用。鉴于灾害救助的特殊性，其与一般常时性的社会救助有所区别，灾害救助应以单独立法的形式专门规定。总之，若采取大救助的概念，可以将最低生活保障标准以下者和标准以上边缘的低收入群体纳入社会救助的对象范围之内，提供一揽子制度解决其基本生活问题，但这对立法技术要求较高，制定出的法律质量如何将影响着社会救助的行政和司法实践。

　　若采用小救助的概念，从立法技术来讲，社会救助法的出台相对容易些。此时，需要科学界定对被救助者应提供哪些反映最低限度生活的项目内容。例如，从现实的状况考量，对被救助者死亡时的丧葬事宜应提供救助，以体现对被救助者从摇篮至坟墓的基本生活之关怀；随着人口老龄化的加剧，对被救助者的长期照护救助也应提到立法日程上来。毋庸置疑，在采取大救助概念时，这些问题当然亦应同等重视。不过，采取小救助概念时，对处于最低生活保障标准以上边缘的低收入群体的住房、医疗、就业等生活问题如何进行援助，则需另外制定法律考虑应对。彼时，还应处理好相关法律之间的有效衔接问题。

（三）科学合理制定社会救助法的内容

　　1. 明确立法宗旨与目的。应以维护人的尊严为宗旨，明确法的目的在于，保障公民过上具有人的尊严的最低限度生活之同时，帮助其实现自立。

　　2. 科学合理确定社会救助的种类。对于目前《社会救助暂行办法》中的"最低生活保障"和"特困人员供养"应予以合并，改称为"日常生活救助"或"生活救助"；为了应对少子老龄化社会日益突出的老年照护问题，应增加规定长期照护救助；为了保障贫困者有尊严地死去，应增加丧葬救助。

　　3. 明确实施社会救助应遵守的原则。对日本《生活保护法》中的申请救助原则、救助基准及程度原则、以家庭（或户）为单位原则、按需要保护原则，可予以借鉴。尤其是应明确基准及程度原则，统一并提高社会救助标准制定机关的层级，体现社会救助的公平性和科学性。

　　4. 细化规定社会救助行政程序。如对救助申请提出后作出是否予以救助决定的期限应明确予以规定；涉及申请人隐私的公示程序应予以取消；入户调查的正当程序应进一步完善；等等。

　　5. 增加政府对被救助者融入社会的援助规定。从日本生活保护制度的历史发展看，对被救助者的救助，不仅仅体现在金钱或物质方面，还应重视对其进行精神的、过程的援助。如提供生活、健康等咨询或心理疏导服务，以及提供自立咨询、就业技能培训和就业信息等服务。日本是在生活保护制度的经年实施过程中逐渐认识到精神的、心理的援助对需要救助者的重要性,并进行了相关立法的完善。我国的社会救助立法应借鉴之,在今后出台的社会救助法中对此应予以充分体现。

6.确保社会救助的财源。我国现行社会救助立法虽表明了社会救助的国家和地方政府的财政责任,但有关社会救助的财政负担规定过于抽象或原则,应具体明确中央和地方政府关于社会救助的财政分担类别与比例,将社会救助的国家责任落到实处。

7.明确被救助者的权利和义务。通过立法规定被救助者的权利和义务,使被救助者明确其法律地位,朝着经济自立和人格自立的方向努力发展,并有效防止社会救助行政中滥用公权力而损害被救助者权益现象的发生。

第十三章　德国的社会救助立法

社会救助法是社会保障法中历史最为悠久的部门。最早的社会救助是贫困救助，但是在德国，一直到 19 世纪中期，尤其是俾斯麦社会立法时期还比较粗糙，国家提供的救助绝大部分还局限于贫困救助，而且接受救助者仅仅是国家福利措施的对象，并在许多方面受到歧视，接受救助还不能作为一项权利。第一次世界大战之后，德国在社会救助方面颁布了大量法律法规，建立了各种类型的社会救助制度。第二次世界大战之后，德国在社会救助方面颁布了第一部统一立法，接受救助权成为了公民的一项权利。2003 年，社会救助法作为独立的一册被编入《社会法典》。最近的重要改革是将社会救助和失业救助合并，长期失业者在接受严格的家庭调查之后才能够领取，此举措减轻了政府财政的负担。

一、德国社会救助立法史

现代社会救助制度是国家机关在公民因疾病、残障等原因陷入困顿时提供的末位的、非缴费型的社会保障制度。在欧洲，对生活陷入困顿者提供救济的制度早已有之，而且提供救济的机构也多种多样，但是德国现代社会救助制度起源于国家公权力机关提供的生存照料（öffentliche Fürsorge）。按照该国的社会法学通说,最早的社会救助制度可以追溯到 15—16 世纪的警察法和自治城邦的反贫困条例,向城市的穷人和流浪人员发放救济的措施主要服务于遏制乞讨的目的。在 30 年战争期间(1618—1648 年),城市的贫困人口猛增,以至于发放救济的反贫困措施难以奏效,各自治城邦的立法纷纷规定有劳动能力的贫困人口必须接受强制安排的工作。[1] 因此可以说,德国早期的社会救助立法是警察法和公共秩序法的一部分,即使到了 19 世纪末的俾斯麦社会立法运动之时,社会救助法依旧没有实质上的改观,而且社会救助项目一直局限于贫困救济。[2]

1794 年颁布的《普鲁士一般邦法》(*das Preußische Allgemeine Landrecht*)被认为是德国现代社会救助法的渊源,目前社会救助制度中的就业促进项目、生存保障原则和职权原则在这部法律中都有所体现。1803 年之后,普鲁士邦在政治、经济、文化等层面逐渐去除宗教色彩,开始了世俗化改革,公共福利从宗教任务变为了国家任务,此时的福利接受者仍然是国家福利政策的对象,并在很多方面受到政策的歧视,福利还不是一项可以主张的权利。第一次世界大战之后,德国又陆续颁布了一系列的社会救助法律法规,这一时期社会救助立法的特点是不再局限于单纯的生存照护,而是帮助接受救助者恢复自我保障的能力和劳动能力,当然,发放福利还是国家机关维护公共利益的工具,公民仍然无法通过司法途径来维权。[3] 直到 1949 年德国颁布《基本法》之后,这种状况才发生实质性的改变,按照《基本法》第 1 条和第 2 条的规定,人的尊严不可侵犯,宪法意义上的基本权利是直接有效的权利,可以约束立法、行政和司法,而每个人都有在不侵犯他人权利以及不违反宪政秩序和道德的前提下自由发展人格的权利,而按照第 6 条的规定,公民的家庭权是宪法保障的基本权利;另根据该法第 20 条的规定,德国是社会福利国家,立法权受宪法基本权利的限制。联邦宪法法院从这些条款中推导得出,主张福利的权利受到司法权的保护,

---

[1]　See Muckl/Ogerek, Sozialrecht, München: C.H.Beck. 2016, S.390ff.

[2]　See Schulin, Einführung, in Sozialgesetzbuch, München: Beck-Texte im dtv, 2017, S.LIV.

[3]　See Stolleis, Geschichte des Sozialrechts in Deutschland: Ein Grundriss, Stuttgart: UTB, 2003, S.1h89ff.

相关争议应当纳入普通民刑事法院和行政法院的受案范围之中。①2005 年之后，为了顺应"哈茨改革"的要求，社会救助争议统一由社会法院审理。

如果以法典化的进程为标准，不难发现，与德国其他社会保障项目相比，社会救助制度的立法进行得异常艰难：作为非缴费型社会保障项目，社会救助是最早出现的，但却是成文法最晚的项目，也是最后被编入《社会法典》的。直到 1924 年，德国才首次颁布了第一部国家层面上的社会救助单行立法——《帝国救助条例》（Reichsfürsorgepflichtverordnung）。1961 年，联邦政府颁布了《联邦社会救助法》，法院才能够正式审理社会救助请求权案件，直到 2003 年，德国才正式将社会救助法置于《社会法典》之中，虽然《社会法典第二册——寻找工作者的基本保障》颁布的时间更晚一些，但是考虑到后者是为了顺应"哈茨改革"的法治化要求才颁布的，原本就不在立法计划之中，因此，可以说社会救助是德国最后实现法典化的社会保障项目。

究其原因，德国社会法通说认为，社会救助保障的是其他社会保障制度难以实现或者不能充分实现的需求，其发放的是处于末位的、辅助性的给付，因此发挥的是一个兜底的、补充性的功能。其他社会保障项目（主要是失业保险和社会照护保险）保障得越全面，水平越高，则社会救助的压力就越小。因此，社会救助立法需要在其他社会保障项目全面定型之后再图进展，在其他社会保障项目尚未充分发展之前的社会救助至多只是临时性的、无权利内容的制度工具。②

二、社会救助法的基本原则和基本制度

由于《社会法典第四册——社会保险法总则》已经为社会保险规定了基本

---

① See BVfGE I, 97 (05) ;65,182（193）; Urteil vom 24. 6. 1954, BVerwGE 1, 159 ff.

② See Waltermann, Sozialrecht, Heidelberg: C.F. Müller, 2018, S.167f.

原则和基本制度，因此，《社会法典第一册——社会法总则》实际上就是社会救助法的总则，而且由于社会保险经办遵循的是自治管理的原则，《社会法典第十册——社会保障行政程序和数据保护》实际上也只适用社会救助，类似的情况也存在于《社会法典第九册——残疾人康复和社会分享》之中，应当说，社会法的一般法则适用于非缴费型社会保障项目。

按照第十二册和第八册的规定，社会救助法遵循八项基本原则：第一是保障人的尊严原则，社会救助是宪法尊严保障原则的具体实施制度；第二是需求保障原则，社会救助不关注产生困顿的原因；第三是现实原则，社会救助不对过去曾经出现过的或者将来有可能出现的困顿发放待遇；第四是个人化原则，社会救助只对个人和家庭发放待遇；第五是尊重受救助者意愿原则，应当尽可能按照受救助者的合理愿望发放待遇；第六是职权原则，受救助者不需要提出申请，行政机关在必要时应当主动实施救助；第七是属地原则，受救助者应当在所在地区接受救助；第八是末位原则，社会保障项目，尤其是社会保险项目可以发放待遇的，社会救助不支付，《社会法典第十二册——社会救助》以及《社会法典第八册——儿童和青少年救助》各条款可以视为这些原则的具体化。有德国学者认为，社会救助法是《社会法典》中基本原则指导具体立法最好的典范。①

三、《社会法典第十二册——社会救助法》的结构

《社会法典第十二册——社会救助法》颁布于 2003 年，2019 年 7 月进行了最近一次修订。与《社会法典》其他分册相比，该分册内容较少，仅由 133

---

① See Schulin: Einführung in Sozialgesetzbuch mit Sozialgerichtsgesetz, München: Beck-Texte im DTV, 2019, S.LVIIff.

个法条组成，其篇幅仅相当于内容最多的《社会法典第五册——法定医疗保险》的三分之一，主要原因是社会救助涉及的法律主体比较少，法律关系比较简单。从公法学的视角来看，社会救助系典型的给付行政，偏离公法基本原则的内容很少，这也从另外一个角度解释了为什么社会救助法的基本原则可以很好地贯穿于具体制度的设计之中。

《社会法典第十二册》共分 18 章，除了第一章基本原则、第二章给付和给付请求权、第十章社会救助给付发放、第十一章收入和财产的计算、第十二章社会救助机构的职能、第十三章费用、第十四章程序、第十五章统计、第十六章过渡时期条款、第十七章和第十八章 2018 年至 2019 年规划之外，中间的九章通过列举立法的方式系统地规定了六项社会救助项目，包括生活救助、年老和劳动能力丧失下的救助、健康救助、残疾人社会融合救助、护理救助、克服特殊社会困难救助以及其他救助。由此，《社会法典第十二册》可以大致划分为四大部分，第一部分是总则，包括第一章和第二章，第二部分是实体法分则，包括第二章至第九章，第三部分是程序法分则，包括第十章至第十五章，第四部分是附则，包括第十六章至第十八章。

（一）总则

第一章的 7 个法条规定了社会救助法的一般原则，诸如人格尊严保障原则和末位原则都有所体现（第 1、2 条），社会救助的承办机构是县（Landkreis）和非县辖市（kreisfreie Stadt）以及所谓跨地区的州福利联合会（Landeswohlfahrtsverband）或者区（Bezirk），相关的职能被规定在州法之中，这被称为属地原则（第 3 条）。值得一提的是该法规定了教会（慈善组织、博爱会等）在社会救助方面的职能范围（第 5 条），公权力组织不能限制教会的职能，而应当紧密联合和"恰当合作"。

第二章的标题是"社会救助给付"，规定了给付的概念（第 8 条）、特殊的个案给付原则（第 9 条）、给付的形式（第 10 条）、给给付权利人的咨询、支持和动议（第 11 条）、社会救助机构和救助接受者的协议（第 12 条）、门诊救助优于住院救助和预防救助优于康复救助的原则（第 13、14 条）。其中值得一提的是，社会救助机构与接受者的协议是现代社会救助法的一大特点，接受救助者不再是单纯的物质受领者，而应当履行协议义务。

社会救助给付诉讼需要具备请求权基础（第 17 条第 1 款），这需要与职权原则（第 17 条第 2 款）要求的"义务裁量"区分开来。第 19 条的标题是"社会救助权利人"，这可能会让人产生误解，实际上该条款规定的是各类社会救助的请求权前提条件，例如需求原则和末位原则，以及特别群体优先接受社会救助的原则，例如，孕妇和单亲儿童优先进入妇婴救助站（第 21 条），《社会法典第十二册》与《联邦教育促进法》规定的教育救助之间的关系（第 22 条），对外国籍申请避难者（第 23 条）的救助和特殊情况下德国人在国外的紧急救助（第 24 条），等等。

（二）实体法分则

第三章至第九章规定的是各类社会救助项目的细则，可以称为社会救助实体法分则。

第三章的标题是生活保障救助，一共包含了 14 个法条。这类社会救助项目的接受群体很多，但目前已经不是最多的了，因为《社会法典第二册——寻找工作者的基本保障》修订之后，有劳动能力且正在寻找工作者的社会救助项目就由该分册主要规定了，第三章的内容大幅度减少；年老者和完全丧失劳动能力者的救助也不包含在这一章中，而规定在第四章（年老者和丧失劳动能力者的基本保障）。目前，第三章的救助接受对象主要是自己的劳动收入和财产收入仍然无法达到"必要的生活标准"的人群，发放救助的形式是一揽子形式的货币给付。目前这一标准（边缘标准）定为 351 欧元（全国统一），住宿费用和取暖费用需要另行发放（第 29 条）。特定群体，尤其是残疾人、孕妇、单亲家长的必要生活标准可以相应地提高（第 30 条）。某些特殊的给付项目，比如，住房、服装、教育费用，可以在特殊情形下一次性发放（第31条）。值得一提的是，接受生活救助者也需要在法定医疗保险和社会照护保险中参保，这与普通公民相同，由此可以保障他们在疾病和丧失自理能力的情形下优先从社会保险制度中获得给付，减轻社会救助的给付压力（第32、33条），这也是社会救助法末位原则的体现。生活保障救助是以家庭为单位的，如果申领救助者生活在一个家庭中，法律会预先推定不需要接受救助，那么其必须要证明存在法律规定的其他情形（第36条），这符合黑格尔所称的社会保障组织是"第二家庭"的政治论断。①

第四章规定的是老龄和丧失劳动能力者的社会救助。接受该类社会救助的对象是年满18周岁、完全丧失劳动能力者和达到法定退休年龄（65/67周岁）的老龄者（第41条）；② 与生活保障救助相同，给付以生活保障金的形式发放（第42条）；是否有接受救助的需要是衡量的标准，养老金和财产类收入都应当考虑在内，另根据个人和家庭保障原则，对接受救助者的有抚养义务的父母和赡养义务的子女的收入也要考虑在内，超过一定金额则不能再接受救助，目前这个金额定为每年100000欧元（第43条），调查过程要注意保护相关人的隐私；给付发放需要贯彻职权原则，发放养老金的机构需要注意参保人的情况并主动提供专业咨询（第46条），并确认是否满足"持续完全丧失劳动能力"（第45条）；此类救助每年度批准一次（第44条）。

第五章用6个条款（第47—52条）规定了这类社会救助参保法定医疗保险的制度，原则上可以不缴费，获得相同标准的医疗待遇给付。

第六章（第53—60条）规定的残疾人融合社会救助制度具有较大的现实意义，《联邦社会救助法》中的这部分内容几乎全部照搬进了这一章，只有个别具体数额做了一些变动。残疾人融入社会救助的立法目的是促进残疾人参加到社会生活共同体中，从事力所能及的工作以及自我护理。《社会法典第九

---

① See Hegel, Grundlinien der Philosophie des Rechts, Berlin: De Gruyter, 2016, S.252.
② 自2012年1月起，德国法定退休年龄将由过去的65岁逐步提高到67岁，从2030年起即全面执行67岁退休的制度。

册——残疾人康复和社会融入》是关于残疾人福利的一般性规定，其中也涉及了残疾人融合的社会救助制度，但是全部都做了法律保留，如果《社会法典第十二册》第六章有具体或者偏离性的规定，则准用这些规定，由此来看，《社会法典》其他分册中对残疾人社会保障的规定与《社会法典第九册》之间是特别法与一般法的关系。《社会法典第九册》规定了残疾的概念，即心理上、智力上和身体上存在障碍，《社会法典第十二册》细化了接受救助的前提条件，即对于已经出现残障或者存在残障的威胁而言具有实质影响的情形。残疾人融入社会救助制度贯彻末位原则，因此，医疗保险基金会、同行业互助会、养老保险基金会发放的给付优先于这类给付。

根据《社会法典》两个分册的规定，残疾人融入社会救助制度的给付形式是实物给付和服务给付，包括卫生的、职业的、康复的服务，此外还有对于青少年残疾人具有重大意义的教育、培训、职业服务。福利机构中的残疾人还可以在特定情形下获得护理给付（第55条），残疾人工厂（车间）中的残疾员工也可以获得此类给付（第57条）。《联邦社会救助法》在残疾人救助制度方面还颁布了一些配套条例，一方面确定了残疾人的父母和配偶的收入及他们自己的收入要慷慨地保障残疾人融入社会；另一方面在不危害融入社会的前提下，给付应当对于残疾人而言是合理的，这对于未成年残疾人而言非常重要。

第七章（第61—66条）规定了照护救助。按照《社会法典第十一册——社会照护保险》的相关规定，社会照护保险给付要优先于照护救助给付。但是由于社会照护保险给付的项目较少，越来越不能满足需要，因此照护救助制度也变得越来越重要，最为突出的是社会照护保险不能支付食宿费用，照护救助在这方面的支出逐年增加；另外，辅助护士护理的高昂费用也越来越多地转为照护救助来支付。由于照护救助给付要求的前提条件要比社会照护保险低，因此在没有达到社会保险前提条件下的给付也要由照护救助提供。

按照第七章的相关规定，照护救助机构需要依据社会照护保险基金会确定的照护等级发放给付（第62条）。给付的形式包括居家照护（主要是货币给付的形式）、实物给付（药品、器械）、半住院和全住院照护（服务）（第 61 条）。对照护救助有需求者的食宿费用标准按照生活保障救助发放（第 27 条及以下条款）。

第八章（第 67—69 条）和第九章（第 70—74 条）规定的是特殊社会困难下的救助（例如流浪乞讨人员救助）和其他社会救助项目没有列举到的兜底式救助（例如促进老年人融入社会的服务和给盲人提供的额外救助给付）。

第十章（第 75—81 条）的标题是社会救助给付发放，规定的是社会救助给付发放机构与救助机构的法律关系。社会救助的给付形式大多为货币给付，在个别项目中，例如护理机构和残疾人福利院为接受救助者发放给付，则多为实物给付或服务给付，这些救助给付机构与救助机构签订协议，约定报酬金额和服务质量标准（第 75 条）。

第十一章（第 82—96 条）的标题是收入和财产的计算。生活保障救助的给付数额与收入密切相关，因此法律规定了不计入救助收入的其他一些收入类型（第 85 条），这些计算方法不适用于第五章至第九章的社会救助制度。减去必要的生活支出（第 82 条第 2 款）之后，能够接受社会救助的收入上限是两倍的标准收入（第 43 条规定的收入数额）再加上标准收入的 70%（用于家庭成员的食宿开支）。一些特殊群体，如盲人和重度残疾人，可以不适用这一标准。财产类收入原则上也要计算在内，必要的住房面积等因素可以减去（第 90 条）。如果家庭法上规定的给付达到了这个收入标准，则不能够再接受社会救助。为了体现社会救助的兜底功能，法律还规定了先行支付制度，即家庭法上的给付存在履行障碍，社会救助可以先行支付，而后向家庭法上的义务人代位求偿（第 93 条）。

（三）程序法分则

第十二章规定了社会救助给付机构的职能（第 97—101 条）、费用（第 102—115 条）、程序（第 116—120 条）、统计方法（第 121—129 条）。这些内容在程序上保障了社会救助实体法的落实。

（四）附则

第十六章至第十八章规定的是过渡期的财政预算案确定办法和程序、社会救助机构和给付机构的服务协议签订程序等，只适用至 2019 年。2020 年之后还会制定新的内容，至于未来的立法作为《社会法典第十二册》的常规内容还是附则，目前还没有确定。

第十四章 韩国的社会救助立法

　　2019 年 9 月 7 日，是韩国《国民基础生活保障法》制定 20 周年，意义深远。从受助对象仅针对没有劳动能力、困难的人而实施的《生活保护法》，变为受助对象即使有劳动能力但存在困难的人，国家会给予一部分保障金的《国民基础生活保障法》。此外，韩国每年 9 月 7 日被定为"社会福利日"，针对即使有劳动能力但生活上有困难的人，国家相应地提供补助金，在满足国民基本生活的同时扩大了人权，其目的是为了纪念 1999 年 9 月 7 日韩国在社会保障领域创立的具有典范性的《国民基础生活保障法》。

一、国民基础生活保障立法的概要

　　1997 年，爆发的亚洲金融危机是韩国反贫困战略的分水岭。亚洲金融危机之前，韩国社会救助的覆盖对象主要是由于年老、残疾、疾病等原因无法工作的人。例如，作为社会安全网最后一道防线的生活保护制度（Livelihood Protection System）只为没有抚养人的 18 岁以下未成年人，以及没有赡养人的 65 岁以上老人提供生活援助。但是，受金融危机影响，1997 年后韩国的反贫困战略发生了显著的变化。韩国经济在金融危机后严重受挫，经济增长率在 1998 年下降了 6.9%。经济下滑与随后的企业重组，使得失业率从 1997 年的 2.6% 上升到了 1998 年的 7%。在韩国这个以充分就业为常态、社会安全网覆盖范围有限的国家，失业率的不断上升和贫困的扩散带来了严峻的挑战。为了解决这些问题，韩国政府在 2000 年建立了国家基本生活保障制度（National Basic Livelihood Security）。

（一）国民基础生活保障立法的背景

《国民基础生活保障法》的起源是《生活保护法》。《生活保护法》制定于 1961 年 12 月 30 日，旨在对没有维持生活能力或生活困难的人进行必要的保护，保障他们的最低生活，以提高自我生活能力的方式来提高社会福利。其保护因年老、疾病、其他工作能力的丧失，而导致无法维持生活能力的人等，并规定了方法，40 多年来一直作为社会救助的核心基础法。但是，韩国在经历 1997 年亚洲金融危机后，经济发生危机和急剧衰退，国民收入减少，就业机会减少，失业剧增。尤其是低收入阶层受到了很大的影响，最终导致低收入阶层的收入锐减，贫困率激增。在这种情况下，仅靠生活保障法无法采取措施来应对社会费用的增加，不完善的社会稳定网使贫困阶层增加，深化了社会两极分化。最终，这导致了主张国民生活的最低线、国民福利的基本线必须得到保障的社会团体的要求得以形成，韩国政府也不能无视这种要求，因此，1999 年 8 月 12 日在国会通过了《国民基础生活保障法》，并于 2000 年 10 月 11 日，制定防止长期贫困的立法，其措施为巩固应对贫困问题的社会安全网的基础，为贫困家庭制定自主自理计划，并实施相应的自理补助。

制定《国民基础生活保障法》的背景可以整理为三种：第一，已有的《生活保护法》作为保障最低生活的稳定网未能发挥其作用。第二，缺乏应对1997 年亚洲金融危机后低增长、高失业经济结构的社会福利制度，国民（尤其是低收入阶层）对政治、社会、经济的总体不满增加。第三，为了制定《国民基础生活保障法》，社会团体积极活动。

1.《生活保护法》的局限性

《生活保护法》成为韩国社会救助的基础经历了很长的历史。日本帝国主义殖民时期，日本在本土 1929 年制定并在 1932 年开始实施的救助法的基础上，部分添加了《母子保护法》和《医疗保护法》，后于 1944 年 3 月在韩国颁布了《朝鲜救助令》。第二次世界大战后直到 1961 年制定《生活保护法》，该令一直充当着负责韩国社会救助的基本法的角色，并成为生活保护法的母体。

《生活保护法》制定后，虽然不断持续完善，但是，其在履行作为基本社会稳定网的职能方面仍然暴露出了很多局限性。社会救助制度的核心内容是适用于所有国民的普遍性和应对所有社会风险的综合性，以及维持最低限度生计的国民基本线保障。但是，《生活保护法》在选择对象的标准或提供的补助的内容以及补助的水平上存在限制，这导致其无法实现法律原来的目的。第一是对象选择的不合理性。根据《生活保护法》，要想得到生计保护，就必须满足 65 岁以上老人或 18 岁以下儿童、孕妇、残疾等无法工作的情况，这实际上导致很多难以维持生计的低收入阶层被制度排除在外，因此其无法确保法律适用的普遍性。第二是低补助。最低限度的生活保障应该是包括衣食住行在内的综合性的，但是没有对低收入阶层生活费中占相当部分住房费用的支持，在保障基本生活方面存在很大的困难。此外，运营的不合理性。生活保护对象的选择和提供工资一般是由社会福利专业人员处理的，但是当时社会福利专业人员数量不足，导致对象甄别专业服务不足。当时，生活保护事业除了保健福利部外，还需要进行劳动部的雇佣稳定事业和行政上的联系和调整，但有关部门之间的合作没有得到充分实现。

《生活保护法》的上述局限性，导致其无法正常履行国民基本社会稳定网的功能。因此，需要建立现代贫困制度。特别是，《生活保护法》的局限性在经历 1997 年亚洲金融危机后表现得更加鲜明。以此为契机，《生活保护法》推动了新的《国民基础生活保障法》的制定。

2.1997 年亚洲金融危机系统的经济结构

自 20 世纪 60 年代以来，持续经济增长的韩国在 1997 年亚洲金融危机时期经历了前所未有的危机。1997 年，亚洲金融危机时期出现的最严重的问题是失业者的激增。1997 年韩国的失业率为 2.6%，1998 年上升到 6.8%，1999 年 4 月甚至达到了 7.2%。

特别是失业率的增加导致的生活困难主要集中在低收入人群身上。对低收入阶层来说，失业意味着收入的断绝，最终会陷入贫困。因此，自 1997 年亚洲金融危机发生以来，随着失业率的剧增，贫困率也剧增。据调查，家庭支出低于最低生活保障费用的城市家庭比例在 1998 年达到了 15% 以上。

但是在 1998 年，生计保护对象包括临时生活保护对象在内，只占全体国民的 3.3%。其中，实际上可以获得生计保护费用的住房保护对象的比例占全体国民人数不足 1%。最终，许多低收入失业者只能成为社会保险的适用对象，并被排除在生活保护的适用对象之外，被置于社会福利政策的死角。

在这样的背景下，他们的生计问题是最大的社会问题，因此必须要重新审视现有的经济及社会保障政策。特别是以低收入阶层为对象的社会救助的局限性，凸显为更严重的问题。因此，有人提出必须要消除低收入阶层的被剥夺感，保障其基本生活，消除其不满，并有必要重新调整社会救助制度，解决贫困和失业问题。

3. 社会团体的积极参与

许多社会团体提出需要《国民基础生活保障法》，并积极参与了该法的请愿到制定。1998 年 4 月，参与并提出了修改《生活保护法》的请愿，1998 年 7 月，韩国民间团体"参与连带"、经济正义实践公民联盟、全国民主劳动组合总联盟等社会团体共同提出了制定《国民基础生活保障法》的请求。1998 年 11 月，全国民主劳动组合总联盟和"参与连带"发表了立即制定高失业社会的首要任务的《国民基础生活保障法》的联合声明。1999 年 1 月，社会团体发表声明，敦促制定《国民基础生活保障法》，制定《国民基础生活保障法》的社会团体工作负责人举行第一次座谈会，就全国团结组织达成一致，经济正义实践市民联盟、全国民主劳动组合总联盟、韩国社会福利协会等 12 个社会团体参与，1999 年 2 月，制定《国民基础生活保障法》的社会团体准备会举行启动仪式，决定举行听证会。

社会团体的这种积极参与和举动，在制定《国民基础生活保障法》中发挥了巨大的作用。另外，这也成为未来社会团体制定和修改社会福利相关法律的里程碑。

（二）国民基础生活保障立法的历史发展

1944 年 3 月制定的《朝鲜救助令》经过美国军事政府时期，直到 1961 年制定的《生活保护法》为止一直生效。这项法律由于经历了韩国解放，美国军事政府、分裂、韩国战争之后，直到那个时期，由于法律性的体系制定不够完善，并没有成为独立的国家法律体系。《朝鲜救助令》始终维持原有的体系，内容上并没有很大的变化，并在 1961 年的《生活保护法》中映射出来。但是，《生活保护法》的统治品德和规范始终停留在形式上。1999 年制定的《国民基本生活保障法》超越了上述形式，成为了保障绝对贫困层最低生活的法律制度。

1.《生活保护法》

韩国政府成立时，制宪宪法中也规定，没有生活能力的公民会受到国家的保护。韩国宪法第 19 条规定："高龄、疾病、因丧失劳务能力而无法维持生活的人，可受到国家的保护"。《生活保护法》是为丧失劳务能力而无法维持生活的人提供有限的社会救助，法律制定被拖延到 1961 年底，法律制定后，由于财政拮据，只实施了部分生计保护。

在制定《生活保护法》时，生活保护对象的范围是：没有抚养义务者或有抚养义务者但无抚养能力的 65 岁以上老年人；未满 18 岁的儿童；孕妇；由伤残等精神或身体上残疾无劳动能力的人员；其他应该受机构保护的人员。《朝鲜救助令》除了将保护对象儿童的年龄规定为 13 岁调整为 18 岁以外，并没有其他特别的内容变化。

当时的《医疗保护法》和《生活保护法》一起构成了公共扶助的骨干。医疗保护事业在 1976 年之前是以《生活保护法》为依据，实行免费诊疗的救助事业，1977 年 1 月制定了医疗保护相关规则，正式实施针对低收入群体的医疗保护事业，1977 年 12 月 31 日开始实施。从 1979 年开始，以《医疗保护法》为依据实施了医疗保护事业。

1982 年 12 月 31 日，《生活保护法》进行了全面修订（第 3623 号法律）。通过修改这部法律，增加了自我保护和教育保护。第一，废止 1968 年 7 月 23 日制定的《关于指导自立的临时措施法》（法律第 2039 号，动员有劳动能力的贫困阶层建设社会间接设施），其内容为《生活保护法》。其次，在生活保护对象的子女中，保护的种类和范围稳步扩大，如向中学生支付学费。并且，增加了自救保护和教育保护，《生活保护法》扩大到了生计保护、医疗保护、自救保护、教育保护、生育保护、葬祭保护六类。

进入 20 世纪 80 年代后半期，韩国社会摆脱发展国家一边倒的局面，出现了对"保障生存权"的要求。特别是 1987 年以后，随着政治民主化的进行，劳动者的生活工资争取斗争、城市贫民的住宅拆迁斗争、残疾人的权利要求斗争等多种多样。在这种趋势下，一边诉苦《生活保护法》的恶劣，一边要求提高《生活保护法》上的生计补助水平。1997 年 8 月 22 日，通过《生活保护法》的部分修改，将最低生活费的概念引入法律（法律第 2 条），规定最低生活费计量，加强了保护标准的合理性。但是，当时最低生活费的决定权掌握在政府手中，法律修改后，保护对象的数量和预算几乎没有变化。从这一点来看，政府为解决贫困问题作出的积极努力不足。

2.《国民基础生活保障法》

纵观《国民基础生活保障法》的制定过程可知，自 1987 年民主抗争之后，韩国的福利论争版图发生了跨时代的变化。可以说该法的制定源于 1994 年

12月民间团体参与连带社会福利委员会实施的"国民福利基本线运动"。之后1997年12月亚洲经济危机以后，为了切断家庭解体这一典型的社会解体过程，有必要在家庭这一单位内建立维持基础生计的制度。特别是，民主劳总、韩国劳总、经实联、参与联带、吕联、民律等64个社会团体参加的"国民基本生活保障法制定推进联带会议"，从1999年3月成立起就以制定该法律为目标。

此外，对《国民基础生活保障法》进行了几次修改工作。其中，《国民基础生活保障法》在2015年6月之前，一直是以综合性补助为主的供给方式，但是自2015年7月后，将原有的供给方式转变为定制补助方式。韩国政府于2015年6月，全面修改了原以保障脆弱阶层的基础生活为中心的《国民基础生活保障法》。此后2015年7月，实施的《国民基础生活保障法》的核心内容是以现有的最低生活费为中心，受助人的选定基准从原有的最低收入标准转化为中位收入标准。与此同时，使受助形式逐步趋于多元化。特别是量身定做型补助方式的国民基础生活保障制度，将原来以综合性补助体系运营的补助分为生计补助、医疗补助、住房补助、教育补助，根据不同的选定标准和补助水平的制度，确立最低生活费标准。与此同时，大幅放宽了抚养义务者标准，将现有的以保健福利部为中心的传达体系改编为住房补助由国土交通部负责，教育补助由教育部负责，生计和医疗补助由保健福利部负责，强化了制度运营的责任性。

（三）国民基础生活保障立法的理念

1961年，经过修订的《生活保护法》目录同时修改了部分内容。但是把贫困的责任推给了个人和家庭，还停留在剩余和施与层面。为了解决《生活保护法》所出现的局限性，1999年重新设立了《国民基础生活保障法》。

第一，《国民基础生活保障法》将保护、被保护者等施与方面的用语变为保障、受益者等具有权利性的用语，强调国家责任的同时强调了受益者的权利性。《国民基础生活保障法》中，将保护、被保护者、保护机关等施与性质的用语变为保障、受益者、保障机关等具有权利性质的用语。社会保障政策转变的意义在于，虽然仅仅通过用语的变更，国民对基本生活保障拥有了具体的请求权，但将原本作为个人责任领域遗留下来的贫困问题视为社会结构性问题，并朝着强调其解决的社会责任的方向转变。

第二，给予基于最低生活费以下的所有国民最低生活保障，作为自生自立的最终社会安全网，履行责任，为建立紧急救护制度提供法律依据。"国家依照法律规定保护公民的基本生活保障"，以《国民基础生活保障法》的规定为依据，以难以维持生计的低收入阶层家庭提供教育、医疗、住房等基本生活补偿或帮助他们维持基本的生存为目的。其受助对象指是否有劳动能力，或无与年龄等无关的抚养义务者，即使有抚养义务者也没有抚养能力或者不能得到抚养的人，收入认定额低于工资种类选定标准的家庭可以申请。具体来说，收入认定额和抚养义务者满足规定标准的都可以作为被受助对象。

第三，自救制度规定，即便仅剩下两三个受益者也要努力为其脱贫，并且通过自救工作、工作福利（workfare）得以实施，通过生产性福祉（productive welfare）理念得以实践。《国民基础生活保障法》中包含为了促进受益者积极参与劳务活动而运营的劳务所得抵扣制度和自救产业的规定。其中，劳动所得扣除制度是指，为防止因近收入增加的"万缝隙现金"补助减少而减少劳动意志，在计算收入时排除部分劳动所得的制度。此外，劳动诱因制度是将提供各种工资，强制就业的"有条件的受助规定"的制度。也就是指，将生活补助支付和参与自救事业等联系起来，防止出现有劳动能力的劳动者依靠国家，不劳而获的现象发生。依据这项规定，有劳动能力的人通过就业或者参与自救工作，不付出与劳务活动的话，国家将中断生活费的供给。相反，为了促进受益者的自立能力，将提供其所需的金钱、劳务机会、就业机会或创业服务等。随之，韩国于2019年首次引入了自立奖励金，这项制度是为激起低收入阶层的劳务欲望，创造自立条件而制定的一项制度。

二、国民基础生活保障立法的基本内容

（一）国民基础生活保障立法的法律体系

《国民基础生活保障法》是社会福利法体系中的社会救助法之一。韩国的社会保障基本法中将"社会救助"定义为，"国家和地方政府为没有能力或者需要帮助，来维持自身以及抚养人的基本生活的国民，提供援助，以保证其基本生活水平"。通常，社会救助指代的是最低生活保障、基本养老金、残疾人养老金等现金转移支付项目。大部分项目都要经过家计调查，部分项目是针对残疾人、老年人等特殊群体的。尽管具备劳动能力的受助人需要持续工作，才能获得最低生活保障的救助，但是总的来说，社会救助的受助人不需要满足更多的条件。为了获得援助，国民需要向地方政府提交申请，地方政府会评估受助人是否符合条件。受助人获得受助资格后，地方政府还会定期核查受助人的基本情况，如果受助人不再符合资格，地方政府将停止救助。

社会救助是国家或者地方自治团体是为了使没有生活能力的人能够维持正常生活的社会福利制度之一。其目的是将生活困难由个人责任向国家和家庭责任过度，并对其施以援助，以确保其正常生活。但这并不是给所有人提供无条件的帮助，而是给在大的社会背景下以个人能力无法克服困难的人提供最低安全网。因此，和面向所有国民，只要具备一定的资格条件都可提供支援的社会保险不同，社会救助金的对象、支援形式，是在经过严格的资格审查后决定的。最终，在《国民基础生活保障法》中，有资格领取补助的人也享有法定的自主选择补助的权利。这是《国民基础生活保障法》立法具体化重要性的部分。

也就是说，为了以最低生活保障为目的，对生活穷困者进行的行政主体的直接经济补助即社会救助的基本法《国民基础生活保障法》——为保障民主、法治、福利主义的基本权利，必须满足国民的各种需要，并在内容上、程序上正当地提供适合个人的救助。目前，《国民基础生活保障法》具有统一、单方面的救助提供体系，以实现受助体系的标准化。这不是以需求者为中心的想法，而是以行政便利的供应商为中心的想法为基础的。如果考虑到《国民基础生活保障法》比过去的社会救助法强调权利方面的立法宗旨，就更需要以需求者为中心的方法。

《国民基础生活保障法》是宪法第 10 条规定的作为人的尊严、价值和幸福追求权，以及第 34 条中体现人类生活权利的法律。因此，国民在作为直接权利的《国民基础生活保障法》上拥有领取权。《国民基础生活保障法》第 2 条定义的规定中也明确规定，"领取权者"是有资格领取补助的人，这在法律上规定了拥有领取权的人可以申请补助的权利。因此，国民在实际政法上将拥有具体的请求权。

在国民生活保障法及其实施令、实施规则中，不可能明确规定符合各地区特点的标准和补助种类，只能期待其能够反映大城市和小城市、城乡之间的差异。但是目前这个也没有规定。大部分地方自治团体对法令中作为条例规定委托的内容也没有制定条例。但是，目前地方自治团体忙于遵守法令的标准，由于专门官员的实际情况调查困难，很难找到为各地区提供定制补助条例的情况。

2000 年 2 月 17 日，预计制定《国民基础生活保障法》执行令、执行规则，2000 年 6 月 6 日实施。而且，保健福利部和社会福利公务员联合首次制作了国民基础生活保障事业指南。当时制定了法律—执行令—执行规则，但没有将此作为福利行政服务的最一线的指示。保健福利部在制定该事业的政策时，认为 220 多个市、郡、区现场的意见非常重要。这是统一社会救助方针的第一步。通过讨论，直到深夜得出的结论都被一个接一个地反映在准则中。规则"诞生"后，直接从事务所应用时的喜悦是无法形容的。这一方针在今天的反复演变中成为社会救助对象资产调查的标准方针。

（二）国民基础生活保障立法的主要内容

社会保障权利的法律依据是宪法，具有代表性的是第 10 条和第 34 条。宪法第 10 条规定了作为人的生存、价值和幸福追求权，宪法第 34 条规定了过人类生活的权利。也就是说，对社会福利权没有具体、明确规定内容的规定。但是宪法第 34 条规定，个人不仅仅是统治权的客体，作为基本权利的主体，有接受社会救助的权利，至少以实际法律将其具体化，那么社会福利权也不仅仅作为国家的义务或反射性利益，而是作为实体和程序性权利的意义。也就是说，社会福利权也必须作为实体和程序权利，在民主、法治和福利主义的理念下得到保障。

1.受助人的范围和补助种类

《国民基础生活保障法》规定的补助必须是维持健康文化最低生活的提高（第 4 项）。而且，根据该法规定，受助人为了提高自己的生活，应充分利用其收入、财产、工作能力等，尽最大努力，以补充发展为基本原则（法第 3 条第 1 项），规定在个人能力难以维持生活的情况下，国家介入的补充性原则。领取人没有扶养义务人，或者有扶养义务人但其没有扶养能力或不能扶养的人，收入认定额低于最低生活费用的人（第 5 条第 1 项），有领取补助的权利，但必须同时满足收入确认额标准和扶养义务人标准。与旧《生活保护法》不同，此法使有劳动能力和意向的领取权者积极参与劳动市场，并向其提供生活费用，以此来提高他们作为社会成员的自尊，保障对象的扩大，满足受助人的现实需要。

领取权者在生计、居住、教育、遣散、葬祭、自理训练、医疗方面，共 7 种补助（法第 7 条）。补助以生计为基础，根据需要合并提供其他补助。住房补助是随着《国民基础生活保障法》的制定而新增的。而且，即使是补助领取前，若有需要紧急向受助人支付补助时，市郡守区政府厅长也设了可以执行部分补助紧急发放的紧急救助（法第 27 条第 3 款）。并规定受补助者的各项补助加在一起，需在最低生活费以上。

2.国民基础生活保障事业的传达体系

在中央政治部，主管部门保健福利部制定对基础生活保障事业的基本计划，制定具体事业运营的框架和方针，确定基础生活保障水平，确保预算，分配到市和道。市、道及市县区政府厅长执行法令委派的具体基础生活保障事业，并将结果报告保健福利部长。根据《国民基础生活保障法》进行基础生活保障事业的规划调查等事项的审议和意见，分别由保健福利部、市郡区的生活保障委员会负责（第20条第1款）。保健福利部下属的生活保障委员会审议制定基础生活保障事业的基本方向和对策、收入确认金额计算方式的确定、补助标准的确定、最低生活津贴的确定、第18条第3款有关管理和使用康复训练基金的确立管理和使用等的方针等。

作为广域地方自治团体的市和道，将根据保健福利部的指示，制定各市和道的事业方针，在依附市郡区的同时，还将确保自治区的预算，并与国库一起分配到市郡区。市郡区根据保健福利部和市、道事业方针或法令进行项目监督，邑、面、洞也通过办事处的社会福利公务员实施项目。也就是说，主管基础生活保障工作的最一线传达体系是邑、面、洞事务所的社会福利专责官员和市郡区的居民生活支援专责部门。从2006年7月开始从居民服务传达体系改编开始在地方行政组织改编试点后，逐步扩大，从2007年7月开始，将全国所有地区的市郡区改组为负责居民生活支援事务、志愿服务功能等生活支援功能等工作的组织，并在其下属设立居民生活支援科，进行服务调整联系综合调查、生计补助、住房补助等工作。

三、国民基础生活保障制度的实施现状

韩国的社会救助制度历史悠久。1997年金融危机之前，韩国的两个主要的社会救助项目分别是生活保护制度和医疗救助制度，两项制度都以家计调查为基础。生活保护制度建立于 1969 年，旨在为贫困人口提供救济，保障他们的基本生活。但是，生活保护制度有着严格的资格限定，只为没有工作能力的人提供生活津贴。津贴申请者需要证明自己丧失了收入能力，并且无法从亲戚处获得经济支持。另外，医疗救助建立于 1977 年，有两种类型：第一类医疗救助覆盖无法负担医疗费用的贫困人口，医疗费用全部由政府负担，包括门诊服务和住院服务。第二类医疗救助是针对低收入人群设计的，政府为他们负担全部的门诊费用和 30% 的住院费用，剩余 70% 的住院费用由政府提供无息的长期贷款支付。在 1960—2000 年的 40 年间，韩国政府通过生活保护制度和医疗救助制度为没有工作能力的老年人和残疾人提供了有限的保障。

然而，1997 年的金融危机和随后的结构性改革导致贫困人口和失业人口迅速增加，迫切需要扩大社会安全网的覆盖面。为了从根本上解决问题，1999 年 9 月，韩国政府颁布了《基础生活保障法》①，并于 2000 年 8 月全面执行。基础生活保障制度的对象是收入低于"最低生计费"（相当于贫困线）的居民，无论其是否具有工作能力。新制度改变了反贫困的政策范式，强调了社会对贫困的责任，强化了低收入居民获得社会救助的权利。2003 年起，基础生活保障制度将先前制度中的收入标准和财产标准合并为单一的"收入认定额"标准，符合相应收入认定标准的国民及其家庭可以申请基础生活保障津贴。同时，该制度还为有劳动能力的低收入者提供了系统完备的自立服务，帮助他们通过劳动自力更生、脱离贫困。

2015 年之前，享受基础生活保障的资格条件都很严格，但是一旦获得了享受资格，受助人就可以获得全部的七项福利。这样的福利叠加（all-or-nothing）的制度设计使得人们不愿脱离这个制度，因为一旦脱离，他们将失去太多的支持。另外，因为是根据受助人的实际收入提供差额补助，所以受助人的收入越高，获得的补贴就越少。这个过程产生了严重的福利依赖，并且降低了受

---

① 韩语全称叫"国家基础生活保障"（National Basic Livelihood Security Act）。

助人的工作意愿。^① 为了解决这些问题，韩国保健福利部（Ministry of Health and Welfare）放宽了基础生活保障的享受条件，减少了取消福利的情况。从 2015 年年中开始，保健福利部每年会确定一个年收入的中位数，作为当年基本生活保障各项目的享受标准的参考，取代了先前以单一标准确定全部福利项目享受资格的做法。在新的制度之下，即使收入提高，受助人依然可以享受医疗津贴和教育津贴。此外，保健福利部为各地区的住房津贴规定了不同的限额，同时不再要求教育救助的申请者证明其无法获得别人的资助（比如说来自家庭成员的资助）。

（一）资格条件

基础生活保障的享受条件十分严格。成为受助人主要需要满足两个条件。首先，家庭收入低于国民基础生活成本水平，无论受助人是否具有工作能力。受助人的家庭收入和家庭资产的总额将接受评估（即家计调查），与韩国保健福利部每年划定的基础生活成本水平进行比较。韩国保健福利部作为主管福利政策的中央政府部门，每年根据基础生活标准和通货膨胀率确定当年的基础生活成本，基础生活标准由韩国保健福利部下属的研究机构——韩国保健社会事务协会通过全国范围内的调查测算得到。基础生活保障的受助人获得的救助金数额是自身收入与基础生活成本的差值。

申请基础生活保障还需满足另一个条件。申请者没有共同生活的"法定抚养人/赡养人"，"法定抚养人/赡养人"不仅有抚养/赡养申请者的法定义务，并且具备相应的财务能力提供支持。"法定抚养人/赡养人"通常是指已成年的直接亲属（家庭成员），比如配偶、父母和孩子。申请者需要证明法定抚养人/赡养人无法为申请者提供生活支持，同时申请者也无法从他人处获得持续的生活支持。

---

① 参见韩国保健福利部：《2015 年国民基础生活保障事业指南》，2015 年。

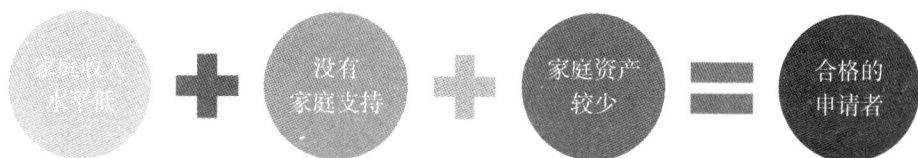

图 14—1　基础生活保障的受助资格

资料来源：韩国保健福利部：《2018 年国民基础生活保障事业指南》，2018 年。

此外，为了体现生产性福利的理念，韩国政府在 20 世纪 90 年代末出台了相应的政策，部分受助人需要参加自立项目（self-support programs）才可以获得基础生活保障的救助金，① 这一规定使得基础生活保障的享受资格变得更加严格。为了体现"自我救助"（self-autonomy）的原则，基础生活保障要求身体健全的受助人参加自立项目，同时为他们提供相应的就业帮助，让受助人通过工作尽快脱贫，退出救助制度。

表 14—1　基础生活保障制度受助人数

单位：户，人，%

时间	类型		领取率
	家庭	个人	
2008	854	1530	3.2
2009	883	1569	3.2
2011	851	1469	2.9
2013	811	1351	2.6
2015	1014	1646	3.2
2017	1033	1582	3.1
2018	1165	1744	3.4

资料来源：韩国保健福利部：《2018 年国民基础生活保障受助人现状》，2019 年。

---

① 　参见韩国保健福利部：《2018 年国民基础生活保障事业指南》，2018 年。

(二) 救助内容

基础生活保障制度的目标是"为生活困难的人提供必要的津贴,以保障其最基本的生活,并帮助其自立"。相关法律中对"补充性"和"家庭抚养优先"两项原则进行了明确的说明。一是,根据此法律,受助人本人为了维持并提升自己的生活,应充分动员自身的收入、财产和劳动能力,这是前提,而津贴则是补充并使其发展的基本原则。二是,抚养义务人的抚养及其他法令的保护应遵照法律以前法为先。但是,如果按照其他法令保护的标准未达到该法的标准时,其余的部分应按照该法给予保障。因此,基础生活保障制度在筛选受助人时,需同时考虑"收入认定金额"和"抚养义务人"双重标准,被选定为受助人后需根据其具体的家庭成员特点给予津贴发放。1999 年以后,为了解决制度在施行中发现的问题,通过数次法律修订对制度进行了修改。这其中包括了最低生计费(2004 年 3 月)及自立项目的改革,总体来说,改进抚养义务人标准的同时(2004 年 3 月;2005 年 1 月)使受助人口增多,而一部分的津贴也渐渐发放给次上位阶层(2006 年 12 月)。

2015 年 7 月 1 日,基础生活保障制度进行了根本性改革,即实现了"定制型津贴"。之前的"统合补贴"模式(或者说"All or Nothing"方式)下,如果受助人通过劳动得到收入而且收入金额超过了最低生计费标准时,受助资格就会丧失,这被认为是影响制度广度惠普的最大绊脚石,因此改革的目的就在于此。[①] 将补贴转换成个别补贴形式,不同补贴的受助门槛不同,同时受助人的筛选以及补贴标准的制定也发生了变化:将原有的由绝对贫困线而来的最低生计费标准改为了以相对贫困线为制定标准的中位收入线。这实际上意味着将生活救助、医疗救助、住房救助、教育救助等核心救助项目作为独立的制度进行了分割。抚养义务人的标准也被完善了。为了加强对未来一代的投资,规

[①] 参见鲁大明:《定制型基础生活保障制度改编的城郭及局限》,见《2017 年中央生活保障委员会津贴小委员会联合研讨会材料集》,保健福利部、国土交通部、教育部,2017 年。

定在教育津贴上停止义务抚养人的标准，而在其他项目津贴上也规定负责赡养的子女死亡后赡养义务不需要女婿及儿媳继承。

表14—2　中位收入线

单位：月/韩元

年分	1口家庭	2口家庭	3口家庭	4口家庭	5口家庭	6口家庭	7口家庭
2015	1562237	2660196	3441364	4222533	5003702	5784870	6566039
2016	1624831	2766603	3579019	4391434	5203829	6016265	6828680
2017	1652931	2814449	3640915	4467380	5293845	6120311	6946776
2018	1672105	2847097	3683150	4519202	5355254	6191307	7027359
2019	1707008	2906528	3760032	4613536	5467040	6320544	7174048
2020	1757194	2991980	3870577	4749174	5627771	6506368	7389715

注：8人及以上人数家庭的标准收入中位数的计算方法是用7人家庭收入中位数加上7人家庭与6人家庭收入中位数的差值。

资料来源：韩国保健福利部：《2020年国民基础生活保障事业指南》，2020年。

基础生活保障制度包含七项救助内容，分别是生活救助、医疗救助、住房救助、教育救助、生育救助、丧葬救助和自立援助。各项救助补贴额均为救助标准与受助人收入的差额。补贴分类发放，补贴额等于救助标准与受助人收入的差额，计算公式为：现金补贴额=（救助标准—受助人收入）—其他实物性福利。生活救助和住房救助通常以现金形式提供。七项救助内容具体如表14—3。

表14—3　基础生活保障制度项目的受助标准（标准收入中位数的百分比）

单位：月/韩元

类型	年份	1口家庭	2口家庭	3口家庭	4口家庭	5口家庭	6口家庭	7口家庭
生活救助	2017	495879	844335	1092274	1340214	1588154	1836093	2084033
	2018	501632	854129	1104945	1355761	1606576	1857392	2108208
	2019	512102	871958	1128010	1384061	1640112	1896163	2152214
	2020	527158	897594	1161173	1424752	1688331	1951910	2216915

续表

类型\年份		1 口家庭	2 口家庭	3 口家庭	4 口家庭	5 口家庭	6 口家庭	7 口家庭
医疗救助	2017	661172	1125780	1456366	1786952	2116538	2448124	2778710
	2018	668842	1138839	1473260	1807681	2142102	2476523	2810944
	2019	682803	1162611	1504013	1845414	2186816	2528218	2869619
	2020	702878	1196792	1548231	1899670	2251108	2602547	2955886
住房救助	2017	710760	1210213	1565593	1920973	2276353	2631733	2987113
	2018	719005	1224252	1583755	1943257	2302759	2662262	3021765
	2019	751084	1278872	1654414	2029956	2405498	2781039	3156580
	2020	790737	1346391	1741760	2137128	2532497	2927866	3325372
教育救助	2017	826465	1407225	1820457	2233690	2646923	3060155	3473388
	2018	836053	1423549	1841575	2233690	2646923	3060155	3513680
	2019	853504	1453264	1880016	2306768	2733520	3169272	3587024
	2020	878597	1495990	1935289	2374587	2813886	3253184	3694858

注 1：生活救助为标准收入中位数的 30%；医疗救助为标准收入中位数的 40%；住房救助为标准收入中位数的 45%；教育救助为标准收入中位数的 50%。

注 2：8 口及以上人数家庭的受助标准，每增加 1 人加上 7 口家庭的受助标准与 6 口家庭的受助标准差值。比如，8 口及以上人数家庭生活救助的受助标准：2481920 韩元 =2216915 韩元（7 口家庭生活救助的受助标准）—265005 韩元（7 口家庭生活救助的受助标准—6 口家庭生活救助的受助标准）。

资料来源：韩国保健福利部：《2020 年国民基础生活保障事业指南》，2020 年。

第一，生活救助旨在帮助贫困人口维持最基本的生活水平。生活救助每月以现金的形式提供，津贴涵盖了服装、食物、交通等项目的生活成本，相当于是为食物、衣服、燃料等日用品提供的货币支付。生活津贴会发给家庭收入总额（家庭收入和家庭财产换算成收入后的数额总和）低于标准收入中位数 30% 的家庭。实际社会救助补贴额 = 生活救助的受助标准－收入认定额。

第二，医疗救助为受助人负担一定比率的医疗费用，住院费用负担比例在0—10%之间（医疗保险参保者的共付比例为20%）。医疗救助受助人分为第1种和第2种，第1种医疗救助受助人的药物费用的共付额为500韩元，门诊费用的共付额，按照不同级别医院不同，分别1级医院为1000韩元、2级医院为1500韩元、3级医院为2000韩元。第2种医疗救助受助人的，药物费用的共付额为500韩元，1级医院门诊费用的共付额为1000韩元，2级和3级医院门诊费用共付比率为15%，并且第2种医疗救助受助人的住院费用的共付率，1级医院、2级医院、3级医院都为10%。医疗救助受助人的家庭收入总额（家庭收入和家庭财产换算成收入后的数额总和）要低于标准收入中位数的40%。

表14—4　2018年医疗救助受助人所负担的医疗费用

单位：月/韩元

类型		1级	2级	3级	药店
第1种	住院	没有	没有	没有	—
	门诊	1000元	1500元	2000元	500元
第2种	住院	10%	10%	10%	—
	门诊	1000元	15%	15%	500元

注：医疗救助受助人分为第1种和第2种，并根据其类型给予不同程度的医疗救助，即在本人负担费用上赋予分等责任。

资料来源：韩国保健福利部：《2018年国民基础生活保障受助人现状》，2019年。

第三，住房救助为有租房需求和房屋修缮需求的受助人提供援助，通常为现金或实物形式。住房救助会综合考虑受助人的住房情况、居住类型和家庭规模等因素。住房津贴会发给家庭收入总额（家庭收入和家庭财产换算成收入后的数额总和）低于标准收入中位数43%的家庭。

表14—5 2018年有租房需求的受助人住房救助标准

单位：月/万韩元

类型		1级地区 （首尔特别市）	2级地区 （京畿道/仁川市）	3级地区 （广域市/世宗市）	1级地区 （其他）
家庭人数	1口家庭	21.3	18.7	15.3	14.0
	2口家庭	24.5	21.0	16.6	15.2
	3口家庭	29.0	25.4	19.8	18.4
	4口家庭	33.5	29.7	23.1	20.8
	5口家庭	34.6	30.8	24.2	21.8
	6口家庭	40.3	36.4	27.6	25.2

注：7人及以上人数家庭，每增加2人追加10%。

资料来源：韩国保健福利部：《2018年国民基础生活保障受助人现状》，2019年。

第四，教育救助为受助人提供入学费、学费、书本费、材料费和文具费补贴。2018年每学年救助金额相当于808200韩元左右。教育津贴会发给家庭收入总额（家庭收入和家庭财产换算成收入后的数额总和）低于标准收入中位数50%的家庭。

表14—6 教育救助现状

单位：韩元

类型	救助项目	人均救助额度	
		2017年	2018年
小学生	附加教材费	每人41200	每人66000
初中生、高中生		每人41200	每人41200
小学生	文具费	每人0	每人50000
初中生、高中生		每人54100	每人57000
高中生	教材费	根据不同年级课程适用的全部教材费用来定	
	入学费/学费	根据不同年级每年公布的实际入学费用来定	

资料来源：韩国保健福利部：《2017年国民基础生活保障事业指南》，2017年；韩国保健福利部：《2018年国民基础生活保障事业指南》，2018年；韩国保健福利部：《2018年国民基础生活保障受助人现状》，2019年。

第五，生育救助在 2018 年平均为每个新生儿分娩时的医疗费用提供人均 600000 韩元的补贴。

第六，丧葬救助在 2018 年为每位逝世者的葬祭费用提供 750000 韩元的补贴。

第七，自立援助为基础生活保障的受助人和有工作的贫困者提供就业支持。援助内容包括帮助受助人寻找工作、帮助求职者联系工作单位，以及提供资金支持。作为获得救助的条件，有工作能力的受助人必须参加自立援助项目，例如参加地方的社会劳动、参与维修房屋或者修理自行车的劳动。自立援助的目标是帮助受助人就业，包括自我雇佣。具体的项目包括再就业项目（提供工作机会）和希望银行账户（提供资金支持）。

表 14—7　自立援助的项目类型

项目名称		资格条件	支持内容
自我雇佣		国民基础生活保障项目的受助人；或者收入低于标准收入中位数 50% 的准低收入者。	受助人每天参加 5—8 小时的自立工作，一周工作 5 天。每天可获得 26320 韩元至 39010 韩元的自立工作酬劳。
希望银行	希望银行账户（Ⅰ）	生活救助、医疗救助的受助家庭，家庭工作收入达到或超过标准收入中位数 40% 的 60%。	生活救助、医疗救助的受助家庭每月节省 10 万韩元，之后 3 年内不再获得相关援助，可以获得劳动收入奖励(与家庭收入挂钩)。
	希望银行账户（Ⅱ）	住房救助、教育救助的受助家庭，家庭工作收入低于标准收入中位数的 50%；或者准低收入者。	住房救助、教育救助的受助家庭每月节省 10 万韩元，之后 3 年内继续保持这个情况（完成培训和项目管理），可以获得劳动收入奖励（与节省数额 1∶1 配比）（2014 年 7 月起）。

资料来源：韩国保健福利部：《2018 年国民基础生活保障事业指南》，2018 年；韩国保健福利部：《2018 年国民基础生活保障受助人现状》，2019 年。

（三）申请流程

为了获得最低生活保障的资格，申请人或者某一家庭成员或者申请人的朋友需要以申请人的名义向地方政府提出申请。政府职员也需要以个人名义提交申请。提交申请后，地方政府和公共机构（国民年金服务处）会审查受助人是否符合资格，并根据申请者的劳动能力确定所享受的待遇等级。审查合格后，地方政府会将救助金发放到受助人的银行账户上。

为了稳定受助人的生活水平，即便受助人负有债务，基础生活保障制度也不允许受助人将救助金用于偿债。地方政府会通过电子系统和定期检查跟踪受助人的收入情况。一旦受助人因为收入增加，或者出现其他不符合资格的情况而不再满足受助条件，政府将停止救助。

四、国民基础生活保障立法与制度改革及启示

（一）国民基础生活保障立法与制度的改革

由于《国民基础生活保障法》的修订，韩国政府决定从 2020 年开始大幅度改变收入承认额和扶养费的计算等。下面我们将探讨一下作为低收入国民安全网的基础生活保障制度在 2020 年发生了那些变化。

1. 评价收入时扣除工资收入

国民基础生活保障制度适用于家庭收入低于基准中等收入的 50% 的情况。收入低于中等收入不同的水平申请时，能够领取的补贴不同，收入低于 50% 时，可以领取教育补助；低于 44%（2020 年为 45%）时，可以领取住房补贴；收入加上义务扶养人提供的扶养费低于中等收入的 40%，可以申请得到医疗补贴，30% 以下的可以领取基础生活补贴。收入认可额是评价所有家庭成员收入的"收入评价额"和"财产收入转换额"之和。穷人财产不多，所以收入承认额取决于收入评价额。收入评价额是劳动收入、商业收入、财产收入、转

移性收入等加起来的，而穷人是工作收入、商业收入和转移性收入的主要收入。从 2020 年开始，政府将实施扣除工作收入中 30% 后作为工作收入评价金额的评价标准。

目前，大学生从工作收入中扣除每月 40 万韩元，再扣除剩余收入的 30% 后，再计算收入评价金额。如果从 2020 年开始，劳动所得扣除标准适用于 25—64 岁群体，则将有 27000 户家庭成为新的国民基础补贴受益者，约 7 万户家庭的基础生活补贴将有所上升。虽然在认证劳动收入金额时去除工作收入时的一些必要投入很受欢迎，但是，只扣除劳动收入的 30%，但不扣除农民、渔民和商业人士的部分工作收入是对他们的歧视。

2. 通过提高财产扣除额改变收入换算额

在现存的收入认证额基准下，有些人因为"财产的收入换算额"而不能成为基础保障补贴的受益者。有些人虽然没有多少收入，但有一定的财产，在这些财产换算成收入后，由于收入超过规定的收入标准，导致他们无法领取基础生活补贴，反而一些没有财产而收入相对较高的国民却能领取基础生活补贴，无法领取基础保障补贴的有产者对此很不满。

把财产换算为收入时，可以分为一般财产、金融财产、汽车来计算。一般财产的收入换算是根据居住地区细分为大城市、中小型城市和农渔村，在扣除部分财产后计算的。大城市为 5400 万韩元，中小城市为 3400 万韩元，农渔村为 2900 万韩元，剩余金额乘以 4.17% 作为月收入。这个扣除额在大城市和农渔村分别维持了 10 年、16 年，完全没有上涨，这使得财产的收入换算额过高。政府考虑到物价上涨和生活水平的提高，决定从 2020 年开始将基本财产扣除额提高到大城市为 6900 万韩元，中小城市为 4200 万韩元，农渔村为 3500 万韩元。例如，目前拥有 6900 万韩元一般财产的大城市居民的收入换算额为每月 62.55 万韩元，中小城市居民每月 145.95 万韩元，农渔村居民每月 166.8 万韩元。从 6900 万韩元的普通财产中每年产生 2000 万韩元的收入是非常不正常的。适用 2020 年的标准，大城市居民的收入换算额为每月 0 韩元，中小城市居民每月 112.59 万韩元, 农渔村居民每月 141.78 万韩元。

为了缓解财产换算后产生过多收入的问题, 政府将居住用住宅的限额从大城市的 1 亿韩元提高到 1.2 亿韩元, 从中小城市的 6800 万韩元提高到 9000 万韩元, 从农渔村的 3800 万韩元提高到 5200 万韩元。在这个限额范围内, 住宅财产的收入转换金额仅仅是普通财产转换金额的 1/4。即便如此, 拥有 6900 万韩元住宅的家庭的农渔村居民的收入转换额也将为每月 88.6125 万韩元, 每年为 1063.35 万韩元, 这也是不现实的。

因此, 财产的收入转换额应该增加扣除额, 例如从每月 4.17% 变成每年 4.17% 等。此外, 金融财产的收入兑换额在扣除 500 万韩元后, 每月乘以 6.26% (每年 75%), 汽车的车价乘以每月 100% (每年 1200%), 这是非常不合理的。在基础养老金中, 财产的收入转换额是在全部财产加起来后扣除一定金额, 每年乘以 4% 来计算, 基础生活保障制度也需要参考这些信息进行大幅修改。

3.严重残疾人部分废除扶养义务者标准

2020 年, 政府规定如果基础生活保障的领取者家庭中有重症残疾人, 则有一部分家庭将不适用基础补贴义务者标准。换句话说, 能够领取基本生活保障津贴的家庭, 如果有重症残疾人, 则有可能不考虑义务抚养人的扶养能力。

考虑到社会公平性, 义务扶养人的年收入超过 1 亿韩元, 或者财产超过 9 亿韩元的情况下, 适用义务扶养人标准。重症残疾人家庭即使有义务扶养人, 但如果扶养能力不大, 也不计算扶养费。废除残疾人扶养人的等级制度受到大家的欢迎。残疾人等级制度的废除, 并不适用于所有的注册残疾人, 只是适用于少数重症残疾人, 这点让人遗憾。

政府计划根据基础生活保障实态调查结果, 重新计算无法领取生活津贴的贫困层规模, 并以此为基础, 缓和 2021—2023 年进行的第二次基础生活保障综合计划的额外扶养义务者标准。希望能更快地推进放宽扶养义务者标准。

4. 消除扶养义务人的扶养费中的不平等

计算义务扶养人的扶养费时，在性别和婚姻状态方面存在着的很严重的不平等。未婚子女（儿子、女儿）将超过基准中等收入部分的 30%作为抚养费，已婚子女中儿子为 30%，女儿则为 15%。根据民法，子女不分性别和婚姻，一律平等继承父母的财产，但在计算扶养费时，却在性别和婚姻状态方面作出不同的标准，这是不平等的。政府决定从 2020 年开始，将扶养费征收率降低到 10%，而不考虑性别和婚姻状况。这将增加现有约 5 万户家庭的生计津贴，约有 6000 户家庭将能够获得基础生活补助。

政府从 2019 年 9 月开始，将作为生计医疗福利扶养义务者的一般金融汽车财产的收入转换率从每月 4.17%（每年 50%）降低到其一半水平，即每月 2.08%（每年 25%）。原定于从 2020 年 10 月开始实施的新义务扶养人的财产收入转换额标准将提前实施。这表明，只要政府推进，就能更加合理和快速地改变国民基础生活保障制度。建议将义务扶养者的财产计算转换为收入的方式扩展到领取者。

5. 小结：进一步革新基础生活保障制度

为了确保全部国民都能够享受到人性化生活的宪法权利，应该进一步革新基础生活保障制度，作为受益者制定标准的基准中等收入能够反映平均生活水平，包括"发放后被收回的基础养老金"在内，更合理地计算收入金额，正确地计算扶养费。为了使所有国民都能够随时随地享受基础生活，必须从各种福利津贴的逐个申请方式转变为全面申请方式，并为了保护陷入危机的国民，委托公务员代为申请。政府应该系统地告诉所有国民不同的时期可以申请的津贴并指导国民积极申请。

（二）国民基础生活保障立法对我国的启示

放宽基础生活保障制度盲点的抚养义务者标准的方案，在国内 16 年来赞成或反对的意见不一。但是，在主要发达国家中抚养义务者并不是领取基础生活保障的绝对条件。强调家庭抚养的传统社会逐步衰变，抚养者义务的范围最小化或趋于消失。在符合国家基本生活保障制度的社会救助制度中，基于收入和财产标准的资产调查成为受助人选择的最大标准。社会救助分为多种个别制度，虽然不同制度的供求选定标准不同，但不会因为有父母、子女、兄弟、配偶而无法得到国家的生活支援。在福祉国家传统较强的瑞典、芬兰、挪威等北欧国家，"有没有抚养义务人"不会成为供求条件的决定性变数。家庭抚养义务本身就最小化，而且"低收入群体和弱势群体由国家负责"的社会意识较强。到1978年为止，虽然在法律上规定子女要赡养父母，但实际上从1956年开始，赡养父母不是由子女而是由地方政府负责。

无论是中欧地区的英国、法国还是德国，家庭或亲属几乎不会成为受助条件的决定性前提。以核心家庭为中心，对夫妻和未婚子女征收抚养义务是普遍的。与韩国制度方面运营最相似的社会救助制度的日本进入20世纪90年代以后，抚养义务者标准也大幅放宽。过去的《生活保护法》中，首先考虑的是是否有赡养义务者，但现行日本《生活保护法》不是根据受助人的选定条件，而是以单纯顺序来考虑。

与随着国家福利政策而形成广泛社会救助的西欧不同，日本放宽抚养义务者标准是因为多种申请程序导致本应得到支援的低收入群体未能得到保障的现实性问题。也就是说，对于数十年失去联系的赡养义务者来说，以"赡养不能证明"的方式很难实现"社会救助"的宗旨。最近，因"母女事件"等赡养义务者标准引起争论的国内值得参考的部分。

家庭主义与众不同的南欧的情况正好相反。家庭事务是国家不应干预的，因为家庭隐私观念很强，公共服务制度本身并不多。在南欧圈，社会救助超过父母或兄弟、姐妹范围，只有没有三寸关系的家庭成员才能成为对象的国家很多。

尽管如此，现在仍有相当多的家庭和个人处于社会救助的盲点。要想解决这些问题，有必要进一步放宽或废除抚养义务人标准，并考虑到今后标准中位收入的稳定产出和可预测性，改变标准中等收入计算方式。同时，随着老年人独居、青年独居等独居家庭的增多，对调整家庭均等化指数有研究要求，扩大住房给付的范围，需要增加廉租住房供应和调整租金工资。此外，虽然长期从事自救工作，但其规模和脱贫效果并不明显，因此，对最近成立的韩国自救振兴院抱有很大期待。

对于人均 GDP 超过 3 万美元的韩国来说，从过度以竞争为中心的社会转向包容国民，追求幸福的政策迫在眉睫。特别是为实现革新包容国家政策的核心"负责公民基本生活的国家"，在创造公共和民间均衡就业岗位的同时，要大胆改革保障贫困老人等低收入群体的基本生活的国民基础生活保障制度，让国民能够经常感受到社会安全感。

附录一　中国香港特别行政区的社会救助制度

　　社会救助制度构成了中国香港地区社会保障体系的主体，主要由现金救助和非现金救助（例如公共房屋计划）构成。本附录所指的社会救助是狭义上由政府通过现金转移以维持公民收入水平的保障项目，即现金救助。当前，香港特别行政区政府（以下简称"特区政府"）提供的现金救助项目，主要包括综合社会保障援助计划（以下简称"综援计划"或"综援"）和公共福利金计划①。其中，综援计划是设立时间最久、最为主要的社会救助项目。本附录将围绕香港地区综援计划的历史、现状和特点，探索香港地区社会救助制度的运行和发展，以期助益内地社会救助制度的完善。

　　综援计划是香港地区最重要的安全网，是香港特区政府处理及解决贫困问题最直接的制度安排，也是开支最大的项目②。综援计划由特区政府社会福利署执行，目的是"以收入补助方法，为那些在经济上无法自给的人士提供安全网，使他们的收入达到一定水平，以应付生活上的基本需要"。③

---

① 根据社会福利署的定义，公共福利金计划是为严重残疾或年龄在 65 岁或以上的香港居民，每月提供现金津贴，以应对因严重残疾或年老而引致的特别需要。主要包括长者生活津贴、高龄津贴、伤残津贴等。

② 参见黄洪：《"无穷"的盼望——香港贫穷问题探析（增订本）》，中华书局（香港）出版有限公司 2015 年版，第 191 页。

③ 香港特别行政区政府社会福利署门户网站，访问日期：2019 年 9 月 15 日，网址：https://www.swd.gov.hk/tc/index/site_pubsvc/page_socsecu/sub_comprehens/。

一、中国香港特别行政区社会救助制度历史

（一）发展历程

1.公共援助计划时期（1971—1992年）

综援计划的前身是香港地区于1971年正式开始推行的公共援助计划（以下简称"公援计划"）。公援计划以英国《国家救助法案（1948）》为蓝本，是香港地区首个制度化的现金救助项目。在此之前，香港地区的社会救助主要是临时性、有限性的项目安排，多以实物救济为主。公援计划的推行意味着当地政府开始从慈善机构中接过了社会援助的责任[①]，该项计划也成为了香港地区社会保障制度的基础。

从制度出台的背景上看，公援计划的出台与20世纪50—60年代香港地区的政治、经济、社会等多方面发展有着密切的联系。首先，经济的快速腾飞导致了收入分配的不均，从而激发了社会矛盾。在20世纪50年代，香港完成了由转口港到轻工业城市的转变，制造业得到大力发展，香港经济迅速起飞。60年代，制造业得到继续发展和持续扩张，经济开始高速增长。与此同时，劳动者的薪资却仍处于较低水平，社会阶层的分化逐渐形成，社会矛盾逐渐凸显，因此引发了多起抗议活动。1966年，天星小轮提价事件引发了民众对于政府连年加价、加租、加费等措施的不满，导致了九龙地区出现了两晚骚乱。天星小轮骚动事件暴露了香港地区长期潜伏的社会矛盾，以及民众对殖民政府的不满。随后，1967年中旬，随着社会和经济矛盾的进一步加剧，爆发了为期6个月的暴乱事件，史称"六七暴动"。此次事件也被认为是香港在第二次世界

[①]　参见曹云华：《香港的社会保障制度》，《社会学研究》1996年第6期。

大战后历史的分水岭①。此次暴动的规模之大、持续时间之长引起了港英政府对香港社会问题的关注，成为了社会改革的催化剂。② 在第二次世界大战后，作为率先完成工业化的"亚洲四小龙"之一，香港地区一直追求高经济增长，而忽视了社会福利的改善，并且"以小规模的社会福利公共开支作为其发展经济的优势"③。在几乎没有任何社会福利的情况下，慈善组织承担着提供社会救助的主要责任。在 60 年代之前，除了涉及工业安全的劳工法例之外，劳动者的权益几乎没有任何保障。这些都是当时导致工潮爆发的直接原因。

其次，在政治方面，中国香港地区在这一时期迎来了新一任港督，推动了福利制度的快速发展。与以往由英国殖民地部官员出任总督不同，1971 年，外交官出身的麦理浩勋爵上任香港第 25 任总督。在社会运动频发的背景下，针对香港的社会问题和冲突，麦理浩总督推动了香港地区全方位的深层次改革。公援计划起初由上一任港督戴麟趾推行，但制度设立之初只是向受助人发放现金膳食津贴，待遇水平低且覆盖面小。而麦理浩认为，政府有责任帮扶弱势群体，救助责任不应全部由慈善团体承担，更不应任由自由市场作出调节。因此，在其任期内，不仅重点开展了反贪污工作，成立了廉政公署（1974 年），还推行了一系列社会政策，包括改革住房、教育、社会救助等多个方面。在教育方面，推行了免费小学教育（1971 年）和九年义务教育（1978 年）；在劳工保护方面，每周工作时间缩短至 48 小时（1971 年）；在医疗方面，发布《香港医疗和卫生服务的进一步发展》（1974 年）；在住房方面，开始推广十年公共房屋计划（1973 年）等。

从制度的发展历程上看，在 1971—1991 年间，公援计划的保障对象和保障内容不断得到改善（见表附 1—1），覆盖面和保障水平都得到的显著扩大和提升。例如，1977 年，港英政府发布《社会保障——为最不能自助者提供帮

---

① 参见张家伟：《六七暴动：香港战后历史的分水岭》，香港大学出版社 2012 年版。

② See Cheung G K. *Hong Kong's Watershed: The 1967 Riots*. Hong Kong University Press, 2009. p.5.

③ 郑功成：《从高增长低福利到国民经济与国民福利同步发展——亚洲国家福利制度的历史与未来》，《天津社会科学》2010 年第 1 期。

助》绿皮书，建议在公共援助计划中引入长期补助金；1978 年，港英政府开始为 60 岁以上未领取伤残或高龄津贴的受助人发放老年人补助金；1980 年，设立残疾人补助金；1991 年，设立儿童补助金。在经历了 20 年的发展后，公援计划形成了三个组成部分：(1) 基本补助：主要用于日常膳食及其他基本生活支出；(2) 特别津贴：主要用于支付房租、子女教育等费用；(3) 特别补助金：又分为特别补助金（对象为连续领取公共援助金超过一年以上者）、老人补助金（对象为年龄在 60 岁以上但又无资格领取高龄津贴的老人）和伤残补助金（针对丧失 50% 谋生能力但不满足领取伤残津贴资格的人士）。①

伴随着香港社会日趋成熟，市民的本土意识和对身份的认同日益增强，政府对社会发展的重视不再局限于经济增长，而是更认真地考虑均衡发展、都市建设和如何满足市民多种多样的社会需要等问题。② 在这种观念的变化下，公援计划中逐渐出现了针对不同人群、不同需要、不同待遇领取期等多种类别和项目，从而导致了公援计划碎片化严重，同时也为公援的申请和待遇计发等管理运行方面带来了问题。

2. 综合社会保障援助计划时期（1993 年至今）

针对公援金项目的碎片化问题，1993 年 7 月，公共援助计划正式更名为综合社会保障援助计划。综援计划整合了来自基本补助金、特别津贴和特别补助金等不同项目的援助金额，按不同类别受助人制定了标准金额，以避免申请人对申请不同援助计划的混淆。③ 与此同时，不同类别受助人的待遇水平提高了 4%—37%。此次待遇提升主要针对老年人和残疾人。综援计划为那些因年老、残疾、患病、失业、低收入或其他原因在经济上无法自给的个人或家庭提供了社会安全网，为其提供经济援助，以应对他们的基本生活需要。另外，综

---

① 参见曹云华：《香港的社会保障制度》，《社会学研究》1996 年第 6 期。

② 参见桂世勋、黄黎若莲：《上海与香港社会政策比较研究》，华东师范大学出版社 2003 年版。

③ 参见李敏仪：《香港向有需要人士发放津贴或财政援助的基准》，2005 年 6 月 22 日，https://www.legco.gov.hk/yr04-05/chinese/sec/library/0405rp07c.pdf。

援受助人可以在公立医院或公立诊所获得免费医疗服务。

此次改革正式确立了综援计划的基本结构，此后的改革措施主要集中在申请资格和待遇水平的调整（发展历程见表附1—1）。1995年，围绕综援计划的救助效果、救助水平是否能够满足受助人的基本需要，以及如何确定综援待遇标准，政府进行了综援计划检讨。此次检讨中，社会福利署提出以基本需要法及以住户支出统计调查方法来确定综援的基本待遇金额。其中，基本需要法用来计算综援的最低标准，而住户开支统计调查方法则是根据非综援家庭的实际支出为标准来计算综援的较高标准，即以最低5%的非综援家庭支出水平作为综援家庭的支出上限。① 根据综援检讨的结果，政府于1996年提高了特定类别受助人的综援标准金额（涨幅为9%—57%）。其中有工作能力的受助人（也称为失业综援受助人）待遇增幅最多。1996年也是联合国提出国际消除贫困年，此次综援待遇的改善也被看作是当时政府的回应。②

之后，在金融危机的背景下，领取综援的家庭和个人数量以及公共投入日益增长。于是，特区政府社会福利署对综援计划作出检讨，于1998年12月发布了《综合社会保障援助（综援）计划检讨报告书》。③ 报告书中指出，领取综援的失业个案数量持续上升，多人口家庭平均每月的人均综援收入比最低工资高出较多，较高的综援待遇会降低受助人的工作意愿。为了防止出现依赖综援的风气，以及避免一些有工作能力的人认为依赖福利援助金生活是较佳的选择，因此提出有工作能力的健全综援申领人必须自力更生。建议通过推行自力更生支援计划以鼓励及协助失业综援受助人重新就业、自食其力，从而确保公共资源用于有真正需要和处境困难的人。因此，1999年，特区政府正式推行"自力更生支援计划"。

---

① 参见黄洪：《"无穷"的盼望——香港贫穷问题探析（增订版）》，中华书局（香港）出版有限公司2015年版。

② 参见周永新：《真实的贫穷面貌——纵观香港社会60年》，中华书局（香港）有限公司2014年版。

③ 参见香港特别行政区政府社会福利署：《综合社会保障援助（综援）计划检讨报告书》，2018年12月，https://www.swd.gov.hk/sc/index/site_pubpress/page_publicatio/。

与此同时，政府也开始了一系列的综援削减措施。1999 年 6 月，社会福利署提出削减三人及以上家庭的基本金额、削减健全成人及儿童的特别津贴以及长期补助金。香港社会服务联会社会保障委员会 2010 年发布的《削减综援前后：综援住户生活调查》显示："对于不少综援家庭来说，房屋及教育的开支根本已经减无可减，并且这些服务的价格弹性非常低，也无法找到替代性服务，因此在综援收入减少后，最可行的应付方法便是减少食物支出。"[①] 受金融危机的影响，综援计划自此开始了长达十余年的削减过程。

自 1997 年开始，香港地区出现持续性通货紧缩。因此，特区政府于 1999年开始冻结了综援的待遇标准，一直未再有待遇调整。直到 2003 年，特区政府再次发布综援检讨，其中指出，现行的综援标准金额可下调 11.1%，并且调整后的金额仍然能满足受助人的基本生活需要。此次待遇下调是综援待遇水平下调幅度最大的一次，此后综援计划的实际保障水平几乎没有变化。不仅如此，综援的申请门槛也进一步被收紧。同年，特区政府发布《人口政策专责小组报告书》，建议对综援申请人实施新的 7 年居港规定，目的是鼓励有工作能力的新移民在申请福利援助前尽可能地自食其力。

在 1991—2011 年期间，综援个案数占总全港住户比例先是在 1991—1999 年间从 4.6% 快速增长到 11.6%，而在 1999—2005 年间呈现出缓慢增长（11.6%—13.5%），此后开始下滑，2011 年该比例停留在 12.1%。[②] 综援计划覆盖范围的变化一方面与当时的经济社会发展水平密切相关，另一方面也反映了其背后的制度理念。

因香港地区的经济发展速度放缓以及综援待遇的急剧下降，香港地区的贫困问题愈发严重。在尚未建立起公共养老金制度的背景下，老年人的贫困问题更为严重。因此，香港地区在近年来针对低收入老年人开始推行公共福利金计划。

[①] 香港社会服务联会社会保障委员会：《削减综援前后：综援住户生活调查》，2010 年，https://web. swk.cuhk.edu.hk/~hwong/pubfile/researchmonograph/2000_HKCSS_Impact_of_Cutting_CSSA.pdf。

[②] 数据引用自黄洪：《"无穷"的盼望——香港贫穷问题探析（增订版）》，中华书局（香港）出版有限公司 2015 年版，第 166 页。原始数据出自相关统计年刊和香港统计月刊。

2013 年，香港地区开始实行长者生活津贴（Old Age Living Allowance），对象为 65 岁及以上的永久性居民；在此基础上，2018 年，针对资产总值更低的老年人开始推行高额长者生活津贴。长者生活津贴的申请过程与综援相似，但需要通过更高标准的收入和资产审查，并且与长者综援生活津贴不能同时领取。因此，公共福利金的本质仍然是现金救助，可以看作是综援计划的补充性救助制度。

但是，人口老龄化程度的不断加深为基于公共财政的综援计划的可持续性带来了挑战。为减轻综援的财务压力以及鼓励就业和自力更生，2019 年开始，领取长者综援的资格年龄由 60 岁调高至 65 岁。

表附 1—1　香港地区综援计划的发展历程

年　份	事　件
1967	《社会保障的若干问题报告书》建议港英政府循序渐进地实施社会保障计划，首先解决疾病、医疗、体弱和生存等社会保障问题
1971	港英政府正式开始推行现金给付式"公共援助计划"
1972	调整基本待遇金额（包括必需的家庭支出）
1974	对受助人的支出模式进行调查
1976	根据 1974 年的调查结果制定新的物价指数
1977	香港经济出现严重衰退，领取公共援助金的资格放宽，允许 15—55 岁失业人士申领；港英政府发表《社会保障——为最不能自助者提供帮助》绿皮书，建议改进公共援助计划，引入长期补助金
1978	开始每年发放一次长期个案补助金；为 60 岁以上未领取伤残或高龄津贴的受助人发放老年人补助金；实施豁免计算收入的规定，目的是为有微薄收入的受助人能够保留其部分收入
1980	为局部残疾人士设立残疾补助金
1988—1989	向儿童、新生儿及初次工作的青年人发放特别津贴
1991	设立儿童补助金
1993	公共援助计划更名为"综合社会保障援助计划"并推行改革，包括：援助待遇水平提高 4%—37% 不等；整合公共援助计划与其他各类补助金，为不同群体发放定额援助金等

续表

年 份	事 件
1995	综援计划检讨，社会福利署提出以基本需要法及以住户开支统计调查方法来确定综援的基本待遇金额
1996	特定类别受助人的待遇标准增加 9%—57% 不等
1997	推行"综援长者自愿回广东省养老计划"
1999	政府实施削减综援待遇措施，包括削减三人及以上家庭的基本金额、削减健全成人及儿童的特别津贴以及长期补助金；正式推出"自力更生支援计划"
2003	针对综援申请人实施 7 年居港规定 综援待遇削减，特区政府指出综援标准金额可下调 11.1%
2005	推行"综援长者广东及福建省养老计划"
2013	推行"长者生活津贴"（公共福利金）； 公布官方贫困线，即家庭平均收入中位数的 50%； 综援计划申领资格中，7 年居港规定恢复至 1 年
2018	推行"高额长者生活津贴"
2019	领取长者综合社会保障援助的资格年龄由 60 岁调高至 65 岁

（二）理念

1.政府适度有为，强调自力更生与家庭责任

综援计划作为香港社会保障体系中最主要的制度，以社会救助为主体的社会政策体系反映了补缺型（也称为剩余型）的福利理念。这一福利理念强调政府是提供福利和服务的最后防线，只有当个人和家庭无能为力时才作为补救出现。正如香港大学周永新教授对香港民生政策的特色所描述的，"政府为了保持行之已久的资本主义制度，是无法根本性的改变倾向保护富人利益的税收政策；收入分配既不平均，政府又无法透过税收大幅度的进行再次分配，所能做到的就只有保障基层市民生活一途，而这种'社会安全网'，遂成为香港民生政策的特色"①。

---

① 周永新：《创建公平和关爱社会——香港民生政策的得与失》，中华书局（香港）有限公司 2017 年版，第 219 页。

1958 年，香港社会福利署成立时即强调，家庭在社会福利中应发挥主体作用，由此也限制了政府可承担的福利责任。1965 年，港英政府发布第一份社会福利白皮书，强调社会福利制度应加强对家庭的支持，家庭应承担救济措施的主要责任。这份白皮书表明，"政府有责任照顾贫穷并且没有依靠的人士，但从长远来看，脱贫仍是个人及家庭的责任，政府只是提供教育及工作的平等机会，令个人能有晋升的阶梯"①。

香港地区社会政策的发展历程中不断强调个人和家庭的重要性。② 具体到综援计划来看，政府承担兜底责任的基调没有发生过太大变化，综援始终扮演着社会安全网的角色。从制度设计上看，综援的申请资格以居住在一起的家庭成员为单位，根据人口数量进行资产和收入审查。其中暗含了社会对于家庭内部必定会形成互助共济的共识，而由政府提供的救助项目必须在个人和家庭都无能为力时才发挥作用。正如立法会的一份报告所指出，"社署要求与家人同住的人士须以家庭为单位提出申请。这一要求基于家庭是社会的基本单位，同一家庭的各个成员应互相扶持，互相帮助。有入息者应负责供养没有经济能力的家人。综援受助人应先使用家庭的经济资源来应付基本生活所需。"③

在公共援助制度初期，15—59 岁的健康成年人并不符合申请资格。其中主要理由是，有工作能力的人理应去工作而非依靠社会救助。尽管失业的低收入者此后也纳入了综援计划中，但之后也专门推行了"自力更生支援计划"，要求健康的劳动力年龄人口必须在积极参与就业的前提下才有资格获得社会救助。可以看到的是，社会救助中的个人责任被反复强化。

整体上看，香港地区的社会救助体系呈现出个人和家庭承担主要责任、政

---

① 黄洪：《香港的扶贫政策》，收录于"全球化下两岸三地的社会政策——理论与实践"研讨会，2006 年，https://web.swk.cuhk.edu.hk/~hwong/pubfile/conference/2006_Conference_Poverty_Alleviation_Policy_in_HK.pdf。

② 参见黄洪：《香港综援制度的发展与展望》，原载于《关注综援检讨联盟》(2000)，第67—71 页。https://web.swk.cuhk.edu.hk/~hwong/pubfile/book/2000_Development_and_Prospoect_of_CSSA_in_HK.pdf.

③ 2019 年 1 月 16 日立法会会议"检讨综合社会保障援助计划"议案，https://www.legco.gov.hk/yr18-19/chinese/counmtg/motion/cm20190116m-skc-prpt-c.pdf。

府承担最后的兜底责任的责任分担格局。这一救助责任分担格局的形成可以从三个方面进行解释。首先，"积极不干预"与"适度有为"的执政理念限定了政府责任的边界。港英政府时期，"积极不干预"（Positive non-interventionism）的执政理念长期存在，体现在政治、经济、社会等多个方面。作为殖民统治的工具，港英政府早期缺少提供公共福利服务、促进社会公平的动力。直到20世纪60年代爆发了多次动乱，不断深化的社会矛盾才引起了港英政府的关注，从而针对困难群体开展了制度化的公共救助项目。在香港回归后，尽管《中华人民共和国香港特别行政区基本法》（以下简称"基本法"）提出，"特区政府在原有社会福利制度的基础上，根据经济条件和社会需要，自行制定其发展、改进的政策"。但香港地区福利制度仍表现出谨小慎微式的发展。特区政府的执政理念经历了董建华特首提出的建立一个"仁爱公义"的社会，曾荫权特首提出"大政府、小社会"，之后梁振英特首提出的政府应"适度有为"的过程。从早前的"积极不干预"到此后的"适度有为"，尽管政府在社会福利领域所承担的责任在逐渐扩大，但是整体上始终停留在"适度"的范围。

其次，"狮子山精神"下的个人拼搏文化倡导自力更生、自我负责。从人口构成来看，香港地区的人口早期以移民为主。新移民严重缺乏地区的归属感，更相信依靠个人打拼而生存。而在殖民统治时期，早期几乎没有社会福利和服务项目，当地居民即使遇到困境也不可能寄希望于港英政府施以援手，而唯一能够依靠的只有自己和家人。因此，香港地区形成了以勤奋、拼搏为特征的"狮子山精神"，产生了强烈的自力更生、自我负责的文化。随着社会文明的发展以及香港主权的回归，民众对于政府提供福利的期待有所提高，香港市民的社会福利权也受到了基本法的保障。但是，自我负责、自我保障的文化仍占主导。

再次，中国传统文化中对于家庭责任的重视也影响着责任分担格局的形成。华人社会普遍受到中国传统文化中重视家庭责任的影响。① 家庭作为最为

---

① 参见岳经纶：《香港社会救助制度的发展及其对中国内地的借鉴》，《暨南学报（哲学社会科学版）》2017年第7期。

主要的保障主体，强调家庭保障在华人社会具有深厚的文化基础。随着经济、社会、人口等多方面的变化，传统的家庭保障模式在一些地区逐渐瓦解，加上社会需要的多样化，基于互助共济的社会化风险分担机制逐渐形成。但是，传统以家庭保障为主体的风险分担、福利供给方式在华人地区仍发挥着广泛而深远的影响。这种强调家庭责任的文化传统对于形成以家庭为主体的社会救助责任分担格局提供了一定的民意基础。

2. 满足最不能自助者的基本生活需要

综援计划经过近 50 年的发展，制度的定位和目标始终围绕着为"经济上无法自给的人士提供安全网"，强调"满足最不能自助者的基本生活需要"。这一理念决定了制度设计中的覆盖对象以及保障水平。"社会安全网"的定位，一方面意味着这项制度要发挥兜底功能，为深陷困境的民众提供最后的生存防线；另一方面，安全网意味着待遇水平不能过高，更不能对其他福利来源或福利责任产生挤出效应。

从保障对象的识别过程上看，综援计划设有严格的资格审查[①]以及针对综援的欺诈和滥用的监管办法，以确保救助的对象必须是经济状况低于一定水平的单身人士或家庭，也就是"最不能自助者"。而那些有工作能力的低收入者（例如失业人士），必须在积极寻找工作的前提下才可获得援助。"福利不能影响工作意愿"或"避免福利养懒汉"被认为是获得社会救助的基本前提。社会福利署在综援检讨中指出，"无可置疑，我们应防止出现依赖综援的风气，以免一些有工作能力的成人认为，依靠福利救助金过活是较佳的选择，即使可以觅得工作，也宁愿领取福利援助金"[②]。因此，近年来综援计划增加的津贴项目多限于老年人、儿童或残疾人等，基本不包括健康的劳动力适龄人口。另外，综援计划中针对有工作能力的成员的家庭（或单身人士），要求必须满足一定

---

① 审查内容详见本附录第二部分。

② 香港特别行政区政府社会福利署：《综合社会保障援助（综援）计划检讨报告书》，2018 年12 月，https://www.swd.gov.hk/sc/index/site_pubpress/page_publicatio/。

的工作时长才可以获得一些特殊津贴,以鼓励积极就业。以上规定都反映了对于"最不能自助者"的定义。

从保障水平和保障内容上看,社会救助项目强调满足"基本生活需要"。在1995年的综援检讨中,满足基本生活需要的救助水平被界定为:以基本需要法衡量绝对贫困作为救助水平的下限,以住户开支统计调查法衡量相对贫困,将5%的非综援家庭支出水平作为救助水平的上限。这种设定同时顾及了贫困的绝对性和相对性。对贫困的相对性的考量也体现在综援待遇的动态调整机制上。在这种设定下,当时的综援待遇水平有了较大幅度的提升。然而,也因为贫困的相对性设定,在经济危机时期,政府以通货紧缩为由,大幅且连续下调了综援待遇水平,最高幅度达11.1%。这一待遇调整的历程表明综援计划的待遇水平只能是保基本,而这种保基本的理念应兼顾绝对贫困和相对贫困。

(三) 重大争议

尽管自综援计划成立以来尚未经历过重大的改革,但是发展过程中的争议始终存在,并且一直是社会关注和讨论的焦点。相关重大争议可大致分为救助的对象(谁可以得到救助?)、救助的动机(为什么要实施救助?)以及救助的影响(实施救助后会产生什么影响?)三个方面。

1.救助的对象:资格认定的条件

有关救助对象的争议反映在综援计划中资格认定条件的变化。这一争议围绕谁可以得到社会救助而展开。尽管综援计划的目的明确为满足最不能自助者的基本需要,但是哪些群体是最不能救助者以及该如何界定最不能自助者,难以形成共识。其中包括,有工作能力的人该不该领取综援?新移民能不能领取综援?与子女同住的老年人有没有资格申请综援等。

从综援计划的发展历程中可以看出,1996年针对综援个案的待遇调整,其中受益最大的群体是有劳动能力的低收入者及其家庭。而自1999年开始,综援计划要求有工作能力的人必须以积极参与就业为前提。也意味着，有工作能力的就业年龄人口不符合领取综援的资格条件，除非是在自力更生的基础上仍无法满足自己和家人的基本生活需要时才有可能获得救助。从整体上看，将自力更生作为有工作能力的人领取综援的前提得到了普遍的认可。但是，因为工作能力的界定与年龄密切相关，因此争议的焦点更聚焦在如何界定有工作能力。例如，综援的标准金额分为针对长者（老年人）和非长者两类，其中长者综援无须满足自力更生计划的要求，待遇水平更高。为适应人口老龄化的结构变化，2019 年，领取长者综援待遇的资格年龄从 60 岁提升至 65 岁，意味着 60—65 岁的老年人也需要在满足自力更生的前提下才能领取综援。而此前这类群体并没有被定义为有工作能力的人。这一改革推行后引发了社会的强烈不满。

针对新移民①能否领取综援也引起了广泛的争论。2003 年，社会福利署提出综援申请人必须获得香港永久居民身份且居住在香港至少七年及以上，以提高新移民的就业动力。而在 2013 年，这项居港要求恢复为一年。当初延长居港规定的部分考虑是为了鼓励新移民自力更生，避免新移民增加综援的财务负担。但从权利和资源分配平等的角度看，新移民已经满足了移民的条件成为了正式居民，那么就应该享受平等的资格条件。因此，有观点认为降低新移民获得综援救助的门槛，是社会公平进步的体现。另外，因为有一大部分新移民来港的目的是为了与家人团聚，而这类群体中不乏低收入群体。对于这类群体来说，综援的支持为其尽快实现自食其力、融入当地社会提供了一个缓冲期，能够帮助他们减轻在移民初期的生活压力。

对于与子女同住的老年人能否独立申请综援也长期存在争议。按照规定，综援资格审查以居住在一起的家庭为单位。若老年人与子女共同居住，一般默认为子女会承担供养父母的责任，家庭内部存在很强的互助共济。因此，成年子女的收入会作为老年人的资产审查的内容之一。也就意味着，若子女的收

---

① 新移民一般指从中国大陆移居香港，到香港定居者。

入较高，则其父母可能因此不能通过社会福利署的资产审查。1999 年起规定，与子女同住的老年人不得独立申请综援，除非子女（包括不同住）向社会福利署提供文件声明自己没有能力或不愿意承担供养父母的责任。[①] 出于道德和社会舆论的压力，即使一些家庭确实无力供养老年人，也极有可能不愿出具这一声明。数据显示，在这一措施发布后，老年人综援个案的增长率从 1998—1999 年的 10.9% 迅速下降至 1.7%。[②] 有人认为，将老年人的资产状况与成年子女绑定可能加重香港地区的老年人贫困。但是，有报道发现欺骗综援的行为，即子女一边签署不供养声明，一边以照料父母为由申请免税。另外，从审查的操作层面上看，事实上是否有经济供养或经济转移的行为是难以查证的。因此，这项规定引发的种种不道德或有损尊严的行为引起了社会的不满和关注。2017 年 2 月起，社会福利署取消了由子女出具声明的规定，改为由老年人本人自述家庭状况。

2. 救助的动机：贫困的归因与公民的福利权

有关综援的第二个重大争议集中在为什么要救助的问题上，也就是救助的动机。救助制度的动机首先反映了一个地区对于贫困的归因，即是个人原因还是社会原因导致的贫困；其次反映了地区的福利观，特别是福利是否是公民的基本权利之一（福利权）。具体来看：

首先，对贫困归因的解释对社会救助动机的影响具体表现在，有关贫困致因的社会认同决定着社会救助制度的发展走向。传统上，对于致贫原因的解释多倾向归咎于个体的原因。这种个人主义的解释忽略了社会环境对个体造成的影响，缺乏对贫困的完整认识，导致了"基本归因错误"（fundamental attribu-

---

① 香港地区俗称"衰仔纸"。

② 参见香港老年人息保障资讯网：《综援、长者生活津贴及高龄津贴的漏洞》，访问时间 2019 年 8 月 10 日。http://pension.org.hk/%E7%8F%BE%E5%AD%98%E5%8D%B1%E6%A9%9F/ %E7%B6%9C%E6%8F%B4%E8%88%87%E9%AB%98%E9%BD%A1%E6%B4%A5%E8%B2 %BC#e。

tion error)①。实际上,贫困的致因不能仅从个人主义视角解释,而是更需要从宏观的结构主义视角解释。个人主义和结构主义对于贫困致因的不同解释形成了有关个人还是社会承担主要脱贫责任的争论。一般来看,当社会发展到一定的程度,贫穷不再被视为是个人的问题,因此必须通过制度化的安排去解决,政府必定不能袖手旁观。

其次,救助的动机也反映了香港地区福利观的变化。政府提供社会福利在早期被认为是有需要的人被动地接受救济的过程。随着社会文明的进步以及全球福利制度的发展,基于公民资格的福利权越来越被认可。早期"被救助"或福利的"接受者"②的观念逐渐转变为一种公民的福利权。政府提供福利的行为也从最初的出于悲悯转变为出于对公民所履行的义务。这一福利观念的变化也决定了整个社会保障制度的覆盖范围和待遇水平。

以上观念变化从根本上引发了综援计划中有关救助资格、救助范围、救助水平等的争议。从综援的发展历程来看,早期因为贫困的归因是个人,因此也导致了受助人处于"被救助"的地位,政府仅承担非常有限的责任。例如,公援计划开始实施时只提供现金膳食津贴,体现了"救济"和"施舍"的福利观,也反映了贫困致因的个人属性。

3.救助的影响:福利依赖与救助的污名化

综援计划的争议还围绕着关于救助制度会产生的影响而展开。一类观点认为,较高的救助待遇水平或者对于有工作能力的人过于慷慨,都可能会导致一部分人产生福利依赖,放弃自力更生。而另一类观点则认为,综援计划并没有导致大规模的福利依赖,反而是引发了申请救助被污名化或者负面标签效应,让即使有救助需要的人也拒绝接受援助。

---

① See Calnitsky D. "Structural and individualistic theories of poverty". *Sociology Compass*, 2018, 12 (12) . doi:10.1111/soc4.12640.

② 周永新:《创建公平和关爱社会——香港民生政策的得与失》,中华书局(香港)有限公司2017年版。

实际上，一般认为福利依赖导致的主要直接后果就是"养懒汉"，而"懒汉"或"被救助"的标签会造成福利（或救助）的污名化，因此又导致了一部分人即使符合社会救助资格也不愿意申请。这是对于救助制度截然相反的两种观念。根据 2006 年香港理工大学开展的香港市民对综援态度的意见调查，近六成受访者认同"滥用综援的情况十分严重"，74.3% 的受访者认同综援会减低受助人的工作动力。[①]这种结果表明，大部分市民中倾向综援计划会导致"养懒汉"的观点。但与此同时，也有 1/3 的受访人表示，即使有需要或符合申领资格仍然不会申请综援，主要的原因是不想靠政府或怕自己与家人被人看不起。也就说是，综援养懒汉的标签在一定程度上构成了领取综援的障碍。

香港中文大学的黄洪教授在分析了 1996—2005 年 10 年间领取综援的失业人士与全部失业人口的关系时发现，大多数人将综援视为最后安全网，若有工作机会时，仍会以工作为优先，从而论证香港地区未出现依赖政府或依赖福利的文化[②]。也有研究指出[③]，在几万个成年人领取综援的案例中，其中四万多个案来自单亲家庭、两万多个案来自低收入家庭。更多的市民因综援计划严格的审查制度而不愿申请，而骗取综援的是极少数的。《真实的贫穷面貌——纵观香港社会 60 年》一书中这样描述道："他们若无法增加自己的收入，生活会不好过，虽不致要领取综援，但会成为社会'垫底'的一群，被人觉得自己好食懒飞；他们得承认自己是失败者。"[④]

乐施会 2009 年的一项调查[⑤]表明，有近三成受访者表示即使自己或家人

① 黄洪:《"无穷"的盼望——香港贫穷问题探析（增订版）》，中华书局（香港）出版有限公司 2015 年版。
② 参见黄洪:《"无穷"的盼望——香港贫穷问题探析（增订版）》，中华书局（香港）出版有限公司 2015 年版，第 182—184 页。
③ 参见周永新:《真实的贫穷面貌——纵观香港社会 60 年》，中华书局（香港）有限公司 2014 年版。
④ 周永新:《真实的贫穷面貌——纵观香港社会 60 年》，中华书局（香港）有限公司 2014 年版，第 101 页。
⑤ 参见乐施会:《香港市民对"综援"态度意见调查》，2009 年，http://www.pension.org.hk/%E7%8F%BE%E5%AD%98%E5%8D%B1%E6%A9%9F/%E7%B6%9C%E6%8F%B4%E8%88%87%E9%AB%98%E9%BD%A1%E6%B4%A5%E8%B2%BC。

有经济需要也不会申领综援，其中最主要理由为："不想依赖政府"（68.2%）和"不想自己或家人被看低"（27.2%）。这种不愿申请综援的情况在老年人中也相当普遍。根据 2010 年的一项调查[①]，当时全港共计有 33 万老年人符合申领综援，但其中有超过四成放弃了申请。

二、中国香港特别行政区社会救助制度现状

（一）基本内容

根据特区政府社会福利署 2019 年 4 月发布的《综合社会保障援助指引》[②]以及其他相关政策文件，本附录将从申请资格、申请程序、待遇类别、豁免计算规定、其他福利项目、上诉程序、投诉程序、申请人义务、举报涉嫌欺诈及滥用等方面对综援计划的基本内容进行介绍。

1. 申请资格

综援的申请资格包括三个部分：居港规定、经济状况调查和身体健全成人的附加准则。

（1）居港规定。申请人必须取得香港居民身份不少于一年且取得香港居民身份后在香港居住满一年。

（2）经济状况调查。申请人必须通过收入及资产的审查。收入审查指申请

[①] 参见乐施会：《关于未有领取综合社会保障援助的贫穷长者生活、健康状况及其对社会保障态度的政策文件》，2010，http://www.pension.org.hk/%E7%8F%BE%E5%AD%98%E5%8D%B1%E6%A9%9F/%E7%B6%9C%E6%8F%B4%E8%88%87%E9%AB%98%E9%BD%A1%E6%B4%A5%E8%B2%BC。

[②] 参见社会福利署：《综合社会保障援助指引》，2019 年 4 月发布，https://www.swd.gov.hk/storage/asset/section/250/sc/CSSAG0419（chi）.pdf。

人及其家庭成员每月可评估的总收入必须低于他们在综援计划下所认可的每月需要总额。资产审查指申请人及其家庭成员所拥有的资产（包括土地／物业、现金、银行存款、保险计划的现金价值、股票及股份的投资及其他可变换现金的资产及财物）总值不得超过规定限额。

表附 1—2　申请综援的资产审查限额（2019 年 4 月）

类别				资产限额（港元）
个人	健全成年人			32000
	儿童、长者、残疾人士或经医生证明为健康欠佳人士			48500
家庭	家庭成员中有健全成年人	健全成人或儿童的成员数	1 人	21000
			2 人	42000
			3 人	63000
			4 人或以上	84000
		年老、残疾或经医生证明为健康欠佳的成员数	1 人	48500
			2 人	72500
			3 人	96500
			4 人	120500
			5 人	144500
			6 人	168500
	家庭成员中无健全成年人	家庭成员数	2 人	72500
			3 人	96500
			4 人	120000
			5 人	144500
			6 人	168500

（3）身体健全成人的附加准则。15—59 岁身体健康正常的申请人，必须符合下列其中一项条件：①在社会福利署认为合理的情况下不能工作（例如就学或在家照顾幼儿、患病者或残疾家人）；或②每月工作收入不少于 2250 港元及每月工作不少于 120 小时；或③失业或每月工作收入少于 2250 港元或每月工作少于 120 小时的人士，正积极地寻找全职工作及依照社会福利署规定参加自力更生支援计划。

自力更生支援计划是为下列年龄在 15—59 岁、身体健全的综援申请人，提供现金援助的同时，鼓励及协助他们寻找工作，以达到自力更生：①失业或每月从工作中所赚取的收入或工作时数少于本署所定标准的申请人，以及②最年幼子女年龄在 12—14 岁的单亲家长和儿童照顾者。计划的内容包括自力更生综合就业援助计划及豁免计算收入。其中自力更生综合就业援助计划由社会福利署委托非营利机构营运，通过提供一站式的综合就业援助服务，从而提升综援申请人就业能力、协助申请人克服就业障碍、尽快实现就业。具体的服务内容包括：提供劳工市场资讯、定期面谈以协助制订寻找工作的计划、安排工作配对等就业援助服务；通过社工服务加强对上述服务使用者的支援；评估上述服务使用者的需要并提供个性化的就业援助服务；以及为最年幼子女年龄在 12—14 岁的综援单亲家长和儿童照顾者提供子女照顾的资讯。

综援申请人有责任积极寻找工作，若工作时数或收入低于综援规定的标准①，则必须接受就业援助服务。

2. 申请程序

申请人可以亲自前往社区内的社会保障办事处，或通过电话、传真、电邮等方式提出申请，也可以通过政府其他部门或非营利组织转介。在接到申请后，社会福利署将安排约见申请人和进行家访，以查核申请人的实际情况及所提供的资料。一般情况下，全部申请手续可在四个星期内完成。

3. 待遇类别

综援的待遇分为标准金额、补助金和特别津贴。标准金额的待遇水平与家中是否有老年人及老年人身体健康状况、家中是否有残疾儿童以及家中 65 岁以下的健康成年人的数量有关（待遇标准见表附 1—3）。

---

① 根据 2019 年的标准，失业综援申请人须达到找到每月工作时数不少于 120 小时且每月收入不少于 2190 元的工作，最年幼子女年龄介乎 12—14 岁的综援单亲家长和儿童照顾者须找到每月工作时数不少于 32 小时的有薪工作。

补助金包括长期个案补助金、单亲补助金、社区生活补助金、交通补助金、院舍照顾补助金等。

特别津贴则包括针对老年人、残疾人、健康欠佳人士的特别津贴（包括：住房津贴、家庭津贴，以及医疗及康复津贴、儿童照顾津贴、就学开支津贴等），针对健全成人和儿童的特别津贴（包括租金津贴、水费及排污费津贴、照顾幼儿津贴、就学开支津贴、殓葬费津贴等）。

表附1—3　综援标准金额的待遇标准（2019年4月）

类别	标准金额（每人每月以港元计算）		
	单身人士	家庭成员	
65岁或以上的长者			
健全／残疾程度达50%	3585	3375	
残疾程度达100%	4335	3830	
需要经常护理	6095	5590	
65岁以下且健康欠佳／残疾的家庭成员			
健康欠佳／残疾程度达50%	3585	3375	
残疾程度达100%	4335	3830	
需要经常护理	6095	5590	
残疾儿童			
健全／残疾程度达50%	4030	3510	
残疾程度达100%	4780	4270	
需要经常护理	6535	6035	
		有不超过2名健全成人／儿童的家庭	有3名健全成人／儿童的家庭	有4名及以上健全成人／儿童的家庭
65岁以下的健全成人				
单亲人士／须照顾家庭的人士	—	2740	2475	2195
其他健全成人	2525	2250	2030	1810
健全儿童	3035	2515	2255	2015

4.综援金额的计算方法

申请人可获得的援助金额为综援计划下认可的基本需要和特别需要（反映为标准金额、补贴金和特别津贴三项）减去可评估收入（包括薪金和收取的租金、亲友援助等其他收入）再减去可豁免计算的工作收入或培训。

5.豁免计算的工作收入

为了鼓励综援受助人就业和继续工作，综援设定了豁免计算的工作收入。豁免计算收入是在评估受助人应得的综援金额时，无须在综援金额中扣减的工作收入。领取综援不少于两个月的申请人可以享有豁免计算收入的安排。受助人每月首800港元收入可全数获得豁免，之后收入（3400港元之内）有一半（即1700港元）可获得豁免，总豁免金额每月最高2500港元（计算办法见表附1—4）。

表附1—4　豁免金额计算办法

收入	豁免计算方法	最高豁免金额计算
首800港元	全数豁免	800港元
其后3400港元	半数豁免	1700港元

6.医疗费用的豁免

综援受助人可以在香港公立诊所或医院(包括急诊)获得免费的医疗服务。

7.其他福利服务

社会保障办事处可以帮助综援申请人协调并申请其他所需的福利服务，例如老年人照护服务或心理辅导服务。

8.上诉程序

申请人若对资格审查、可获得的援助金额、开始付款日期等有异议，可向社会保障上诉委员会提出上述。社会保障上诉委员会是"一个由行政长官委任的非政府人员组成的独立机构"①。

9. 投诉程序

所有申请人都可向社会保障办事处主任或各区福利专员提起综援投诉。

10. 申请人义务

申请人（含监护人和受委托人）须提供真实且完整的申请资料，不得虚报或隐瞒，并且须及时向社会保障办事处申报其个人或家庭中可能影响援助金额的改变，包括就业、经济来源、就学、家庭人口数量、离岗日数等方面。

11. 举报涉嫌欺诈及滥用

欺诈综援行为一经查证，有可能会被检控。各个社会保障办事处都可以接受欺诈综援的举报，另外也设有举报热线电话和电邮。

（二）实施现状

1. 运行

截至 2019 年 1 月②，近 22.6 万个家庭或个人（统称为个案）获得综援计划援助。2019—2020 年度，综援计划的经常性开支预算为 210 亿港元。综援的整体个案数是自 2000 年以来的新低。其中失业和低收入综援个案的数量仅为高峰期的 20%。综援个案总体受益人也有大幅度下降。在 2007—2017 年，综援计划覆盖的人数减少了 32.2%③。

---

① 社会福利署：《综合社会保障援助指引》，2019 年 4 月发布，https://www.swd.gov.hk/storage/asset/section/250/sc/CSSAG0419（chi）.pdf。

② 数据来自 2019 年 1 月 16 日立法会会议"检讨综合社会保障援助计划"议案，https://www.legco.gov.hk/yr18-19/chinese/counmtg/motion/cm20190116m-skc-prpt-c.pdf。

③ 数据来自香港特别行政区政府统计处：《香港统计月刊：2007 年至 2017 年综合社会保障援助计划的统计数字》，2018 年。

从覆盖人群的结构上看（图附 1—1），2019 年综援个案中老年人的比例最高（62.5%），其次为单亲家庭（10.9%）、健康欠佳者（10.5%）、永久性残疾者(7.5%)、失业者(5.3%) 等①。由于香港地区至今尚未建立公共养老金制度，因此老年人特别是单身老年人是领取综援的主要群体。出于对进一步人口老龄化的考虑，特区政府宣布于 2019 年 2 月起领取长者综合社会保障援助的资格年龄由 60 岁调高至 65 岁，与此同时，在综援计划下为此类健康人士设立就业支援补助金。

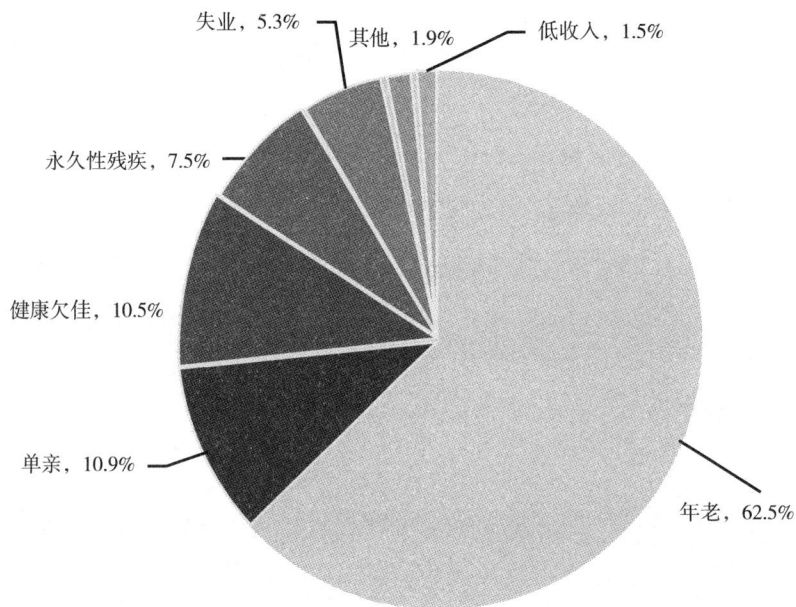

图附 1—1　不同类别综援受助人比例

数据来源：香港特区政府社会福利署社会保障统计数字，"按类别划分的综援个案数目"，2019 年 7 月，https://www.swd.gov.hk/sc/textonly/site_pubsvc/page_socsecu/sub_statistics/。

从综援的待遇及其调整机制上看，综援的基本金额每年随社会保障援助物价

---

① 数据来自香港特区政府社会福利署社会保障统计数字，按类别划分的综援个案数目，2019 年 7 月，https://www.swd.gov.hk/sc/textonly/site_pubsvc/page_socsecu/sub_statistics/。

指数变动而调整，以维持购买力。以四口之家为例[1]，2019 年综援计划的待遇标准为每月 15675 港元，较五年前增长 20%。另外，社会福利署每五年根据综援住户开支统计调查的结果，更新社会保障援助物价指数（以下简称"社援指数"）的权数系统。社援指数涵盖了有关商品及服务的消费结构，以反映综援受助人的最新消费模式。2019 年，根据社援指数的变动，综援计划的标准项目金额提高了 2.8%。

保障水平的不足是当前综援计划存在的最主要的问题。有学者认为，1999 年和 2000 年的综援削减，放弃了 1996 年所提综援原则，综援的待遇不足以应对基本生活需要，作为社会安全网的综援计划已不再安全[2]。一方面，受助人的生活已低于基本生活的标准；另一方面，综援受助人难以有效参与社会[3]。香港的贫困问题愈发严重。根据香港地区扶贫委员会发布的《香港贫困情况报告（2017）》（2017 年贫困线见表附 1—5），截至 2017 年末，香港地区共有贫困人口 137.7 万人，贫困率达 20.1%。香港地区贫困率已经连续 9 年上升。即使将所有的政策支持（即所有的现金福利和非现金性福利）考虑在内，香港地区贫困人口仍有 72 万，贫困率达 10.5%。

表附 1—5　香港地区不同家庭规模的贫困线（2017 年）

家庭规模	贫困线（港元）
1 人家庭	$4000
2 人家庭	$9800
3 人家庭	$15000
4 人家庭	$19900
5 人家庭	$20300
6 人家庭	$22500

---

[1]　数据来自 2019 年 1 月 16 日立法会会议"检讨综合社会保障援助计划"议案，https://www.legco.gov.hk/yr18-19/chinese/counmtg/motion/cm20190116m-skc-prpt-c.pdf。

[2]　参见黄洪：《"无穷"的盼望——香港贫穷问题探析（增订版）》，中华书局（香港）出版有限公司 2015 年版。

[3]　参见黄洪：《"无穷"的盼望——香港贫穷问题探析（增订版）》，中华书局（香港）出版有限公司 2015 年版。

2. 监管

综援的日常运行与管理由一支专业且专门的队伍负责，隶属于社会福利署。社会福利署社会保障科设有五个特别调查队伍，以处理骗保、诈骗行为，以及确保社会保障工作程序的公平性。为了加强防止诈骗及滥用综援，各区的社会保障办事处专门设置了防止诈骗综援展示板，以提醒综援受助人如实填报现状以及欺诈综援的严重后果。欺诈综援行为在香港属于刑事行为，除了导致丧失领取综援的资格外，还会根据严重程度按盗窃罪被起诉，最高可判监禁14 年①。

另外，社会福利署的官网上列有举报涉嫌和欺诈及滥用社会保障福利的方式。2018—2019 年，有关综援及公共福利金的举报共 2261 起，其中 90 起交由警方跟进。

社会福利署专门设立了独立的社会保障上诉委员会，主要负责申请人对于申请资格的审核和待遇发放结果不满而提起的上诉。2018 年共有 68 起有关综援的上诉，其中 38 起维持原结果。

三、中国香港特别行政区社会救助制度特点与启示

（一）特点

综援计划围绕"政府适度有为，强调自力更生与家庭责任"和"满足最不能自助者的基本生活"的制度理念，在制度设计上表现出以下特点。

---

① 数据来自社会福利署门户网，访问时间：2019 年 8 月 15 日，https://www.swd.gov.hk/tc/index/site_pubsvc/page_socsecu/sub_specialinv/。

1.保障范围的综合性

作为一项综合性社会救助项目，综援计划的覆盖范围十分广泛，主要表现在名目繁多的津贴和补助项目上。例如，补助金中包括长期个案、单亲家庭、交通、就业支持等类别的补助；特别津贴则更为复杂，针对老年人，设有租金、水费、搬迁、电话、紧急救援、医疗康复、膳食、护理等多项津贴；针对学生，设有学费津贴、学生膳食津贴、往返学校交通费、文凭考试费等多项津贴。制度设计上的综合性一方面是为了整合公援计划时期救助项目的碎片化，另一方面是为了差异化地满足不同群体的基本需要。

同时，由于香港地区其他社会保障项目的不完备，综援计划因其综合性也实际承担着多重社会保障功能。以失业救助为例，因香港地区尚未建立有关的专门性制度，因此失业人员没有应对收入减少的社会化风险化解机制。当失业人士的经济状况难以维持个人和家庭的基本生活时，唯有寻求综援计划的帮扶。已有研究发现，综援的申请人数与失业率有密切的联系。[1] 另外，综援计划也发挥着鼓励失业人士再就业的功能。例如，针对再就业的受助人综援计划中采取收入豁免政策，即在计算综援待遇时豁免一定额度的就业收入，以避免受助人因就业而降低原来的福利水平。政府在综援的实施过程中反复强调"任何工作都是好工作，低薪好过无薪"[2]。本质上看，综援计划间接承担了失业保障的功能。但是，实际上综援计划也间接成为了低工资岗位的补贴，从而降低了市场提供足够薪酬水平工作岗位的动力。

综援计划的综合性还体现在实际待遇形式的多样性上。从救助的方式上看，尽管综援计划是以直接的现金形式进行待遇给付，但是综援受助人的实际福利待遇还包括因综援资格而享受到的其他社会福利（服务）项目。例如，免费的公共医疗等。

---

[1] 参见黄洪：《"无穷"的盼望——香港贫穷问题探析（增订版）》，中华书局（香港）出版有限公司 2015 年版，第 184 页。

[2] 黄洪：《"无穷"的盼望——香港贫穷问题探析（增订版）》，中华书局（香港）出版有限公司 2015 年版，第 191—192 页。

2. 保障对象的弱势性

从受助人的类别上看，综援计划的保障对象具有弱势性的特征。广义上看，综援计划针对所有的低收入群体。但在自力更生计划推行后，综援计划的救助对象更为聚焦在老年人、残疾人、儿童等无劳动能力的弱势群体中。其中既包括生理性弱势群体，也包括社会性弱势群体①。从待遇结构上看，综援待遇主要由标准金、补助金和特别津贴三大类构成。其中，标准金满足的是较为普遍的基本需要，而补助金和特别津贴则是用于满足弱势群体的特别需要。

弱势群体构成了香港地区的主要贫困人口。根据《香港贫困报告 2017》，政策介入前老年人的贫困发生率②为 44.4%，政策介入后老年人的贫困发生率仍高达 30.5%；18 岁及以下儿童的贫困发生率在政策介入后也高达 17.5%，高于 18—64 岁群体的贫困发生率（10.4%）③。弱势群体的高贫困发生率与相应的福利制度的缺失有着密切的联系。因缺乏其他保障机制，作为贫困高发的弱势群体成为了综援的主要受助群体。

综援计划对于几乎没有收入来源的弱势群体而言具有十分重要的意义。以老年人为例。从综援覆盖人群的构成来看，老年人始终是综援个案数的主体（一半以上）。由于香港地区至今尚未建立起公共养老金制度，老年人的贫困发生率非常高，因此综援的援助金实际上也是这些贫困老年人的养老金。在养老保障制度缺失的情况下，老年人一旦退出劳动力市场后就难以有稳定的收入来源。而随着人口寿命的延长，大多数老年人难以仅凭个人的财务积累维持体面的生活。因此，对于一些老年人而言，综援计划成为其退出就业市场后的唯一收入来源。

3. 保障水平的适度性

保障水平的适度性也是综援计划的特征之一。适度性既表现在待遇制定时

---

① 陈成文、胡彬彬：《香港弱势群体的社会支持政策实施》，《中国软科学》2008 年第 1 期。
② 贫困发生率基于贫穷线计算，目前为每月住户收入中位数的 50%。
③ 香港特别行政区政府：《2017 年香港贫穷情况报告》，2018 年，https://www.censtatd.gov.hk/hkstat/sub/sp461_tc.jsp?productCode=B9XX0005。

的考量，也表现在动态的待遇调整过程中。

目前综援的待遇标准是在 1995 年综援计划的标准基础上修订形成的，是以基本需要法和以住户支出统计调查方法确定的待遇范围。这种同时基于绝对贫困和相对贫困来确定待遇范围的设计，是维持综援保障水平适度性的基本前提。而综援的待遇调整机制是维持保障水平适度性的有力保障。具体来看，社会福利署定期根据社援指数对综援计划的待遇标准进行调整，这种调整并非是完全刚性的。从历史上看，综援待遇曾在香港地区经济下行期有过持续下调。尽管调待机制是如此，但下调待遇水平在大多数福利国家中是非常少见的。福利因其易升难降的刚性存在，一般难以进行更为理性的动态（向下）调整。香港地区对于综援待遇标准的下调尽管也遭遇到社会的批评，但是在经济危机或者增幅减缓时期总体上是被接受的。其中一个原因可以解释为社会对于综援待遇应保持其适度性形成了基本共识。

另外，经济发展水平是一个地区能否提供公共福利的基本保障。尽管香港地区早已进入经济发达地区，但其经济发展速度十分不稳定（如图附 1—2 所示）。这种不稳定性为基于税收的福利（或救助）项目的可持续性带来了挑战。

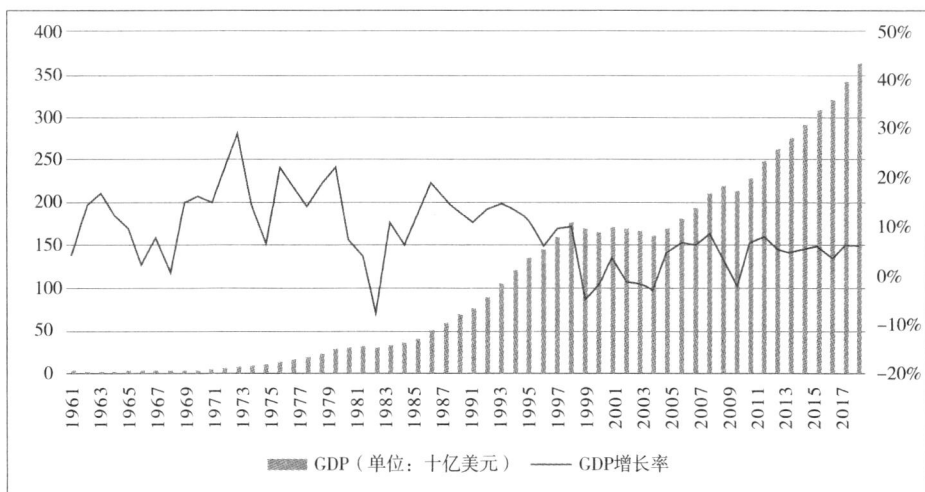

图附 1—2 中国香港地区 GDP 及其增长率变化（1961—2018 年）

数据来源：世界银行数据库，https://data.worldbank.org/country/hong-kong-sar-china。

因此，财务的可持续性要求救助水平一定要保持其适度性。

(二) 启示

1.明确制度定位，处理好社会救助与其他社会保障项目的关系

我国内地的社会保障体系主要包括社会保险、社会救助、社会福利和补充社会保障项目。其中，社会保险是主体，社会救助承担兜底的作用。我国香港地区因其社会保障体系中多个子项目的缺失，社会救助（主要是综援计划）是其最主要的保障项目。尽管其定位是兜底性质的"社会安全网"，但发挥着综合性、多重保障的功能，以弥补因其他社会保障项目缺失导致的保障不足以及风险应对能力的不足。由此，内地社会救助制度的发展必须要处理好其与其他社会保障项目的关系。在明确社会救助制度在整个社会保障体系中的定位的基础上，建立与其他保障项目的有效连接，增强不同保障项目间的联动效应，从而织密社会救助安全网，发挥好兜底的功能。

2.科学制定并动态调整救助标准，避免福利依赖与保障不足

中国香港地区的经验表明，救助制度的待遇水平应保持适度性。待遇水平过高可能引起福利依赖，而待遇水平过低则会引起保障水平不足，从而不能有效化解贫困发生的风险。保障水平是否足够，首先，取决于基本待遇制定时所采用的贫困内涵，是绝对贫困还是相对贫困？以及应对贫困的待遇标准具体该如何制定？香港地区的经验是，将绝对贫困和相对贫困同时纳入考量，在一定的基础上确定待遇标准的浮动范围。其次，保障水平是否足够还取决于待遇调整的机制和周期。救助的待遇水平应与社会经济发展水平、个人消费结构等变化相适应并进行联动调整。在调整机制方面，中国香港地区在综援计划中引入了社会保障援助物价指数。这一指数每五年根据综援住户开支统计调查的结果而更新，涵盖了有关商品及服务的消费结构并反映了综援受助人的最新消费模式。

3.兼顾基本需要和特殊需要，避免待遇的分散化与碎片化

中国香港地区综援计划的综合性特征表明，社会救助待遇的衡量应兼顾低收入群体的普遍性基本需要和弱势群体的特殊需要。整合性的制度设计有利于避免管理的分散化和碎片化，以及公共资源的有效分配。但另外，也要警惕整合制度过程中产生的"福利捆绑"，即其他福利项目与救助资格的捆绑。从而导致未能获得社会救助资格的低收入群体也失去了获得其他社会福利的机会，反而处于更加无助的境况。另外，整合社会救助制度应该向弱势群体倾斜，但是社会救助不能承担弱势群体的全部福利。最后，从待遇给付的类型来看，兼顾基本需要和特殊需要意味着救助形式应多样化，既可以有现金形式的救助，也可以是直接提供相应的服务（或实物）。

4.融入"赋能"的救助理念，强化提升应对困境的能力

自力更生计划是香港综援的一大特色，目的是让有就业能力的人尽可能地实现充分就业。尽管对有工作能力的人领取综援的条件更为严格引起了不少争议，甚至出现了"就业贫困"的状态，但是综援计划对于自力更生的鼓励以及相应的制度设计也起到了"赋能"的目的。例如，受助对象的就业收入可以申请收入豁免，而不是简单抵扣其救助待遇。这样有效地形成了激励机制，营造了劳动创造收益能够改善生活的导向①。在救助制度中融入"赋能"的救助理念，有利于提升受助人应对困境的能力，提高其社会参与的可能性。而促进受助人的社会参与，又会进一步提升其生存能力并有助于其身心健康。

5.建立定期评估和反馈机制，提升制度管理效率和监管力度

从发展历程来看，综援计划的几次政策调整都是基于政府对综援计划的检讨报告。政策检讨为此后的制度改善提供了依据，充分的调查先行是综援改革

---

① 郑功成：《中国社会救助制度的合理定位与改革取向》，《国家行政学院学报》2015 年第 4 期。

的基本前提。建立制度管理和运行中的定期评估和反馈机制，对于制度优化有着重要的作用。从监管上看，社会福利署下设了专门的分支和专业团队，负责综援计划的运行和监督。并且，综援计划中明确规定了有关监管的程序和有关欺诈和滥用综援的处理办法，为制度的日常管理运行提供了有力依据。

附录二　社会救助行政法规与重要政策性文件

一、行政法规

城市居民最低生活保障条例

（中华人民共和国国务院令第 271 号，1999 年 9 月 28 日经朱镕基总理签署颁布，自 1999 年 10 月 1 日起施行）

第一条　为了规范城市居民最低生活保障制度，保障城市居民基本生活，制定本条例。

第二条　持有非农业户口的城市居民，凡共同生活的家庭成员人均收入低于当地城市居民最低生活保障标准的，均有从当地人民政府获得基本生活物质帮助的权利。

前款所称收入，是指共同生活的家庭成员的全部货币收入和实物收入，包括法定赡养人、扶养人或者抚养人应当给付的赡养费、扶养费或者抚养费，不包括优抚对象按照国家规定享受的抚恤金、补助金。

第三条 城市居民最低生活保障制度遵循保障城市居民基本生活的原则，坚持国家保障与社会帮扶相结合、鼓励劳动自救的方针。

第四条 城市居民最低生活保障制度实行地方各级人民政府负责制。县级以上地方各级人民政府民政部门具体负责本行政区域内城市居民最低生活保障的管理工作；财政部门按照规定落实城市居民最低生活保障资金；统计、物价、审计、劳动保障和人事等部门分工负责，在各自的职责范围内负责城市居民最低生活保障的有关工作。

县级人民政府民政部门以及街道办事处和镇人民政府（以下统称管理审批机关）负责城市居民最低生活保障的具体管理审批工作。

居民委员会根据管理审批机关的委托，可以承担城市居民最低生活保障的日常管理、服务工作。

国务院民政部门负责全国城市居民最低生活保障的管理工作。

第五条 城市居民最低生活保障所需资金，由地方人民政府列入财政预算，纳入社会救济专项资金支出项目，专项管理，专款专用。

国家鼓励社会组织和个人为城市居民最低生活保障提供捐赠、资助；所提供的捐赠资助，全部纳入当地城市居民最低生活保障资金。

第六条 城市居民最低生活保障标准，按照当地维持城市居民基本生活所必需的衣、食、住费用，并适当考虑水电燃煤（燃气）费用以及未成年人的义务教育费用确定。

直辖市、设区的市的城市居民最低生活保障标准，由市人民政府民政部门会同财政、统计、物价等部门制定，报本级人民政府批准并公布执行；县（县级市）的城市居民最低生活保障标准，由县（县级市）人民政府民政部门会同财政、统计、物价等部门制定，报本级人民政府批准并报上一级人民政府备案后公布执行。

城市居民最低生活保障标准需要提高时，依照前两款的规定重新核定。

第七条 申请享受城市居民最低生活保障待遇，由户主向户籍所在地的街道办事处或者镇人民政府提出书面申请，并出具有关证明材料，填写《城市居民最低生活保障待遇审批表》。城市居民最低生活保障待遇，由其所在地的街道办事处或者镇人民政府初审，并将有关材料和初审意见报送县级人民政府民政部门审批。

管理审批机关为审批城市居民最低生活保障待遇的需要，可以通过入户调查、邻里访问以及信函索证等方式对申请人的家庭经济状况和实际生活水平进行调查核实。申请人及有关单位、组织或者个人应当接受调查，如实提供有关情况。

第八条 县级人民政府民政部门经审查，对符合享受城市居民最低生活保障待遇条件的家庭，应当区分下列不同情况批准其享受城市居民最低生活保障待遇：

（一）对无生活来源、无劳动能力又无法定赡养人、扶养人或者抚养人的城市居民，批准其按照当地城市居民最低生活保障标准全额享受；

（二）对尚有一定收入的城市居民，批准其按照家庭人均收入低于当地城市居民最低生活保障标准的差额享受。

县级人民政府民政部门经审查，对不符合享受城市居民最低生活保障待遇条件的，应当书面通知申请人，并说明理由。

管理审批机关应当自接到申请人提出申请之日起的 30 日内办结审批手续。

城市居民最低生活保障待遇由管理审批机关以货币形式按月发放；必要时，也可以给付实物。

第九条 对经批准享受城市居民最低生活保障待遇的城市居民，由管理审批机关采取适当形式以户为单位予以公布，接受群众监督。任何人对不符合法定条件而享受城市居民最低生活保障待遇的，都有权向管理审批机关提出意见；管理审批机关经核查，对情况属实的，应当予以纠正。

第十条 享受城市居民最低生活保障待遇的城市居民家庭人均收入情况发生变化的，应当及时通过居民委员会告知管理审批机关，办理停发、减发或者增发城市居民最低生活保障待遇的手续。

管理审批机关应当对享受城市居民最低生活保障待遇的城市居民的家庭收

入情况定期进行核查。

在就业年龄内有劳动能力但尚未就业的城市居民，在享受城市居民最低生活保障待遇期间，应当参加其所在的居民委员会组织的公益性社区服务劳动。

第十一条 地方各级人民政府及其有关部门，应当对享受城市居民最低生活保障待遇的城市居民在就业、从事个体经营等方面给予必要的扶持和照顾。

第十二条 财政部门、审计部门依法监督城市居民最低生活保障资金的使用情况。

第十三条 从事城市居民最低生活保障管理审批工作的人员有下列行为之一的，给予批评教育，依法给予行政处分；构成犯罪的，依法追究刑事责任：

（一）对符合享受城市居民最低生活保障待遇条件的家庭拒不签署同意享受城市居民最低生活保障待遇意见的，或者对不符合享受城市居民最低生活保障待遇条件的家庭故意签署同意享受城市居民最低生活保障待遇意见的；

（二）玩忽职守、徇私舞弊，或者贪污、挪用、扣压、拖欠城市居民最低生活保障款物的。

第十四条 享受城市居民最低生活保障待遇的城市居民有下列行为之一的，由县级人民政府民政部门给予批评教育或者警告，追回其冒领的城市居民最低生活保障款物；情节恶劣的，处冒领金额1倍以上3倍以下的罚款：

（一）采取虚报、隐瞒、伪造等手段，骗取享受城市居民最低生活保障待遇的；

（二）在享受城市居民最低生活保障待遇期间家庭收入情况好转，不按规定告知管理审批机关，继续享受城市居民最低生活保障待遇的。

第十五条 城市居民对县级人民政府民政部门作出的不批准享受城市居民最低生活保障待遇或者减发、停发城市居民最低生活保障款物的决定或者给予的行政处罚不服的，可以依法申请行政复议；对复议决定仍不服的，可以依法提起行政诉讼。

第十六条 省、自治区、直辖市人民政府可以根据本条例，结合本行政区域城市居民最低生活保障工作的实际情况，规定实施的办法和步骤。

第十七条 本条例自 1999 年 10 月 1 日起施行。

城市生活无着的流浪乞讨人员救助管理办法

（中华人民共和国国务院令第 381 号，2003 年 6 月 20 日经温家宝总理签署颁布，自 2003 年 8 月 1 日起施行）

第一条 为了对在城市生活无着的流浪、乞讨人员（以下简称流浪乞讨人员）实行救助，保障其基本生活权益，完善社会救助制度，制定本办法。

第二条 县级以上城市人民政府应当根据需要设立流浪乞讨人员救助站。救助站对流浪乞讨人员的救助是一项临时性社会救助措施。

第三条 县级以上城市人民政府应当采取积极措施及时救助流浪乞讨人员，并应当将救助工作所需经费列入财政预算，予以保障。

国家鼓励、支持社会组织和个人救助流浪乞讨人员。

第四条 县级以上人民政府民政部门负责流浪乞讨人员的救助工作，并对救助站进行指导、监督。

公安、卫生、交通、铁道、城管等部门应当在各自的职责范围内做好相关工作。

第五条 公安机关和其他有关行政机关的工作人员在执行职务时发现流浪乞讨人员的，应当告知其向救助站求助；对其中的残疾人、未成年人、老年人和行动不便的其他人员，还应当引导、护送到救助站。

第六条 向救助站求助的流浪乞讨人员，应当如实提供本人的姓名等基本情况并将随身携带物品在救助站登记，向救助站提出求助需求。

救助站对属于救助对象的求助人员，应当及时提供救助，不得拒绝；对不属于救助对象的求助人员，应当说明不予救助的理由。

第七条 救助站应当根据受助人员的需要提供下列救助：

（一）提供符合食品卫生要求的食物；

（二）提供符合基本条件的住处；

（三）对在站内突发急病的，及时送医院救治；

（四）帮助与其亲属或者所在单位联系；

（五）对没有交通费返回其住所地或者所在单位的，提供乘车凭证。

第八条 救助站为受助人员提供的住处，应当按性别分室住宿，女性受助人员应当由女性工作人员管理。

第九条 救助站应当保障受助人员在站内的人身安全和随身携带物品的安全，维护站内秩序。

第十条 救助站不得向受助人员、其亲属或者所在单位收取费用，不得以任何借口组织受助人员从事生产劳动。

第十一条 救助站应当劝导受助人员返回其住所地或者所在单位，不得限制受助人员离开救助站。救助站对受助的残疾人、未成年人、老年人应当给予照顾；对查明住址的，及时通知其亲属或者所在单位领回；对无家可归的，由其户籍所在地人民政府妥善安置。

第十二条 受助人员住所地的县级人民政府应当采取措施，帮助受助人员解决生产、生活困难，教育遗弃残疾人、未成年人、老年人的近亲属或者其他监护人履行抚养、赡养义务。

第十三条 救助站应当建立、健全站内管理的各项制度，实行规范化管理。

第十四条 县级以上人民政府民政部门应当加强对救助站工作人员的教育、培训和监督。

救助站工作人员应当自觉遵守国家的法律法规、政策和有关规章制度，不准拘禁或者变相拘禁受助人员；不准打骂、体罚、虐待受助人员或者唆使他人打骂、体罚、虐待受助人员；不准敲诈、勒索、侵吞受助人员的财物；不准克扣受助人员的生活供应品；不准扣压受助人员的证件、申诉控告材料；不准任用受助人员担任管理工作；不准使用受助人员为工作人员干私活；不准调戏妇女。

违反前款规定，构成犯罪的，依法追究刑事责任；尚不构成犯罪的，依法给予纪律处分。

第十五条 救助站不履行救助职责的，求助人员可以向当地民政部门举报；民政部门经查证属实的，应当责令救助站及时提供救助，并对直接责任人员依法给予纪律处分。

第十六条 受助人员应当遵守法律法规。受助人员违反法律法规的，应当依法处理。

受助人员应当遵守救助站的各项规章制度。

第十七条 本办法的实施细则由国务院民政部门制定。

第十八条 本办法自 2003 年 8 月 1 日起施行。1982 年 5 月 12 日国务院发布的《城市流浪乞讨人员收容遣送办法》同时废止。

农村五保供养工作条例

（中华人民共和国国务院令第 456 号，2006 年 1 月 21 日经温家宝总理签署颁布，自 2006 年 3 月 1 日起施行）

第一章 总 则

第一条 为了做好农村五保供养工作，保障农村五保供养对象的正常生活，促进农村社会保障制度的发展，制定本条例。

第二条 本条例所称农村五保供养，是指依照本条例规定，在吃、穿、住、医、葬方面给予村民的生活照顾和物质帮助。

第三条 国务院民政部门主管全国的农村五保供养工作；县级以上地方各级人民政府民政部门主管本行政区域内的农村五保供养工作。

乡、民族乡、镇人民政府管理本行政区域内的农村五保供养工作。

村民委员会协助乡、民族乡、镇人民政府开展农村五保供养工作。

第四条 国家鼓励社会组织和个人为农村五保供养对象和农村五保供养工作提供捐助和服务。

第五条 国家对在农村五保供养工作中做出显著成绩的单位和个人，给予表彰和奖励。

第二章 供养对象

第六条 老年、残疾或者未满16周岁的村民，无劳动能力、无生活来源又无法定赡养、抚养、扶养义务人，或者其法定赡养、抚养、扶养义务人无赡养、抚养、扶养能力的，享受农村五保供养待遇。

第七条 享受农村五保供养待遇，应当由村民本人向村民委员会提出申请；因年幼或者智力残疾无法表达意愿的，由村民小组或者其他村民代为提出申请。经村民委员会民主评议，对符合本条例第六条规定条件的，在本村范围内公告；无重大异议的，由村民委员会将评议意见和有关材料报送乡、民族乡、镇人民政府审核。

乡、民族乡、镇人民政府应当自收到评议意见之日起20日内提出审核意见，并将审核意见和有关材料报送县级人民政府民政部门审批。县级人民政府民政部门应当自收到审核意见和有关材料之日起20日内作出审批决定。对批准给予农村五保供养待遇的，发给《农村五保供养证书》；对不符合条件不予批准的，应当书面说明理由。

乡、民族乡、镇人民政府应当对申请人的家庭状况和经济条件进行调查核实；必要时，县级人民政府民政部门可以进行复核。申请人、有关组织或者个人应当配合、接受调查，如实提供有关情况。

第八条 农村五保供养对象不再符合本条例第六条规定条件的，村民委员会或者敬老院等农村五保供养服务机构（以下简称农村五保供养服务机构）应当向乡、民族乡、镇人民政府报告，由乡、民族乡、镇人民政府审核并报县级人民政府民政部门核准后，核销其《农村五保供养证书》。

农村五保供养对象死亡，丧葬事宜办理完毕后，村民委员会或者农村五保供养服务机构应当向乡、民族乡、镇人民政府报告，由乡、民族乡、镇人民政府报县级人民政府民政部门核准后，核销其《农村五保供养证书》。

第三章　供养内容

第九条　农村五保供养包括下列供养内容：

（一）供给粮油、副食品和生活用燃料；

（二）供给服装、被褥等生活用品和零用钱；

（三）提供符合基本居住条件的住房；

（四）提供疾病治疗，对生活不能自理的给予照料；

（五）办理丧葬事宜。

农村五保供养对象未满16周岁或者已满16周岁仍在接受义务教育的，应当保障他们依法接受义务教育所需费用。

农村五保供养对象的疾病治疗，应当与当地农村合作医疗和农村医疗救助制度相衔接。

第十条　农村五保供养标准不得低于当地村民的平均生活水平，并根据当地村民平均生活水平的提高适时调整。

农村五保供养标准，可以由省、自治区、直辖市人民政府制定，在本行政区域内公布执行，也可以由设区的市级或者县级人民政府制定，报所在的省、自治区、直辖市人民政府备案后公布执行。

国务院民政部门、国务院财政部门应当加强对农村五保供养标准制定工作的指导。

第十一条　农村五保供养资金，在地方人民政府财政预算中安排。有农村集体经营等收入的地方，可以从农村集体经营等收入中安排资金，用于补助和改善农村五保供养对象的生活。农村五保供养对象将承包土地交由他人代耕的，其收益归该农村五保供养对象所有。具体办法由省、自治区、直辖市人民政府规定。

中央财政对财政困难地区的农村五保供养，在资金上给予适当补助。

农村五保供养资金，应当专门用于农村五保供养对象的生活，任何组织或者个人不得贪污、挪用、截留或者私分。

第四章　供养形式

第十二条　农村五保供养对象可以在当地的农村五保供养服务机构集中供养，也可以在家分散供养。农村五保供养对象可以自行选择供养形式。

第十三条　集中供养的农村五保供养对象，由农村五保供养服务机构提供供养服务；分散供养的农村五保供养对象，可以由村民委员会提供照料，也可以由农村五保供养服务机构提供有关供养服务。

第十四条　各级人民政府应当把农村五保供养服务机构建设纳入经济社会发展规划。

县级人民政府和乡、民族乡、镇人民政府应当为农村五保供养服务机构提供必要的设备、管理资金，并配备必要的工作人员。

第十五条　农村五保供养服务机构应当建立健全内部民主管理和服务管理制度。

农村五保供养服务机构工作人员应当经过必要的培训。

第十六条　农村五保供养服务机构可以开展以改善农村五保供养对象生活条件为目的的农副业生产。地方各级人民政府及其有关部门应当对农村五保供养服务机构开展农副业生产给予必要的扶持。

第十七条　乡、民族乡、镇人民政府应当与村民委员会或者农村五保供养服务机构签订供养服务协议，保证农村五保供养对象享受符合要求的供养。

村民委员会可以委托村民对分散供养的农村五保供养对象提供照料。

第五章　监督管理

第十八条　县级以上人民政府应当依法加强对农村五保供养工作的监督管理。县级以上地方各级人民政府民政部门和乡、民族乡、镇人民政府应当制定农村五保供养工作的管理制度，并负责督促实施。

第十九条　财政部门应当按时足额拨付农村五保供养资金，确保资金到位，并加强对资金使用情况的监督管理。

审计机关应当依法加强对农村五保供养资金使用情况的审计。

第二十条　农村五保供养待遇的申请条件、程序、民主评议情况以及农村五保供养的标准和资金使用情况等，应当向社会公告，接受社会监督。

第二十一条　农村五保供养服务机构应当遵守治安、消防、卫生、财务会计等方面的法律、法规和国家有关规定，向农村五保供养对象提供符合要求的供养服务，并接受地方人民政府及其有关部门的监督管理。

第六章　法律责任

第二十二条　违反本条例规定，有关行政机关及其工作人员有下列行为之一的，对直接负责的主管人员以及其他直接责任人员依法给予行政处分；构成犯罪的，依法追究刑事责任：

（一）对符合农村五保供养条件的村民不予批准享受农村五保供养待遇的，或者对不符合农村五保供养条件的村民批准其享受农村五保供养待遇的；

（二）贪污、挪用、截留、私分农村五保供养款物的；

（三）有其他滥用职权、玩忽职守、徇私舞弊行为的。

第二十三条　违反本条例规定，村民委员会组成人员贪污、挪用、截留农村五保供养款物的，依法予以罢免；构成犯罪的，依法追究刑事责任。

违反本条例规定，农村五保供养服务机构工作人员私分、挪用、截留农村五保供养款物的，予以辞退；构成犯罪的，依法追究刑事责任。

第二十四条　违反本条例规定，村民委员会或者农村五保供养服务机构对农村五保供养对象提供的供养服务不符合要求的，由乡、民族乡、镇人民政府责令限期改正；逾期不改正的，乡、民族乡、镇人民政府有权终止供养服务协议；造成损失的，依法承担赔偿责任。

第七章 附 则

第二十五条 《农村五保供养证书》由国务院民政部门规定式样，由省、自治区、直辖市人民政府民政部门监制。

第二十六条 本条例自 2006 年 3 月 1 日起施行。1994 年 1 月 23 日国务院发布的《农村五保供养工作条例》同时废止。

自然灾害救助条例

（中华人民共和国国务院令第 577 号，2010 年 7 月 8 日经温家宝总理签署颁布，自 2010 年 9 月 1 日起施行）

第一章 总 则

第一条 为了规范自然灾害救助工作，保障受灾人员基本生活，制定本条例。

第二条 自然灾害救助工作遵循以人为本、政府主导、分级管理、社会互助、灾民自救的原则。

第三条 自然灾害救助工作实行各级人民政府行政领导负责制。

国家减灾委员会负责组织、领导全国的自然灾害救助工作，协调开展重大自然灾害救助活动。国务院民政部门负责全国的自然灾害救助工作，承担国家减灾委员会的具体工作。国务院有关部门按照各自职责做好全国的自然灾害救助相关工作。

县级以上地方人民政府或者人民政府的自然灾害救助应急综合协调机构，组织、协调本行政区域的自然灾害救助工作。县级以上地方人民政府民政部门负责本行政区域的自然灾害救助工作。县级以上地方人民政府有关部门按照各自职责做好本行政区域的自然灾害救助相关工作。

第四条 县级以上人民政府应当将自然灾害救助工作纳入国民经济和社会发展规划，建立健全与自然灾害救助需求相适应的资金、物资保障机制，将人民政府安排的自然灾害救助资金和自然灾害救助工作经费纳入财政预算。

第五条 村民委员会、居民委员会以及红十字会、慈善会和公募基金会等社会组织，依法协助人民政府开展自然灾害救助工作。

国家鼓励和引导单位和个人参与自然灾害救助捐赠、志愿服务等活动。

第六条 各级人民政府应当加强防灾减灾宣传教育，提高公民的防灾避险意识和自救互救能力。

村民委员会、居民委员会、企业事业单位应当根据所在地人民政府的要求，结合各自的实际情况，开展防灾减灾应急知识的宣传普及活动。

第七条 对在自然灾害救助中作出突出贡献的单位和个人，按照国家有关规定给予表彰和奖励。

第二章 救助准备

第八条 县级以上地方人民政府及其有关部门应当根据有关法律、法规、规章，上级人民政府及其有关部门的应急预案以及本行政区域的自然灾害风险调查情况，制定相应的自然灾害救助应急预案。

自然灾害救助应急预案应当包括下列内容：

（一）自然灾害救助应急组织指挥体系及其职责；

（二）自然灾害救助应急队伍；

（三）自然灾害救助应急资金、物资、设备；

（四）自然灾害的预警预报和灾情信息的报告、处理；

（五）自然灾害救助应急响应的等级和相应措施；

（六）灾后应急救助和居民住房恢复重建措施。

第九条 县级以上人民政府应当建立健全自然灾害救助应急指挥技术支撑系统，并为自然灾害救助工作提供必要的交通、通信等装备。

第十条 国家建立自然灾害救助物资储备制度，由国务院民政部门分别会同国务院财政部门、发展改革部门制定全国自然灾害救助物资储备规划和储备库规划，并组织实施。

设区的市级以上人民政府和自然灾害多发、易发地区的县级人民政府应当根据自然灾害特点、居民人口数量和分布等情况，按照布局合理、规模适度的原则，设立自然灾害救助物资储备库。

第十一条 县级以上地方人民政府应当根据当地居民人口数量和分布等情况，利用公园、广场、体育场馆等公共设施，统筹规划设立应急避难场所，并设置明显标志。

启动自然灾害预警响应或者应急响应，需要告知居民前往应急避难场所的，县级以上地方人民政府或者人民政府的自然灾害救助应急综合协调机构应当通过广播、电视、手机短信、电子显示屏、互联网等方式，及时公告应急避难场所的具体地址和到达路径。

第十二条 县级以上地方人民政府应当加强自然灾害救助人员的队伍建设和业务培训，村民委员会、居民委员会和企业事业单位应当设立专职或者兼职的自然灾害信息员。

第三章 应急救助

第十三条 县级以上人民政府或者人民政府的自然灾害救助应急综合协调机构应当根据自然灾害预警预报启动预警响应，采取下列一项或者多项措施：

（一）向社会发布规避自然灾害风险的警告，宣传避险常识和技能，提示公众做好自救互救准备；

（二）开放应急避难场所，疏散、转移易受自然灾害危害的人员和财产，情况紧急时，实行有组织的避险转移；

（三）加强对易受自然灾害危害的乡村、社区以及公共场所的安全保障；

（四）责成民政等部门做好基本生活救助的准备。

第十四条 自然灾害发生并达到自然灾害救助应急预案启动条件的，县级以上人民政府或者人民政府的自然灾害救助应急综合协调机构应当及时启动自然灾害救助应急响应，采取下列一项或者多项措施：

（一）立即向社会发布政府应对措施和公众防范措施；

（二）紧急转移安置受灾人员；

（三）紧急调拨、运输自然灾害救助应急资金和物资，及时向受灾人员提供食品、饮用水、衣被、取暖、临时住所、医疗防疫等应急救助，保障受灾人员基本生活；

（四）抚慰受灾人员，处理遇难人员善后事宜；

（五）组织受灾人员开展自救互救；

（六）分析评估灾情趋势和灾区需求，采取相应的自然灾害救助措施；

（七）组织自然灾害救助捐赠活动。

对应急救助物资，各交通运输主管部门应当组织优先运输。

第十五条 在自然灾害救助应急期间，县级以上地方人民政府或者人民政府的自然灾害救助应急综合协调机构可以在本行政区域内紧急征用物资、设备、交通运输工具和场地，自然灾害救助应急工作结束后应当及时归还，并按照国家有关规定给予补偿。

第十六条 自然灾害造成人员伤亡或者较大财产损失的，受灾地区县级人民政府民政部门应当立即向本级人民政府和上一级人民政府民政部门报告。

自然灾害造成特别重大或者重大人员伤亡、财产损失的，受灾地区县级人民政府民政部门应当按照有关法律、行政法规和国务院应急预案规定的程序及时报告，必要时可以直接报告国务院。

第十七条 灾情稳定前，受灾地区人民政府民政部门应当每日逐级上报自然灾害造成的人员伤亡、财产损失和自然灾害救助工作动态等情况，并及时向社会发布。

灾情稳定后，受灾地区县级以上人民政府或者人民政府的自然灾害救助应急综合协调机构应当评估、核定并发布自然灾害损失情况。

第四章　灾后救助

第十八条　受灾地区人民政府应当在确保安全的前提下，采取就地安置与异地安置、政府安置与自行安置相结合的方式，对受灾人员进行过渡性安置。

就地安置应当选择在交通便利、便于恢复生产和生活的地点，并避开可能发生次生自然灾害的区域，尽量不占用或者少占用耕地。

受灾地区人民政府应当鼓励并组织受灾群众自救互救，恢复重建。

第十九条　自然灾害危险消除后，受灾地区人民政府应当统筹研究制订居民住房恢复重建规划和优惠政策，组织重建或者修缮因灾损毁的居民住房，对恢复重建确有困难的家庭予以重点帮扶。

居民住房恢复重建应当因地制宜、经济实用，确保房屋建设质量符合防灾减灾要求。

受灾地区人民政府民政等部门应当向经审核确认的居民住房恢复重建补助对象发放补助资金和物资，住房城乡建设等部门应当为受灾人员重建或者修缮因灾损毁的居民住房提供必要的技术支持。

第二十条　居民住房恢复重建补助对象由受灾人员本人申请或者由村民小组、居民小组提名。经村民委员会、居民委员会民主评议，符合救助条件的，在自然村、社区范围内公示；无异议或者经村民委员会、居民委员会民主评议异议不成立的，由村民委员会、居民委员会将评议意见和有关材料提交乡镇人民政府、街道办事处审核，报县级人民政府民政等部门审批。

第二十一条　自然灾害发生后的当年冬季、次年春季，受灾地区人民政府应当为生活困难的受灾人员提供基本生活救助。

受灾地区县级人民政府民政部门应当在每年 10 月底前统计、评估本行政区域受灾人员当年冬季、次年春季的基本生活困难和需求，核实救助对象，编制工作台账，制定救助工作方案，经本级人民政府批准后组织实施，并报上一级人民政府民政部门备案。

第五章 救助款物管理

第二十二条 县级以上人民政府财政部门、民政部门负责自然灾害救助资金的分配、管理并监督使用情况。

县级以上人民政府民政部门负责调拨、分配、管理自然灾害救助物资。

第二十三条 人民政府采购用于自然灾害救助准备和灾后恢复重建的货物、工程和服务，依照有关政府采购和招标投标的法律规定组织实施。自然灾害应急救助和灾后恢复重建中涉及紧急抢救、紧急转移安置和临时性救助的紧急采购活动，按照国家有关规定执行。

第二十四条 自然灾害救助款物专款（物）专用，无偿使用。

定向捐赠的款物，应当按照捐赠人的意愿使用。政府部门接受的捐赠人无指定意向的款物，由县级以上人民政府民政部门统筹安排用于自然灾害救助；社会组织接受的捐赠人无指定意向的款物，由社会组织按照有关规定用于自然灾害救助。

第二十五条 自然灾害救助款物应当用于受灾人员的紧急转移安置，基本生活救助，医疗救助，教育、医疗等公共服务设施和住房的恢复重建，自然灾害救助物资的采购、储存和运输，以及因灾遇难人员亲属的抚慰等项支出。

第二十六条 受灾地区人民政府民政、财政等部门和有关社会组织应当通过报刊、广播、电视、互联网，主动向社会公开所接受的自然灾害救助款物和捐赠款物的来源、数量及其使用情况。

受灾地区村民委员会、居民委员会应当公布救助对象及其接受救助款物数额和使用情况。

第二十七条 各级人民政府应当建立健全自然灾害救助款物和捐赠款物的监督检查制度，并及时受理投诉和举报。

第二十八条 县级以上人民政府监察机关、审计机关应当依法对自然灾害救助款物和捐赠款物的管理使用情况进行监督检查，民政、财政等部门和有关社会组织应当予以配合。

第六章 法律责任

第二十九条 行政机关工作人员违反本条例规定，有下列行为之一的，由任免机关或者监察机关依照法律法规给予处分；构成犯罪的，依法追究刑事责任：

（一）迟报、谎报、瞒报自然灾害损失情况，造成后果的；

（二）未及时组织受灾人员转移安置，或者在提供基本生活救助、组织恢复重建过程中工作不力，造成后果的；

（三）截留、挪用、私分自然灾害救助款物或者捐赠款物的；

（四）不及时归还征用的财产，或者不按照规定给予补偿的；

（五）有滥用职权、玩忽职守、徇私舞弊的其他行为的。

第三十条 采取虚报、隐瞒、伪造等手段，骗取自然灾害救助款物或者捐赠款物的，由县级以上人民政府民政部门责令限期退回违法所得的款物；构成犯罪的，依法追究刑事责任。

第三十一条 抢夺或者聚众哄抢自然灾害救助款物或者捐赠款物的，由县级以上人民政府民政部门责令停止违法行为；构成违反治安管理行为的，由公安机关依法给予治安管理处罚；构成犯罪的，依法追究刑事责任。

第三十二条 以暴力、威胁方法阻碍自然灾害救助工作人员依法执行职务，构成违反治安管理行为的，由公安机关依法给予治安管理处罚；构成犯罪的，依法追究刑事责任。

第七章 附 则

第三十三条 发生事故灾难、公共卫生事件、社会安全事件等突发事件，需要由县级以上人民政府民政部门开展生活救助的，参照本条例执行。

第三十四条　法律、行政法规对防灾、抗灾、救灾另有规定的，从其规定。

第三十五条　本条例自 2010 年 9 月 1 日起施行。

社会救助暂行办法

（中华人民共和国国务院令第 649 号，2014 年 2 月 21 日经李克强总理签署颁布，自 2014 年 5 月 1 日起施行）

第一章　总　　则

第一条　为了加强社会救助，保障公民的基本生活，促进社会公平，维护社会和谐稳定，根据宪法，制定本办法。

第二条　社会救助制度坚持托底线、救急难、可持续，与其他社会保障制度相衔接，社会救助水平与经济社会发展水平相适应。

社会救助工作应当遵循公开、公平、公正、及时的原则。

第三条　国务院民政部门统筹全国社会救助体系建设。国务院民政、卫生计生、教育、住房城乡建设、人力资源社会保障等部门，按照各自职责负责相应的社会救助管理工作。

县级以上地方人民政府民政、卫生计生、教育、住房城乡建设、人力资源社会保障等部门，按照各自职责负责本行政区域内相应的社会救助管理工作。

前两款所列行政部门统称社会救助管理部门。

第四条　乡镇人民政府、街道办事处负责有关社会救助的申请受理、调查审核，具体工作由社会救助经办机构或者经办人员承担。

村民委员会、居民委员会协助做好有关社会救助工作。

第五条　县级以上人民政府应当将社会救助纳入国民经济和社会发展规

划，建立健全政府领导、民政部门牵头、有关部门配合、社会力量参与的社会救助工作协调机制，完善社会救助资金、物资保障机制，将政府安排的社会救助资金和社会救助工作经费纳入财政预算。

社会救助资金实行专项管理，分账核算，专款专用，任何单位或者个人不得挤占挪用。社会救助资金的支付，按照财政国库管理的有关规定执行。

第六条 县级以上人民政府应当按照国家统一规划建立社会救助管理信息系统，实现社会救助信息互联互通、资源共享。

第七条 国家鼓励、支持社会力量参与社会救助。

第八条 对在社会救助工作中作出显著成绩的单位、个人，按照国家有关规定给予表彰、奖励。

第二章 最低生活保障

第九条 国家对共同生活的家庭成员人均收入低于当地最低生活保障标准，且符合当地最低生活保障家庭财产状况规定的家庭，给予最低生活保障。

第十条 最低生活保障标准，由省、自治区、直辖市或者设区的市级人民政府按照当地居民生活必需的费用确定、公布，并根据当地经济社会发展水平和物价变动情况适时调整。

最低生活保障家庭收入状况、财产状况的认定办法，由省、自治区、直辖市或者设区的市级人民政府按照国家有关规定制定。

第十一条 申请最低生活保障，按照下列程序办理：

（一）由共同生活的家庭成员向户籍所在地的乡镇人民政府、街道办事处提出书面申请；家庭成员申请有困难的，可以委托村民委员会、居民委员会代为提出申请。

（二）乡镇人民政府、街道办事处应当通过入户调查、邻里访问、信函索证、群众评议、信息核查等方式，对申请人的家庭收入状况、财产状况进行调查核实，提出初审意见，在申请人所在村、社区公示后报县级人民政府民政部门审批。

（三）县级人民政府民政部门经审查，对符合条件的申请予以批准，并在申请人所在村、社区公布；对不符合条件的申请不予批准，并书面向申请人说明理由。

第十二条 对批准获得最低生活保障的家庭，县级人民政府民政部门按照共同生活的家庭成员人均收入低于当地最低生活保障标准的差额，按月发给最低生活保障金。

对获得最低生活保障后生活仍有困难的老年人、未成年人、重度残疾人和重病患者，县级以上地方人民政府应当采取必要措施给予生活保障。

第十三条 最低生活保障家庭的人口状况、收入状况、财产状况发生变化的，应当及时告知乡镇人民政府、街道办事处。

县级人民政府民政部门以及乡镇人民政府、街道办事处应当对获得最低生活保障家庭的人口状况、收入状况、财产状况定期核查。

最低生活保障家庭的人口状况、收入状况、财产状况发生变化的，县级人民政府民政部门应当及时决定增发、减发或者停发最低生活保障金；决定停发最低生活保障金的，应当书面说明理由。

第三章　特困人员供养

第十四条 国家对无劳动能力、无生活来源且无法定赡养、抚养、扶养义务人，或者其法定赡养、抚养、扶养义务人无赡养、抚养、扶养能力的老年人、残疾人以及未满 16 周岁的未成年人，给予特困人员供养。

第十五条 特困人员供养的内容包括：

（一）提供基本生活条件；

（二）对生活不能自理的给予照料；

（三）提供疾病治疗；

（四）办理丧葬事宜。

特困人员供养标准，由省、自治区、直辖市或者设区的市级人民政府确定、公布。

特困人员供养应当与城乡居民基本养老保险、基本医疗保障、最低生活保障、孤儿基本生活保障等制度相衔接。

第十六条 申请特困人员供养,由本人向户籍所在地的乡镇人民政府、街道办事处提出书面申请;本人申请有困难的,可以委托村民委员会、居民委员会代为提出申请。

特困人员供养的审批程序适用本办法第十一条规定。

第十七条 乡镇人民政府、街道办事处应当及时了解掌握居民的生活情况,发现符合特困供养条件的人员,应当主动为其依法办理供养。

第十八条 特困供养人员不再符合供养条件的,村民委员会、居民委员会或者供养服务机构应当告知乡镇人民政府、街道办事处,由乡镇人民政府、街道办事处审核并报县级人民政府民政部门核准后,终止供养并予以公示。

第十九条 特困供养人员可以在当地的供养服务机构集中供养,也可以在家分散供养。特困供养人员可以自行选择供养形式。

第四章 受灾人员救助

第二十条 国家建立健全自然灾害救助制度,对基本生活受到自然灾害严重影响的人员,提供生活救助。

自然灾害救助实行属地管理,分级负责。

第二十一条 设区的市级以上人民政府和自然灾害多发、易发地区的县级人民政府应当根据自然灾害特点、居民人口数量和分布等情况,设立自然灾害救助物资储备库,保障自然灾害发生后救助物资的紧急供应。

第二十二条 自然灾害发生后,县级以上人民政府或者人民政府的自然灾害救助应急综合协调机构应当根据情况紧急疏散、转移、安置受灾人员,及时为受灾人员提供必要的食品、饮用水、衣被、取暖、临时住所、医疗防疫等应急救助。

第二十三条 灾情稳定后,受灾地区县级以上人民政府应当评估、核定并发布自然灾害损失情况。

第二十四条　受灾地区人民政府应当在确保安全的前提下，对住房损毁严重的受灾人员进行过渡性安置。

第二十五条　自然灾害危险消除后，受灾地区人民政府民政等部门应当及时核实本行政区域内居民住房恢复重建补助对象，并给予资金、物资等救助。

第二十六条　自然灾害发生后，受灾地区人民政府应当为因当年冬寒或者次年春荒遇到生活困难的受灾人员提供基本生活救助。

第五章　医疗救助

第二十七条　国家建立健全医疗救助制度，保障医疗救助对象获得基本医疗卫生服务。

第二十八条　下列人员可以申请相关医疗救助：

（一）最低生活保障家庭成员；

（二）特困供养人员；

（三）县级以上人民政府规定的其他特殊困难人员。

第二十九条　医疗救助采取下列方式：

（一）对救助对象参加城镇居民基本医疗保险或者新型农村合作医疗的个人缴费部分，给予补贴；

（二）对救助对象经基本医疗保险、大病保险和其他补充医疗保险支付后，个人及其家庭难以承担的符合规定的基本医疗自负费用，给予补助。

医疗救助标准，由县级以上人民政府按照经济社会发展水平和医疗救助资金情况确定、公布。

第三十条　申请医疗救助的，应当向乡镇人民政府、街道办事处提出，经审核、公示后，由县级人民政府民政部门审批。最低生活保障家庭成员和特困供养人员的医疗救助，由县级人民政府民政部门直接办理。

第三十一条　县级以上人民政府应当建立健全医疗救助与基本医疗保险、大病保险相衔接的医疗费用结算机制，为医疗救助对象提供便捷服务。

第三十二条 国家建立疾病应急救助制度，对需要急救但身份不明或者无力支付急救费用的急重危伤病患者给予救助。符合规定的急救费用由疾病应急救助基金支付。

疾病应急救助制度应当与其他医疗保障制度相衔接。

第六章 教育救助

第三十三条 国家对在义务教育阶段就学的最低生活保障家庭成员、特困供养人员，给予教育救助。

对在高中教育（含中等职业教育）、普通高等教育阶段就学的最低生活保障家庭成员、特困供养人员，以及不能入学接受义务教育的残疾儿童，根据实际情况给予适当教育救助。

第三十四条 教育救助根据不同教育阶段需求，采取减免相关费用、发放助学金、给予生活补助、安排勤工助学等方式实施，保障教育救助对象基本学习、生活需求。

第三十五条 教育救助标准，由省、自治区、直辖市人民政府根据经济社会发展水平和教育救助对象的基本学习、生活需求确定、公布。

第三十六条 申请教育救助，应当按照国家有关规定向就读学校提出，按规定程序审核、确认后，由学校按照国家有关规定实施。

第七章 住房救助

第三十七条 国家对符合规定标准的住房困难的最低生活保障家庭、分散供养的特困人员，给予住房救助。

第三十八条 住房救助通过配租公共租赁住房、发放住房租赁补贴、农村危房改造等方式实施。

第三十九条 住房困难标准和救助标准，由县级以上地方人民政府根据本行政区域经济社会发展水平、住房价格水平等因素确定、公布。

第四十条 城镇家庭申请住房救助的，应当经由乡镇人民政府、街道办事处或者直接向县级人民政府住房保障部门提出，经县级人民政府民政部门审核家庭收入、财产状况和县级人民政府住房保障部门审核家庭住房状况并公示后，对符合申请条件的申请人，由县级人民政府住房保障部门优先给予保障。

农村家庭申请住房救助的，按照县级以上人民政府有关规定执行。

第四十一条　各级人民政府按照国家规定通过财政投入、用地供应等措施为实施住房救助提供保障。

第八章　就业救助

第四十二条　国家对最低生活保障家庭中有劳动能力并处于失业状态的成员，通过贷款贴息、社会保险补贴、岗位补贴、培训补贴、费用减免、公益性岗位安置等办法，给予就业救助。

第四十三条　最低生活保障家庭有劳动能力的成员均处于失业状态的，县级以上地方人民政府应当采取有针对性的措施，确保该家庭至少有一人就业。

第四十四条　申请就业救助的，应当向住所地街道、社区公共就业服务机构提出，公共就业服务机构核实后予以登记，并免费提供就业岗位信息、职业介绍、职业指导等就业服务。

第四十五条　最低生活保障家庭中有劳动能力但未就业的成员，应当接受人力资源社会保障等有关部门介绍的工作；无正当理由，连续3次拒绝接受介绍的与其健康状况、劳动能力等相适应的工作的，县级人民政府民政部门应当决定减发或者停发其本人的最低生活保障金。

第四十六条　吸纳就业救助对象的用人单位，按照国家有关规定享受社会保险补贴、税收优惠、小额担保贷款等就业扶持政策。

第九章　临时救助

第四十七条　国家对因火灾、交通事故等意外事件，家庭成员突发重大疾病等原因，导致基本生活暂时出现严重困难的家庭，或者因生活必需支出突然增加超出家庭承受能力，导致基本生活暂时出现严重困难的最低生活保障家庭，以及遭遇其他特殊困难的家庭，给予临时救助。

第四十八条 申请临时救助的，应当向乡镇人民政府、街道办事处提出，经审核、公示后，由县级人民政府民政部门审批；救助金额较小的，县级人民政府民政部门可以委托乡镇人民政府、街道办事处审批。情况紧急的，可以按照规定简化审批手续。

第四十九条 临时救助的具体事项、标准，由县级以上地方人民政府确定、公布。

第五十条 国家对生活无着的流浪、乞讨人员提供临时食宿、急病救治、协助返回等救助。

第五十一条 公安机关和其他有关行政机关的工作人员在执行公务时发现流浪、乞讨人员的，应当告知其向救助管理机构求助。对其中的残疾人、未成年人、老年人和行动不便的其他人员，应当引导、护送到救助管理机构；对突发急病人员，应当立即通知急救机构进行救治。

第十章 社会力量参与

第五十二条 国家鼓励单位和个人等社会力量通过捐赠、设立帮扶项目、创办服务机构、提供志愿服务等方式，参与社会救助。

第五十三条 社会力量参与社会救助，按照国家有关规定享受财政补贴、税收优惠、费用减免等政策。

第五十四条 县级以上地方人民政府可以将社会救助中的具体服务事项通过委托、承包、采购等方式，向社会力量购买服务。

第五十五条 县级以上地方人民政府应当发挥社会工作服务机构和社会工作者作用，为社会救助对象提供社会融入、能力提升、心理疏导等专业服务。

第五十六条 社会救助管理部门及相关机构应当建立社会力量参与社会救助的机制和渠道，提供社会救助项目、需求信息，为社会力量参与社会救助创造条件、提供便利。

第十一章　监督管理

第五十七条　县级以上人民政府及其社会救助管理部门应当加强对社会救助工作的监督检查，完善相关监督管理制度。

第五十八条　申请或者已获得社会救助的家庭，应当按照规定如实申报家庭收入状况、财产状况。

县级以上人民政府民政部门根据申请或者已获得社会救助家庭的请求、委托，可以通过户籍管理、税务、社会保险、不动产登记、工商登记、住房公积金管理、车船管理等单位和银行、保险、证券等金融机构，代为查询、核对其家庭收入状况、财产状况；有关单位和金融机构应当予以配合。

县级以上人民政府民政部门应当建立申请和已获得社会救助家庭经济状况信息核对平台，为审核认定社会救助对象提供依据。

第五十九条　县级以上人民政府社会救助管理部门和乡镇人民政府、街道办事处在履行社会救助职责过程中，可以查阅、记录、复制与社会救助事项有关的资料，询问与社会救助事项有关的单位、个人，要求其对相关情况作出说明，提供相关证明材料。有关单位、个人应当如实提供。

第六十条　申请社会救助，应当按照本办法的规定提出；申请人难以确定社会救助管理部门的，可以先向社会救助经办机构或者县级人民政府民政部门求助。社会救助经办机构或者县级人民政府民政部门接到求助后，应当及时办理或者转交其他社会救助管理部门办理。

乡镇人民政府、街道办事处应当建立统一受理社会救助申请的窗口，及时受理、转办申请事项。

第六十一条　履行社会救助职责的工作人员对在社会救助工作中知悉的公民个人信息，除按照规定应当公示的信息外，应当予以保密。

第六十二条　县级以上人民政府及其社会救助管理部门应当通过报刊、广播、电视、互联网等媒体，宣传社会救助法律、法规和政策。

县级人民政府及其社会救助管理部门应当通过公共查阅室、资料索取点、信息公告栏等便于公众知晓的途径，及时公开社会救助资金、物资的管理和使用等情况，接受社会监督。

第六十三条 履行社会救助职责的工作人员行使职权，应当接受社会监督。

任何单位、个人有权对履行社会救助职责的工作人员在社会救助工作中的违法行为进行举报、投诉。受理举报、投诉的机关应当及时核实、处理。

第六十四条 县级以上人民政府财政部门、审计机关依法对社会救助资金、物资的筹集、分配、管理和使用实施监督。

第六十五条 申请或者已获得社会救助的家庭或者人员，对社会救助管理部门作出的具体行政行为不服的，可以依法申请行政复议或者提起行政诉讼。

第十二章 法律责任

第六十六条 违反本办法规定，有下列情形之一的，由上级行政机关或者监察机关责令改正；对直接负责的主管人员和其他直接责任人员依法给予处分：

（一）对符合申请条件的救助申请不予受理的；

（二）对符合救助条件的救助申请不予批准的；

（三）对不符合救助条件的救助申请予以批准的；

（四）泄露在工作中知悉的公民个人信息，造成后果的；

（五）丢失、篡改接受社会救助款物、服务记录等数据的；

（六）不按照规定发放社会救助资金、物资或者提供相关服务的；

（七）在履行社会救助职责过程中有其他滥用职权、玩忽职守、徇私舞弊行为的。

第六十七条 违反本办法规定，截留、挤占、挪用、私分社会救助资金、物资的，由有关部门责令追回；有违法所得的，没收违法所得；对直接负责的主管人员和其他直接责任人员依法给予处分。

第六十八条 采取虚报、隐瞒、伪造等手段，骗取社会救助资金、物资或者服务的，由有关部门决定停止社会救助，责令退回非法获取的救助资金、物资，可以处非法获取的救助款额或者物资价值 1 倍以上 3 倍以下的罚款；构成违反治安管理行为的，依法给予治安管理处罚。

第六十九条 违反本办法规定，构成犯罪的，依法追究刑事责任。

第十三章 附 则

第七十条 本办法自 2014 年 5 月 1 日起施行。

二、国务院、国务院办公厅发布的政策性文件

国务院关于在全国建立农村最低生活保障制度的通知

国发〔2007〕19 号

各省、自治区、直辖市人民政府，国务院各部委、各直属机构：

为贯彻落实党的十六届六中全会精神，切实解决农村贫困人口的生活困难，国务院决定，2007 年在全国建立农村最低生活保障制度。现就有关问题通知如下：

一、充分认识建立农村最低生活保障制度的重要意义

改革开放以来，我国经济持续快速健康发展，党和政府高度重视"三农"工作，不断加大扶贫开发和社会救助工作力度，农村贫困人口数量大幅减少。但是，仍有部分贫困人口尚未解决温饱问题，需要政府给予必要的救助，以保障其基本生活，并帮助其中有劳动能力的人积极劳动脱贫致富。党的十六大以

来，部分地区根据中央部署，积极探索建立农村最低生活保障制度，为全面解决农村贫困人口的基本生活问题打下了良好基础。在全国建立农村最低生活保障制度，是践行"三个代表"重要思想、落实科学发展观和构建社会主义和谐社会的必然要求，是解决农村贫困人口温饱问题的重要举措，也是建立覆盖城乡的社会保障体系的重要内容。做好这一工作，对于促进农村经济社会发展，逐步缩小城乡差距，维护社会公平具有重要意义。各地区、各部门要充分认识建立农村最低生活保障制度的重要性，将其作为社会主义新农村建设的一项重要任务，高度重视，扎实推进。

二、明确建立农村最低生活保障制度的目标和总体要求

建立农村最低生活保障制度的目标是：通过在全国范围建立农村最低生活保障制度，将符合条件的农村贫困人口全部纳入保障范围，稳定、持久、有效地解决全国农村贫困人口的温饱问题。

建立农村最低生活保障制度，实行地方人民政府负责制，按属地进行管理。各地要从当地农村经济社会发展水平和财力状况的实际出发，合理确定保障标准和对象范围。同时，要做到制度完善、程序明确、操作规范、方法简便，保证公开、公平、公正。要实行动态管理，做到保障对象有进有出，补助水平有升有降。要与扶贫开发、促进就业以及其他农村社会保障政策、生活性补助措施相衔接，坚持政府救济与家庭赡养扶养、社会互助、个人自立相结合，鼓励和支持有劳动能力的贫困人口生产自救，脱贫致富。

三、合理确定农村最低生活保障标准和对象范围

农村最低生活保障标准由县级以上地方人民政府按照能够维持当地农村居民全年基本生活所必需的吃饭、穿衣、用水、用电等费用确定，并报上一级地方人民政府备案后公布执行。农村最低生活保障标准要随着当地生活必需品价格变化和人民生活水平提高适时进行调整。

农村最低生活保障对象是家庭年人均纯收入低于当地最低生活保障标准的

农村居民，主要是因病残、年老体弱、丧失劳动能力以及生存条件恶劣等原因造成生活常年困难的农村居民。

四、规范农村最低生活保障管理

农村最低生活保障的管理既要严格规范，又要从农村实际出发，采取简便易行的方法。

（一）申请、审核和审批。申请农村最低生活保障，一般由户主本人向户籍所在地的乡（镇）人民政府提出申请；村民委员会受乡（镇）人民政府委托，也可受理申请。受乡（镇）人民政府委托，在村党组织的领导下，村民委员会对申请人开展家庭经济状况调查、组织村民会议或村民代表会议民主评议后提出初步意见，报乡（镇）人民政府；乡（镇）人民政府审核后，报县级人民政府民政部门审批。乡（镇）人民政府和县级人民政府民政部门要核查申请人的家庭收入，了解其家庭财产、劳动力状况和实际生活水平，并结合村民民主评议，提出审核、审批意见。在核算申请人家庭收入时，申请人家庭按国家规定所获得的优待抚恤金、计划生育奖励与扶助金以及教育、见义勇为等方面的奖励性补助，一般不计入家庭收入，具体核算办法由地方人民政府确定。

（二）民主公示。村民委员会、乡（镇）人民政府以及县级人民政府民政部门要及时向社会公布有关信息，接受群众监督。公示的内容重点为：最低生活保障对象的申请情况和对最低生活保障对象的民主评议意见，审核、审批意见，实际补助水平等情况。对公示没有异议的，要按程序及时落实申请人的最低生活保障待遇；对公示有异议的，要进行调查核实，认真处理。

（三）资金发放。最低生活保障金原则上按照申请人家庭年人均纯收入与保障标准的差额发放，也可以在核查申请人家庭收入的基础上，按照其家庭的困难程度和类别，分档发放。要加快推行国库集中支付方式，通过代理金融机构直接、及时地将最低生活保障金支付到最低生活保障对象账户。

（四）动态管理。乡（镇）人民政府和县级人民政府民政部门要采取多种形式，定期或不定期调查了解农村困难群众的生活状况，及时将符合条件的困难群众纳入保障范围；并根据其家庭经济状况的变化，及时按程序办理停发、减发或增发最低生活保障金的手续。保障对象和补助水平变动情况都要及时向社会公示。

五、落实农村最低生活保障资金

农村最低生活保障资金的筹集以地方为主，地方各级人民政府要将农村最低生活保障资金列入财政预算，省级人民政府要加大投入。地方各级人民政府民政部门要根据保障对象人数等提出资金需求，经同级财政部门审核后列入预算。中央财政对财政困难地区给予适当补助。

地方各级人民政府及其相关部门要统筹考虑农村各项社会救助制度，合理安排农村最低生活保障资金，提高资金使用效益。同时，鼓励和引导社会力量为农村最低生活保障提供捐赠和资助。农村最低生活保障资金实行专项管理，专账核算，专款专用，严禁挤占挪用。

六、加强领导，确保农村最低生活保障制度的顺利实施

在全国建立农村最低生活保障制度，是一项重大而又复杂的系统性工作。地方各级人民政府要高度重视，将其纳入政府工作的重要议事日程，加强领导，明确责任，统筹协调，抓好落实。

要精心设计制度方案，周密组织实施。各省、自治区、直辖市人民政府制订和修订的方案，要报民政部、财政部备案。已建立农村最低生活保障制度的，要进一步完善制度，规范操作，努力提高管理水平；尚未建立农村最低生活保障制度的，要抓紧建章立制，在今年内把最低生活保障制度建立起来并组织实施。要加大政策宣传力度，利用广播、电视、报刊、互联网等媒体，做好宣传普及工作，使农村最低生活保障政策进村入户、家喻户晓。要加强协调与配合，各级民政部门要发挥职能部门作用，建立健全各项规章制度，推进信息化建设，不断提高规范化、制度化、科学化管理水平；财政部门要落实资金，加强对资金使用和管理的监督；扶贫部门要密切配合、搞好衔接，在最低生活

保障制度实施后，仍要坚持开发式扶贫的方针，扶持有劳动能力的贫困人口脱贫致富。要做好新型农村合作医疗和农村医疗救助工作，防止因病致贫或返贫。要加强监督检查，县级以上地方人民政府及其相关部门要定期组织检查或抽查，对违法违纪行为及时纠正处理，对工作成绩突出的予以表彰，并定期向上一级人民政府及其相关部门报告工作进展情况。各省、自治区、直辖市人民政府要于每年年底前，将农村最低生活保障制度实施情况报告国务院。

农村最低生活保障工作涉及面广、政策性强、工作量大，地方各级人民政府在推进农村综合改革，加强农村公共服务能力建设的过程中，要统筹考虑建立农村最低生活保障制度的需要，科学整合县乡管理机构及人力资源，合理安排工作人员和工作经费，切实加强工作力量，提供必要的工作条件，逐步实现低保信息化管理，努力提高管理和服务质量，确保农村最低生活保障制度顺利实施和不断完善。

国务院

2007 年 7 月 11 日

国务院关于进一步加强和改进最低生活保障工作的意见

国发〔2012〕45 号

各省、自治区、直辖市人民政府，国务院各部委、各直属机构：

最低生活保障事关困难群众衣食冷暖，事关社会和谐稳定和公平正义，是贯彻落实科学发展观的重要举措，是维护困难群众基本生活权益的基础性制度安排。近年来，随着各项相关配套政策的陆续出台，最低生活保障制度在惠民生、解民忧、保稳定、促和谐等方面作出了突出贡献，有效保障了困难群众的基本生活。但一些地区还不同程度存在对最低生活保障工作重视不够、责任不落实、管理不规范、监管不到位、工作保障不力、工作机制不健全等问题。为切实加强和改进最低生活保障工作，现提出如下意见：

一、总体要求和基本原则

（一）总体要求。

最低生活保障工作要以科学发展观为指导，以保障和改善民生为主题，以强化责任为主线，坚持保基本、可持续、重公正、求实效的方针，进一步完善法规政策，健全工作机制，严格规范管理，加强能力建设，努力构建标准科学、对象准确、待遇公正、进出有序的最低生活保障工作格局，不断提高最低生活保障制度的科学性和执行力，切实维护困难群众基本生活权益。

（二）基本原则。

坚持应保尽保。把保障困难群众基本生活放到更加突出的位置，落实政府责任，加大政府投入，加强部门协作，强化监督问责，确保把所有符合条件的困难群众全部纳入最低生活保障范围。

坚持公平公正。健全最低生活保障法规制度，完善程序规定，畅通城乡居民的参与渠道，加大政策信息公开力度，做到审批过程公开透明，审批结果公平公正。

坚持动态管理。采取最低生活保障对象定期报告和管理审批机关分类复核相结合等方法，加强对最低生活保障对象的日常管理和服务，切实做到保障对象有进有出、补助水平有升有降。

坚持统筹兼顾。统筹城乡、区域和经济社会发展，做到最低生活保障标准与经济社会发展水平相适应，最低生活保障制度与其他社会保障制度相衔接，有效保障困难群众基本生活。

二、加强和改进最低生活保障工作的政策措施

（一）完善最低生活保障对象认定条件。

户籍状况、家庭收入和家庭财产是认定最低生活保障对象的三个基本条

件。各地要根据当地情况，制定并向社会公布享受最低生活保障待遇的具体条件，形成完善的最低生活保障对象认定标准体系。同时，要明确核算和评估最低生活保障申请人家庭收入和家庭财产的具体办法，并对赡养、抚养、扶养义务人履行相关法定义务提出具体要求。科学制定最低生活保障标准，健全救助标准与物价上涨挂钩的联动机制，综合运用基本生活费用支出法、恩格尔系数法、消费支出比例法等测算方法，动态、适时调整最低生活保障标准，最低生活保障标准应低于最低工资标准；省级人民政府可根据区域经济社会发展情况，研究制定本行政区域内相对统一的区域标准，逐步缩小城乡差距、区域差距。

（二）规范最低生活保障审核审批程序。

规范申请程序。凡认为符合条件的城乡居民都有权直接向其户籍所在地的乡镇人民政府（街道办事处）提出最低生活保障申请；乡镇人民政府（街道办事处）无正当理由，不得拒绝受理。受最低生活保障申请人委托，村（居）民委员会可以代为提交申请。申请最低生活保障要以家庭为单位，按规定提交相关材料，书面声明家庭收入和财产状况，并由申请人签字确认。

规范审核程序。乡镇人民政府（街道办事处）是审核最低生活保障申请的责任主体，在村（居）民委员会协助下，应当对最低生活保障申请家庭逐一入户调查，详细核查申请材料以及各项声明事项的真实性和完整性，并由调查人员和申请人签字确认。

规范民主评议。入户调查结束后，乡镇人民政府（街道办事处）应当组织村（居）民代表或者社区评议小组对申请人声明的家庭收入、财产状况以及入户调查结果的真实性进行评议。各地要健全完善最低生活保障民主评议办法，规范评议程序、评议方式、评议内容和参加人员。

规范审批程序。县级人民政府民政部门是最低生活保障审批的责任主体，在作出审批决定前，应当全面审查乡镇人民政府（街道办事处）上报的调查材料和审核意见（含民主评议结果），并按照不低于30%的比例入户抽查。有条件的地方，县级人民政府民政部门可邀请乡镇人民政府（街道办事处）、村（居）

民委员会参与审批，促进审批过程的公开透明。严禁不经调查直接将任何群体或个人纳入最低生活保障范围。

规范公示程序。各地要严格执行最低生活保障审核审批公示制度，规范公示内容、公示形式和公示时限等。社区要设置统一的固定公示栏；乡镇人民政府（街道办事处）要及时公示入户调查、民主评议和审核结果，并确保公示的真实性和准确性；县级人民政府民政部门应当就最低生活保障对象的家庭成员、收入情况、保障金额等在其居住地长期公示，逐步完善面向公众的最低生活保障对象信息查询机制，并完善异议复核制度。公示中要注意保护最低生活保障对象的个人隐私，严禁公开与享受最低生活保障待遇无关的信息。

规范发放程序。各地要全面推行最低生活保障金社会化发放，按照财政国库管理制度将最低生活保障金直接支付到保障家庭账户，确保最低生活保障金足额、及时发放到位。

（三）建立救助申请家庭经济状况核对机制。

在强化入户调查、邻里访问、信函索证等调查手段基础上，加快建立跨部门、多层次、信息共享的救助申请家庭经济状况核对机制，健全完善工作机构和信息核对平台，确保最低生活保障等社会救助对象准确、高效、公正认定。经救助申请人及其家庭成员授权，公安、人力资源社会保障、住房城乡建设、金融、保险、工商、税务、住房公积金等部门和机构应当根据有关规定和最低生活保障等社会救助对象认定工作需要，及时向民政部门提供户籍、机动车、就业、保险、住房、存款、证券、个体工商户、纳税、公积金等方面的信息。民政部要会同有关部门研究制定具体的信息查询办法，并负责跨省（区、市）的信息查询工作。到"十二五"末，全国要基本建立救助申请家庭经济状况核对机制。

（四）加强最低生活保障对象动态管理。

对已经纳入最低生活保障范围的救助对象，要采取多种方式加强管理服务，定期跟踪保障对象家庭变化情况，形成最低生活保障对象有进有出、补助水平有升有降的动态管理机制。各地要建立最低生活保障家庭人口、收入和财产状况定期报告制度，并根据报告情况分类、定期开展核查，将不再符合条件的及时退出保障范围。对于无生活来源、无劳动能力又无法定赡养、抚养、扶养义务人的"三无人员"，可每年核查一次；对于短期内收入变化不大的家庭，可每半年核查一次；对于收入来源不固定、成员有劳动能力和劳动条件的最低生活保障家庭，原则上实行城市按月、农村按季核查。

（五）健全最低生活保障工作监管机制。

地方各级人民政府要将最低生活保障政策落实情况作为督查督办的重点内容，定期组织开展专项检查；民政部、财政部要会同有关部门对全国最低生活保障工作进行重点抽查。财政、审计、监察部门要加强对最低生活保障资金管理使用情况的监督检查，防止挤占、挪用、套取等违纪违法现象发生。建立最低生活保障经办人员和村（居）民委员会干部近亲属享受最低生活保障备案制度，县级人民政府民政部门要对备案的最低生活保障对象严格核查管理。充分发挥舆论监督的重要作用，对于媒体发现揭露的问题，应及时查处并公布处理结果。要通过政府购买服务等方式，鼓励社会组织参与、评估、监督最低生活保障工作，财政部门要通过完善相关政策给予支持。

（六）建立健全投诉举报核查制度。

各地要公开最低生活保障监督咨询电话，畅通投诉举报渠道，健全投诉举报核查制度。有条件的地方要以省为单位设置统一的举报投诉电话。要切实加强最低生活保障来信来访工作，推行专人负责、首问负责等制度。各级人民政府、县级以上人民政府民政部门应当自受理最低生活保障信访事项之日起60日内办结；信访人对信访事项处理意见不服的，可以自收到书面答复之日起30日内请求原办理行政机关的上一级行政机关复查，收到复查请求的行政机关应当自收到复查请求之日起30日内提出复查意见，并予以书面答复；信访人对复查意见不服的，可以自收到书面答复之日起30日内向复查机关的上一级行政机关请求复核，收到复核请求的行政机关应当自收到复核请求之日起30日内提出复核意见；信访人对复核意见不服，仍以同一事实和理由提出信访请求的，不再受理，民政等部门要积极向信访人做好政策解释工作。民政部或者省级人民政府民政部门对最低生活保障重大信访事项或社会影响恶劣的违规违纪事件，可会同信访等相关部门直接督办。

（七）加强最低生活保障与其他社会救助制度的有效衔接。

加快推进低收入家庭认定工作，为医疗救助、教育救助、住房保障等社会救助政策向低收入家庭拓展提供支撑；全面建立临时救助制度，有效解决低收入群众的突发性、临时性基本生活困难；做好最低生活保障与养老、医疗等社会保险制度的衔接工作。对最低生活保障家庭中的老年人、未成年人、重度残疾人、重病患者等重点救助对象，要采取多种措施提高其救助水平。鼓励机关、企事业单位、社会组织和个人积极开展扶贫帮困活动，形成慈善事业与社会救助的有效衔接。

完善城市最低生活保障与就业联动、农村最低生活保障与扶贫开发衔接机制，鼓励积极就业，加大对有劳动能力最低生活保障对象的就业扶持力度。劳动年龄内、有劳动能力、失业的城市困难群众，在申请最低生活保障时，应当先到当地公共就业服务机构办理失业登记；公共就业服务机构应当向登记失业的最低生活保障对象提供及时的就业服务和重点帮助；对实现就业的最低生活保障对象，在核算其家庭收入时，可以扣减必要的就业成本。

三、强化工作保障，确保各项政策措施落到实处

（一）加强能力建设。省级人民政府要切实加强最低生活保障工作能力建设，统筹研究制定按照保障对象数量等因素配备相应工作人员的具体办法和措施。地方各级人民政府要结合本地实际和全面落实最低生活保障制度的要求，科学整合县（市、区）、乡镇人民政府（街道办事处）管理机构及人力资源，充实加强基层最低生活保障工作力量，确保事有人管、责有人负。加强最低生活保障工作人员业务培训，保障工作场所、条件和待遇，不断提高最低生活保障管理服务水平。加快推进信息化建设，全面部署全国最低生活保障信息管理系统。

（二）加强经费保障。省级财政要优化和调整支出结构，切实加大最低生

活保障资金投入。中央财政最低生活保障补助资金重点向保障任务重、财政困难地区倾斜，在分配最低生活保障补助资金时，财政部要会同民政部研究"以奖代补"的办法和措施，对工作绩效突出地区给予奖励，引导各地进一步完善制度，加强管理。要切实保障基层工作经费，最低生活保障工作所需经费要纳入地方各级财政预算。基层最低生活保障工作经费不足的地区，省市级财政给予适当补助。

（三）加强政策宣传。以党和政府对最低生活保障工作的有关要求以及认定条件、审核审批、补差发放、动态管理等政策规定为重点，深入开展最低生活保障政策宣传。利用广播、电视、网络等媒体和宣传栏、宣传册、明白纸等群众喜闻乐见的方式，不断提高最低生活保障信息公开的针对性、时效性和完整性。充分发挥新闻媒体的舆论引导作用，大力宣传最低生活保障在保障民生、维护稳定、促进和谐等方面的重要作用，引导公众关注、参与、支持最低生活保障工作，在全社会营造良好的舆论氛围。

四、加强组织领导，进一步落实管理责任

（一）加强组织领导。进一步完善政府领导、民政牵头、部门配合、社会参与的社会救助工作机制。建立由民政部牵头的社会救助部际联席会议制度，统筹做好最低生活保障与医疗、教育、住房等其他社会救助政策以及促进就业政策的协调发展和有效衔接，研究解决救助申请家庭经济状况核对等信息共享问题，督导推进社会救助体系建设。地方各级人民政府要将最低生活保障工作纳入重要议事日程，纳入经济社会发展总体规划，纳入科学发展考评体系，建立健全相应的社会救助协调工作机制，组织相关部门协力做好社会救助制度完善、政策落实和监督管理等各项工作。

（二）落实管理责任。最低生活保障工作实行地方各级人民政府负责制，政府主要负责人对本行政区域最低生活保障工作负总责。县级以上地方各级人民政府要切实担负起最低生活保障政策制定、资金投入、工作保障和监督管理责任，乡镇人民政府（街道办事处）要切实履行最低生活保障申请受理、

调查、评议和公示等审核职责，充分发挥包村干部的作用。各地要将最低生活保障政策落实情况纳入地方各级人民政府绩效考核，考核结果作为政府领导班子和相关领导干部综合考核评价的重要内容，作为干部选拔任用、管理监督的重要依据。民政部要会同财政部等部门研究建立最低生活保障工作绩效评价指标体系和评价办法，并组织开展对各省（区、市）最低生活保障工作的年度绩效评价。

（三）强化责任追究。对因工作重视不够、管理不力、发生重大问题、造成严重社会影响的地方政府和部门负责人，以及在最低生活保障审核审批过程中滥用职权、玩忽职守、徇私舞弊、失职渎职的工作人员，要依纪依法追究责任。同时，各地要加大对骗取最低生活保障待遇人员查处力度，除追回骗取的最低生活保障金外，还要依法给予行政处罚；涉嫌犯罪的，移送司法机关处理。对无理取闹、采用威胁手段强行索要最低生活保障待遇的，公安机关要给予批评教育直至相关处罚。对于出具虚假证明材料的单位和个人，各地除按有关法律法规规定处理外，还应将有关信息记入征信系统。

国务院

2012 年 9 月 1 日

国务院关于全面建立临时救助制度的通知

国发〔2014〕47 号

各省、自治区、直辖市人民政府，国务院各部委、各直属机构：

为贯彻落实党的十八大和十八届二中、三中全会精神，进一步发挥社会救助托底线、救急难作用，解决城乡困难群众突发性、紧迫性、临时性生活困难，根据《社会救助暂行办法》有关规定，国务院决定全面建立临时救助制度。

现就有关问题通知如下：

一、充分认识全面建立临时救助制度的重要意义

党和政府高度重视社会救助工作。多年来，以最低生活保障、特困人员供养、受灾人员救助等基本生活救助和医疗、教育、住房、就业等专项救助制度为支撑的社会救助体系基本建立，绝大多数困难群众得到了及时、有效的救助。同时，社会救助体系仍存在"短板"，解决一些遭遇突发性、紧迫性、临时性生活困难的群众救助问题仍缺乏相应的制度安排，迫切需要全面建立临时救助制度，发挥救急难功能，使城乡困难群众基本生活都能得到有效保障，兜住底线。

建立临时救助制度是填补社会救助体系空白，提升社会救助综合效益，确保社会救助安全网网底不破的必然要求，对于全面深化改革、促进社会公平正义、全面建成小康社会具有重要意义。各地区、各部门要充分认识建立临时救助制度的重要性和紧迫性，增强使命感和责任感，将其作为加强和改善民生的一项重要任务，全面落实，扎实推进。

二、明确建立临时救助制度的目标任务和总体要求

临时救助制度要以解决城乡群众突发性、紧迫性、临时性基本生活困难问题为目标，通过完善政策措施，健全工作机制，强化责任落实，鼓励社会参与，增强救助时效，补"短板"、扫"盲区"，编实织密困难群众基本生活安全网，切实保障困难群众基本生活权益。

临时救助制度实行地方各级人民政府负责制。县级以上地方人民政府民政部门要统筹做好本行政区域内的临时救助工作，卫生计生、教育、住房城乡建设、人力资源社会保障、财政等部门要主动配合，密切协作。

国务院民政部门统筹全国临时救助制度建设。国务院民政、卫生计生、教育、住房城乡建设、人力资源社会保障、财政等部门，按照各自职责做好相关工作。

临时救助工作要坚持应救尽救，确保有困难的群众都能求助有门，并按规

定得到及时救助；坚持适度救助，着眼于解决基本生活困难、摆脱临时困境，既要尽力而为，又要量力而行；坚持公开公正，做到政策公开、过程透明、结果公正；坚持制度衔接，加强各项救助、保障制度的衔接配合，形成整体合力；坚持资源统筹，政府救助、社会帮扶、家庭自救有机结合。

三、临时救助制度的主要内容

临时救助是国家对遭遇突发事件、意外伤害、重大疾病或其他特殊原因导致基本生活陷入困境，其他社会救助制度暂时无法覆盖或救助之后基本生活暂时仍有严重困难的家庭或个人给予的应急性、过渡性的救助。

（一）对象范围。

家庭对象。因火灾、交通事故等意外事件，家庭成员突发重大疾病等原因，导致基本生活暂时出现严重困难的家庭；因生活必需支出突然增加超出家庭承受能力，导致基本生活暂时出现严重困难的最低生活保障家庭；遭遇其他特殊困难的家庭。

个人对象。因遭遇火灾、交通事故、突发重大疾病或其他特殊困难，暂时无法得到家庭支持，导致基本生活陷入困境的个人。其中，符合生活无着的流浪、乞讨人员救助条件的，由县级人民政府按有关规定提供临时食宿、急病救治、协助返回等救助。

因自然灾害、事故灾难、公共卫生、社会安全等突发公共事件，需要开展紧急转移安置和基本生活救助，以及属于疾病应急救助范围的，按照有关规定执行。

县级以上地方人民政府应当根据当地实际，制定具体的临时救助对象认定办法，规定意外事件、突发重大疾病、生活必需支出突然增加以及其他特殊困难的类型和范围。

（二）申请受理。

依申请受理。凡认为符合救助条件的城乡居民家庭或个人均可以向所在地乡镇人民政府（街道办事处）提出临时救助申请；受申请人委托，村（居）民委员会或其他单位、个人可以代为提出临时救助申请。对于具有本地户籍、持有当地居住证的，由当地乡镇人民政府（街道办事处）受理；对于上述情形以外的，当地乡镇人民政府（街道办事处）应当协助其向县级人民政府设立的救助管理机构（即救助管理站、未成年人救助保护中心等）申请救助；当地县级人民政府没有设立救助管理机构的，乡镇人民政府（街道办事处）应当协助其向县级人民政府民政部门申请救助。申请临时救助，应按规定提交相关证明材料，无正当理由，乡镇人民政府（街道办事处）不得拒绝受理；因情况紧急无法在申请时提供相关证明材料的，乡镇人民政府（街道办事处）可先行受理。

主动发现受理。乡镇人民政府（街道办事处）、村（居）民委员会要及时核实辖区居民遭遇突发事件、意外事故、罹患重病等特殊情况，帮助有困难的家庭或个人提出救助申请。公安、城管等部门在执法中发现身处困境的未成年人、精神病人等无民事行为能力人或限制民事行为能力人，以及失去主动求助能力的危重病人等，应主动采取必要措施，帮助其脱离困境。乡镇人民政府（街道办事处）或县级人民政府民政部门、救助管理机构在发现或接到有关部门、社会组织、公民个人报告救助线索后，应主动核查情况，对于其中符合临时救助条件的，应协助其申请救助并受理。

（三）审核审批。

一般程序。乡镇人民政府（街道办事处）应当在村（居）民委员会协助下，对临时救助申请人的家庭经济状况、人口状况、遭遇困难类型等逐一调查，视情组织民主评议，提出审核意见，并在申请人所居住的村（居）民委员会张榜公示后，报县级人民政府民政部门审批。对申请临时救助的非本地户籍居民，户籍所在地县级人民政府民政部门应配合做好有关审核工作。县级人民政府民政部门根据乡镇人民政府（街道办事处）提交的审核意见作出审批决定。救助金额较小的，县级人民政府民政部门可以委托乡镇人民政府（街道办事处）审批，但应报县级人民政府民政部门备案。对符合条件的，应及时予以批准；不符合条件不予批准，并书面向申请人说明理由。申请人以同一事由重复申请临时救助，无正当理由的，不予救助。对于不持有当地居住证的非本地户籍人员，县级人民政府民政部门、救助管理机构可以按生活无着人员救助管理有关规定审核审批，提供救助。

紧急程序。对于情况紧急、需立即采取措施以防止造成无法挽回的损失或无法改变的严重后果的，乡镇人民政府（街道办事处）、县级人民政府民政部门应先行救助。紧急情况解除之后，应按规定补齐审核审批手续。

（四）救助方式。

对符合条件的救助对象，可采取以下救助方式：

发放临时救助金。各地要全面推行临时救助金社会化发放，按照财政国库管理制度将临时救助金直接支付到救助对象个人账户，确保救助金足额、及时发放到位。必要时，可直接发放现金。

发放实物。根据临时救助标准和救助对象基本生活需要，可采取发放衣物、食品、饮用水，提供临时住所等方式予以救助。对于采取实物发放形式的，除紧急情况外，要严格按照政府采购制度的有关规定执行。

提供转介服务。对给予临时救助金、实物救助后，仍不能解决临时救助对象困难的，可分情况提供转介服务。对符合最低生活保障或医疗、教育、住房、就业等专项救助条件的，要协助其申请；对需要公益慈善组织、社会工作服务机构等通过慈善项目、发动社会募捐、提供专业服务、志愿服务等形式给予帮扶的，要及时转介。

（五）救助标准。

临时救助标准要与当地经济社会发展水平相适应。县级以上地方人民政府要根据救助对象困难类型、困难程度，统筹考虑其他社会救助制度保障水平，合理确定临时救助标准，并适时调整。临时救助标准应向社会公布。省级人民政府要加强对本行政区域内临时救助标准制定的统筹，推动形成相对统一的区域临时救助标准。

四、建立健全临时救助工作机制

（一）建立"一门受理、协同办理"机制。

各地要建立"一门受理、协同办理"机制,依托乡镇人民政府(街道办事处)政务大厅、办事大厅等,设立统一的社会救助申请受理窗口,方便群众求助。要根据部门职责建立受理、分办、转办、结果反馈流程,明确办理时限和要求,跟踪办理结果,将有关情况及时告知求助对象。要建立社会救助热线,畅通求助、报告渠道。

(二)加快建立社会救助信息共享机制。

各级政府要建立社会救助管理部门之间的信息共享机制,充分利用已有资源,加快建设社会救助管理信息系统,实现民政与卫生计生、教育、住房城乡建设、人力资源社会保障等部门的信息共享。要依法完善跨部门、多层次、信息共享的救助申请家庭经济状况核对机制,提高审核甄别能力。要建立救助对象需求与公益慈善组织、社会工作服务机构的救助资源对接机制,实现政府救助与社会帮扶的有机结合,做到因情施救、各有侧重、相互补充。

(三)建立健全社会力量参与机制。

要充分发挥群众团体、社会组织尤其是公益慈善组织、社会工作服务机构和企事业单位、志愿者队伍等社会力量资源丰富、方法灵活、形式多样的特点,通过委托、承包、采购等方式向社会力量购买服务,鼓励、支持其参与临时救助。要动员、引导具有影响力的公益慈善组织、大中型企业等设立专项公益基金,在民政部门的统筹协调下有序开展临时救助。

公益慈善组织、社会工作服务机构、企事业单位、志愿者队伍等社会力量可以利用自身优势,在对象发现、专业服务、发动社会募捐等方面发挥积极作用。社会力量参与社会救助的,按照国家有关规定享受财政补贴、税收优惠、费用减免等政策。

(四)不断完善临时救助资金筹集机制。

地方各级人民政府要将临时救助资金列入财政预算;省级人民政府要优化财政支出结构,切实加大临时救助资金投入;城乡居民最低生活保障资金有结余的地方,可安排部分资金用于最低生活保障对象的临时救助支出。中央财政对地方实施临时救助制度给予适当补助,重点向救助任务重、财政困难、工作成效突出的地区倾斜。

五、强化临时救助制度实施的保障措施

（一）加强组织领导。地方各级人民政府要按照属地原则，将建立完善临时救助制度列入重要议事日程，抓紧完善配套政策措施，确保 2014 年底前全面实施临时救助制度。要进一步建立健全政府领导、民政部门牵头、有关部门配合、社会力量参与的社会救助工作协调机制，及时研究解决工作中遇到的问题。要将临时救助等社会救助工作列入地方领导班子和领导干部政绩考核评价指标体系，并合理确定权重；考核结果纳入政府领导班子和相关领导干部综合考核评价的重要内容，作为干部选拔任用、管理监督的重要依据。民政部门要切实履行主管部门职责，发挥好统筹协调作用；财政部门要加强资金保障，提高资金使用效益；其他有关部门要各司其职，积极配合，形成齐抓共管、整体推进的工作格局。

（二）加强能力建设。省级人民政府要切实加强临时救助能力建设，统筹考虑常住人口、最低生活保障对象和特困供养人员数量等因素，制定落实基层社会救助职责的具体办法和措施。地方各级人民政府要结合本地实际全面落实临时救助制度要求，科学整合县（市、区）、乡镇人民政府（街道办事处）管理机构及人力资源，充实加强基层临时救助工作力量，确保事有人管、责有人负。要积极研究制定政府购买服务的具体办法，充分利用市场机制，加强基层临时救助能力建设。要充分发挥社区居民委员会和村民委员会的作用，协助做好困难排查、信息报送、宣传引导、公示监督等工作。要加强人员培训，不断提高临时救助管理服务水平。要加强经费保障，将临时救助所需工作经费纳入社会救助工作经费统筹考虑，列入地方各级财政预算。

（三）加强监督管理。县级以上地方人民政府要切实担负起临时救助政策制定、资金投入、工作保障和监督管理责任，乡镇人民政府（街道办事处）要切实履行临时救助受理、审核等职责，民政部门要会同卫生计生、教育、住房城乡建设、人力资源社会保障等部门，按照"一门受理、协同办理"的工作要

求，明确各业务环节的经办主体责任，强化责任落实，确保困难群众求助有门、受助及时。民政、财政部门要会同有关部门将临时救助制度落实情况作为督查督办的重点内容，定期组织开展专项检查。财政、审计、监察部门要加强对临时救助资金管理使用情况的监督检查，防止挤占、挪用、套取等违纪违法现象发生。对于出具虚假证明材料骗取救助的单位和个人，要在社会信用体系中予以记录。临时救助实施情况要定期向社会公开，充分发挥社会监督作用，对于公众和媒体发现揭露的问题，应及时查处并公布处理结果。要完善临时救助责任追究制度，明确细化责任追究对象、方式和程序，加大行政问责力度，对因责任不落实、相互推诿、处置不及时等造成严重后果的单位和个人，要依纪依法追究责任。

（四）加强政策宣传。各地要组织好临时救助政策宣传，充分利用报刊、广播、电视等媒体和互联网，以及公共查阅室、资料索取点、信息宣传栏、宣传册、明白纸等群众喜闻乐见的途径和形式，不断加大政策宣传普及力度，使临时救助政策家喻户晓、人人皆知。要加强舆论引导，从政府作用、个人权利、家庭责任、社会参与等方面，多角度宣传临时救助的功能定位和制度特点，引导社会公众理解、支持临时救助工作，营造良好社会舆论氛围，弘扬中华民族团结友爱、互助共济的传统美德。

国家选择有特点、有代表性的区域进行"救急难"工作综合试点，在体制机制、服务方式、信息共享、财政税费等方面进行探索创新，先行先试，为不断完善临时救助制度，全面开展"救急难"工作提供经验。省级人民政府要根据本通知要求，结合实际，抓紧制定配套落实政策，国务院相关部门要根据本部门职责，抓紧制定具体政策措施。民政部、财政部要加强对本通知执行情况的监督检查，及时向国务院报告。国务院将适时组织专项督查。

国务院

2014 年 10 月 3 日

国务院办公厅转发民政部等部门关于进一步完善医疗救助
制度全面开展重特大疾病医疗救助工作意见的通知

国办发〔2015〕30 号

各省、自治区、直辖市人民政府，国务院各部委、各直属机构：

民政部、财政部、人力资源社会保障部、卫生计生委、保监会《关于进一步完善医疗救助制度全面开展重特大疾病医疗救助工作的意见》已经国务院同意，现转发给你们，请认真贯彻执行。

国务院办公厅

2015 年 4 月 21 日

关于进一步完善医疗救助制度全面开展重特大疾病
医疗救助工作的意见

民政部　财政部　人力资源社会保障部　卫生计生委　保监会

为全面落实《社会救助暂行办法》有关规定，编密织牢保障基本民生安全网，根据国务院决策部署和有关工作安排，现就进一步完善医疗救助制度、全面开展重特大疾病医疗救助工作提出以下意见：

一、总体要求

（一）指导思想。

深入贯彻党的十八大和十八届二中、三中、四中全会精神，以健全社会救助体系、保障困难群众基本医疗权益为目标，进一步健全工作机制，完善政策措施，强化规范管理，加强统筹衔接，不断提高医疗救助管理服务水平，最大限度减轻困难群众医疗支出负担。

（二）基本原则。

托住底线。按照救助对象医疗费用、家庭困难程度和负担能力等因素，科学合理制定救助方案，确保其获得必需的基本医疗卫生服务；救助水平与经济社会发展水平相适应。

统筹衔接。推进医疗救助制度城乡统筹发展，加强与基本医疗保险、城乡居民大病保险、疾病应急救助及各类补充医疗保险、商业保险等制度的有效衔接，形成制度合力。加强与慈善事业有序衔接，实现政府救助与社会力量参与的高效联动和良性互动。

公开公正。公开救助政策、工作程序、救助对象以及实施情况，主动接受群众和社会监督，确保过程公开透明、结果公平公正。

高效便捷。优化救助流程，简化结算程序，加快信息化建设，增强救助时效，发挥救急难功能，使困难群众及时得到有效救助。

（三）目标任务。

城市医疗救助制度和农村医疗救助制度于2015年底前合并实施，全面开展重特大疾病医疗救助工作，进一步细化实化政策措施，实现医疗救助制度科学规范、运行有效，与相关社会救助、医疗保障政策相配套，保障城乡居民基本医疗权益。

二、完善医疗救助制度

（一）整合城乡医疗救助制度。各地要在2015年底前，将城市医疗救助制度和农村医疗救助制度整合为城乡医疗救助制度。要按照《城乡医疗救助基金管理办法》（财社〔2013〕217号）的要求，合并原来在社会保障基金财政专户中分设的"城市医疗救助基金专账"和"农村医疗救助基金专账"，在政策目标、资金筹集、对象范围、救助标准、救助程序等方面加快推进城乡统筹，确保城乡困难群众获取医疗救助的权利公平、机会公平、规则公平、待遇公平。

（二）合理界定医疗救助对象。最低生活保障家庭成员和特困供养人员是医疗救助的重点救助对象。要逐步将低收入家庭的老年人、未成年人、重度残疾人和重病患者等困难群众（以下统称低收入救助对象），以及县级以上人民政府规定的其他特殊困难人员纳入救助范围。适当拓展重特大疾病医疗救助对象范围，积极探索对发生高额医疗费用、超过家庭承受能力、基本生活出现严重困难家庭中的重病患者（以下称因病致贫家庭重病患者）实施救助。在各类医疗救助对象中，要重点加大对重病、重残儿童的救助力度。

（三）资助参保参合。对重点救助对象参加城镇居民基本医疗保险或新型农村合作医疗的个人缴费部分进行补贴，特困供养人员给予全额资助，最低生活保障家庭成员给予定额资助，保障其获得基本医疗保险服务。具体资助办法由县级以上地方人民政府根据本地经济社会发展水平和医疗救助资金筹集情况等因素研究制定。

（四）规范门诊救助。门诊救助的重点是因患慢性病需要长期服药或者患重特大疾病需要长期门诊治疗，导致自负费用较高的医疗救助对象。卫生计生部门已经明确诊疗路径、能够通过门诊治疗的病种，可采取单病种付费等方式开展门诊救助。门诊救助的最高救助限额由县级以上地方人民政府根据当地救助对象需求和医疗救助资金筹集等情况研究确定。

（五）完善住院救助。重点救助对象在定点医疗机构发生的政策范围内住院费用中，对经基本医疗保险、城乡居民大病保险及各类补充医疗保险、商业保险报销后的个人负担费用，在年度救助限额内按不低于70%的比例给予救助。住院救助的年度最高救助限额由县级以上地方人民政府根据当地救助对象需求和医疗救助资金筹集等情况确定。定点医疗机构应当减免救助对象住院押金，及时给予救治；医疗救助经办机构要及时确认救助对象，并可向定点医疗机构提供一定额度的预付资金，方便救助对象看病就医。

三、全面开展重特大疾病医疗救助

（一）科学制定实施方案。各地要在评估、总结试点经验基础上，进一步完善实施方案，扩大政策覆盖地区，全面开展重特大疾病医疗救助工作。对重点救助对象和低收入救助对象经基本医疗保险、城乡居民大病保险及各类补充医疗保险、商业保险等报销后个人负担的合规医疗费用，直接予以救助；因病致贫家庭重病患者等其他救助对象负担的合规医疗费用，先由其个人支付，对超过家庭负担能力的部分予以救助。合规医疗费用主要参照当地基本医疗保险的有关规定确定，已经开展城乡居民大病保险的地区，也可以参照城乡居民大病保险的有关规定确定。

（二）合理确定救助标准。综合考虑患病家庭负担能力、个人自负费用、当地筹资情况等因素，分类分段设置重特大疾病医疗救助比例和最高救助限额。原则上重点救助对象的救助比例高于低收入救助对象，低收入救助对象高于其他救助对象；同一类救助对象，个人自负费用数额越大，救助比例越高。对重点救助对象应当全面取消救助门槛；对因病致贫家庭重病患者可设置起付线，对起付线以上的自负费用给予救助。

（三）明确就医用药范围。重特大疾病医疗救助的用药范围、诊疗项目等，原则上参照基本医疗保险和城乡居民大病保险的相关规定执行。对确需到上级医疗机构或跨县域异地医院就诊的医疗救助对象，应按规定履行转诊或备案手续。对已明确临床诊疗路径的重特大疾病病种，可采取按病种付费等方式给予救助。

（四）加强与相关医疗保障制度的衔接。民政、财政、人力资源社会保障、卫生计生、保险监管等部门要加强协作配合，共同做好重特大疾病医疗救助与基本医疗保险、城乡居民大病保险、疾病应急救助、商业保险的有效衔接，确保城乡居民大病保险覆盖所有贫困重特大疾病患者，帮助所有符合条件的困难群众获得保险补偿和医疗救助。加强重特大疾病医疗救助与疾病应急救助制度的高效联动，将救助关口前移，主动对符合条件的疾病应急救助对象进行救助。民政部门要会同有关部门以及城乡居民大病保险承办服务机构，进一步完善信息共享和业务协作机制，共同做好重特大疾病医疗救助相关基础工作。

四、健全工作机制

（一）健全筹资机制。各地要根据救助对象数量、患病率、救助标准、医药费用增长情况，以及基本医疗保险、城乡居民大病保险、商业保险报销水平等，科学测算医疗救助资金需求，加大财政投入，鼓励和引导社会捐赠，健全多渠道筹资机制。县级财政要根据测算的资金需求和上级财政补助资金情况，合理安排本级财政医疗救助资金，并纳入年度预算。省级和地市级财政应加大对本行政区域内经济困难地区的资金补助力度。中央财政在分配医疗救助补助资金时，将进一步加大对地方各级财政筹资情况的考核力度。各地应根据年度筹资情况及时调整救助方案，提高资金使用效益。

（二）健全"一站式"即时结算机制。做到医疗救助与基本医疗保险、城乡居民大病保险、疾病应急救助、商业保险等信息管理平台互联互享、公开透明，实现"一站式"信息交换和即时结算，救助对象所发生的医疗费用可先由定点医疗机构垫付医疗救助基金支付的部分，救助对象只支付自负部分。结合医保异地就医工作的推进，积极探索重特大疾病医疗救助异地就医管理机制。

（三）健全救助服务监管机制。要在基本医疗保险定点医疗机构范围内，按照公开平等、竞争择优的原则确定医疗救助定点医疗机构。民政部门要与医疗救助定点医疗机构签订委托合作协议，明确服务内容、服务质量、费用结算以及双方的责任义务，制定服务规范，并会同财政、人力资源社会保障、卫生计生等部门及商业保险机构做好对医疗服务行为质量的监督管理，防控不合理医疗行为和费用。对不按规定用药、诊疗以及提供医疗服务所发生的费用，医疗救助基金不予结算。对违反合作协议，不按规定提供医疗救助服务，造成医疗救助资金流失或浪费的，要终止定点合作协议，取消医疗救助定点医疗机构资格，并依法追究责任。

（四）健全社会力量参与的衔接机制。各地要加强医疗救助与社会力量参与的衔接机制建设，落实国家有关财税优惠、费用减免等政策规定，支持、引导社会力量通过捐赠资金、物资积极参与医疗救助特别是重特大疾病医疗救助，形成对政府救助的有效补充。要搭建信息共享平台，及时提供救助需求信息，为社会力量参与医疗救助创造条件、提供便利，形成工作合力。要从困难群众医疗保障需求出发，帮助他们寻求慈善帮扶。要注重发挥社会力量的专业优势，提供医疗费用补助、心理疏导、亲情陪护等形式多样的慈善医疗服务，帮助困难群众减轻医疗经济负担、缓解身心压力。

五、加强组织领导

完善医疗救助制度、全面开展重特大疾病医疗救助工作，缓解因病陷入困境群众的"不能承受之重"，是政府的重要职责。县级以上地方各级人民政府要加强组织领导，细化政策措施，明确进度安排，落实管理责任，加大资金投入，强化督促检查，务求取得实效。要切实加强基层经办机构和能力建设，做到事有人管、责有人负，不断提高工作水平。

各级民政部门要主动加强与财政、人力资源社会保障、卫生计生、保险监管等部门的协调配合，做好医疗救助方案设计、政策调整等工作，更好地发挥医疗救助救急难作用。对于医疗救助政策难以解决的个案问题，要充分利用当地社会救助协调工作机制，专题研究解决措施，避免冲击社会道德和心理底线的事件发生。

国务院关于进一步健全特困人员救助供养制度的意见

国发〔2016〕14 号

各省、自治区、直辖市人民政府，国务院各部委、各直属机构：

保障城乡特困人员基本生活，是完善社会救助体系、编密织牢民生安全网的重要举措，是坚持共享发展、保障和改善民生的应有之义，也是打赢脱贫攻坚战、全面建成小康社会的必然要求。长期以来，在党和政府的高度重视下，我国先后建立起农村五保供养、城市"三无"人员救济和福利院供养制度，城乡特困人员基本生活得到了保障。2014年，国务院公布施行了《社会救助暂行办法》，将城乡"三无"人员保障制度统一为特困人员供养制度，我国城乡特困人员保障工作进入新的发展阶段。为解决城乡发展不平衡、相关政策不衔接、工作机制不健全、资金渠道不通畅、管理服务不规范等问题，切实保障特困人员基本生活，根据《社会救助暂行办法》、《农村五保供养工作条例》，现就进一步健全特困人员救助供养制度提出以下意见。

一、总体要求和基本原则

（一）总体要求。

以党的十八大和十八届三中、四中、五中全会精神为指导，按照党中央、国务院决策部署，以解决城乡特困人员突出困难、满足城乡特困人员基本需求为目标，坚持政府主导，发挥社会力量作用，在全国建立起城乡统筹、政策衔接、运行规范、与经济社会发展水平相适应的特困人员救助供养制度，将符合条件的特困人员全部纳入救助供养范围，切实维护他们的基本生活权益。

（二）基本原则。

坚持托底供养。强化政府托底保障职责，为城乡特困人员提供基本生活、照料服务、疾病治疗和殡葬服务等方面保障，做到应救尽救、应养尽养。

坚持属地管理。县级以上地方人民政府统筹做好本行政区域内特困人员救助供养工作，分级管理，落实责任，强化管理服务和资金保障，为特困人员提供规范、适度的救助供养服务。

坚持城乡统筹。健全城乡特困人员救助供养工作管理体制，在政策目标、资金筹集、对象范围、供养标准、经办服务等方面实现城乡统筹，确保城乡特困人员都能获得救助供养服务。

坚持适度保障。立足经济社会发展水平，科学合理制定救助供养标准，加强与其他社会保障制度衔接，实现特困人员救助供养制度保基本、全覆盖、可持续。

坚持社会参与。鼓励、引导、支持社会力量通过承接政府购买服务、慈善捐赠以及提供志愿服务等方式，为特困人员提供服务和帮扶，形成全社会关心、支持、参与特困人员救助供养工作的良好氛围。

二、制度内容

（一）对象范围。

城乡老年人、残疾人以及未满 16 周岁的未成年人，同时具备以下条件的，应当依法纳入特困人员救助供养范围：

无劳动能力、无生活来源、无法定赡养抚养扶养义务人或者其法定义务人无履行义务能力。

具体认定办法由民政部负责制定。

（二）办理程序。

申请程序。申请特困人员救助供养，由本人向户籍所在地的乡镇人民政府（街道办事处）提出书面申请，按规定提交相关材料，书面说明劳动能力、生活来源以及赡养、抚养、扶养情况。本人申请有困难的，可以委托村（居）民委员会或者他人代为提出申请。

乡镇人民政府（街道办事处）以及村（居）民委员会应当及时了解掌握辖区内居民的生活情况，发现符合特困人员救助供养条件的人员，应当告知其救助供养政策，对无民事行为能力等无法自主申请的，应当主动帮助其申请。

审核程序。乡镇人民政府（街道办事处）应当通过入户调查、邻里访问、信函索证、群众评议、信息核查等方式，对申请人的收入状况、财产状况以及其他证明材料等进行调查核实，于 20 个工作日内提出初审意见，在申请人所在村（社区）公示后，报县级人民政府民政部门审批。申请人及有关单位、组织或者个人应当配合调查，如实提供有关情况。

审批程序。县级人民政府民政部门应当全面审查乡镇人民政府（街道办事处）上报的调查材料和审核意见，并随机抽查核实，于 20 个工作日内作出审批决定。对符合条件的申请予以批准，并在申请人所在村（社区）公布；对不符合条件的申请不予批准，并书面向申请人说明理由。

终止程序。特困人员不再符合救助供养条件的，村（居）民委员会或者供养服务机构应当及时告知乡镇人民政府（街道办事处），由乡镇人民政府（街道办事处）审核并报县级人民政府民政部门核准后，终止救助供养并予以公示。

县级人民政府民政部门、乡镇人民政府（街道办事处）在工作中发现特困人员不再符合救助供养条件的，应当及时办理终止救助供养手续。特困人员中的未成年人，满16周岁后仍在接受义务教育或在普通高中、中等职业学校就读的，可继续享有救助供养待遇。

（三）救助供养内容。

特困人员救助供养主要包括以下内容：

提供基本生活条件。包括供给粮油、副食品、生活用燃料、服装、被褥等日常生活用品和零用钱。可以通过实物或者现金的方式予以保障。

对生活不能自理的给予照料。包括日常生活、住院期间的必要照料等基本服务。

提供疾病治疗。全额资助参加城乡居民基本医疗保险的个人缴费部分。医疗费用按照基本医疗保险、大病保险和医疗救助等医疗保障制度规定支付后仍有不足的，由救助供养经费予以支持。

办理丧葬事宜。特困人员死亡后的丧葬事宜，集中供养的由供养服务机构办理，分散供养的由乡镇人民政府（街道办事处）委托村（居）民委员会或者其亲属办理。丧葬费用从救助供养经费中支出。

对符合规定标准的住房困难的分散供养特困人员，通过配租公共租赁住房、发放住房租赁补贴、农村危房改造等方式给予住房救助。对在义务教育阶段就学的特困人员，给予教育救助；对在高中教育（含中等职业教育）、普通高等教育阶段就学的特困人员，根据实际情况给予适当教育救助。

（四）救助供养标准。

特困人员救助供养标准包括基本生活标准和照料护理标准。

基本生活标准应当满足特困人员基本生活所需。照料护理标准应当根据特困人员生活自理能力和服务需求分类制定，体现差异性。

特困人员救助供养标准由省、自治区、直辖市或者设区的市级人民政府综合考虑地区、城乡差异等因素确定、公布，并根据当地经济社会发展水平和物价变化情况适时调整。民政部、财政部要加强对特困人员救助供养标准制定工作的指导。

（五）救助供养形式。

特困人员救助供养形式分为在家分散供养和在当地的供养服务机构集中供养。具备生活自理能力的，鼓励其在家分散供养；完全或者部分丧失生活自理能力的，优先为其提供集中供养服务。

分散供养。对分散供养的特困人员，经本人同意，乡镇人民政府（街道办事处）可委托其亲友或村（居）民委员会、供养服务机构、社会组织、社会工作服务机构等提供日常看护、生活照料、住院陪护等服务。有条件的地方，可为分散供养的特困人员提供社区日间照料服务。

集中供养。对需要集中供养的特困人员，由县级人民政府民政部门按照便于管理的原则，就近安排到相应的供养服务机构；未满16周岁的，安置到儿童福利机构。

供养服务机构管理。供养服务机构应当依法办理法人登记，建立健全内部管理、安全管理和服务管理等制度，为特困人员提供日常生活照料、送医治疗等基本救助供养服务。有条件的经卫生计生行政部门批准可设立医务室或者护理站。供养服务机构应当根据服务对象人数和照料护理需求，按照一定比例配备工作人员，加强社会工作岗位开发设置，合理配备使用社会工作者。

三、保障措施

（一）加强组织领导。

各地要将特困人员救助供养工作列入政府重要议事日程，将供养服务机构建设纳入经济社会发展总体规划，强化其托底保障功能，进一步完善工作协调机制，切实担负起资金投入、工作条件保障和监督检查责任。民政部门要切实履行主管部门职责，发挥好统筹协调作用，重点加强特困人员救助供养工作日常管理、能力建设，推动相关标准体系完善和信息化建设，实行特困人员"一人一档案"，提升管理服务水平；加强对特困人员救助供养等社会救助工作的绩效评价，将结果送组织部门，作为对地方政府领导班子和有关领导干部综合考核评价的重要参考。卫生计生、教育、住房城乡建设、人力资源社会保障等其他社会救助管理部门要依据职责分工，积极配合民政部门做好特困人员救助供养相关工作，实现社会救助信息互联互通、资源共享，形成齐抓共管、整体推进的工作格局。发展改革部门要将特困人员救助供养纳入相关专项规划，支持供养服务设施建设。财政部门要做好相关资金保障工作。

（二）做好制度衔接。

各地要统筹做好特困人员救助供养制度与城乡居民基本养老保险、基本医疗保障、最低生活保障、孤儿基本生活保障、社会福利等制度的有效衔接。符合相关条件的特困人员，可同时享受城乡居民基本养老保险、基本医疗保险等社会保险和高龄津贴等社会福利待遇。纳入特困人员救助供养范围的，不再适用最低生活保障政策。纳入孤儿基本生活保障范围的，不再适用特困人员救助供养政策。纳入特困人员救助供养范围的残疾人，不再享受困难残疾人生活补贴和重度残疾人护理补贴。

（三）强化资金保障。

县级以上地方人民政府要将政府设立的供养服务机构运转费用、特困人员救助供养所需资金列入财政预算。省级人民政府要优化财政支出结构，统筹安排特困人员救助供养资金。中央财政给予适当补助，并重点向特困人员救助供养任务重、财政困难、工作成效突出的地区倾斜。有农村集体经营等收入的地方，可从中安排资金用于特困人员救助供养工作。各地要完善救助供养资金发放机制，确保资金及时足额发放到位。

（四）加强监督管理。

各地区、各有关部门要将特困人员救助供养制度落实情况作为督查督办的重点内容，定期组织开展专项检查。加强对特困人员救助供养资金管理使用情况的监督检查，严肃查处挤占、挪用、虚报、冒领等违纪违法行为。充分发挥社会监督作用，对公众和媒体发现揭露的问题，要及时查处并公布处理结果。完善责任追究制度，加大行政问责力度，对因责任不落实造成严重后果的单位和个人，要依纪依法追究责任。

（五）鼓励社会参与。

鼓励群众团体、公益慈善等社会组织、社会工作服务机构和企事业单位、志愿者等社会力量参与特困人员救助供养工作。鼓励运用政府和社会资本合作（PPP）模式，采取公建民营、民办公助等方式，支持供养服务机构建设。加大政府购买服务和项目支持力度，落实各项财政补贴、税收优惠和收费减免等政策，引导、激励公益慈善组织、社会工作服务机构，以及社会力量举办的养老、医疗等服务机构，为特困人员提供专业化个性化服务。

（六）加强政策宣传。

各地区、各有关部门要采用群众喜闻乐见的形式，大力宣传特困人员救助供养政策，不断提高社会知晓度，积极营造全社会关心关爱特困人员的良好氛围。

民政部、财政部要加强对本意见执行情况的监督检查，重大情况及时向国务院报告。国务院将适时组织专项督查。

国务院

2016 年 2 月 10 日

国务院办公厅转发民政部等部门关于做好农村最低生活保障制度与扶贫开发政策有效衔接指导意见的通知

国办发〔2016〕70 号

各省、自治区、直辖市人民政府，国务院各部委、各直属机构：

民政部、国务院扶贫办、中央农办、财政部、国家统计局、中国残联《关于做好农村最低生活保障制度与扶贫开发政策有效衔接的指导意见》已经国务院同意，现转发给你们，请认真贯彻执行。

国务院办公厅
2016 年 9 月 17 日

关于做好农村最低生活保障制度与扶贫开发政策
有效衔接的指导意见

民政部　国务院扶贫办　中央农办　财政部　国家统计局　中国残联

为贯彻落实党中央、国务院关于打赢脱贫攻坚战的决策部署，切实做好农村最低生活保障（以下简称低保）制度与扶贫开发政策有效衔接工作，确保到 2020 年现行扶贫标准下农村贫困人口实现脱贫，制定本意见。

一、总体要求

（一）指导思想。全面贯彻党的十八大和十八届三中、四中、五中全会精神，深入贯彻习近平总书记系列重要讲话精神特别是关于扶贫开发重要指示精神，认真落实党中央、国务院决策部署，紧紧围绕"五位一体"总体布局和"四个全面"战略布局，牢固树立创新、协调、绿色、开放、共享的发展理念，坚持精准扶贫精准脱贫基本方略，以制度有效衔接为重点，加强部门协作，完善政策措施，健全工作机制，形成制度合力，充分发挥农村低保制度在打赢脱贫攻坚战中的兜底保障作用。

（二）基本原则。

坚持应扶尽扶。精准识别农村贫困人口，将符合条件的农村低保对象全部纳入建档立卡范围，给予政策扶持，帮助其脱贫增收。

坚持应保尽保。健全农村低保制度，完善农村低保对象认定办法，加强农村低保家庭经济状况核查，及时将符合条件的建档立卡贫困户全部纳入农村低保范围，保障其基本生活。

坚持动态管理。做好农村低保对象和建档立卡贫困人口定期核查，建立精准台账，实现应进则进、应退则退。建立健全严格、规范、透明的贫困户脱贫和低保退出标准、程序、核查办法。

坚持资源统筹。统筹各类救助、扶贫资源，将政府兜底保障与扶贫开发政策相结合，形成脱贫攻坚合力，实现对农村贫困人口的全面扶持。

（三）主要目标。通过农村低保制度与扶贫开发政策的有效衔接，形成政策合力，对符合低保标准的农村贫困人口实行政策性保障兜底，确保到2020年现行扶贫标准下农村贫困人口全部脱贫。

二、重点任务

（一）加强政策衔接。在坚持依法行政、保持政策连续性的基础上，着力加强农村低保制度与扶贫开发政策衔接。对符合农村低保条件的建档立卡贫困户，按规定程序纳入低保范围，并按照家庭人均收入低于当地低保标准的差额发给低保金。对符合扶贫条件的农村低保家庭，按规定程序纳入建档立卡范围，并针对不同致贫原因予以精准帮扶。对返贫的家庭，按规定程序审核后，相应纳入临时救助、医疗救助、农村低保等社会救助制度和建档立卡贫困户扶贫开发政策覆盖范围。对不在建档立卡范围内的农村低保家庭、特困人员，各地统筹使用相关扶贫开发政策。贫困人口参加农村基本医疗保险的个人缴费部分由财政给予补贴，对基本医疗保险和大病保险支付后个人自负费用仍有困难的，加大医疗救助、临时救助、慈善救助等帮扶力度，符合条件的纳入重特大疾病医疗救助范围。对农村低保家庭中的老年人、未成年人、重度残疾人、重病患者等重点救助对象，要采取多种措施提高救助水平，保障其基本生活，严格落实困难残疾人生活补贴制度和重度残疾人护理补贴制度。

（二）加强对象衔接。县级民政、扶贫等部门和残联要密切配合，加强农村低保和扶贫开发在对象认定上的衔接。完善农村低保家庭贫困状况评估指标体系，以家庭收入、财产作为主要指标，根据地方实际情况适当考虑家庭成员因残疾、患重病等增加的刚性支出因素，综合评估家庭贫困程度。进一步完善农村低保和建档立卡贫困家庭经济状况核查机制，明确核算范围和计算方法。对参与扶贫开发项目实现就业的农村低保家庭，在核算其家庭收入时，可以扣减必要的就业成本，具体扣减办法由各地根据实际情况研究制定。"十三五"期间，在农村低保和扶贫对象认定时，中央确定的农村居民基本养老保险基础养老金暂不计入家庭收入。

（三）加强标准衔接。各地要加大省级统筹工作力度，制定农村低保标准动态调整方案，确保所有地方农村低保标准逐步达到国家扶贫标准。农村低保标准低于国家扶贫标准的地方，要按照国家扶贫标准综合确定农村低保的最低指导标准。农村低保标准已经达到国家扶贫标准的地方，要按照动态调整机制科学调整。进一步完善农村低保标准与物价上涨挂钩的联动机制，确保困难群众不因物价上涨影响基本生活。各地农村低保标准调整后应及时向社会公布，接受社会监督。

（四）加强管理衔接。对农村低保对象和建档立卡贫困人口实施动态管理。乡镇人民政府（街道办事处）要会同村（居）民委员会定期、不定期开展走访调查，及时掌握农村低保家庭、特困人员和建档立卡贫困家庭人口、收入、财产变化情况，并及时上报县级民政、扶贫部门。县级民政部门要将农村低保对象、特困人员名单提供给同级扶贫部门；县级扶贫部门要将建档立卡贫困人口名单和脱贫农村低保对象名单、脱贫家庭人均收入等情况及时提供给同级民政部门。健全信息公开机制，乡镇人民政府（街道办事处）要将农村低保和扶贫开发情况纳入政府信息公开范围，将建档立卡贫困人口和农村低保对象、特困人员名单在其居住地公示，接受社会和群众监督。

三、工作要求

（一）制定实施方案。按照中央统筹、省负总责、市县抓落实的工作机制，各省（区、市）民政、扶贫部门要会同有关部门抓紧制定本地区实施方案，各市县要进一步明确衔接工作目标、重点任务、实施步骤和行动措施，确保落到实处。2016 年 11 月底前，各省（区、市）民政、扶贫部门要将实施方案报民政部、国务院扶贫办备案。

（二）开展摸底调查。2016 年 12 月底前，县级民政、扶贫部门和残联要指导乡镇人民政府（街道办事处）抓紧开展一次农村低保对象和建档立卡贫困人口台账比对，逐户核对农村低保对象和建档立卡贫困人口，掌握纳入建档立卡范围的农村低保对象、特困人员、残疾人数据，摸清建档立卡贫困人口中完全或部分丧失劳动能力的贫困家庭情况，为做好农村低保制度与扶贫开发政策有效衔接奠定基础。

（三）建立沟通机制。各地要加快健全低保信息系统和扶贫开发信息系统，逐步实现低保和扶贫开发信息系统互联互通、信息共享，不断提高低保、扶贫工作信息化水平。县级残联要与民政、扶贫等部门加强贫困残疾人和重度残疾人相关信息的沟通。县级民政、扶贫部门要定期会商交流农村低保对象和建档立卡贫困人口变化情况，指导乡镇人民政府（街道办事处）及时更新农村低保对象和建档立卡贫困人口数据，加强信息核对，确保信息准确完整、更新及时，每年至少比对一次台账数据。

（四）强化考核监督。各地要将农村低保制度与扶贫开发政策衔接工作分别纳入低保工作绩效评价和脱贫攻坚工作成效考核体系。加大对农村低保制度与扶贫开发政策衔接工作的督促检查力度，加强社会监督，建立第三方评估机制，增强约束力和工作透明度。健全责任追究机制，对衔接工作中出现的违法违纪问题，要依法依纪严肃追究有关人员责任。

四、保障措施

（一）明确职责分工。各地民政、扶贫、农村工作、财政、统计等部门和残联要各负其责，加强沟通协调，定期会商交流情况，研究解决存在的问题。民政部门牵头做好农村低保制度与扶贫开发政策衔接工作；扶贫部门落实扶贫开发政策，配合做好衔接工作；农村工作部门综合指导衔接政策设计工作；财政部门做好相关资金保障工作；统计部门会同有关部门组织实施农村贫困监测，及时提供调整低保标准、扶贫标准所需的相关数据；残联会同有关部门及时核查残疾人情况，配合做好对农村低保对象和建档立卡贫困人口中残疾人的重点帮扶工作。

（二）加强资金统筹。各地财政部门要按照国务院有关要求，结合地方实际情况，推进社会救助资金统筹使用，盘活财政存量资金，增加资金有效供给；优化财政支出结构，科学合理编制预算，提升资金使用效益。中央财政安排的社会救助补助资金，重点向保障任务重、地方财政困难、工作绩效突出的地区倾斜。各地财政、民政部门要加强资金使用管理情况检查，确保资金使用安全、管理规范。

（三）提高工作能力。加强乡镇人民政府（街道办事处）社会救助能力建设，探索建立村级社会救助协理员制度，在乡镇人民政府（街道办事处）现有编制内，根据社会救助对象数量等因素配备相应工作人员，加大业务培训力度，进一步提高基层工作人员服务和管理能力。通过政府购买服务等方式，引入社会力量参与提供农村低保服务。充分发挥第一书记和驻村工作队在落实农村低保制度和扶贫开发政策中的骨干作用。进一步健全社会救助"一门受理、协同办理"工作机制，为农村低保对象和建档立卡贫困人口提供"一站式"便民服务。

（四）强化舆论引导。充分利用新闻媒体和基层政府便民服务窗口、公园广场、医疗机构、村（社区）公示栏等，组织开展有针对性的农村低保制度和扶贫开发政策宣传活动，在全社会努力营造积极参与和支持的浓厚氛围。坚持正确舆论导向，积极弘扬正能量，着力增强贫困群众脱贫信心，鼓励贫困群众在政府扶持下依靠自我奋斗实现脱贫致富。

三、主管部门联合发布的政策性文件

民政部　教育部　财政部　人力资源社会保障部
住房城乡建设部　国家卫生计生委
关于贯彻落实《社会救助暂行办法》的通知

民发〔2014〕135 号

各省、自治区、直辖市民政厅（局）、教育厅（教委）、财政厅（局）、人力资源社会保障厅（局）、住房城乡建设厅（局）、卫生计生委（卫生厅局），新疆生产建设兵团民政局、教育局、财务局、人力资源社会保障局、建设局、卫生局：

《社会救助暂行办法》（以下简称《办法》）已于 2014 年 2 月 21 日以国务院 649 号令颁布，自 5 月 1 日起施行。为做好《办法》的贯彻落实工作，现就有关事项通知如下：

一、充分认识《办法》颁布实施的重大意义

社会救助是国家和社会对依靠自身能力难以维持基本生活的公民提供的物质帮助和服务，是保民生、托底线、救急难、促公平的基础性制度安排，关系到困难群众切身利益的维护和保障，关系到党和政府执政理念的实现和执政根基的稳固，关系到我国社会主义制度优越性的体现。《办法》的颁布施行，从法律上确立了社会救助的地位作用、基本原则、主体责任、制度安排、基本程序等，既为保障公民基本生活、维护公民基本生存权益提供了法制保障，也为政府各部门依法救助和社会力量有序参与社会救助提供了法规依据，明确了行

为规范，是社会救助事业发展新的里程碑，标志着新形势下社会救助事业迈上了法制化、体系化、规范化统筹发展的新阶段。

各地各有关部门要结合贯彻落实党的十八大和十八届二中、三中全会精神，全面理解、准确把握《办法》的精神实质和主要内容，充分认识新形势下《办法》颁布实施的重大意义，切实增强贯彻落实的自觉性、积极性和主动性。要将贯彻落实《办法》作为当前保障困难群众基本生活、维护困难群众生存权益和人格尊严的重要举措抓紧抓好，努力让困难群众不为饥寒所迫、不为灾害所急、不为大病所困、不为住房所难、不为失业所忧，真正感受到党和政府的关怀和温暖。

二、依法完善落实各项配套政策措施

《办法》以社会救助体系为统领，对各项社会救助制度进行了全面系统规定，确立了以最低生活保障、特困人员供养、受灾人员救助以及医疗救助（含疾病应急救助）、教育救助、住房救助、就业救助和临时救助为主体，以社会力量参与为补充的社会救助制度体系框架。各地各有关部门要根据《办法》要求，结合实际，突出重点，抓紧完善相关配套政策，确保《办法》的有关规定落到实处。

（一）完善最低生活保障和特困人员供养制度。要研究制定最低生活保障家庭收入状况、财产状况的认定办法，健全最低生活保障对象认定标准体系。完善最低生活保障标准制定办法，健全社会救助和保障标准与物价上涨挂钩的联动机制，保障好困难群众基本生活。要制定健全完善特困人员供养制度的具体措施，城乡统筹实施；加强最低生活保障和特困人员供养工作管理，建立责任追究制度，畅通投诉举报渠道，适时开展绩效评估，从制度机制上杜绝关系保、人情保和骗保等违规现象。

（二）完善受灾人员救助制度。要按照属地管理，分级负责的原则，完善自然灾害救助应急预案，做好上下级预案响应标准的衔接，强化预案的科学性和可操作性。编制实施自然灾害救助物资储备规划，明确物资储备布局和规模，建立适应本地救灾需要的物资储备机制。严格按照有关规定，及时准确统计报送自然灾害损失情况，建立健全灾情核查评估机制和统一发布机制。编制和落实各级自然灾害救助资金预算，研究制定出台灾害救助标准，切实有效做好灾害紧急救助、过渡性生活救助、冬春救助和倒损农房恢复重建等工作，保障受灾人员得到及时、公平、合理的救助。

（三）完善医疗救助制度。以最低生活保障对象、特困供养人员为重点，进一步健全完善医疗救助制度。逐步将低收入家庭重病患者及县级以上人民政府规定的其他特殊困难群众纳入救助范围，逐步提高救助水平，使之真正起到托底保障、救急解难的作用。建立健全疾病应急救助制度，落实《疾病应急救助基金管理暂行办法》，为急危重伤病需要急救但身份不明或无力支付相关费用的患者提供应急医疗救治。加快建立医疗救助与基本医疗保险、大病保险相衔接的医疗费用结算机制。加快疾病应急救助制度与其他医疗保障制度的衔接。

（四）完善教育救助制度。进一步健全从学前教育到研究生教育、覆盖各教育阶段的家庭经济困难学生资助政策体系，从制度上保证"不让一个学生因家庭经济困难而失学"。完善实施教育救助的具体措施和救助体系，优先将在各级各类学校就读的最低生活保障家庭成员、特困供养人员纳入现有的学生资助体系，并动态调整资助标准和覆盖范围，努力做到应助尽助。

（五）完善住房救助制度。要根据当地经济社会发展水平、房地产市场状况以及财力可能，制定并及时调整住房困难标准和救助标准，形成科学规范、可持续的住房救助长效机制。完善实施住房救助的具体措施，规范救助程序，确保符合条件的最低生活保障家庭、分散供养的特困人员全部纳入住房保障体系，优先安排解决。

（六）完善就业救助制度。要健全完善实施就业救助的具体政策措施，依托基层公共就业服务机构，摸清就业救助对象底数和就业需求，提供政策咨询、岗位信息、职业指导、职业介绍等精细化、个性化的就业服务，通过鼓励企业吸纳、鼓励自谋职业和自主创业、公益性岗位安置等途径，对就业救助对象实行优先扶持和重点帮助，确保最低生活保障家庭中有劳动能力的成员至少有一人实现就业。

（七）建立临时救助制度。要全面建立临时救助制度，突出其"救急难"的制度特点，对遭遇突发事件、意外伤害、重大疾病或其他特殊原因导致生活陷入困境，其他社会救助制度暂时无法覆盖或救助之后基本生活仍有严重困难的家庭及时给予救助。要根据当地实际，制定具体的临时救助对象认定办法，明确救助类型、范围和标准。要加强救助管理机构建设，及时救助生活无着的流浪、乞讨人员。加强临时救助与其他社会救助制度之间的衔接，形成制度合力，消除救助盲区。

（八）加强社会力量参与。各地要细化政策措施，研究制定向社会力量购买社会救助中的具体服务事项的办法。要全面了解、掌握本地区社会组织、企事业单位等设立慈善项目的情况，搭建政府部门救助资源、社会组织救助项目与困难群众救助需求对接的信息平台，充分发挥慈善救助方法灵活、形式多样、一案一策的特点，鼓励、引导、支持社会组织、企事业单位和爱心人士等针对急难个案开展慈善救助。要广泛动员社会力量参与社会救助，充分发挥社会组织、社会工作者和志愿者队伍等社会力量参与社会救助的专业优势和服务特长，针对不同救助对象开展生活帮扶、心理疏导、精神慰藉、资源链接、能力提升、社会融入等多样化、个性化服务。要加快推进政府购买服务，健全完善促进社会力量参与社会救助的各项财政支持政策，落实好财政补贴、税收优惠、费用减免等政策，引导有影响力的慈善组织和企业设立社会救助公益基金，多渠道、多形式参与社会救助。

三、建立健全社会救助工作机制

（一）建立健全社会救助工作协调机制。各地要进一步建立健全政府领导、民政部门牵头、有关部门配合、社会力量参与的社会救助工作协调机制，加强协调配合和制度衔接，不断提高社会救助的整体效益。民政部门要发挥好牵头协调的作用，教育、财政、人力资源社会保障、住房城乡建设、卫生计生等部门要积极配合、密切协作，共同促进政府各部门之间、政府与社会力量之间救助资源的统筹使用、信息共享，以及救助资源与救助需求之间的合理配置，切实落实好各项社会救助制度。

（二）加快建立社会救助申请家庭经济状况核对机制。各地民政部门要加强与相关部门的沟通协调，会同有关部门、机构研究制定社会救助申请家庭经济状况信息核对办法，加快建立跨部门、多层次、能共享的信息核对平台，不断提高最低生活保障对象、医疗救助对象、住房救助对象、教育救助对象等社会救助对象认定的准确性。2014年底前全国70%的地区要建立社会救助家庭经济状况核对机制，"十二五"末实现全覆盖。

（三）建立健全"一门受理、协同办理"机制。各地社会救助管理部门要加强配合，密切协作，依托乡镇人民政府（街道办事处）政务大厅、办事大厅等，设立统一的社会救助申请受理窗口（疾病应急救助除外）。要根据部门职责，制定并不断优化受理、分办、转办、反馈等工作流程，明确办理时限和要求，跟踪办理结果，并将办理情况及时告知求助对象，真正做到让困难群众"求助有门"、受助及时。

（四）建立健全社会救助信息共享机制。各地社会救助管理部门要在积极推进信息化建设、提高社会救助管理服务水平的基础上，加快建立民政、教育、人力资源社会保障、住房城乡建设、卫生计生等部门救助信息共享机制。民政部门要及时为其他社会救助管理部门提供最低生活保障对象、特困供养人员及其他困难群众基本信息，为教育、住房、就业、疾病应急等救助工作的开展提供支持；教育、人力资源社会保障、住房城乡建设、卫生计生等部门要及时将教育救助对象、就业救助对象、住房救助对象和疾病应急救助对象获取相关救助的基本信息反馈民政部门，为民政部门对各项救助之后仍有困难的家庭给予临时救助提供依据。

（五）建立健全社会救助资金保障机制。各地要按照《办法》的相关规定，将社会救助资金纳入财政预算，建立与当地经济社会发展水平相适应的资金保障机制，进一步加大社会救助资金投入，确保最低生活保障、特困人员供养、受灾人员救助、医疗救助、教育救助、住房救助、就业救助、临时救助等各项社会救助制度有效落实。要严格资金管理，坚持专款专用，规范预算编制、预算下达、资金支付等环节，确保救助资金及时足额发放到困难群众手中。

（六）全面建立社会救助监督检查长效机制。各地各相关部门要依照《办法》的有关规定，加快研究制定本地区、本部门加强社会救助监督管理、责任追究、绩效评价的具体办法。加大社会救助信息披露力度，严格执行社会救助对象公示制度，在申请人居住的村民委员会或社区居民委员会，对社会救助家庭获得救助前进行审核公示和审批公示，获得救助后进行长期公示，广泛接受社会和群众监督。

四、加强贯彻落实《办法》的组织领导

（一）加强组织领导。各地要将贯彻实施《办法》列入重要议事日程，明确责任，精心组织，认真研究解决工作中存在的困难和问题；统筹安排，全面部署，切实把贯彻实施《办法》工作与贯彻落实党的十八届二中、三中全会精神，与党的群众路线教育实践活动紧密结合起来，抓出实效。要以贯彻落实《办法》为契机，将社会救助工作纳入国民经济和社会发展总体规划，纳入政府工作目标考核体系。

（二）强化能力建设。各地要加强社会救助经办机构建设，科学整合基层社会救助管理资源，确保事有人管、责有人负。加强经费保障，按照《办法》"将政府安排的社会救助工作经费纳入财政预算"的有关规定，落实好社会救助工作经费。积极探索创新社会救助经办服务方式，加大政府购买服务力度，通过设置公益岗位、聘用专业社工、吸纳志愿者、灵活用工等途径，充实基层工作力量，协助做好困难排查、信息报送、宣传引导、公示监督等工作。

（三）加强监督检查。各地要加强《办法》落实情况的督促检查和考核奖惩，定期、不定期开展督促检查，针对存在问题，提出整改措施，狠抓政策落实。对落实政策不力，在实施救助审核审批过程中滥用职权、徇私舞弊、失职渎职的责任人员，要依纪依法追究责任。民政部将会同有关部门加强《办法》

贯彻落实情况监测和信息通报，及时了解掌握各地《办法》执行情况，按季度进行通报；并会同有关部门组成联合检查组，对各地贯彻落实情况适时进行专项督查。

（四）加强政策宣传。各地要结合实际，组织好《办法》的学习宣传工作，做到领导干部熟悉《办法》、工作人员精通《办法》、广大群众了解《办法》。要多渠道、多形式做好《办法》宣传工作，各级民政部门要结合社会救助宣传周等活动建立社会救助宣传长效机制；教育、人力资源社会保障、住房城乡建设、卫生计生等部门要在各自职责范围内做好相关救助政策的宣传工作。要加强与媒体的合作，充分发挥报刊、广播、电视以及互联网、微博等新媒体传播速度快、覆盖面广的优势，广泛、深入地宣传《办法》，确保困难群众知晓政策规定，营造全社会关心支持社会救助工作的良好氛围。

各地贯彻落实《办法》有关情况请及时上报。

民政部　教育部

财政部　人力资源社会保障部

住房城乡建设部　国家卫生计生委

2014 年 6 月 20 日

民政部　财政部关于进一步加强和改进临时救助工作的意见

民发〔2018〕23 号

各省、自治区、直辖市民政厅（局）、财政厅（局），新疆生产建设兵团民政局、财务局：

临时救助是社会救助体系的重要组成部分，是保障困难群众基本生活权益的托底性制度安排。近年来，各级民政、财政部门认真贯彻党中央、国务院决策部署，按照《国务院关于全面建立临时救助制度的通知》(国发〔2014〕47号)要求，全面推进临时救助制度建立和实施，较好地化解了城乡居民突发性、紧迫性、临时性基本生活困难，在兜住民生底线、开展救急解难等方面发挥了重要作用。但一些地区还不同程度存在救助时效性不强、救助水平偏低、制度效能发挥不充分、工作保障不到位等问题。为贯彻落实国务院常务会议精神，进一步加强和改进临时救助工作，切实保障好困难群众基本生活，现提出以下意见。

一、明确总体要求

全面贯彻落实党的十九大精神，以习近平新时代中国特色社会主义思想为指导，坚持以人民为中心的发展思想，以有效解决城乡群众突发性、紧迫性、临时性基本生活困难为目标，以充分发挥临时救助制度效能为主线，落实"兜底线、织密网、建机制"工作要求，坚持托底、高效、衔接，进一步完善政策措施，健全工作机制，强化责任落实，加强工作保障，加快形成救助及时、标准科学、方式多样、管理规范的临时救助工作格局，筑牢社会救助体系的最后一道防线，切实维护人民群众基本生活权益。

二、完善政策措施

(一)细化明确对象范围和类别。根据困难情形，临时救助对象可分为急难型救助对象和支出型救助对象。急难型救助对象主要包括因火灾、交通事故等意外事件，家庭成员突发重大疾病及遭遇其他特殊困难等原因，导致基本生活暂时出现严重困难、需要立即采取救助措施的家庭和个人；支出型救助对象主要包括因教育、医疗等生活必需支出突然增加超出家庭承受能力，导致基本生活一定时期内出现严重困难的家庭，原则上其家庭人均可支配收入应低于当地上年度人均可支配收入，且家庭财产状况符合当地有关规定。对急难型救助对象，要进一步明确意外事件、突发重大疾病以及其他特殊困难的类型、范围和程度；对支出型救助对象，要进一步明确生活必需支出的范围和救助对象财产状况认定标准。各地要结合本地实际，制定和完善临时救助对象认定的具体办法。

（二）优化审核审批程序。各地要针对不同的救助类型，优化规范临时救助审核审批程序。对于急难型临时救助，要注重提高救助时效性，进一步简化审核审批程序，积极开展"先行救助"，乡镇人民政府（街道办事处）、县级人民政府民政部门可根据救助对象急难情形，简化申请人家庭经济状况核对、民主评议和公示等环节，直接予以救助，并在急难情况缓解后，登记救助对象、救助事由、救助金额等信息，补齐经办人员签字、盖章手续；对于支出型临时救助，要严格执行申请、受理、审核、审批程序，规范各个环节工作要求。对申请对象中的最低生活保障家庭及其成员、特困人员，重点核实其生活必需支出情况。要全面落实县级人民政府民政部门委托乡镇人民政府（街道办事处）开展临时救助审批的规定，合理设定并逐步提高乡镇（街道）临时救助金审批额度。

（三）科学制定救助标准。各地要立足当地经济社会发展水平，依据分类分档原则制定临时救助标准。根据救助对象不同的困难情形，确定救助类型；同一类型救助对象根据不同的困难程度，确定救助档次，构建科学合理的临时救助标准体系。临时救助标准可与当地最低生活保障标准挂钩，根据救助对象的家庭人口、困难类型、困难程度和困难持续时间等因素，分类细化救助标准。对于重大生活困难，临时救助标准可采取一事一议方式，根据具体情形分类分档设定，适当提高救助额度。省级民政、财政部门要加强对临时救助标准制定的指导和统筹，推动形成相对统一的区域临时救助标准。

（四）拓展完善救助方式。各地要根据救助对象实际情况，综合运用发放临时救助金、发放实物和提供转介服务等多种救助方式，发挥临时救助应急、过渡、衔接、补充的制度作用，不断提升救助效益。要充分运用好"转介服务"，使临时救助与相关制度、政府救助与慈善救助、物质帮扶与救助服务密切衔接，形成救助合力，增强救助效能。对于急难型救助对象，可采取一次审批、分阶段救助的方式，提高救助精准度；可通过直接发放现金或实物的方式，提高救助时效性。

（五）加强与慈善救助的衔接。各地要积极培育发展以扶贫济困等为宗旨的慈善组织，广泛动员慈善组织参与临时救助工作。鼓励、引导慈善组织建立专项基金，科学规划、设立救助项目，承接政府救助之后"转介"的个案，形成与政府救助的有效衔接、接续救助。完善和落实支持社会力量参与社会救助的政策措施，加大政府购买服务力度。积极探索政府引导、社会力量筹资、慈善组织运作的政社联动模式，搭建慈善组织等社会力量参与临时救助的平台，形成救助合力。

三、强化组织保障

（一）加强组织领导。各地要积极争取当地党委和政府的重视和支持，将加强和改进临时救助工作列入政府重要议事日程，进一步完善政策措施，健全工作机制，加大资金投入，深入实施好临时救助制度。要按照《国务院关于全面建立临时救助制度的通知》（国发〔2014〕47号）要求，将临时救助等社会救助工作列入地方领导班子和领导干部政绩考核评价指标体系，并合理确定权重。加强社会救助管理部门之间、社会救助管理部门与其他相关部门之间、政府部门与慈善组织之间的协调配合，形成工作合力。各级民政部门要切实履行主管部门职责，发挥好统筹协调作用；财政部门要加强资金保障，提高资金使用效益。

（二）加强监督检查。各地要加强对临时救助工作的督促检查，进一步完善困难群众基本生活救助工作绩效评价机制，加强对临时救助工作的绩效评估，突出制度效能的发挥，强化结果运用。要会同有关部门加快建立健全社会救助责任追究机制，区分主观故意、客观偏差和改革创新等不同情形，对主观故意造成工作失误和损失的，严肃追究相关责任；对客观偏差或探索创新、先行先试造成工作失误的，从轻、减轻或免于追责。

（三）加强资金保障。地方政府要深入贯彻落实国务院有关要求，多方筹集临时救助资金，合理安排和统筹使用困难群众救助补助资金，对临时救助的投入原则上只增不减。推动在乡镇（街道）建立临时救助备用金制度，提高救助水平。

（四）深化"救急难"综合试点。各地要准确分析和把握社会救助形势，不断深化对"救急难"工作的认识，强化"救急难"意识，认真谋划推进"救急难"工作。要以加强部门协同、推进资源统筹、提升救助效益为重点，进一步强化制度落实，创新工作机制，提升综合救助能力，有效化解人民群众各类重大急难问题，切实兜住民生底线，最大限度防止冲击社会道德和心理底线事件发生。要认真评估、总结"救急难"综合试点经验，有序扩大试点范围，不断提升工作成效，适时全面推开"救急难"工作。

民政部　财政部

2018 年 1 月 23 日

民政部　财政部　国务院扶贫办关于在脱贫攻坚兜底保障中充分发挥临时救助作用的意见

民发〔2019〕87 号

各省、自治区、直辖市民政厅（局）、财政厅（局）、扶贫办（农委、农办），新疆生产建设兵团民政局、财政局、扶贫办：

临时救助是保障困难群众基本生活权益的兜底性制度安排，承担着筑牢社会救助体系最后一道防线的职责任务，是解决城乡居民各类突发性、紧迫性、临时性基本生活困难的重要举措。当前，脱贫攻坚正处于决战决胜、攻城拔寨的关键节点，实施好临时救助制度，对于强化贫困人口兜底保障、助力解决"两不愁三保障"突出问题和防止脱贫群众返贫，确保如期打赢脱贫攻坚战，具有十分重要的意义。为深入贯彻落实《中共中央国务院关于打赢脱贫攻坚战三年行动的指导意见》，在脱贫攻坚兜底保障中充分发挥临时救助作用，现提出以下意见。

一、总体要求

以习近平新时代中国特色社会主义思想为指导，深入学习贯彻习近平总书记关于扶贫工作的重要论述和关于民政工作的重要指示精神，坚持以人民为中心的发展思想，按照党中央、国务院关于打赢脱贫攻坚战的决策部署，聚焦脱贫攻坚，聚焦特殊群体，聚焦群众关切，以发挥临时救助制度效能、强化兜底保障为目标，坚持助力脱贫与防止返贫相结合、增强时效与规范管理相结合、政府主导与社会参与相结合，立足兜底线、提时效、建机制，确保救助措施精准、资金使用精准、救助成效精准，着力发挥临时救助在解决"两不愁三保障"突出问题中的作用，切实兜住兜牢民生底线。

二、强化"两不愁"兜底保障

各地要进一步发挥临时救助的过渡、衔接功能，加强与最低生活保障、特困人员救助供养等社会救助制度的衔接，提升社会救助体系整体效益，强化对解决"两不愁"问题的兜底作用。对申请最低生活保障、特困人员救助供养的建档立卡贫困人口等困难群众，可以视情先给予临时救助，及时缓解其生活困难，再按照规定程序进行审核审批，并将符合条件的纳入相应救助范围。对已纳入最低生活保障、特困人员救助供养等社会救助的对象，基本生活遭遇突发性、紧迫性、临时性困难的，要及时给予临时救助。要进一步简化优化审核审批程序，增强临时救助时效性。实施急难型临时救助，要积极运用"先行救助"方式，简化申请人家庭经济状况核对、民主评议和公示等环节，直接予以救助，并在急难情况缓解后，登记救助对象、救助事由、救助金额等信息，补齐经办手续；实施支出型临时救助，要在严格执行审核审批程序的同时，进一步压缩办理时限，提高办理效率。对申请对象中的未脱贫建档立卡贫困户、低保对象和特困人员，重点核实其生活必需支出情况，不再进行家庭收入和财产状况调查。要全面落实县、乡两级审批有关规定，推动在乡镇（街道）建立临时救助备用金制度，合理提高乡镇（街道）审批额度。鼓励有条件的地方进一步放宽户籍地申请限制，对遭遇急难事件的申请对象，由急难发生地乡镇（街道）或县级民政部门直接实施临时救助。

三、助力解决"三保障"问题

各地要切实加强临时救助与扶贫政策的衔接，着力发挥好临时救助在促进解决"三保障"问题方面的积极作用，加快形成救助帮扶合力。对因子女就学、疾病治疗等造成家庭支出较大，正常生活受到影响的建档立卡贫困户、低保对象和特困人员，可及时给予临时救助；对在解决住房问题过程中基本生活遇到困难的建档立卡贫困户、低保对象和分散供养特困人员，要通过临时救助及时保障好他们的基本生活，增强对解决"三保障"问题的支持作用。要在做好面向全体居民家庭和个人各类急难事项临时救助的同时，加大对建档立卡贫困户、低保对象和特困人员的救助力度。进一步规范针对建档立卡贫困户、低保对象、特困人员等困难群众的各类临时性生活救助措施，统一纳入临时救助制度管理，防止和减少制度碎片化，更好发挥兜底保障作用。

四、着力防范脱贫群众返贫

各地民政部门要积极配合扶贫部门建立健全返贫预警机制，加强对已脱贫人口的动态监测和跟踪管理。对收入不稳定、持续增收能力较弱、返贫风险较高的已脱贫人口，要加强日常走访，主动发现其生活困难，及时跟进实施临时救助，积极防止其返贫；对收入水平略高于建档立卡贫困户的农村群众，要加大关注力度，加强风险因素分析，根据其家庭实际困难及时给予临时救助，防止其陷入贫困；对返贫人口，应及时按规定给予临时救助，并根据其致贫原因和困难程度，采取一次审批、分阶段救助等方式，适当提高救助标准，帮助其渡过难关，实现稳定脱贫。

五、稳步提升兜底能力

各地要立足当地经济社会发展水平，合理制定临时救助标准，稳步提高救助水平，切实兜住基本生活底线。逐步提高标准制定层级，加强区域统筹，推动在省（区、市）或设区市范围内形成相对统一的临时救助标准。要进一步加强分类分档救助，针对不同的困难情形和困难程度确定相应的救助标准。对于遭遇同一困难情形的救助对象，要突出救助重点，综合考虑其家庭经济状况、抗击风险能力等因素，细化不同的救助标准，适当提高建档立卡贫困户、低保对象和特困人员救助额度，防止其因病、因灾、因急难事件等返贫。对遭遇重大生活困难的，要在综合运用各项救助帮扶政策的基础上，充分发挥县级困难群众基本生活保障工作协调机制作用，采取一事一议方式确定救助额度，进一步加大救助力度。

各地要充分认识临时救助在脱贫攻坚兜底保障中的重要作用，进一步提高政治站位，加强组织领导，完善政策措施，加大推进力度。要进一步完善主动发现机制，充分发挥驻村干部和结对帮扶干部作用，及时了解、掌握辖区内群众，特别是建档立卡贫困户、低保对象、特困人员的生活困难，做到早发现、早上报、早救助。不断健全信息共享机制，定期开展临时救助对象和建档立卡贫困人口信息比对，动态掌握脱贫返贫情况。要加强临时救助资金监管，完善乡镇（街道）临时救助备用金管理办法，加大对深度贫困地区支持力度，确保资金精准使用，提高使用效益。大力支持和引导社会力量参与，推动建立社会力量筹资、慈善组织运作的"救急难"公益基金，加强对贫困人口的救助帮扶。要力戒形式主义、官僚主义，进一步改进工作作风，提高经办服务质量，确保党中央、国务院决策部署不折不扣落到实处。

民政部　财政部　国务院扶贫办

2019 年 9 月 19 日

关于在脱贫攻坚中切实加强农村最低生活保障家庭 经济状况评估认定工作的指导意见

民发〔2019〕125 号

各省、自治区、直辖市民政厅（局）、统计局，新疆生产建设兵团民政局、统计局，国家统计局各调查总队：

最低生活保障家庭经济状况评估认定是最低生活保障工作的重要环节，事关最低生活保障对象的精准认定，是确保最低生活保障制度公平、公正、公开的基础。当前，脱贫攻坚已到了决战决胜、全面收官的关键阶段，为进一步提升社会救助兜底保障能力，精准认定农村最低生活保障对象，确保符合条件的贫困人口，特别是完全丧失劳动能力和部分丧失劳动能力且无法依靠产业就业帮扶脱贫的贫困人口全部纳入最低生活保障范围，现就在脱贫攻坚中切实加强农村最低生活保障家庭经济状况评估认定工作提出如下意见：

一、总体要求

（一）目标任务。

以习近平新时代中国特色社会主义思想为指导，深入贯彻落实习近平总书记关于民政工作重要指示精神和关于扶贫工作重要论述精神，健全农村最低生活保障家庭经济状况评估认定指标体系，进一步优化评估认定办法，规范评估认定方式，提高最低生活保障工作规范性和最低生活保障对象认定精准度，更好发挥最低生活保障制度在保障困难群众基本生活、兜底保障脱贫攻坚中的重要作用。

（二）基本原则。

坚持全面客观。根据农村最低生活保障家庭实际生活状况，坚持定性定量相结合，统筹考虑家庭成员收入、财产、刚性支出等情况，综合评估认定家庭

373

实际贫困状况，精准认定农村最低生活保障对象。

坚持因地制宜。立足当地经济社会实际、最低生活保障工作特点和基层社会救助经办服务能力，设置合理的农村最低生活保障家庭经济状况评估认定指标，制定科学的评估认定办法。

坚持简便易行。健全农村最低生活保障家庭经济状况评估认定指标体系，规范评估认定指标的使用方式、条件，增强评估认定工作的可操作性，方便基层经办人员操作执行。

二、农村最低生活保障家庭收入评估认定方法

农村最低生活保障家庭收入是指家庭在规定期限内获得的全部现金及实物收入，包括工资性收入、经营净收入、财产净收入、转移净收入以及其他应当计入家庭收入的项目。国家规定的优待抚恤金、计划生育奖励与扶助金、奖学金、见义勇为等奖励性补助，以及政府发放的各类社会救助款物等不计入家庭收入。中央确定的城乡居民基本养老保险基础养老金，"十三五"期间暂不计入家庭收入。

（一）工资性收入。工资性收入指就业人员通过各种途径得到的全部劳动报酬和各种福利并扣除必要的就业成本，包括因任职或者受雇而取得的工资、薪金、奖金、劳动分红、津贴、补贴以及与任职或者受雇有关的其他所得等。工资性收入参照劳动合同认定；没有劳动合同的，通过调查就业和劳动报酬、各种福利收入认定，或根据社会保险、个人所得税、住房公积金的缴纳情况推算；对于无法推算实际工资收入的灵活就业人员，原则上按户籍地最低工资标准计算其工资收入，申请人申报收入高于户籍地最低工资标准的，以申报收入为准。

（二）经营净收入。经营净收入指从事生产经营及有偿服务活动所获得全部经营收入扣除经营费用、生产性固定资产折旧和生产税之后得到的收入。包括从事种植、养殖、采集及加工等农林牧渔业的生产收入，从事工业、建筑业、手工业、交通运输业、批发和零售贸易业、餐饮业、文教卫生业和社会服

务业等经营及有偿服务活动的收入等。种植业收入以本地区同等作物的市场价格与实际产量推算；不能确定实际产量的，以当地去年同等作物平均产量推算。养殖业收入以本地区同等养殖品种市场价格与实际出栏数推算；不能确定实际出栏数的，以当地同行业去年平均产量推算。经营企业的，按照企业实际纯收入或实际缴纳税收基数综合认定；无法认定实际收入的，参考当地同行业、同规模企业平均收入和企业实际缴纳税收情况综合认定。其他情形按当地评估标准和方法推算。

（三）财产净收入。财产净收入指出让动产和不动产，或将动产和不动产交由其他机构、单位或个人使用并扣除相关费用之后得到的收入，包括储蓄存款利息、有价证券红利、储蓄性保险投资以及其他股息和红利等收入，集体财产收入分红和其他动产收入，以及转租承包土地经营权、出租或者出让房产以及其他不动产收入等。出让、租赁等收入，参照双方签订的相关合法有效合同计算；个人不能提供相关合同或合同确定的收益明显低于市场平均收益的，参照当地同类资产出让、租赁的平均价格推算。储蓄存款利息、有价证券红利、储蓄性保险投资以及其他股息和红利等按照金融机构提供的信息计算，集体财产收入分红按集体出具的分配记录计算。

（四）转移净收入。转移净收入指转移性收入扣减转移性支出之后的收入。其中，转移性收入指国家、机关企事业单位、社会组织对居民的各种经常性转移支付和居民之间的经常性收入转移，包括赡养（抚养、扶养）费、离退休金、失业保险金、遗属补助金、赔偿收入、接受捐赠（赠送）收入等；转移性支出指居民对国家、企事业单位、社会组织、居民的经常性转移支出，包括缴纳的税款、各项社会保障支出、赡养支出以及其他经常转移支出等。转移性收入和转移性支出有实际发生数额凭证的，以凭证数额计算；有协议、裁判文书的，按照法律文书所规定的数额计算。赡养（抚养、扶养）费收入原则上按赡养(抚养、扶养)法律文书所规定的数额计算；无法律文书规定的，按赡养(抚养、扶养)义务人收入扣除户籍地最低生活保障标准之后的一定比例推算；赡养（抚养、扶养）义务人属于特困人员、最低生活保障对象、未脱贫建档立卡贫困人口、低收入家庭成员的，在计算转移净收入时不计入该赡养（抚养、扶养）义务人的赡养（抚养、扶养）费。

三、农村最低生活保障家庭财产评估认定方法

农村最低生活保障家庭财产主要指农村最低生活保障家庭共同生活成员所拥有的不动产和动产情况。不动产主要包括家庭成员持有房屋、林木等定着物情况，按照不动产登记部门颁发的不动产产权证书的登记信息、相关购买信息和已在住房和城乡建设部门办理网签备案等信息认定。动产主要包括银行存款、证券、基金、商业保险、债权等金融资产以及市场主体、车辆等情况。银行存款按照最低生活保障家庭成员账户中的总金额认定，有条件的地方可参考一定时间内的账户流水情况综合评估；证券、基金等金融资产按照股票市值和资金账户余额或基金净值认定；商业保险按照保险合同约定的给付时间和现金价值认定；债权按照协议等文本信息认定。市场主体情况主要包括开办或投资企业、个体工商户、农民专业合作社等情况，按照市场监管部门登记信息确定。车辆主要包括机动车辆（不含残疾人功能性补偿代步机动车辆）、船舶、大型农机具等，按照公安、交通运输、农业等相关部门登记信息认定。对于维持家庭生产生活的必需财产，可以在认定时予以适当豁免。最低生活保障家庭财产的具体认定方法和豁免范围、标准等，由设区的市级以上地方人民政府确定。

四、农村最低生活保障家庭刚性支出评估认定方法

为做好脱贫攻坚兜底保障工作，确保2020年打赢脱贫攻坚战，各地要认真落实《国务院办公厅转发民政部等部门关于做好农村最低生活保障制度与扶贫开发政策有效衔接指导意见的通知》（国办发〔2016〕70号）要求，根据地方实际情况，适当考虑最低生活保障家庭成员因残疾、患重病等增加的刚性支出因素，综合评估家庭贫困程度。具体核算范围和计算方法，由地方人民政府研究确定。

五、农村最低生活保障家庭经济状况评估认定辅助指标

有条件的地方可根据当地实际情况，探索通过辅助指标评估认定最低生活保障家庭经济状况，作为评估该家庭是否存在隐瞒收入、财产状况的参考依据。辅助指标主要包括最低生活保障家庭用水、用电、燃气、通讯等日常生活费用大幅超出一般家庭平均费用，以及存在自费在高收费学校就读（入托、出国留学）、出国旅游等高消费情况。对于辅助指标超标或不合理且不能说明理由的，可作为家庭经济状况超出规定的判断依据。

六、工作要求

各地民政、统计部门要充分认识规范农村最低生活保障家庭经济状况评估认定工作在脱贫攻坚兜底保障中的重要意义，进一步提高政治站位，加大推进力度，切实抓紧抓好。民政部门要切实履行主管部门职责，研究制定具体实施办法，细化农村最低生活保障家庭收入、财产及辅助指标的认定方式、程序和标准。已经开展相关工作的地方，要进一步完善评估认定办法，优化工作流程，推进评估认定工作的规范化、精准化、便利化。统计调查部门要提供相关资料，配合完成农村最低生活保障家庭经济状况评估工作。要进一步加强社会救助家庭经济状况核对机制建设，逐步拓展核对信息数据项，精准核对农村最低生活保障家庭经济状况。要结合特困人员认定办法，参照本意见开展特困人员家庭收入、财产评估认定工作。要加大培训力度，准确解读政策，帮助基层经办人员提高业务能力和服务水平，推动工作落实。充分利用多种媒介宣传农村最低生活保障家庭经济状况评估认定的相关规定，及时做好最低生活保障家庭经济状况评估认定政策解释工作，协助困难群众便捷申请最低生活保障。

附件：农村最低生活保障家庭经济状况评估指标（略）

民政部 国家统计局

2019 年 12 月 19 日

民政部　财政部　银保监会关于进一步加强社会救助
资金监管工作的意见

民发〔2019〕139号

各省、自治区、直辖市民政厅（局）、财政厅（局），新疆生产建设兵团民政局、财政局，各银保监局，各政策性银行、大型银行、股份制银行，邮储银行：

为深入贯彻落实党中央、国务院打赢脱贫攻坚战重大决策部署，充分发挥社会救助在脱贫攻坚中的兜底保障作用，促进最低生活保障、特困人员救助供养、临时救助等社会救助制度有效落实，提升资金使用效益，现就进一步加强最低生活保障、特困人员救助供养、临时救助等资金(以下简称社会救助资金)监管工作提出如下意见。

一、充分认识加强社会救助资金监管的重要意义

社会救助量大面广、点多线长，用好社会救助资金对于促进社会救助政策落实、保障困难群众基本生活权益、维护社会和谐稳定和公平正义具有重要意义。近年来，各级民政、财政部门不断完善政策措施，建立健全工作机制，在加强资金监管、提升使用效益等方面取得明显成效。但是，个别地方社会救助主体责任落实不够到位，资金使用不够规范、效益有待提升等问题依然存在，甚至出现贪污挪用、虚报冒领、截留私分社会救助资金，以及在资金发放中吃拿卡要等问题，严重影响了社会救助政策的落实，损害了困难群众切身利益，影响了党和政府公信力，迫切需要规范改进、强化监督管理，切实增强困难群众的获得感、幸福感和安全感。

各级民政、财政部门要深入学习贯彻习近平新时代中国特色社会主义思想，认真落实全面从严治党要求，进一步统一思想认识，提高政治站位，把加强社会救助资金监管作为打通社会救助政策落实"最后一公里"的重要举措，

作为巩固深化"不忘初心、牢记使命"主题教育成果的重要举措，进一步完善政策措施、规范运行流程、加大监管力度，确保社会救助资金科学合理预算、规范有效使用、安全高效运转。

二、加强社会救助资金全流程监管

（一）强化资金保障责任。最低生活保障、特困人员救助供养、临时救助属于中央与地方共同财政事权范围，实行地方承担主体责任、省（区、市）负总责、市（地、州、盟）和县（市、区、旗）抓落实的责任分担方式，中央统筹指导并给予补助。各地要依据责任划分，认真履行资金保障主体责任。各级民政部门要根据困难群众基本生活救助需求，做好社会救助资金测算；各级财政部门要根据民政部门提供的资金测算情况和上年度绩效目标完成情况，科学合理编制资金预算，切实落实资金保障责任。省级财政要积极做好资金保障，并向贫困地区倾斜，减轻贫困地区市、县级资金筹集压力。省级民政、财政部门要加强对市、县级社会救助资金测算、预算编制工作的指导，严格审核资金预算编制方案，提高预算编制的精确性和有效性。

（二）严格资金分配下达。省级财政、民政部门要严格按照因素分配法，综合考虑救助对象人数、地方财政困难程度和努力程度以及工作绩效等因素，坚持"倾斜与激励"相结合的原则，在社会救助资金分配中，重点向贫困程度深、保障任务重、工作绩效好的地区倾斜。要按照《财政部　民政部关于印发〈中央财政困难群众救助补助资金管理办法〉的通知》（财社〔2017〕58号）、《财政部　民政部　住房城乡建设部　中国残联关于修改中央财政困难群众救助等补助资金管理办法的通知》（财社〔2019〕114号）等规定，做好资金预算的提前下达和年度下达工作，进一步规范下达时限，提高下达效率，确保资金预算及时足额下达。县级财政部门要落实国库集中支付制度有关规定，减少资金支付的中间环节，确保资金支付安全、高效。按照《民政部　财政部关于进一步加强和改进临时救助工作的意见》（民发〔2018〕23号）有关规定在乡镇（街道）设立临时救助备用金的，资金下达具体程序由地方按照相关规定确定。

（三）加强资金发放监管。社会救助资金原则上实行社会化发放，按照"民政部门核定对象金额，财政部门核拨资金，金融机构代理发放"的原则，明确各相关部门和机构职责，落实工作责任，层层做好审核把关。民政部门确定救助对象的同时，要告知、指导其及时、准确提供在代理金融机构的账户信息，降低统一办理卡折带来的风险，杜绝卡折发放中人为设障、吃拿卡要行为的发生。对于无法自行支取社会救助资金的对象，要落实其监护人、委托照料人帮助支取社会救助资金，或由本人指定他人代为支取。民政部门要会同乡镇（街道）、村（居）民委员会在日常管理服务中予以重点关注，不得以任何理由违背救助对象或其监护人意愿，由社会救助工作人员或村干部代为持有卡折、支取社会救助资金。对在临时救助实施中，发放现金或实物的，要逐一进行登记备案。财政部门和代理金融机构要加强审核把关，对发放名单与发放金额、发放人数与发放总额等对应不上、有明显异常的，要及时预警，并会同民政部门及时核对处理。

（四）规范资金支付使用。各级民政、财政部门要严格按照社会救助资金管理相关规定，进一步明确社会救助资金用途，规范使用范围，提高资金使用效率。不得擅自扩大资金支出范围，不得以任何形式挤占、挪用、截留、滞留社会救助资金，或用于工作人员日常办公经费、机构运转、大型设备购置和基础设施维修改造等。各地要合理安排社会救助工作经费，确保各项社会救助工作正常运转。代理金融机构要按规定落实针对救助对象的优惠、减免政策，保证服务质量，及时为救助对象发送社会救助资金发放信息等，不得向救助对象收取卡折办理、资金发放等管理服务费用。省级财政、民政部门要加大对社会救助资金预算执行情况监督检查力度，指导市县提升资金使用效益。

三、建立健全工作机制

（一）加强专项监督检查。各级民政、财政部门要会同审计等部门进一步健全社会救助资金监督检查机制，定期开展对资金管理使用情况的专项检查、督查、审计等，重点检查社会救助资金保障、拨付、发放、使用等方面工作情况。要进一步加大对社会救助资金发放中虚报冒领、截留私分、贪污挪用、吃拿卡要等问题的查处力度，对发现的问题线索，要及时移交同级纪检监察机关。

（二）创新资金监管方式。各级民政、财政部门要坚持问题导向，不断完善社会救助资金监管政策，创新社会救助资金监管方式，利用信息化手段提升监管效能。加强与相关部门沟通协调，建立信息共享机制，加快建立涵盖在线办理业务、运转流程查询、风险自动预警等内容的信息平台，通过线上监测与线下监管相结合的方式，对社会救助资金实行全程可视化监控，及时发现问题并堵塞资金监管漏洞，加强风险防控，最大限度避免违法违纪事件的发生。

（三）拓宽资金监管渠道。各级民政、财政部门要自觉接受纪检监察、审计等部门的监督，在加强内部监督的基础上，充分发挥社会力量监督作用，推动社会监督与政府监督有机结合。有条件的地方可通过政府购买服务，积极引入第三方专业机构参与社会救助资金监管工作，运用第三方专业机构对社会救助资金分配、管理、使用等情况进行评估，增强社会监督的客观性和公正性。

（四）规范信息公开公示。各级民政、财政部门要进一步完善社会救助信息公开公示制度，按规定向社会公布社会救助资金预算、分配、支出等情况，不断提高工作透明度。要加强社会救助审核审批公示，进一步规范公示内容、公示地点、公示时限，及时全面公示救助对象、救助金额等信息，建立健全群众反映问题、投诉举报处理反馈机制，保障人民群众的知情权、参与权和监督权，引导救助对象成为社会监督的重要力量。

四、强化组织保障

（一）落实工作责任。各级民政、财政部门及代理金融机构要切实提高认识，按照职责分工，认真履行在社会救助资金筹集、分配、拨付、发放等各个环节的工作责任，将责任落实到人、到岗，确保社会救助资金管理每个环节责有人负、事有人做，每个环节监督到位。

（二）增强工作合力。各级民政部门、财政部门、代理金融机构要加强在日常工作中的沟通联系，建立工作协调制度，定期进行情况通报，共同研究问题、堵塞漏洞、完善措施，加强在社会救助资金监管方面的协作配合，不断增强工作合力。

（三）强化能力建设。各地要加强对县乡两级涉及社会救助资金管理使用各环节经办人员的廉政教育及法律法规和业务培训，不断增强其做好社会救助资金使用和发放"终端环节"各项工作的政治意识、法纪意识和廉政意识，提高经办服务能力，确保社会救助资金及时、足额发放到救助对象手中。

（四）完善责任追究。各地要按照"谁经办、谁负责，谁监管、谁负责"的原则，进一步强化责任落实。加强与派驻纪检监察机构和同级纪检监察机关配合协作，强化对社会救助资金监管工作的监督检查，对损害困难群众利益的行为坚持"零容忍"，严肃追责、问责；对涉嫌违规违纪违法的，按规定移送纪检监察机关处理。

民政部　财政部　银保监会
2019 年 12 月 31 日

民政部　国务院扶贫办关于印发《社会救助兜底脱贫行动方案》的通知

民发〔2020〕18 号

各省、自治区、直辖市民政厅（局）、扶贫办（局），新疆生产建设兵团民政局、扶贫办：

为贯彻落实中央重大决策部署，坚决打赢脱贫攻坚社会救助兜底保障攻坚战，民政部、国务院扶贫办决定开展社会救助兜底脱贫行动。现将《社会救助兜底脱贫行动方案》印发给你们，请结合实际抓好落实。

民政部　国务院扶贫办

2020 年 2 月 20 日

社会救助兜底脱贫行动方案

社会救助兜底保障是打赢脱贫攻坚战的最后一道防线，事关完全或部分丧失劳动能力的贫困人口能否如期脱贫。当前，脱贫攻坚已到了决战决胜、全面收官的关键阶段，为进一步做好社会救助兜底保障工作，民政部、国务院扶贫办决定开展社会救助兜底脱贫行动。

一、总体要求

以习近平新时代中国特色社会主义思想为指导，全面贯彻落实党的十九大和十九届二中、三中、四中全会精神，坚持以人民为中心的发展思想，坚决履行社会救助兜底保障政治责任，聚焦脱贫攻坚、聚焦特殊群体、聚焦群众关切，编密织牢基本民生兜底保障网，切实做到兜底保障"不漏一户、不落一人"，坚决打赢社会救助兜底保障攻坚战。

二、重点任务

（一）健全完善监测预警机制。一是密切关注未脱贫和返贫致贫风险高等人口基本生活状况。民政部门、扶贫部门定期开展信息比对，掌握未脱贫人口和收入不稳定、持续增收能力较弱、返贫风险较高的已脱贫人口以及建档立卡边缘人口中，尚未纳入农村低保、特困救助供养范围人员的相关信息，分析返贫致贫风险，做好兜底保障工作。二是密切关注低收入困难人群基本生活状况。建立社会救助部门之间信息共享机制，以低保对象、特困人员、临时救助对象数据为基础，汇聚残疾人帮扶、教育救助、住房救助、医疗救助等人员相关信息，分析可能存在影响基本生活的风险，符合条件的及时给予救助。三是密切关注潜在救助对象基本生活状况。在对低保等社会救助申请人及其家庭进行经济状况核对时，分析研判申请人员困难状况，对不符合救助条件但存在一定困难的人员或家庭，作为潜在救助对象予以重点关注。各地民政、扶贫部门要指导乡镇（街道）、村（居）委会根据监测预警情况，结合主动发现机制，有针对性开展摸排核查，逐户逐人掌握兜底保障对象情况。民政部门根据兜底保障对象情况给予相应救助或转介相关部门；不符合兜底保障条件的贫困人口，由扶贫部门协调落实其他帮扶措施。

（二）落实落细兜底保障政策。一是强化农村低保兜底保障。及时把未脱贫建档立卡贫困人口、脱贫后返贫人口、新增贫困人口中符合低保政策的人员全部纳入农村低保范围。对未脱贫建档立卡贫困户中的重度残疾人、重病患者参照"单人户"纳入低保，对其家庭可不再进行经济状况核对，打赢脱贫攻坚战后按低保政策动态管理。巩固兜底保障脱贫成果，在核算低保家庭收入时按规定扣减必要的就业成本，家庭人均收入超过当地低保标准后给予一定时间的渐退期，促进有劳动能力贫困人口积极就业，防止养懒人。二是全面落实农村特困人员救助供养政策。进一步规范特困人员认定，及时将符合条件的未脱贫建档立卡贫困人口纳入救助供养范围，优先为有集中供养意愿的生活不能自理特困人员提供集中供养服务，加强对分散供养特困人员的照料服务。增强特困供养机构兜底功能，加快推进护理型床位的设置和改造，提高收住生活不能自理特困人员的服务能力。三是充分发挥临时救助制度作用。简化优化临时救助审核审批程序，健全乡镇临时救助备用金制度，适当提高救助标准，提升救助时效性。加强临时救助和低保政策衔接，对返贫人口和新增贫困人口，可视情先行给予临时救助；一段时间后生活仍然困难的，按规定纳入低保范围。四是做好与新冠肺炎疫情相关的社会救助工作。深入了解掌握新冠肺炎患者家庭以及因疫情导致难以就业、收入减少等生活困难家庭情况，优化简化审核审批程序，及时将符合条件的家庭或人员纳入临时救助等社会救助覆盖范围，切实保障其基本生活。

（三）加强特殊困难群体关爱帮扶。完善农村留守儿童、留守妇女、留守老人关爱服务体系，落实孤儿、事实无人抚养儿童生活保障政策，多措并举关爱帮扶特殊困难群体。加快形成信息完整、动态更新的全国农村留守儿童、留守妇女和留守老人基础数据库，为开展精准关爱、精准服务提供有力支撑。完善困难残疾人生活补贴和重度残疾人护理补贴制度，深入开展贫困残疾人照护服务工作，确保"应补尽补、按标施补"。发挥县级困难群众基本生活保障工作协调机制作用，通过发挥相关部门救助制度合力和引导社会组织、慈善、社会工作、志愿服务力量参与等方式，妥善解决特殊困难群体个案性困难。

（四）加大对深度贫困地区倾斜支持力度。各项扶贫政策、项目、资金、人才继续向"三区三州"等深度贫困地区倾斜，支持深度贫困县和深度贫困乡、深度贫困村做好社会救助兜底保障工作。各地民政部门要会同相关部门将困难群众救助补助资金、中央预算内投资补助资金以及民政部门管理使用的彩票公益金重点向深度贫困地区倾斜。东部省份民政部门要通过深化社会组织东西部协作等方式，加大对"三区三州"等深度贫困地区的支持力度。

三、进度安排

（一）动员部署、明确任务（2020年2月—3月）。2020年3月底前，有脱贫攻坚任务的省级民政、扶贫部门形成社会救助兜底脱贫行动实施方案，并报民政部社会救助司、国务院扶贫办政策法规司备案。要对照本方案提出的要求，在当地的实施方案中明确重点任务、时间节点、责任部门、工作举措和落实标准。湖北省等新冠肺炎疫情相对严重地区，可根据疫情防控形势合理部署安排。

（二）监测摸底、比对排查（2020年4月—6月）。民政部、国务院扶贫办开展数据监测，并将监测发现的人员信息及时反馈各地民政、扶贫部门。各地民政、扶贫部门积极争取当地党委和政府支持，指导乡镇（街道）、村（居）委会深入核查民政部、国务院扶贫办监测发现的人员以及当地通过信息共享、日常走访发现的困难人员，及时掌握贫困家庭个案情况和兜底保障需求。

（三）政策落实、应兜尽兜（2020年7月—9月）。各地民政、扶贫部门结合当地实际，按规定程序落实救助帮扶政策，及时将符合农村低保、特困人员救助供养、临时救助等社会救助政策以及其他民政帮扶政策的人员纳入救助帮扶范围，依规发放救助帮扶资金或提供救助帮扶服务。不符合民政救助帮扶政策的人员，扶贫部门会同相关部门实施其他扶贫措施，确保贫困人口能够如期脱贫。

（四）查漏补缺、巩固深化（2020年10月—12月）。各地民政、扶贫部门进一步查漏补缺，深入开展社会救助兜底脱贫行动落实情况"回头看"，及时解决发现的个案问题，确保社会救助兜底保障"不漏一户、不落一人"。民政部、国务院扶贫办系统总结梳理各地社会救助兜底脱贫行动开展情况，总结提炼行动成效和工作经验。

四、保障措施

（一）加强组织领导。各地民政、扶贫部门要深入学习领会习近平总书记关于扶贫工作重要论述和中央脱贫攻坚决策部署，进一步提高政治站位，将开展社会救助兜底脱贫行动纳入重要工作日程，加强统筹协调、配合协作，周密安排部署、层层压实责任、细化目标任务，确保取得实实在在的工作成效。要密切跟踪分析疫情对社会救助兜底脱贫的影响，及时回应群众关切，适时调整完善实施方案。没有脱贫攻坚任务的东部地区要结合当地实际，将社会救助兜底脱贫行动重点聚焦到脱贫成果巩固提升、解决相对贫困问题和加强东西部协作等方面。

（二）深化作风建设。各地民政部门要切实加强作风建设，落实落细各项社会救助兜底保障政策，确保救助对象精准、因户施策精准、资金补助精准；要持续深化农村低保专项治理，巩固前期治理成果，着力完善制度机制，严肃查处农村低保、特困人员救助供养、临时救助政策落实不到位等问题，坚决纠正工作中的形式主义、官僚主义和不作为、慢作为、乱作为问题，畅通社会救助热线，防范"脱保"、"漏保"，为社会救助兜底保障提供坚强纪律保证。

（三）强化督促调度。相关地方民政、扶贫部门要建立督促调度机制，定期督促调度"三区三州"等深度贫困地区和未摘帽贫困县社会救助兜底脱贫行动进展，帮助解决工作中遇到的困难问题。民政部、国务院扶贫办将视情对相关省份开展督促调度。有脱贫攻坚任务的省级民政、扶贫部门要在6月底、9月底、12月底向民政部、国务院扶贫办报送当地社会救助兜底脱贫行动实施情况。民政部、国务院扶贫办将定期汇总整理各地行动开展情况，推广宣传典型经验。

四、民政部、民政部办公厅发布的政策性文件

民政部关于进一步规范农村最低生活保障工作的指导意见

民发〔2010〕153号

各省、自治区、直辖市民政厅（局）：

自《国务院关于在全国建立农村最低生活保障制度的通知》（国发〔2007〕19号，以下简称《通知》）下发以来，各地党委政府高度重视，民政等部门积极推动，农村最低生活保障（以下简称农村低保）制度在全国普遍建立并顺利实施，保障范围稳步扩大，保障水平逐步提高，对保障和改善民生、促进农村和谐稳定发展发挥了重要作用。但由于各地经济社会发展水平存在差异，农村基层工作力量较为薄弱等原因，农村低保工作发展还不平衡，部分地方出现了

一些亟待解决的问题。根据《通知》精神，现就进一步规范农村低保工作提出以下意见：

一、指导思想

进一步规范农村低保工作，要以邓小平理论和"三个代表"重要思想为指导，深入贯彻落实科学发展观和党的十七届三中、四中、五中全会精神，按照党中央、国务院关于重视和解决基本民生问题的决策部署，强化政策意识，推行科学管理，坚持"保基本、可持续、重公正、求实效"的方针，推进全国农村低保工作水平迈上新台阶，提升农村低保制度的实际效益，为促进农村社会和谐和经济发展作出应有贡献。

二、目标任务

规范农村低保工作的总体目标和任务是：将所有符合条件的农村贫困人口全部纳入保障范围，实现应保尽保，稳定、持久、有效地解决农村贫困人口的基本生活问题；将农村低保规范化建设列入各级民政部门的重要工作日程，加紧完善法规政策，健全工作机制和操作程序，强化保障措施，进一步提高规范化、制度化、科学化管理水平，进一步促进农村低保制度的公开、公平、公正实施。

三、规范内容

（一）对象范围。凡家庭年人均纯收入低于当地低保标准的农村居民家庭，均属于农村低保的保障范围。坚持以家庭为单位进行操作，纠正"保人不保户"的不规范做法。严格把握政策界限，注意防止和纠正随意扩大保障对象范围的做法。解决边境居民、水库移民、失地农民等特殊人员的生活保障问题，应当依靠专门的政策措施，不能不加区别地将这些人员全部纳入农村低保范围，避免离开低保标准、人为扩大范围而影响制度的可持续发展。要搞好农村低保制度与扶贫开发政策的有效衔接，配合有关部门扶持低保家庭中有劳动能力的人员发展生产、劳动脱贫。搞好农村低保与其他社会救助制度的有效衔接，分别采取相关救助政策来有效解决困难群众多方面、多层次的困难需求。建立健全临时救助制度，有效解决低保边缘贫困人员的临时性困难，减轻实施低保制度的压力。

（二）保障标准。低保标准是农村低保政策体系中的核心要素，是划定低保范围、核定低保对象和实际补助水平、安排低保资金的重要依据。各地要科学确定低保标准，并切实按照低保标准组织实施。低保标准的确定与调整，首先要经过科学测算。按照既能保障困难群众基本生活，又与当地财力和经济社会发展水平相适应的原则，采取市场菜篮法、恩格尔系数法等方法，合理使用统计调查数据进行测算。其次要经过法定程序。由民政部门会同财政、统计等部门共同测定，经县级以上人民政府批准和颁布。要避免主观决策或盲目攀比，确保低保标准的科学性和权威性。

（三）资金管理。各级民政部门要按照财政部、民政部《关于加强农村最低生活保障资金使用管理有关问题的通知》（财社〔2007〕106 号）要求，根据农村低保对象人数和实际低保补助水平，科学合理地测算资金需求，及时编制农村低保资金需求计划，经同级财政部门审核后列入年度预算，报同级人民代表大会审批后执行。省级财政要加大投入，并按照公平、公正、透明的原则分配农村低保补助资金，既要向贫困程度深、工作任务重的地区倾斜，又要体现工作激励因素。要采取措施强化资金的监督管理工作，确保资金专项管理、专账核算、专款专用、及时足额发放，任何单位和个人均不得截留、挤占和挪用。

（四）审核、审批、发放程序。进一步健全乡（镇）人民政府审核、县级民政部门审批的程序，乡（镇）人民政府要切实履行受理、调查、审核和动态管理的职责，特别要注意充分发挥驻村干部的作用。个别居住分散、交通不便的地区，乡（镇）人民政府可通过行政委托等方式，委托村级组织代为受理申请和进行家庭经济状况调查，其间发生的法律纠纷依法由委托机构承担。县级民政部门在审批过程中，应对乡（镇）人民政府上报审批对象的家庭情况按一定比例进行抽查。有条件的地区可以实行县、乡联审联批或网上审批，提高工作效率。推行由国库集中支付，通过银行、信用社等金融服务机构直接发放低保金的办法。低保金原则上要采取差额补助的办法，即依据调查掌握的申请人家庭年人均纯收入情况，补齐至当地保障标准。

（五）重点工作环节。

1.家庭经济状况调查。省级民政部门应出台规范家庭经济状况调查的文件，指导市、县制定完善符合当地实际的调查办法或措施，明确调查项目及各项收入情况的测算办法，编印统一的调查表单和操作手册，便于基层工作人员操作。乡（镇）人民政府要对低保申请人家庭经济状况进行调查，调查覆盖面要达到100%。调查应由乡（镇）人民政府工作人员（包括驻村干部）牵头组织，村级组织工作人员参加，采取入户调查、邻里访问等方法实施。申请人应提供家庭经济收入、财产状况等证明材料，并对其真实性和完整性作出书面承诺，调查人员和申请人应分别签字确认调查结论。

2.村级民主评议。村级民主评议要由乡（镇）人民政府统一组织，由村党支部和村委会成员、熟悉村民情况的党员代表、村民代表等人员组成评议小组，乡（镇）人民政府工作人员列席会议，所有参加评议人员均要签字确认评议结果。村级民主评议不是批准程序，评议结果无论是同意还是不同意，都要将申请人的完整材料上报乡（镇）人民政府。

3.社会公示。县级民政部门和乡（镇）人民政府要分别对申请人家庭经济状况调查、民主评议以及审核审批结果及时进行公示。公示内容应包括申请人家庭基本情况、经济状况调查及民主评议结论、是否纳入低保与拟给予保障金额的审核（批）意见等。公示信息要真实完整，公示地点应为申请人所在的自然村（组），公示时间一般不少于7天。公示机构要同时公布举报电话及通讯方式，确保公众能对公示内容进行反馈。对于群众有异议的公示内容，应再次调查核实并重新公示。

4.动态管理。县级民政部门和乡（镇）人民政府要加大动态管理力度，区分低保对象不同情况，采用分类定期复核办法：对于收入来源比较明确、变化不大、长期贫困的家庭可以实行年度复审；对收入来源不固定、群众产生新的异议的对象要缩短复审期限。要根据复查掌握的家庭经济状况变化，及时按程序办理停发、减发或增发低保金的手续，及时向社会公示，并按照民政部办公厅、国家档案局办公室《关于加强最低生活保障档案管理的通知》（民办发〔2008〕2号）要求，做好所有农村低保档案材料的归档和保管工作。

四、工作要求

（一）加强组织领导。各级民政部门要将规范农村低保工作作为民政工作的重点，加强组织领导，深入持久地开展农村低保工作的规范化建设。要积极争取将农村低保工作列入当地党委、政府重要议事日程，纳入年度目标责任考核内容，特别是要注意强化县、乡政府的主体责任。加强同有关部门的沟通和协商，形成推进工作的合力，共同解决工作中的重大问题。

（二）解决基层困难。各级民政部门要积极主动地向本级党委、政府汇报，统筹考虑实施农村低保制度的需要，采取切实有效的政策和措施，通过调剂、聘用等多种途径加强基层工作力量，确保每个乡（镇）至少有两名农村低保专职工作人员，并按工作量解决必要的工作经费和工作条件，做到有人干事、有钱办事。县级民政部门和乡（镇）人民政府要进一步加强对村委会的指导和监督，通过下派、选聘、委托等方式，确保村委会有专人协助做好农村低保工作。

（三）搞好宣传培训。各级民政部门要采取群众喜闻乐见、生动活泼、通俗易懂的形式，通过组织媒体宣传、设立固定公示栏等方式，广泛宣传农村低保政策及其实施成效，提高公众知晓率。充分发挥广大农民群众的积极性，使群众了解农村低保政策规定，清楚自己在申请、审核、审批等环节中的权利，主动参与和监督农村低保工作。重视农村低保工作人员的教育培训工作，推行各级民政部门和基层农村低保岗位培训制度，通过举办理论与实务培训班、研修班，为基层培训高素质的业务骨干，不断提高工作人员的业务素质和管理水平。

（四）落实监督检查。要经常性地开展对农村低保工作的监督检查，重点检查资金到位、保障人数、补助水平、规范管理等方面的工作情况，并定期通报。要完善谁调查、谁审核、谁签字、谁负责的责任追究制。要建立举报核查制度，加大对审核、审批、资金发放过程中出现问题的查处力度，对群众举报事件，举报一起、查实一起；对违法违纪行为要配合有关部门依法严肃查处，追究相关责任人的责任。

（五）改进工作作风。各级民政部门的领导干部要带头关心基层，深入基层，办实事，重实效。要加强政策业务指导和法制化建设，重视总结和推广先进工作经验，适时出台政策法规。加快推进低保标准化、信息化建设的步伐，逐步实现科学管理，不断提高管理水平。

2010 年 11 月 11 日

民政部关于建立健全社会救助监督检查长效机制的通知

民发〔2013〕161 号

各省、自治区、直辖市民政厅（局），各计划单列市民政局，新疆生产建设兵团民政局：

《国务院关于进一步加强和改进最低生活保障工作的意见》（国发〔2012〕45 号，以下简称《意见》）下发以来，各级民政部门认真贯彻落实《意见》精神，采取多种有效措施，加大工作推进和《意见》落实监督检查力度，取得了显著成效。为巩固前期督查工作成果，切实提高救助工作水平，有效防范和遏制社会救助工作中的各类违法违规行为，确保救助工作规范运行，现就建立健全社会救助监督检查长效机制通知如下：

一、充分认识建立社会救助监督检查长效机制的重要意义

社会救助是国家保障困难群体基本生活权益的一项基本制度，是托底性民生保障和民政工作的重要组成部分，是涉及面广、资金量大的重大民生项目，事关困难群众衣食冷暖，事关社会和谐稳定和公平正义，事关小康社会全面建成。近年来，在党中央、国务院的高度重视下，我国的社会救助事业取得了重大进展，在"保民生、维稳定、促公平"等方面发挥了重要作用。但是，一些地方仍然存在救助对象认定不够准确、审批流程不够规范、工作责任不够落实、监管机制不够健全、基层能力建设明显不足等问题，影响到社会救助制度的公平公正实施，群众对此反映强烈。当前，全党正在深入开展以"为民务实清廉"为主要内容的群众路线教育实践活动，回应社会关切，解决突出问题，需要找准症结、治根治本，需要从建立社会救助监督检查长效机制入手，进一步加大对城乡低保、农村五保、医疗救助、临时救助等各项社会救助制度实施的监管力度，有效规范从业人员职务行为，减少错保、漏保、骗保现象的发生，防止挤占、挪用和截留社会救助资金，及时发现、纠正、惩处"关系保""人情保"，确保社会救助制度公平实施，确保困难群众基本生活。

二、进一步明确社会救助监督检查的主要内容

社会救助监督检查工作要以督促政策落实为目标，确保对象准确，促进资金安全，强化能力建设，实现廉洁高效。重点围绕以下方面内容展开：

（一）社会救助法律、法规、政策制度贯彻落实情况。包括地方是否及时出台国家法律法规和政策的配套文件；是否采取有效措施推动相关政策的贯彻落实；各项社会救助工作是否依法依规开展等。

（二）社会救助工作规范化运行情况。包括是否严格执行社会救助申请、审核、审批及公示、发放程序；是否建立并实施社会救助与物价上涨挂钩的联动机制和救助标准调整机制；是否建立健全救助申请家庭经济状况核对机制；是否实行社会救助对象动态管理；是否建立社会救助经办人员和村（居）民委

员会干部近亲属享受社会救助备案制度；是否推进社会救助信息化管理和救助资金社会化发放等。

（三）社会救助资金的筹集和管理使用情况。包括城乡低保、农村五保、医疗救助、临时救助等社会救助资金的专项管理、专款专用、安全运行情况；地方财政配套资金落实到位情况等。

（四）社会救助基层能力建设情况。包括社会救助基层工作机构建设和人员配备情况；基层工作经费落实以及省市财政对基层工作经费不足地区的补助情况；基层交通、通讯工具配备和信息平台建设情况；基层工作人员业务培训情况等。

（五）社会救助突发重大事件处置情况。包括地方社会救助工作专项整治情况；社会救助突发事件应对处置情况；社会救助重大案件交办查处情况；社会救助责任追究落实情况等。

（六）社会救助监督检查工作情况。包括地方按照有关法律法规政策要求，全面落实监管责任，建立健全社会救助监管体系；强化社会救助监督检查工作手段；完善社会救助监督检查工作相关机制；制定相关监督检查办法等情况。

（七）其他应纳入监督检查范围的事项。

三、不断丰富社会救助监督检查方式方法

社会救助监督检查工作要按照依法监督的要求，坚持客观公正、标本兼治、纠建并举。进一步强化内部监督，扩大外部监督，综合运用多种手段，确保监督检查工作取得实效。

（一）建立报告制度。对纳入监督检查的事项，实行定期逐级上报。省级民政部门每年初将上年度工作情况向民政部报告一次，并同时上报省级人民政府，重大事项和突发事件即时上报，并提出整改措施和相关工作建议；省级以下民政部门定期向上一级民政部门报告工作，并向同级人民政府报告。

（二）开展专项督查。围绕社会救助重大政策落实、重要工作部署推进、社会救助对象的准确认定以及救助资金的管理使用等重要内容，省级民政部门要组织开展专项检查，深入了解情况，研究发现问题，提出整改解决意见。民

政部也将会同有关部门对各地工作情况进行专项督查。

（三）强化日常监管。建立日常监管长效机制，加强社会救助工作事前、事中监督，推进社会救助监督管理常态化。各地要通过优化社会救助工作流程，完善相关制度办法，进一步促进社会救助工作公开透明。经常开展自查自纠，及时发现和解决存在问题。

（四）进行情况通报。上级民政部门要通过编发简报或发文等方式向下级民政部门及时通报工作情况，指导工作开展。要及时总结宣传地方创新做法和先进经验，对工作推进不力、救助不及时或出现重大责任事故的地方进行通报批评。民政部定期通报全国社会救助工作情况，并根据需要适时报告国务院。

（五）拓宽监督渠道。建立健全社会救助投诉举报核查制度，要以省为单位设置社会救助举报投诉电话，畅通投诉举报渠道。全面落实社会救助信访工作专人负责、首问负责制。对社会救助重大信访事项或社会影响恶劣的违规违纪事件，民政部或省级人民政府民政部门会同信访等相关部门直接督办。加强舆情监测预警，密切关注各类倾向性、苗头性、聚集性社会救助舆情信息，认真分析研判，及时应对处置。有条件的地方要探索建立有奖举报、义务监督员等制度，通过政府购买服务等方式，鼓励社会组织和公众积极参与监督，充分发挥社会监督的重要作用。

四、建立完善社会救助监督检查激励约束机制

（一）建立社会救助绩效考评制度。各地民政部门要积极争取将社会救助纳入地方政府绩效考核体系，研究制定社会救助绩效考评办法，科学设定绩效目标，量化评价指标体系，明确考评周期和考评方式，对社会救助制度的实施过程和执行效果进行综合测评，进一步促进社会救助工作规范化运行，提升制度整体效益。

（二）健全社会救助责任追究制。制定出台社会救助工作责任追究办法，明确责任追究范围、内容、方式等。加大责任追究力度，按照"谁主管、谁负责"原则，对因责任不落实、监管不到位发生重大问题、造成严重社会影响的

单位和个人，要积极配合有关部门，按照有关规定给予相关责任人党纪、政纪处分，构成犯罪的要依法追究相关责任人刑事责任。

（三）完善社会救助激励机制。强化社会救助监督检查工作成果运用，将社会救助工作绩效考核和监督检查结果与分配社会救助补助资金、工作经费挂钩，采取"以奖代补"、"奖补结合"等办法，对工作绩效突出地区给予奖励。采取多种方式交流社会救助经验，鼓励先进，鞭策后进。

五、建立健全社会救助监督检查部门联动协作机制

各地民政部门要积极推动地方政府建立健全社会救助协调工作机制，将监督检查纳入重要工作内容，进一步明确部门职责任务，完善工作规则，加强协同配合，形成工作合力，共同落实社会救助监督检查责任。要定期组织召开协调机制会议，通报社会救助监督检查工作情况，研究解决社会救助监督检查重大问题。民政部门要充分发挥好牵头作用，积极会同监察、审计、财政等部门加强社会救助日常监管工作。对发现的社会救助违纪违法行为，民政部门要及时移交纪检、公安、司法等部门调查处理。

六、强化社会救助监督检查保障机制

（一）加强组织领导。建立社会救助监督检查长效机制，是民政部门履行社会救助职责、强化监管责任的有力手段，是从根本上、长远上防止和减少社会救助工作各类问题发生的有效举措，是推动社会救助制度公平公正实施的重要保证。各地民政部门要高度重视这项工作，将其列入重要工作日程，加强组织领导，切实抓出成效。

（二）强化社会救助监督检查能力建设。加强社会救助监督检查队伍建设，配齐配强工作力量，定期组织开展业务培训，提升队伍整体素质能力。强化监督检查工作手段，切实保证监督检查工作经费。完善社会救助监督检查工作制度。加大宣传，扩大影响，积极营造全社会重视、关心、支持并监督社会救助工作的良好氛围，努力提升社会救助监督检查工作的科学化、规范化水平。

（三）大力推进社会救助信息化建设。不断完善社会救助信息管理系统，加快建设低收入家庭认定信息平台，实现相关系统有效衔接、信息资源共享，构建社会救助综合监管信息平台，应用信息化和高科技手段，对社会救助工作实行动态实时监测，提高监督检查工作效率和工作水平。

各地要将建立健全社会救助监督检查长效机制，作为践行群众路线、转变工作作风的重要举措，抓紧抓实抓好。有关工作情况，请及时报部。

民政部

2013 年 10 月 12 日

民政部关于加快推广应用全国最低生活保障信息系统的通知

民函〔2015〕83 号

各省、自治区、直辖市民政厅（局），新疆生产建设兵团民政局：

全国最低生活保障信息系统一期工程（以下简称"低保一期系统"）自投入运行以来，各地扎实推进系统应用，有效提高了社会救助工作效率和规范管理水平。但系统推广应用工作进展不平衡，一些地方仍存在重视程度不够高、职责分工不够明确、推动措施不够得力等问题。为深入贯彻落实《社会救助暂行办法》和《国务院关于进一步加强和改进最低生活保障工作的意见》（国发〔2012〕45 号），进一步提升社会救助信息化管理水平，现就加快"低保一期系统"推广应用通知如下：

一、充分认识推广应用工作的重要意义

当前信息化快速发展，信息技术的应用为经济社会发展带来深刻变革，社会救助事业转型升级也必然要依托信息化技术。"低保一期系统"是发展改革

委批准实施的国家电子政务重点工程项目，民政部对此高度重视，成立部级低保项目建设领导小组，专门研究部署，多次检查督促，大力推进信息系统建设。目前，"低保一期系统"各项建设任务基本完成，已于2014年9月验收，正式投入使用。该系统是实现社会救助规范管理、提升服务水平的基础，在转变低保业务管理方式、规范操作、强化监管等方面发挥着重要作用，是创新社会救助管理与服务方式的重要工具与途径。各级民政部门要主动适应信息化发展的时代要求，充分认识推广应用"低保一期系统"的重大意义，将其作为提升社会救助工作科学化水平的一项重要任务，夯实基础，谋划长远，切实做好推广应用相关工作。

二、具体任务

"低保一期系统"推广应用要以实现全国社会救助业务数据集中存储、动态管理及时更新、统计分析准确便捷为目标，通过加大督查指导力度、改善软硬件环境、加强人员培训等措施，切实加快工作步伐，全面提高社会救助管理信息化水平。

（一）全面应用业务系统。

2015年底前，全面应用"低保一期系统"中的"城市低保""农村低保"业务系统，实现城乡低保业务网上办理审核审批和发放等操作。正在部署应用的地区，可先使用临时开放的历史数据采集功能录入当期城乡低保业务数据，并校验核准，7月1日起关闭历史数据采集功能，所有业务通过"低保一期系统"办理。完成部署城乡低保业务应用的地区要逐步将系统应用扩展至农村五保、医疗救助等其他社会救助业务系统。

（二）及时上传或交换数据。

各地要在2015年6月底前汇总上传或交换本地区上月城乡低保数据。使用自建系统的地区上传到省前置机数据库服务器（数据库方式）或上传到民政部ftp服务器（文件方式）。2015年7月以后，各地要逐步实现按月更新，每月10日前完成上月的数据汇总上传或交换，确保数据及时、准确，与民政统计台账数据同步一致。使用"低保一期系统"的地区通过"信息交换——统计台账导出"功能直接向统计台账导出。使用自建系统的地区要采取适当方式导入统计台账，做好对接。从 2016 年起，"低保一期系统"中的城乡低保相关数据将作为测算、分配社会救助中央补助资金的基础数据。

（三）全力做好运行维护和系统完善。

使用"低保一期系统"的地区应按照《全国最低生活保障信息系统省级基础设施配置参考方案》（见附件）要求，对本地数据库服务器、应用服务器、网络带宽等软硬件进行升级优化。同时，尽快确定低保系统运行所需的数据库、应用中间件、操作系统、Web 服务器等基础软件的运行维护单位，结合本地实际情况制定基础软件的运行维护方案，对各类基础软件的维护工作做出明确的要求和安排，保障"低保一期系统"正常运行。各地在应用过程中，可以结合社会救助业务发展，从项目设置、系统功能和操作使用等方面提出修改意见建议，及时反馈至民政部社会救助司，以便后续升级完善，进一步提升系统功能。

三、工作要求

（一）加强组织领导。

"低保一期系统"完成验收后，民政部专门成立了"低保信息系统一期应用推广工作协调办公室"，负责推广应用工作。协调办公室由社会救助司牵头，部信息中心配合做好运行维护工作，部低收入家庭认定指导中心受社会救助司委托做好推广应用相关事务性工作。各地要参照部内分工，明确主管领导，建立推广应用工作协调机制，落实相关处室工作责任，加强协调配合，形成合力，共同推进"低保一期系统"应用推广工作。

（二）强化考评考核。

"低保一期系统"推广应用情况已列入部 2015 年民政重点工作综合评估项目和 2015 年最低生活保障绩效评价项目，并作为社会救助一票否决指标列入年终考评。"低保一期系统"推广应用的考评考核将根据各地系统部署应用情况、数据更新周期、数据质量等因素进行综合评分。各地要将"低保一期系统"

推广应用工作列入年度工作任务，制定推广方案，并列支必要的工作经费，用于软硬件设施配置采购、信息系统和网络安全运行维护等工作支出，确保到2015年底切实见到成效。

（三）抓好人员培训。

民政部将适时组织开展"低保一期系统"应用人员工作培训。各省（自治区、直辖市）要及时组织开展辖区内应用人员培训，重点培养地市和区县级操作使用骨干和技术骨干，积极发挥骨干力量作用。各地要建立激励机制，对在推广应用工作中表现突出的工作人员予以奖励。

（四）加强技术指导。

各省（自治区、直辖市）要建立本地推广应用工作QQ群，加强交流、指导，及时解决使用过程中的问题。鼓励各地互相帮助、互相学习。省级无法解决的问题，可通过"全国低保信息系统QQ群"（群号：365591385）及时联系太极计算机股份有限公司"低保一期系统"项目负责人或工程师，部社会救助司、信息中心、低收入家庭认定指导中心将同步跟踪进展。

从2015年6月起，民政部将对各地推广应用工作情况进行统计排序，定期予以通报。

附件：全国最低生活保障信息系统省级基础设施配置参考方案（略）

民政部

2015年3月9日

民政部关于指导村（居）民委员会协助做好社会救助工作的意见

民发〔2015〕104号

各省、自治区、直辖市民政厅（局），各计划单列市民政局，新疆生产建设兵团民政局：

为进一步健全完善社会救助经办服务体系，充分发挥城乡基层群众性自治组织在社会救助工作中的重要作用，根据《社会救助暂行办法》、《国务院关于进一步加强和改进最低生活保障工作的意见》（国发〔2012〕45号）要求，现就指导村（居）民委员会协助做好社会救助工作提出如下意见：

一、充分认识村（居）民委员会协助做好社会救助工作的重要性

村（居）民委员会是居民自我管理、自我教育、自我服务的基层群众性自治组织，是党和政府联系广大人民群众的桥梁和纽带，在服务居民群众、深化基层治理、密切党群干群关系、维护社会稳定等方面发挥着不可替代的重要作用。社会救助事关困难群众衣食冷暖和基本生活保障，是党和政府维护困难群众生存权益、促进社会稳定和公平正义的托底性、基础性制度安排。困难群众居住在社区、生活在社区、服务依托社区，与村（居）民委员会的联系最为紧密，村（居）民委员会最了解困难群众的生活状况和救助需求。健全完善社会救助经办服务体系，落实好各项社会救助政策，不断提升基层社会救助服务水平，真正为困难群众排忧解难，离不开村（居）民委员会的参与、协助和配合。

二、进一步明确村（居）民委员会协助做好社会救助工作的主要内容

依据《中华人民共和国村民委员会组织法》、《中华人民共和国城市居民委员会组织法》的有关规定，村（居）民委员会应当协助基层政府或其派出机关开展与居民利益有关的公共事务、社区服务等工作。社会救助与社区居民利益息息相关，是社区公共服务不可或缺的重要方面。各地民政部门要厘清责任、突出重点，进一步明确村（居）民委员会协助做好社会救助工作的主要内容。

（一）协助做好救助对象发现报告工作。

各地民政部门要指导、督促村（居）民委员会将发现排查困难群众列为日常重点工作，安排社区工作者、专业社会工作者、志愿者等经常性走访居民家庭，了解、收集困难群众的现状信息，掌握、核实辖区内居民生活困难及遭遇突发事件、意外事故、罹患重病等急难情况，并及时告知乡镇人民政府（街道办事处）。指导、督促村（居）民委员会在日常工作中，将辖区内的留守儿童、独居老人、残疾人、重病患者等易陷入生活困境的人群作为重点，开展经常性走访、问候；关注居住在本辖区的外来人员，帮助有困难的家庭和个人提出救助申请。指导有条件的村（居）民委员会在社区公共服务场所开设救助咨询服务窗口，开通救助服务热线，方便困难群众求助。

（二）协助做好社会救助申请审核审批工作。

一是协助提出救助申请。指导、督促村（居）民委员会接受申请最低生活保障、特困人员供养、医疗救助、教育救助、住房救助、临时救助等社会救助有困难的家庭或个人的委托，代其向乡镇人民政府（街道办事处）或相关救助机构提交书面申请及材料。指导、督促村（居）民委员会将申请人所有申请材料全部上交，不得自行作出不予受理或不符合救助条件的决定。要指导、督促村（居）民委员会成员及其他社区工作者主动申报备案其近亲属申请救助的情况。

二是协助开展调查审核。指导、督促村（居）民委员会协助乡镇人民政府（街道办事处），组织驻村（社区）干部、社区救助专干、专业社会工作者等工作人员，通过入户调查、邻里访问等形式，对社会救助申请人声明的家庭经济状况、人口状况、遭遇困难类型等逐一调查核实，并由调查人员和申请人签字确认。调查审核的责任主体是乡镇人民政府（街道办事处），村（居）民委员会不能自行作出调查审核结论。

三是协助组织群众评议。指导、督促村（居）民委员会在入户调查结束后，协助乡镇人民政府（街道办事处）组织村（居）民代表或者群众评议小组对救助申请人声明的家庭收入、财产状况以及入户调查结果的客观性、真实性和完整性进行评议。

四是协助进行抽查复核。县级民政部门要在村（居）民委员会的参与下开展抽查复核工作，全面、准确地听取村（居）民委员会关于入户调查、邻里访问、群众评议以及村（居）民委员会成员等社区工作人员近亲属申请救助备案等情况介绍。有条件的地方，县级民政部门可邀请乡镇人民政府（街道办事处）、村（居）民委员会参与审批。

五是协助公示审核审批结果。乡镇人民政府（街道办事处）根据家庭经济状况调查审核、群众评议等情况对救助申请提出审核意见后，要在村（居）民委员会协助下在村（居）务公开栏公示审核结果。县级民政部门作出救助批准决定后，要在村（居）民委员会协助下在村（居）务公开栏公示拟救助的申请人姓名、家庭成员、救助金额等信息。两次公示的责任主体分别是乡镇人民政府（街道办事处）和县级民政部门，村（居）民委员会不能自行公示相关信息。要指导村（居）民委员会及时维护公示栏，确保相关公示信息完整、可视。

（三）协助做好社会救助动态管理工作。

各地民政部门要指导、督促村（居）民委员会配合乡镇人民政府（街道办事处）以及县级社会救助管理部门，按照有关规定分类、定期核查辖区内已获得救助对象的家庭人口状况、经济状况等变化情况；要督促辖区内已获得救助对象在家庭人口、经济状况等发生变化时，主动报告乡镇人民政府（街道办事处）。对于村（居）民委员会在日常工作中发现救助对象家庭情况发生变化的，要督促其及时报告。

（四）协助做好社会力量参与社会救助有关工作。

各地民政部门要指导村（居）民委员会充分发挥自身独特优势，以社区为平台，结合城乡社区建设，积极促进驻社区单位、社区社会组织、业主委员会、社区志愿者等主体参与社会救助，鼓励、引导社区居民开展社会救助志愿服务和互助服务。要为社会工作服务机构和专业社会工作者进入社区创造条件，支持他们针对救助对象的不同需求，开展心理疏导、精神抚慰、能力提升、社会融入等专业服务。要大力发展社区慈善，规范社区募捐，探索设立社区爱心救助基金，鼓励、支持社会组织、企事业单位和爱心人士等针对困境家庭和救助对象开展慈善救助。要创新发展社区慈善超市，依托居委会建立社会捐助站点，引导居民积极捐赠家庭闲置物品，培育发展社区社会救助社会组织。要加强社区救助资源的信息共享，实现困难群众的救助需求信息、政府相关部门的救助资源、社会组织的救助项目、社会各界的爱心捐赠和志愿服务的有效对接。

（五）协助做好社会救助政策宣传工作。

各地民政部门要指导村（居）民委员会利用城乡社区公共服务信息平台、公示栏、信息宣传栏、宣传册、现场解答等群众喜闻乐见的途径和形式，不断加大社会救助政策宣传普及力度，使社会救助政策法规深入人心、家喻户晓。要重点向居民群众宣传最低生活保障、特困人员供养、医疗救助、教育救助、住房救助、就业救助和临时救助等政策的资格条件和申请审批程序，不断提高社会救助政策的透明度和知晓度。要在城乡社区大力弘扬中华民族团结友爱、互助共济的传统美德，引导社会公众理解、支持社会救助工作，营造良好社会舆论氛围。

三、切实加强对村（居）民委员会协助做好社会救助工作的领导和指导

（一）加强组织领导。各级民政部门要努力争取党委、政府的重视和支持，把村（居）民委员会协助做好社会救助工作纳入基层社会治理的重要内容，及时解决工作中存在的问题。要把村（居）民委员会协助做好社会救助工作列为提升基层社会救助经办服务能力的重要举措，抓紧协调研究具体办法和支持措施，切实发挥好村（居）民委员会的功能作用。

（二）加强能力建设。各级民政部门要指导村（居）民委员会根据辖区幅度、人口规模等因素，安排必要的人员协助做好社会救助工作。切实加强经费保障，将村（居）民委员会协助做好社会救助工作所需经费纳入社会救助工作经费统筹考虑，并按照"费随事转"原则，适当给予经费补助。要加强社会救助管理信息系统与社区综合信息管理服务平台的对接，实现社会救助对象数据和社区居民数据统一采集、多方共享。各级民政部门要有针对性地加强培训工作，确保村（居）民委员会相关工作人员熟悉、掌握社会救助政策与社会工作专业理念、方法和技巧。

（三）加强工作指导。各级民政部门要切实加强村（居）民委员会协助做好社会救助工作的指导，对于一些带有规律性、方向性的经验做法，要及时完善、总结并推广。要抓紧研究政府购买社会救助服务的机制、路径和办法，不断创新村（居）民委员会协助做好社会救助工作的模式、方法。探索将社会组织引入社会救助，逐步拓展社会救助服务内涵，积极指导村（居）民委员会以社区为平台，统筹整合政府救助、慈善救助和社会服务等资源，实施形式多样的救助服务，最大程度满足困难群众的救助需求。要加强对村（居）民委员会协助开展社会救助工作的监督检查，对徇私舞弊、虚构瞒报、优亲厚友、敷衍塞责造成严重后果的，要依法依规追究责任。

民政部

2015 年 6 月 1 日

民政部关于印发《特困人员认定办法》的通知

民发〔2016〕178 号

各省、自治区、直辖市民政厅（局），各计划单列市民政局，新疆生产建设兵团民政局：

为进一步规范特困人员认定工作，确保特困人员救助供养制度公开、公平、公正实施，根据《国务院关于进一步健全特困人员救助供养制度的意见》（国发〔2016〕14 号），民政部制定了《特困人员认定办法》，现印发给你们，请结合实际遵照执行。

民政部

2016 年 10 月 10 日

特困人员认定办法

第一章 总 则

第一条 根据《社会救助暂行办法》（国务院令第 649 号）、《国务院关于进一步健全特困人员救助供养制度的意见》（国发〔2016〕14 号）及国家相关规定，制定本办法。

第二条 特困人员认定工作应当遵循以下原则：

（一）应救尽救，应养尽养；

（二）属地管理，分级负责；

（三）严格规范，高效便民；

（四）公开、公平、公正。

第三条 县级以上地方人民政府民政部门统筹做好本行政区域内特困人员认定及救助供养工作。

县级人民政府民政部门以及乡镇人民政府（街道办事处）具体负责特困人员认定工作，村（居）民委员会协助做好相关工作。

第二章 认定条件

第四条 城乡老年人、残疾人以及未满 16 周岁的未成年人，同时具备以下条件的，应当依法纳入特困人员救助供养范围：

（一）无劳动能力；

（二）无生活来源；

（三）无法定赡养、抚养、扶养义务人或者其法定义务人无履行义务能力。

第五条符合下列情形之一的，应当认定为本办法所称的无劳动能力：

（一）60 周岁以上的老年人；

（二）未满 16 周岁的未成年人；

（三）残疾等级为一、二级的智力、精神残疾人，残疾等级为一级的肢体残疾人；

（四）省、自治区、直辖市人民政府规定的其他情形。

第六条 收入总和低于当地最低生活保障标准，且财产符合当地特困人员财产状况规定的，应当认定为本办法所称的无生活来源。

前款所称收入包括工资性收入、经营净收入、财产净收入、转移净收入等各类收入，不包括城乡居民基本养老保险中的基础养老金、基本医疗保险等社会保险和高龄津贴等社会福利补贴。

第七条 特困人员财产状况认定标准由设区的市级以上地方人民政府民政部门制定，并报同级地方人民政府同意。

第八条 法定义务人符合下列情形之一的，应当认定为本办法所称的无履行义务能力：

（一）具备特困人员条件的；

（二）60 周岁以上或者重度残疾的最低生活保障对象，且财产符合当地特困人员财产状况规定的；

（三）无民事行为能力、被宣告失踪、或者在监狱服刑的人员，且财产符合当地特困人员财产状况规定的；

（四）省、自治区、直辖市人民政府规定的其他情形。

第九条 未满 16 周岁的未成年人同时符合特困人员救助供养条件和孤儿认定条件的，应当纳入孤儿基本生活保障范围，不再认定为特困人员。

第三章 申请及受理

第十条 申请特困人员救助供养，应当由本人向户籍所在地乡镇人民政府（街道办事处）提出书面申请。本人申请有困难的，可以委托村（居）民委员会或者他人代为提出申请。

申请材料主要包括本人有效身份证明，劳动能力、生活来源、财产状况以及赡养、抚养、扶养情况的书面声明，承诺所提供信息真实、完整的承诺书，残疾人还应当提供第二代《中华人民共和国残疾证》。

申请人应当履行授权核查家庭经济状况的相关手续。

第十一条 乡镇人民政府（街道办事处）、村（居）民委员会应当及时了解掌握辖区内居民的生活情况，发现符合特困人员救助供养条件的，应当告知其救助供养政策，对无民事行为能力等无法自主申请的，应当主动帮助其申请。

第十二条 乡镇人民政府（街道办事处）应当对申请人或者其代理人提交的材料进行审查，材料齐备的，予以受理；材料不齐备的，应当一次性告知申请人或者其代理人补齐所有规定材料。

第四章 审　核

第十三条 乡镇人民政府（街道办事处）应当自受理申请之日起 20 个工作日内，通过入户调查、邻里访问、信函索证、民主评议、信息核对等方式，对申请人的经济状况、实际生活状况以及赡养、抚养、扶养状况等进行调查核实，并提出审核意见。

申请人以及有关单位、组织或者个人应当配合调查，如实提供有关情况。村（居）民委员会应当协助乡镇人民政府（街道办事处）开展调查核实。

第十四条 调查核实过程中，乡镇人民政府（街道办事处）可视情组织民主评议，在村（居）民委员会协助下，对申请人书面声明内容的真实性、完整性及调查核实结果的客观性进行评议。

第十五条 乡镇人民政府（街道办事处）应当将审核意见及时在申请人所在村（社区）公示。公示期为 7 天。

公示期满无异议的，乡镇人民政府（街道办事处）应当将审核意见连同申请、调查核实、民主评议等相关材料报送县级人民政府民政部门审批。对公示有异议的，乡镇人民政府（街道办事处）应当重新组织调查核实，在 20 个工作日内提出审核意见，并重新公示。

第五章　审　　批

第十六条　县级人民政府民政部门应当全面审查乡镇人民政府（街道办事处）上报的申请材料、调查材料和审核意见，根据审核意见和公示情况，按照不低于30%的比例随机抽查核实，并在20个工作日内作出审批决定。

第十七条　对符合救助供养条件的申请，县级人民政府民政部门应当及时予以批准，发给《特困人员救助供养证》，建立救助供养档案，从批准之日下月起给予救助供养待遇，并通过乡镇人民政府（街道办事处）在申请人所在村（社区）公布。

第十八条　对不符合救助供养条件的申请，县级人民政府民政部门不予批准，并将理由通过乡镇人民政府（街道办事处）书面告知申请人。

第十九条　城乡特困人员救助供养标准不一致的地区，对于拥有承包土地或者参加农村集体经济收益分配的特困人员，应当给予农村特困人员救助供养待遇。

第六章　生活自理能力评估

第二十条　县级人民政府民政部门应当在乡镇人民政府（街道办事处）、村（居）民委员会协助下，对特困人员生活自理能力进行评估，并根据评估结果，确定特困人员应当享受的照料护理标准档次。

有条件的地方，可以委托第三方机构开展特困人员生活自理能力评估。

第二十一条　特困人员生活自理能力，一般依据以下6项指标综合评估：

（一）自主吃饭；

（二）自主穿衣；

（三）自主上下床；

（四）自主如厕；

（五）室内自主行走；

（六）自主洗澡。

第二十二条　根据本办法第二十一条规定内容，特困人员生活自理状况，6项指标全部达到的，可以视为具备生活自理能力；有3项以下（含3项）指标不能达到的，可以视为部分丧失生活自理能力；有4项以上（含4项）指标不能达到的，可以视为完全丧失生活自理能力。

第二十三条　特困人员生活自理能力发生变化的，村（居）民委员会或者供养服务机构应当通过乡镇人民政府（街道办事处）及时报告县级人民政府民政部门，县级人民政府民政部门应当自接到报告之日起10个工作日内组织复核评估，并根据评估结果及时调整特困人员生活自理能力认定类别。

第七章　终止救助供养

第二十四条　特困人员有下列情形之一的，应当及时终止救助供养：

（一）死亡、被宣告失踪或者死亡；

（二）经过康复治疗恢复劳动能力或者年满16周岁且具有劳动能力；

（三）依法被判处刑罚，且在监狱服刑；

（四）收入和财产状况不再符合本办法第六条规定；

（五）法定义务人具有了履行义务能力或者新增具有履行义务能力的法定义务人。

特困人员中的未成年人，满16周岁后仍在接受义务教育或者在普通高中、中等职业学校就读的，可继续享有救助供养待遇。

第二十五条　特困人员不再符合救助供养条件的，本人、村（居）民委员会或者供养服务机构应当及时告知乡镇人民政府（街道办事处），由乡镇人民政府（街道办事处）审核并报县级人民政府民政部门核准。

县级人民政府民政部门、乡镇人民政府（街道办事处）在工作中发现特困人员不再符合救助供养条件的，应当及时办理终止救助供养手续。

第二十六条　对拟终止救助供养的特困人员，县级人民政府民政部门应当通过乡镇人民政府(街道办事处)，在其所在村(社区)或者供养服务机构公示。公示期为7天。

公示期满无异议的，县级人民政府民政部门应当从下月起终止救助供养，核销《特困人员救助供养证》。对公示有异议的，县级人民政府民政部门应当组织调查核实，在 20 个工作日内作出是否终止救助供养决定，并重新公示。对决定终止救助供养的，应当通过乡镇人民政府（街道办事处）将终止理由书面告知当事人、村（居）民委员会或者其亲属。

第二十七条　对终止救助供养的原特困人员，符合最低生活保障、医疗救助、临时救助等其他社会救助条件的，应当按规定及时纳入相应救助范围。

第八章　附　　则

第二十八条　本办法公布前已经确定为农村五保对象的，可以直接确定为特困人员。

第二十九条　《特困人员救助供养证》由民政部规定式样，由县级以上地方人民政府民政部门制作。

民政部关于印发《全国农村低保专项治理方案》的通知

民发〔2018〕50 号

各省、自治区、直辖市民政厅（局），各计划单列市民政局，新疆生产建设兵团民政局：

为深入贯彻党的十九大、十九届中央纪委二次全会精神，认真落实习近平总书记关于开展扶贫领域腐败和作风问题专项治理的重要指示精神，切实加强农村低保工作作风建设，严厉惩治群众身边的腐败问题，推动全面从严治党向基层延伸，民政部、中央纪委驻民政部纪检组决定在全国开展农村低保工作中的腐败和作风问题专项治理（以下简称农村低保专项治理）。现将《全国农村低保专项治理方案》印发你们，请结合当地实际抓好落实。

民政部

2018 年 4 月 24 日

全国农村低保专项治理方案

为深入贯彻党的十九大、十九届中央纪委二次全会精神，认真落实习近平总书记关于开展扶贫领域腐败和作风问题专项治理的重要指示精神，按照《国务院扶贫开发领导小组关于开展扶贫领域作风问题专项治理的通知》（国开发〔2017〕10 号）、《中共中央纪委办公厅印发〈关于 2018 年至 2020 年开展扶贫领域腐败和作风问题专项治理的工作方案〉的通知》（中纪办〔2017〕63 号）要求，民政部、中央纪委驻民政部纪检组（以下简称驻部纪检组）决定开展农村低保工作中的腐败和作风问题专项治理（以下简称农村低保专项治理），现制定方案如下。

一、总体目标

以习近平新时代中国特色社会主义思想为指导，全面贯彻落实党中央关于打赢脱贫攻坚战的决策部署，坚持问题导向，集中治理"人情保"、"关系保"、"错保"、"漏保"，坚决查处农村低保工作中的腐败和作风问题，进一步提升农村低保规范管理水平，切实发挥农村低保在打赢脱贫攻坚战中的兜底保障作用。

二、治理重点

（一）腐败问题。以财政供养人员和村（居）委会干部、低保经办人员特别是民政部门干部职工近亲属违规享受低保为重点，严肃查处农村低保工作中的"人情保"、"关系保"问题。严厉惩治县乡两级低保经办人员和村（居）委会干部在农村低保工作中，利用职务便利贪污侵占、虚报冒领、截留私分、吃拿卡要、优亲厚友等违法违纪问题。

（二）作风问题。坚决纠正农村低保工作中"四个意识"不强、责任不落实、措施不精准和形式主义、官僚主义等作风问题。认真整改农村低保工作中作风漂浮、敷衍塞责、不敢担当，对群众申请推诿、刁难、不作为，审核审批主体责任不落实、效率低下等问题。认真纠正低保动态管理不到位、监督检查流于形式，未公开投诉举报电话或电话开而不通、开而不用，日常监督不深入、不持久、无实效等问题。

三、工作安排

（一）研究制定全国农村低保专项治理方案。（2018 年 4 月）

民政部、驻部纪检组根据党中央、国务院相关部署，针对农村低保工作中的腐败和作风问题，研究制定农村低保专项治理方案并印发各地。

（二）安排部署农村低保专项治理工作。（2018 年 4 月启动）

民政部、驻部纪检组召开全国农村低保专项治理电视电话会议，部署各地开展农村低保专项治理工作。主要包括：一是集中一段时间全面排查所有农村低保对象，同步排查近一年来曾提交申请但未审批通过的家庭、动态管理中已退出的低保家庭，并集中办理农村低保审核审批。二是摸清兜底保障底数。会同扶贫等相关部门，指导乡镇（街道）逐户排查未纳入农村低保的建档立卡贫困户，摸清农村低保兜底保障底数。三是通过机动式明查暗访、随机检查、第三方机构抽查等，重点查找是否存在"关系保"、"人情保"、"错保"、"漏保"以及违反规定程序行政性纳入低保等问题。

（三）组织开展调研督查。（2018 年 4 月—6 月）

根据工作进展情况，民政部、驻部纪检组抽调人员，适时组成多个调研督查组，随机抽取或重点选择专项治理工作突出或来部信访人数较多、群众举报问题较多、媒体曝光问题的地方开展调研督查，督促各地民政部门立查立纠、立行立改。期间，召开座谈会，听取广大基层干部和困难群众的意见建议，全面了解农村低保工作中存在的突出问题，深入剖析典型案例，明晰主要风险点，研究解决问题的工作措施。

（四）督促各地扎实开展整改。（2018 年 5 月起持续进行）

民政部督促各地上报农村低保专项治理工作方案，收集、汇总各地农村低保专项治理进展情况，采取多种措施随机抽查检查，推动各地工作落实。各地民政部门要结合当地实际，认真开展农村低保专项治理，确保工作落实：一是因地制宜制定低保申请受理、入户核查、民主评议、公开公示、动态管理、近亲属备案等关键环节的规范行政文书，依据规范文书开展审核审批工作，做到"步步有痕迹、环环能倒查"。二是在农村低保审核审批中，全面运用社会救助家庭经济状况核对机制，重点加强对财政供养人员、大型农机具、政策性财政补贴、扶贫建档立卡增收等信息的核对。三是推广运用"互联网＋监督"。县级民政部门在其网站上公开（县级民政部门没有网站或者网站不具备公开条件的，由市级或省级民政部门在其网站公开）低保对象姓名（未成年人、艾滋病患者等个人信息需保密的对象除外）、居住村（居）委会、享受低保金数额等信息，并根据动态管理情况及时更新，接受群众和社会监督。民政部将印发低保行政文书指引，对低保审核审批程序的关键环节进行规范。

（五）督促各地持续抓好整改深化工作，建立长效机制。（持续实施）

各地民政部门要根据农村低保专项治理中发现的问题，及时研究制定完善农村低保的政策措施，认真抓好整改深化工作。政策设计不符合相关要求的，要及时调整完善；政策落实不到位和存在作风问题的，要抓紧整改落实；基层经办服务能力保障不足的，要积极争取党委政府和相关部门的支持，力求得到有效解决。年底前，省级民政部门要提交农村低保专项治理整改落实情况阶段性报告。2018 年，民政部将把农村低保专项治理开展情况纳入民政重点工作综合评估范围。

四、有关要求

（一）提高思想认识。各地民政部门要深入学习贯彻习近平新时代中国特色社会主义思想和党的十九大、十九届中央纪委二次全会精神，按照 2018 年全国民政工作会议部署，坚决落实全面从严治党要求，时刻把党章党纪党规和国家法律法规记在心上、扛在肩上，落实到行动中。要切实加强党风廉政建设和反腐败工作，坚决查处和惩治农村低保工作中损害群众利益、发生在群众身边的腐败问题，坚决做到"零容忍"，决不姑息纵容。要切实加强对干部职工的政治教育、廉洁教育、法纪教育，使干部职工牢固树立"四个意识"，不断提高政治站位和政治自觉。要把农村低保专项治理作为落实管党治党政治责任的具体行动，纳入重点工作安排，尽快制定工作方案；主要负责同志亲自部署安排，分管负责同志靠前指挥，确保工作落实。

（二）坚持问题导向。各地民政部门要始终坚持问题意识，采取有力措施，认真排查农村低保工作中存在的短板和问题。要突出工作重点，对照规范管理要求，严格检查、严肃查处人民群众反映强烈的"人情保"、"关系保"、"错保"、"漏保"等违纪违规问题。要敢于较真碰硬，持续强化正风肃纪，以永远在路上的坚韧，锲而不舍抓好作风建设。要坚持问题导向，深入剖析典型案例，找准农村低保工作中的风险点、薄弱点和监管盲区，切实完善政策措施，加强规范管理。各级民政部门要积极总结、宣传、推广专项治理中的成功经验和典型做法，进一步完善体制机制，推动农村低保政策落到实处。

（三）加大查处力度。民政部将通过信访等渠道，梳理、分析反映农村低保工作中侵害群众利益的问题线索，会同驻部纪检组予以重点督查。省级、市级民政部门也要采取多种措施拓展线索来源，列出重点案件，重点督查督办。县级民政部门要面向社会公布投诉举报电话，建立群众举报问题线索台账，受理群众关于农村低保工作中的腐败问题投诉举报。省级、市级民政部门要加大检查力度，确保举报热线畅通。对于反映民政部门干部职工违法违纪问题的线索，各级民政部门要向驻民政部门纪检组或当地纪检监察机关及时反映、移交，由驻民政部门纪检组或当地纪检监察机关按照干部管理权限查处。对于反映乡镇（街道）低保经办人员和村（居）委会干部的违法违纪问题线索，县级民政部门要向驻民政部门纪检组或当地纪检监察机关及时反映、移交，由当地纪检监察机关查处。对于重大问题线索、媒体曝光或领导批示的重大违规案件，民政部、驻部纪检组将开展专案督办，跟踪查处结果。建立容错、纠错机制，区分违法违纪违规与改革创新中的失误等情形，处理好容错免责与专项治理之间的关系。

（四）加大问责和通报曝光力度。加大问责力度，对"四个意识"不强、责任落实不到位、腐败和违纪问题多发、工作作风不扎实的地区和单位，要严肃问责。从5月份起，省级民政部门要按月收集、整理当地查处的典型案例并及时向民政部报告。对于已经查处的农村低保工作中侵害群众利益案件，民政部将汇总通报曝光。地方民政部门也要及时通报曝光本地农村低保工作中的违法违纪违规典型案例，用身边人身边事开展警示教育，强化压力传导，提升县乡两级低保经办人员特别是村（居）委会干部的"高压线意识"，促进责任落实。

民政部办公厅关于开展社会救助综合改革试点的通知

民办函〔2018〕111号

各省、自治区、直辖市民政厅（局），新疆生产建设兵团民政局：

为贯彻落实党的十九大精神，加快社会救助城乡统筹，完善最低生活保障等各项救助制度，破解制约我国社会救助发展的瓶颈难题，有效发挥社会救助在打赢脱贫攻坚战和全面建成小康社会中的兜底保障作用，民政部决定在全国开展社会救助综合改革试点工作。现就有关事项通知如下：

一、总体要求

（一）指导思想。以习近平新时代中国特色社会主义思想为指导，深入贯彻党的十九大精神，全面落实党中央、国务院关于保障和改善民生的重大部署，以统筹城乡社会救助体系建设、增强兜底保障能力为目标，以改革完善社会救助制度、创新社会救助体制机制为重点，着力打造统筹衔接、政社互补、高效便捷、兜底有力的多层次综合救助新格局，进一步提高社会救助体系的科学性、规范性、系统性和有效性，切实兜住兜牢兜好民生保障底线。

（二）基本原则。

坚持问题导向。瞄准困难群众关心的热点问题、制约社会救助发展的瓶颈问题、长期得不到解决的难点问题开展试点，探索破解方法，通过试点有效解决问题。

坚持因地制宜。从当地社会救助发展实际和困难群众需求出发，大胆探索适应基层特点、符合本地区实际的改革办法。

坚持重点突破。选取本地区社会救助工作最需要解决的体制机制问题和社会普遍关注的事项，聚合政策资源，聚焦重点，力求有所突破。

坚持统筹兼顾。统筹城乡、区域社会救助发展，使社会救助标准与经济社会发展水平相适应、社会救助制度与其他社会保障制度相衔接，形成整体合力。

（三）试点目标。在当地党委和政府的领导下，通过开展社会救助综合改革试点，积极探索新时代中国特色社会救助事业创新发展的制度方向、政策举措和路径方法，形成一批可复制、可推广的政策措施和创新成果，为全国社会救助综合改革提供经验。

二、试点任务

（一）完善社会救助制度。以最低生活保障制度为重点，探索完善社会救助标准量化确定机制、社会救助对象认定办法、救助申请家庭经济状况核查办法、社会救助金核算办法、低收入家庭救助办法，推进社会救助城乡统筹发展，开展非物质类社会救助服务等。试点地区可根据社会救助类型分别研究制定相应措施。

（二）强化社会救助资源统筹。探索民政部门在社会救助体系建设中更好发挥牵头作用的具体办法和措施；进一步完善县级困难群众基本生活保障工作协调机制，通过统筹部门资源，着力解决"急难"个案；健全主动发现机制，完善乡镇"一门受理、协同办理"平台，形成救助合力。

（三）优化社会救助流程。以高效便捷为目标，探索进一步简化社会救助审核审批流程的办法措施；探索建立"一门受理—综合评估"制度，针对困难群众个案问题，在科学评估其需求的基础上，会同相关部门实施综合救助；创新公开公示办法，推进社会救助制度公开公平公正实施。

（四）加强社会救助能力建设。建立困难群众基本信息数据库，开发运用社会救助信息综合管理平台，汇聚各部门社会救助信息；探索跨部门信息共享的办法和措施；推进"互联网＋救助"。实施政府购买社会救助服务，探索社会力量参与社会救助的具体办法和措施。推进基层社会救助经办服务专业化。

（五）创新社会救助监督检查机制。进一步明确县、乡、村三级在社会救助工作中的职责定位；探索解决基层人情保、关系保问题的有效办法和措施；探索建立社会救助容错、纠错机制；探索解决骗保问题的有效办法等。

三、试点步骤

（一）确定试点。社会救助综合改革试点以县（市、区）为单位开展，试点时间为期一年。根据各地申报情况，经专家评审，确定北京市顺义区等35个县（市、区）为社会救助综合改革试点地区（名单见附件）。

（二）制定方案。各试点单位要根据社会救助综合改革试点工作要求，抓紧制定试点方案。试点方案应针对社会救助工作中普遍存在的突出问题，围绕试点目标，明确试点内容，细化任务措施，落实责任分工。省级民政部门要加大对试点方案的指导。试点方案经当地党委和政府批准后报民政部社会救助司备案。

（三）组织实施。各试点单位要在当地党委和政府的领导下，按照试点要求，迅速开展工作，确保试点有序推进。省级民政部门要加强对试点单位的统筹协调、督促指导，帮助解决试点工作中存在的困难和问题。

（四）评估总结。试点过程中，各试点单位要采取多种方式对试点进展、受益人群、资金投入、救助效率、救助效果等进行监测，并及时提交中期评估报告。试点结束后，各试点单位要对照试点方案，对试点情况进行全面总结，对主要做法逐项作出说明，形成试点工作报告。民政部将会同省级民政部门对试点工作进行督促指导，并组织专家对试点工作逐一评估总结。

四、工作要求

（一）加强组织领导。各试点地区要高度重视社会救助综合改革试点工作，按照本通知确定的原则目标、试点任务和工作步骤，精心组织实施；加强经费保障和工作力量保障，确保试点工作顺利实施。

（二）强化部门配合。社会救助综合改革试点涉及部门多，要充分发挥县级困难群众基本生活保障工作协调机制作用，协同解决试点工作中遇到的困难和问题，形成试点工作合力。

（三）鼓励探索创新。各地要按照《中共中央办公厅关于进一步激励广大干部新时代新担当新作为的意见》要求，探索建立鼓励创新、宽容失败的容错纠错机制，鼓励基层干部努力改革创新、攻坚克难，不断锐意进取、担当作为。

（四）坚持统筹推进。省级民政部门可结合实际，组织开展本地区的社会救助综合改革试点。将社会救助综合改革试点与2018年度社会救助领域创新实践活动相结合，及时总结试点经验，积极申报创新实践成果。试点工作中遇到的重大问题，要及时报民政部。

附件：社会救助综合改革试点县（市、区）名单（略）

民政部办公厅

2018 年 8 月 6 日

民政部办公厅关于印发《居民家庭经济状况信息部省联网查询办法（试行）》的通知

民办发〔2018〕32号

各省、自治区、直辖市民政厅（局），新疆生产建设兵团民政局：

为做好居民家庭经济状况信息部省联网查询工作，加快推进全国居民家庭经济状况信息系统互联互通、信息共享、业务协同，更好服务于精准扶贫、精准救助，民政部制定了《居民家庭经济状况信息部省联网查询办法（试行）》。现印发你们，请认真贯彻执行。

附件：《居民家庭经济状况信息部省联网查询申请（样例）》（略）

民政部办公厅

2018 年 12 月 18 日

居民家庭经济状况信息部省联网查询办法
（试行）

第一条 为平稳有序推进居民家庭经济状况信息部省联网查询工作，完善工作机制，明确工作职责，构建信息横向共享、资源上下互补、业务紧密协同的核对模式，提高社会救助对象认定的及时性、准确性，结合工作实际，制定本办法。

第二条 居民家庭经济状况信息部省联网查询是指在民政部低收入家庭认定指导中心（以下简称"部收入认定中心"）组织协调下，通过省级核对机构与部收入认定中心之间联网的方式，开展居民家庭经济状况信息查询。

居民家庭经济状况信息部省联网查询工作由部收入认定中心负责实施。

第三条　居民家庭经济状况信息包括居民家庭的户籍、婚姻登记、遗体火化等基础信息，以及社会保险、不动产登记、工商登记、住房公积金、车船、医疗、教育等涉及收入、财产和支出等方面的信息。

居民家庭经济状况信息部省联网查询主要服务于省级民政部门。市、县有特殊需要的，须经省级民政部门同意后实施。

第四条　省级核对机构开展居民家庭经济状况信息部省联网前，应向部收入认定中心提出书面申请。部收入认定中心负责统筹安排和组织实施，并报民政部社会救助司备案。

第五条　部收入认定中心和省级核对机构分级负责部省联网安全管理和技术保障以及系统维护工作。

省级核对机构要严格落实《居民家庭经济状况信息部省联网技术规范》（以下简称《技术规范》，由部收入认定中心另行制定）和《居民家庭经济状况信息部省联网检测规范》（由部收入认定中心另行制定）、《居民家庭经济状况核对信息安全管理规范》（MZ/T 108—2018）相关规定，使用部收入认定中心统一颁发的数字证书对交换数据进行数字签名和加密。省级核对机构要将电子政务外网的 IP 地址及时报送部收入认定中心备案。

第六条　部收入认定中心依据相关要求对提出联网申请的省级核对机构进行入网前检测，对已联网的省级核对机构开展不定期巡检，并通报有关情况。

第七条　联网的省级核对机构查询部收入认定中心的信息资源，由部收入认定中心受理并反馈；查询其他联网省份信息资源，应通过部收入认定中心转交待查询数据和查询结果。

第八条　联网的省级核对机构每次提出查询申请前，应依据居民家庭经济状况信息部省联网资源目录（以下简称"资源目录"）明确本次查询需求，并向部收入认定中心提交《居民家庭经济状况信息部省联网查询申请》（样例见附件，以下简称《查询申请》），明确所属业务类别、查询人数、查询信息资源、查询起止时间等内容。

第九条　省级核对机构委托部收入认定中心开展查询，应确保当地审批机关事先已经取得被查询人本人或其监护人授权。

省级核对机构应按照《居民家庭经济状况核对档案管理》（MZ/T 075—2016）规定，对查询依据性文件进行管理，确保部收入认定中心需要调阅时，能够在5个工作日内提交。

部收入认定中心将对省级核对机构提交的《查询申请》与待查询数据的一致性、完整性进行形式审查，对已查询人员的身份证明材料、授权书以及审批机关委托书等查询依据性文件进行抽查。对于有疑问的查询申请，部收入认定中心可以拒绝。

第十条　部收入认定中心在收到《查询申请》后2个工作日内启动查询。部收入认定中心和省级核对机构应按照资源目录所列的反馈期限反馈查询结果。

如遇不可抗力因素或因其他客观原因，无法在规定的时间内处理完毕的，部收入认定中心应通知申请查询的省级核对机构，共同商议解决。

如申请查询的省级核对机构需要撤销查询或对反馈结果存在异议，应向部收入认定中心提出撤销或复核申请。

第十一条　省级核对机构应按照《查询申请》事先载明的用途使用查询结果，不得以任何形式和理由提供给除委托单位以外的第三方，也不得用于或变相用于其他目的。其中委托单位是指委托核对机构开展信息核查的单位。

第十二条　部收入认定中心定期发布资源目录。资源目录包括部收入认定中心可供查询的信息和联网省级核对机构上报的可供查询的信息。

第十三条　联网省级核对机构应及时上报可供其他省份查询的本区域各级信息资源，报送要求见《技术规范》。

第十四条　省级核对机构可以根据本办法，制定实施细则。

第十五条　本办法自发布之日起实施。

民政部关于进一步加强生活困难下岗失业人员
基本生活保障工作的通知

民发〔2019〕6号

各省、自治区、直辖市民政厅（局）、新疆生产建设兵团民政局：

保障生活困难下岗失业人员基本生活，是落实社会救助政策、强化困难群众兜底保障的必然要求，是坚持以人民为中心的发展思想、保障和改善民生的应有之义。为深入贯彻落实《国务院关于做好当前和今后一个时期促进就业工作的若干意见》（国发〔2018〕39号），充分发挥社会救助托底线、救急难作用，切实保障生活困难下岗失业人员基本生活，现就有关问题通知如下。

一、加强最低生活保障工作

各地要全面落实最低生活保障制度，对因下岗失业导致基本生活困难，共同生活的家庭成员人均收入低于当地最低生活保障标准，且符合当地最低生活保障家庭财产状况规定的家庭，要及时纳入最低生活保障范围，切实做到"应保尽保"。进一步健全最低生活保障对象认定办法，完善社会救助申请家庭经济状况核查机制，细化核算范围和计算方法，可根据实际情况适当考虑家庭成员因残疾、患重病等增加的刚性支出因素，综合评估家庭贫困程度。对纳入最低生活保障的下岗失业人员家庭中的老年人、未成年人、重度残疾人、重病患者等重点救助对象，要采取增发低保金等多种措施提高救助水平，保障其基本生活。对重新就业或创业后，家庭人均收入超过当地低保标准的，可实施"低保渐退"，给予一定时期的渐退期，实现稳定就业创业后再退出最低生活保障范围。

二、加大临时救助工作力度

各地要进一步发挥临时救助制度效能，按照规定加大对生活困难下岗失业人员及其家庭临时救助力度，帮助他们缓解陷入生活困境之急、解除创业就业后顾之忧，切实兜住基本生活保障底线。要根据下岗失业人员及其家庭的生活困难具体情形，区分救助类别，确定救助标准。积极开展先行救助，不断增强救助时效性。落实县、乡两级审批政策规定，逐步提高救助水平。对实施临时救助后，仍不能解决其困难的，要充分运用好"转介服务"，符合最低生活保障条件的，及时纳入最低生活保障范围；符合医疗、教育、住房、就业等专项救助条件的，积极转介相关部门协同救助；需要慈善救助帮扶的，及时转介给相关公益慈善组织，形成救助合力。对遭遇重大生活困难的下岗失业人员家庭，要在综合运用各项救助帮扶政策的基础上，充分发挥县级困难群众基本生活保障工作协调机制的作用，采取一事一议方式确定帮扶措施，提高救助额度。

三、积极引导和支持社会力量参与救助帮扶

各地要完善和落实支持社会力量参与社会救助的政策措施，引导和支持公益慈善组织，通过设立慈善项目、发动社会募捐等形式，积极参与对生活困难下岗失业人员家庭的救助帮扶，形成与政府救助的有效衔接、接续救助。充分发挥专业社会工作服务机构作用，为生活困难下岗失业人员家庭提供生活帮扶、心理疏导、资源链接、能力提升、社会融入等专业服务，帮助他们改善困难处境、增强生活信心、提升发展能力。积极探索通过政府购买服务，为生活困难下岗失业人员家庭中的老年人、残疾人提供生活照料等救助服务，为这些家庭中在劳动年龄段内、有劳动能力的成员创业和再就业解除后顾之忧，创造有利条件。

四、进一步加强相关制度衔接

加强最低生活保障、临时救助与其他社会救助制度以及失业、医疗等保险制度的衔接，积极配合相关部门做好生活困难下岗失业人员家庭医疗、教育、住房、就业等专项救助工作。进一步完善最低生活保障与就业联动机制，配合

有关部门加大职业指导、技能培训、岗位推荐、跟踪服务力度，激发创业、就业意愿，优先安排政府公益性岗位，促进劳动年龄段内、有劳动能力的生活困难下岗失业人员积极就业。对于无正当理由，连续3次拒绝接受人力资源社会保障等部门介绍的与其健康状况、劳动能力等相适应工作的低保对象，可以按规定减发或者停发其本人最低生活保障金。对于家庭中有重度残疾人、重病患者和失能老年人等需要专人照料的生活困难下岗失业人员，要充分考虑其劳动条件和家庭实际情况，按照就近就便原则，采取有针对性的措施帮助其实现再就业。对于重新就业的生活困难下岗失业人员，在核算其家庭收入时，可以扣减必要的就业成本。要加强临时救助与下岗失业人员临时生活补助的衔接，对于享受人力资源社会保障部门发放的临时生活补助后，生活仍有困难的下岗失业人员及其家庭，要及时按规定给予临时救助。

五、强化社会救助政策落实

各地民政部门要充分认识新形势下加强生活困难下岗失业人员基本生活保障工作的重要意义，进一步加强组织领导，健全工作机制，强化责任担当，全面落实最低生活保障、临时救助等社会救助制度，加强对生活困难下岗失业人员及其家庭的兜底保障。要健全完善主动发现机制，及时了解、掌握辖区内下岗失业人员生活困难，做到早发现、早介入、早救助。要加强与工会组织的协同配合，做好困难职工家庭数据比对工作，推动困难职工帮扶信息与社会救助信息共享，形成对生活困难下岗失业人员及其家庭的救助合力。要进一步加强政策宣传，深入社区、企业大力宣讲社会救助政策，不断提高社会知晓度，在全社会营造良好的舆论氛围。

民政部

2019 年 1 月 16 日

民政部关于做好当前困难群众基本生活保障工作的通知

民函〔2019〕95号

各省、自治区、直辖市民政厅（局），新疆生产建设兵团民政局：

为深入学习贯彻习近平总书记关于民政工作的重要指示精神，认真落实国务院常务会议部署要求，进一步保障好基本民生，现就做好当前困难群众基本生活保障工作有关事项通知如下：

一、切实增强使命担当

当前，我国经济运行呈现总体平稳、稳中有进发展态势，但经济发展面临新的风险挑战，国内经济下行压力加大，困难群众基本生活保障工作任务更加繁重。各地要按照国务院常务会议关于当前形势下突出保障好基本民生、夯实民生基础的要求，充分认识做好困难群众基本生活保障工作的重要性和紧迫性，进一步提高政治站位，强化使命担当，增强忧患意识，坚持底线思维，全面落实党中央、国务院关于社会政策要托底的决策部署，聚焦脱贫攻坚，聚焦特殊群体，聚焦群众关切，结合开展"不忘初心、牢记使命"主题教育，突出为民服务解难题，切实抓好各项政策措施落实落地，着力防范化解基本民生保障领域重大风险，织密织牢民生兜底保障安全网，不断增强困难群众的获得感、幸福感和安全感。

二、强化社会救助兜底保障

各地要全面落实最低生活保障制度，进一步完善最低生活保障对象认定办法，健全社会救助申请家庭经济状况核查机制，统筹考虑家庭成员因残疾、患重病等增加的刚性支出、必要的就业成本等因素，综合评估家庭经济状况，及时将符合条件的家庭纳入低保范围。对未脱贫建档立卡贫困户中的重病患者、重度残疾人等完全丧失劳动能力和部分丧失劳动能力的人员，以及生活困难的成年、无业重度残疾人，参照单人户纳入低保，切实做到"应保尽保"。落实重点救助对象"分类施保"政策要求，提高救助水平。充分发挥临时救助"兜底中的兜底"作用，积极开展先行救助，全面落实县、乡两级审批政策规定，不断增强救助时效性。对遭遇重大生活困难的，采取一事一议方式提高救助额度，加大救助力度。要重点关注下岗失业人员、困难企业职工、未就业大学毕业生、农民工、城市灵活就业人员等的生活状况，对遭遇临时生活困难的，及时实施临时救助。进一步落实特困人员救助供养制度，抓紧落实特困人员照料护理标准，加强对分散供养特困人员定期探访和照料服务。要规范低保金等社会救助资金发放工作，确保按时足额发放，农村低保金按季度发放的地区要实行季度首月发放。要会同相关部门认真执行社会救助和保障标准与物价上涨挂钩联动机制，价格涨幅达到规定条件时及时启动联动机制，发放价格临时补贴，确保其基本生活水平不因物价上涨而降低。要深入推进脱贫攻坚兜底保障，进一步健全农村留守儿童和困境儿童关爱服务体系，加强孤儿和事实无人抚养儿童保障，建立困难残疾人生活补贴和重度残疾人护理补贴标准动态调整机制，加大特殊群体保障力度。

三、加强灾区群众基本生活保障

各地要高度重视灾区群众基本生活保障，加强与相关部门协调联动，做好与受灾人员应急救助、过渡期生活救助、冬春救助等受灾人员救助的衔接，及时将符合条件的受灾群众纳入社会救助范围，保障好他们的基本生活。对受到灾害影响，导致基本生活出现困难的家庭和个人，要按照"先行救助"有关政策规定，直接实施临时救助，帮助其尽快渡过难关。对经受灾人员救助后，基本生活仍有困难的，符合条件的要及时纳入最低生活保障或临时救助，并根据因灾损失、人员伤亡等情况，适当提高救助水平。对于因灾致贫返贫或者存在致贫返贫风险的受灾群众，要及时给予临时救助。配合相关部门做好灾害期间民政服务对象和民政服务机构防灾避险工作，以及今年以来受灾地区群众基本生活保障和灾后农房恢复重建工作，重点帮助受灾地区低保对象、分散供养特困人员、散居孤儿、留守老人、留守儿童及残疾人等特殊群体解决实际困难，确保他们温暖过冬。

四、引导支持社会力量参与

各地要全面落实支持社会力量参与社会救助的政策措施，积极培育发展以扶贫济困、救灾救助为宗旨的慈善组织，引导和支持公益慈善组织，通过建立专项基金、设立慈善项目、发动社会募捐等形式，积极参与对困难群众的救助帮扶，形成与政府救助的有效衔接、接续救助。要通过购买服务、政策引导等方式，积极支持社会工作服务机构和社会工作者为困难群众提供生活帮扶、心理疏导、资源链接、能力提升、社会融入等救助服务，帮助他们改善困难处境、增强生活信心、提升发展能力。培育社会救助领域专业志愿服务队伍，动员和引导志愿服务组织、社会爱心人士为困难群众提供帮扶。当前，要动员和引导各类慈善组织、社会工作服务机构和志愿服务组织积极参与受灾地区款物捐赠、心理抚慰、灾后恢复重建等工作，营造"一方有难、八方支援"的良好社会氛围。

五、进一步加强组织领导

各地要将保障困难群众基本生活、破解群众急难忧愁作为当前和今后一个时期工作的重点，加强组织领导，完善政策措施，加大落实力度。要结合正在开展的"不忘初心、牢记使命"主题教育，不断加强学习教育、调查研究、检视问题和整改落实，深入基层了解困难群众期盼和诉求，认真梳理并下力气解决涉及基本民生保障的苗头性问题和突出问题，增强风险防控和化解能力，提高工作的预见性和前瞻性，把困难群众基本生活保障工作做实做细。进一步健全完善县级困难群众基本生活保障工作协调机制，定期研究解决工作中存在的突出困难和问题，及时研究解决困难群众急难个案。要按照主题教育专项整治工作要求，持续深化农村低保专项治理，结合专项治理关于贫困老年人、残疾人、儿童等特殊群体"脱保"、"漏保"问题全面排查的任务要求，认真组织开展困难群众基本生活保障情况摸底排查，确保党中央、国务院决策部署不折不扣落实到基层。年底前将结合加强基层民政工作组织开展一次集中调研，指导督促各地进一步加强困难群众基本生活保障工作。

民政部

2019 年 9 月 13 日

民政部关于加强分散供养特困人员照料服务的通知

民发〔2019〕124 号

各省、自治区、直辖市民政厅（局），新疆生产建设兵团民政局：

为认真学习贯彻习近平总书记关于民政工作的重要指示精神，深入贯彻落实《国务院关于进一步健全特困人员救助供养制度的意见》（国发〔2016〕14 号），切实保障分散供养特困人员基本生活权益，现就加强分散供养特困人员照料服务有关事项通知如下。

一、充分认识加强分散供养特困人员照料服务的重要意义

加强分散供养特困人员照料服务，是解决特困人员操心事、烦心事、揪心事的重要举措，是弥补社会救助体系短板的迫切需要，是积极探索社会救助发展新路径的必然要求。各地要充分认识加强分散供养特困人员照料服务的重要性和紧迫性，进一步增强使命感和责任感，坚持以人民为中心的发展思想，聚焦脱贫攻坚，聚焦特殊群体，聚焦群众关切，以完善"物质类救助＋服务类救助"的社会救助兜底保障方式为方向，以满足分散供养特困人员照料服务需求为目标，以落实委托照料服务为重点，着力完善分散供养特困人员照料服务

政策措施、标准规范和监管机制，不断提升服务质量，确保分散供养特困人员"平日有人照应、生病有人看护"。鼓励有条件的地方在做好分散供养特困人员照料服务的基础上，为低保、低收入家庭和建档立卡贫困家庭中的老年人、残疾人、重病患者等特殊群体提供委托照料服务，积极推动服务类社会救助发展，进一步增强困难群众的获得感、幸福感和安全感。

二、落实特困人员救助供养标准

各地要按照"分类定标、差异服务"的要求，在确保特困人员基本生活标准不低于当地低保标准 1.3 倍的基础上，大力推进照料护理标准的制定和落实。依据特困人员生活自理能力和服务需求制定照料护理标准，照料护理标准参照当地最低工资标准或日常生活照料费用、养老机构护理费用的一定比例，分为全护理、半护理、全自理三档。要按照委托照料服务协议，将分散供养特困人员照料护理费及时支付到照料服务人个人账户，或承担照料服务职责的供养服务机构、社会组织账户。扎实做好特困人员生活自理能力评估，及时组织复核评估，根据评估结果确定和调整生活自理能力认定类别及照料护理标准档次。

三、全面签订委托照料服务协议

县级人民政府民政部门要指导乡镇人民政府（街道办事处）为分散供养特困人员确定照料服务人，提供日常看护、生活照料等服务。确定照料服务人时，要在充分尊重分散供养特困人员本人意见的基础上，优先就近选择低保、低收入及建档立卡贫困家庭中具有劳动能力的人员。照料服务人应具备完全民事行为能力，供养服务机构、社会组织等也可以承担照料服务职责。要指导乡镇人民政府（街道办事处）与分散供养特困人员、照料服务人签订三方委托照料服务协议，明确各方权利义务和相关职责。无民事行为能力的分散供养特困人员，应当由其监护人代为签订。委托照料服务协议文本由县级以上人民政府民政部门统一制定，应包括特困人员和照料服务人基本信息、特困人员生活自理能力认定类别、照料服务内容、照料服务要求、照料服务权利义务以及违约责任、协议期限等内容。

四、明确委托照料服务内容

各地要进一步规范委托照料服务行为,指导乡镇人民政府(街道办事处)督促照料服务人认真履行委托照料服务协议,按照协议规定全面落实照料服务。对于生活能够自理特困人员,要重点协助其维护居所卫生、保持个人清洁、确保规律饮食;对于生活不能自理特困人员,要针对其具体情况,上门提供协助用餐、饮水、用药、穿(脱)衣、洗漱、洗澡、如厕等服务。特困人员需要就诊或住院的,照料服务人要及时报告乡镇人民政府(街道办事处),或者通过村(居)民委员会及时向乡镇人民政府(街道办事处)报告,协助将其送到定点医疗机构就医,并提供必要的看护服务。

五、强化照料服务资源链接

各地要加强委托照料服务与居家社区养老、扶残助残等服务的衔接,整合相关资源,创新服务方式,全面加强分散供养特困人员服务保障。要优先为分散供养特困人员提供无偿或低偿的社区日间照料服务,积极引导和支持养老机构、社会工作服务机构、志愿者等为分散供养特困人员提供个性化、专业化服务。鼓励有条件的地方,通过政府购买服务等方式,为分散供养特困人员提供助餐、助洁等居家服务。要配合做好家庭医生签约服务工作,对分散供养特困人员定期随访、记录病情,进行治疗康复等。积极协助有关部门落实医疗、住房、教育等救助政策,着力解决分散供养特困人员"三保障"问题。省级民政部门要加大对贫困地区照料服务工作的指导和支持力度,强化对分散供养特困人员的兜底保障,确保如期打赢脱贫攻坚战。

六、加强委托照料服务监督管理

各地要强化对委托照料服务的监管,指导乡镇人民政府(街道办事处)

建立定期探访制度，及时了解分散供养特困人员实际生活状况和委托照料服务落实情况，对探访发现的问题和特困人员的服务诉求，要及时与照料服务人进行沟通，督促其及时改进；要深入了解分散供养特困人员集中供养需求，重点加强对高龄、重度残疾等生活不能自理特困人员的跟踪关注，有集中供养意愿的，及时纳入机构集中供养。积极鼓励未成年特困人员到儿童福利机构集中供养。要将关心关爱特困人员作为推进移风易俗、建设文明乡风的重要内容，纳入村规民约，激励和引导照料服务人大力弘扬孝老爱亲、扶弱助残的传统美德，为分散供养特困人员提供良好服务。要制定完善照料服务规范，建立以特困人员满意度调查、邻里评价等为主要方式的委托照料服务评价考核机制，定期对照料服务人开展评价考核。强化结果运用，对评价考核不合格的，要督促乡镇人民政府（街道办事处）及时解除委托照料服务协议，更换照料服务人。鼓励有条件的地方探索建立第三方评估机制，对委托照料服务实施全过程监督和评估。要充分发挥社会监督作用，认真处理相关投诉和建议，及时查处公众和媒体发现揭露的问题，严肃追究相关单位、人员责任。

各地要进一步提高政治站位，加强组织领导，结合开展"不忘初心、牢记使命"主题教育，切实抓好各项政策措施的落实落地。要强化资金保障，加强资金监管，确保救助供养资金及时足额发放，照料护理费用落实到位。充分考虑特困人员获取信息的特殊困难，采取多种方式加强政策宣传，不断提高政策知晓度。加强先进典型学习宣传，大力弘扬社会主义核心价值观，加快形成全社会关心关爱特困人员的良好氛围。

民政部
2019 年 12 月 11 日

民政部关于贯彻落实中央部署要求扎实做好受疫情影响困难群众基本生活保障工作的通知

民电〔2020〕41号

各省、自治区、直辖市民政厅（局），各计划单列市民政局，新疆生产建设兵团民政局：

近日，中央应对疫情工作领导小组印发《关于进一步做好疫情防控期间困难群众兜底保障工作的通知》（以下简称《通知》），对加强疫情防控期间各类困难群众基本生活和基本照料服务保障作出部署。现就贯彻落实《通知》要求通知如下：

一、**抓紧细化政策举措**。各地民政部门要认真学习《通知》精神，结合本地实际，分区分级细化政策安排，不折不扣地把党中央对困难群众的关怀落到实处。疫情严重影响当地困难群众基本生活的，要在当地党委和政府领导下，根据影响的程度，确定增发生活补助的范围和标准。简化优化审核审批程序，及时受理低保申请，确保所有受疫情影响收入下降、符合条件的困难群众都能纳入低保范围。进一步细化临时救助的类别和情形，重点救助新冠肺炎患者及受影响家庭。非本地户籍的新冠肺炎患者，基本生活出现严重困难的，急难发生地应当及时给予临时救助。结合当地实际明确临时遇困外来人员申请临时救助的具体情形、标准和救助时限，统筹运用好实物帮扶和现金救助政策。充分发挥民政部门在保障好特殊困难人员基本照料服务需求方面的作用，指导社区（村）或安排相关人员、机构加强走访探视，及时提供帮助。

二、**完善价格联动机制**。各省级民政部门要主动协调发展改革等部门，密切关注疫情防控期间食品类物价变动情况，及时提出应对意见。进一步完善社会救助和保障标准与物价上涨挂钩的联动机制，科学确定价格临时补贴标准，并按时足额发放。有条件的地方，可以适当提高补贴标准。处理好价格临时补贴与提高低保标准之间的关系，确保困难群众基本生活不受影响。

三、**统筹推进兜底脱贫**。各地民政部门要统筹做好疫情防控和兜底脱贫工作，认真落实全国民政系统脱贫攻坚兜底保障动员大会精神和《社会救助兜底脱贫行动方案》（民发〔2020〕18号）要求，做好疫情防控期间贫困人口救助帮扶，落实临时救助等社会救助政策，及时救助因疫致贫返贫群众。要会同扶贫等部门健全完善监测预警机制，开展数据比对和摸底排查，加强特殊群体关爱帮扶，确保符合条件的贫困人口兜底保障不漏一户、不落一人，坚决完成脱贫攻坚兜底保障各项任务。

四、**畅通社会救助服务热线**。指导县级民政部门整合农村低保专项治理投诉举报专线等电话，有条件的地区开通"12349"民政公益服务热线（社会救助服务热线），并逐步实现全省联通。现阶段，要全面公布现有的社会救助服务热线号码，加强电话值守，保障热线畅通，确保疫情防控期间困难群众求助有门。加强部门联动，建立健全困难群众求助转介机制，使各类社会救助求助事项都能得到及时办理。

五、**加快实现社会救助线上办理**。全面开展金民工程应用推广，促进互联互通、纵横联动和业务协同，全面提升社会救助信息化水平。大力推进互联网、大数据、人工智能等技术与社会救助工作深度融合，不断优化完善政务服务流程，积极推行社会救助全流程线上办理，方便救助申请，缩短办理时限。疫情防控期间，可将社会救助家庭经济状况核对作为调查审核的主要方式，入户调查可采用电话、视频等非接触、远距离灵活方式。探索建立社会救助资源库，加强部门间数据共享，形成救助合力。

六、**加强部门协同**。发挥好县级困难群众基本生活保障工作协调机制作用，统筹整合救助资源，一事一议、一案一策解决困难群众急难个案。各地要通过"一门受理、协同办理"机制，将掌握的受疫情影响困难群众医疗、教育、就业等方面存在的困难信息及时转介给相关部门，协助做好专项救助申请工作。要及时将应对新冠肺炎疫情的政策举措通报纪检监察、审计等相关部门。

七、**强化资金保障**。各地民政部门要根据疫情影响、兜底脱贫、物价联动等因素，精心测算社会救助资金需求，及时报党委和政府以及同级财政部门，力争增加困难群众兜底保障资金投入。要统筹使用中央财政困难群众救助等补助资金和地方各级财政安排资金，倾斜支持疫情严重地区及时足额发放各类救助金和补贴，保障好困难群众基本生活。

八、深化宣传引导。各地民政部门要采取生动活泼、贴近实际、切实有效的措施广泛宣传《通知》要求和具体落实举措，利用"两微一端"等新媒体方式加强政策宣传、公布社会救助服务热线。要制定具体举措，激励党员干部、一线工作人员担当作为，对非主观故意将不符合条件人员纳入救助帮扶范围的，可免予追究相关责任。

各省（区、市）民政厅（局）和新疆生产建设兵团民政局贯彻落实《通知》进展情况和重要事项要及时报告民政部。

民政部

2020 年 3 月 13 日

责任编辑：洪　琼

图书在版编目（CIP）数据

社会救助立法研究／郑功成等　著 . —北京：人民出版社，2020.10

ISBN 978 - 7 - 01 - 022296 - 7

I.①社… II.①郑… III.①社会救济－立法－研究－中国

　 IV.① D922.182.34

中国版本图书馆 CIP 数据核字（2020）第 122049 号

社会救助立法研究

SHEHUI JIUZHU LIFA YANJIU

郑功成 等　著

人民出版社 出版发行

（100706　北京市东城区隆福寺街 99 号）

中煤（北京）印务有限公司印刷　新华书店经销

2020 年 10 月第 1 版　2020 年 10 月北京第 1 次印刷

开本：710 毫米 ×1000 毫米 1/16　印张：28

字数：430 千字

ISBN 978 - 7 - 01 - 022296 - 7　定价：79.00 元

邮购地址 100706　北京市东城区隆福寺街 99 号

人民东方图书销售中心　电话（010）65250042　65289539